丛书策划　陈义望　朱宝元

The Penguin History of the WORLD

第六版

企鹅全球史

Ⅳ 新纪元

〔英〕

J.M. 罗伯茨

O.A. 维斯塔德

——— 著

欧阳敏　黎海波　等

——— 译

中国出版集团 东方出版中心

目　录

卷七

欧洲时代的终结

导　论

在 1900 年，当欧洲人回顾欧洲近两三百年惊人的增长时，大多数人都会说，这种增长是为了追求更好的发展，即一种进步。从中世纪开始，他们的历史看起来就像是一个不断前进的历程，其目标明显是值得奋斗且很少受到质疑的。无论评判的标准是从知识的、科学的角度，或是从物质的、经济的角度（甚至是从道德和美学角度，有人说，进步的就是有说服力的），对过去的回顾使欧洲人相信，他们开启的是进步的历程，这也意味着整个世界都在进步，因为欧洲的文明已经传遍全世界。还有，他们相信未来的进步空间无限大。1900 年的欧洲人在面对他们不断取得成功的文化时所表现出来的那种自信，和中国的士大夫在一个世纪以前对中国文化表现出来的自信是一样的。对于过去，欧洲人是肯定的，过去的辉煌也证明他们是正确的。

尽管如此，也有一部分人对此并不自信。这些人认为，从这些史实同样也可能得出悲观的结论。虽然悲观者的数量远远少于乐观者，但他们中的不少人颇有声望和非凡才智。他们中的有些人认为，现在人类所处的文明已经开始展示出自我毁灭的潜能，而且自我毁灭的时代离现在并不遥远。一些人则看到，现在的文明越来越脱离宗教和道德绝对准则的约束，伴随着物质主义和野蛮，可能走向大的灾难。

结果表明，乐观主义者和悲观主义者都不完全正确，可能是因为他们的目光都太过胶着在他们所以为的欧洲文明的各项特点上，太过关注欧洲这个场所。他们探究其内在的力量、趋势和弱点，以此寻找对未来的指引。欧洲的观念在世界上确立了自身的优势地位，但它们是怎样改变这个世界的呢？对此他们中没有多少人留心过。极少有人关注欧洲以外的世界，以及大洋彼岸的"欧洲"。19 世纪的贸易、帝国和思想在全球的扩张到底如何改变了整个世界？他们完全没概念。一些心智不平衡的狂人对所谓东方的"黄祸"大惊小怪，其实是已隐约感觉到更深层的变化正在发生。

　　回首 20 世纪，我们当然会倾向于说，回头再看，悲观主义的主张是最有力的。这很可能是对的。但是事后觉悟有时也是历史学家的一个弱点，就这个例子而言，它令人很难看清乐观主义者当时何以对自己观点如此肯定。所以我们必须努力做到这样：首先，认识到乐观主义者当中有一些人是具有远见和洞察力的；另外，乐观主义长期以来对解决 20 世纪的某些问题都是一种障碍，以至于它完全有资格被理解为一种历史的力量。但悲观主义者的很多说法也是错误的。20 世纪发生的种种灾难令人震惊，但是它们所降临的社会已经更为坚韧——之前的社会或许只因更小的灾难就土崩瓦解——它们与一个世纪之前所畏惧的灾难也不尽相同。1900 年，乐观主义者们和悲观主义者们都一样，必须和资料打交道，资料可以以多种方式解读。他们发现准确地对未来作出判断是如此困难，这不是在抱怨，只是觉得有点悲痛而已。而我们尽管有了更多的信息资源，仍然不能成功地对不久的将来作出预测，因此我们也没有资格去谴责他们。

第 1 章　体系内的压力

20 世纪发端时，一个明显的历史趋势是欧洲世界的人口不断增长。1900 年，欧洲本身大约有 4 亿居民，四分之一是俄罗斯人，美国人口大约有 7 600 万，其中英国侨民有 150 万左右。这使占主导地位的欧洲文明在世界人口中保持高比例。另一方面，在 20 世纪的前十年，一些国家的增长速度也开始降下来。这种现象在那些处于西欧中心的发达国家中表现得尤其明显，这些国家人口的增长越来越依赖死亡率的下降。在这些国家里面，出现了这样一种现象：维持小的家庭规模现在已经成为一种向社会底层蔓延的习俗。传统的节育知识早就在社会推广，但 19 世纪已经产生了更好、更有效的技术。社会越广泛地采用这些技术（很快就有迹象表明确实如此），对欧洲人口结构的影响就越大。

另外，在东欧和地中海地区，节育技术对人口结构产生的影响很小。在那里，快速的人口增长只不过刚开始制造严重的压力。19 世纪时越来越多的出路出现，移民使克服人口问题成为可能，但一旦这些出路不畅，麻烦就又来了。若是考虑到致力于降低死亡率的相关机构开始从欧洲扩展到亚洲和非洲，将产生何种后果时，更多悲观的反应将被激发出来。在 19 世纪所创造出来的世界文明中，这是无法避免的。这样的话，欧洲的成功扩张将会导致它新近在技术主导之外取得的人口数量方面的优势最终丧失。更糟的是，马尔萨斯人口危机论曾经所担心的恐慌（没有出现是因为 19 世纪的经济奇迹转移了人们对人口过剩的恐慌）可能最后会变成现实。

把马尔萨斯的警告搁在一旁之所以可能，是因为 19 世纪产生了世界上前所未有的最大的财富创造浪潮。在 1900 年，各种资源集中在处于工业化进程中的欧洲，潜藏于经济快速增长背后的技术更是取之不竭的。

一个世纪以前，这里就已经出现一个广阔的但相对规模较小的商品快速流通的市场，但所有类型的商品都已经出现了。石油和电已经同煤、木材、风能和水能一起，成为能源。化学工业出现了，在1800年这是不可想象的。人类不断提高的能力和财富被用于开发看似取之不竭的自然资源，不只在农业和矿业领域——也不只是欧洲这样。对原材料的需求改变了其他大陆的经济。新的电力产业的需求给巴西带来了短暂的橡胶业繁荣，但永远改变了马来西亚和中南半岛的历史。

成千上万人的日常生活也改变了，铁路、有轨电车、蒸汽轮船、汽车和自行车使每一个人能够支配他们所处的自然环境，他们能快速地到处旅游，这也是人类自几千年以前开始用动物拉车后首次对陆地交通工具的速度实现的大变革。这些改变产生的结果是，在很多国家人口增长轻易地带动了更快的财富增长。比如，从1870年到1900年，德国的生铁产量增长了六倍，但它的人口大约只增长了三分之一。从消费的角度，或是从人们所能得到的服务，或是从健康状况等角度看，发达国家的民众在1900年的生活是远远好于100年前他们的前辈的。但俄国人或安达卢西亚农民并没赶上这样的好日子（尽管评估他们生活条件的标准很难制订）。然而，对他们来说前面的道路看来依然是光明的，因为如何走向繁荣的答案已经被找到了，并且可以在所有国家实现。

即使面对这令人欢欣的场景，疑惑还是可能产生。即使忽略未来可能出现的情况，对新财富的成本的预算和对社会正义分布的疑惑都能带来麻烦。大部分人还是相当贫困，无论他们是否居住在富裕的国家里，现在，这些国家这种贫富差距的不协调状况比早些时期更加严重。当社会表现出更明显的创造新财富的力量时，贫困就更加地折磨人。这是一种具有可以预想的革命性意义的变化的开端。人们思考自身处境的方式的另一种变化，其焦点是人们获取谋生手段的能力。人会无所事事不是什么新鲜事。新的情况是，经济景气的无规律起伏波动导致数以百万计没有工作的人聚集在大城镇。

这就是"失业"，这种新的现象使我们需要这个新的单词。一些经济地图标注：

斯塔的维纳亚到美国
英国人到加拿大和美国
爱尔兰人到美国
英国人到美国
南非、澳大利亚和新西兰
德国人到美国
欧洲人到殖民地
葡萄牙人到巴西
意大利人到美国和美洲

挪威　奥斯陆　斯德哥尔摩
瑞典　哥本哈根
丹麦　本哈根
苏格兰　格拉斯哥　爱丁堡
贝尔法斯特　英格兰
都柏林　利物浦
爱尔兰　伦敦
布鲁塞尔　阿姆斯特丹　科隆
巴黎　德国　奥地利　米兰　威尼斯
法国　瑞士　慕尼黑
波尔多
巴塞罗那　马德里　西班牙
葡萄牙
罗马
意大利
阿尔及尔　突尼斯
地中海

波兰　柏林　波兰人
莱比锡　克拉科夫
犹太民族　布拉格
维也纳　犹太民族

波兰/俄国的犹太人群

法国人到阿尔及利亚
意大利人到突尼斯

北

500千米
300英里

19世纪欧洲的移民
海外移民
欧洲内陆移民

部分世界人口迁徙

美国　加拿大
南美洲　欧洲　俄国　中国
非洲　印度
澳大利亚

19世纪来自欧洲的移民

学家认为失业是资本主义的伴随物，是不可避免的。有些邪恶的事物曾使工业化社会最初的观察者们大为吃惊，但城市至今也没能摆脱它们。到了 1900 年，大部分的西欧人是城镇居民。到 1914 年，有 140 多个城市的居民超过 10 万。其中数以百万计的人缺少自由活动的空间和居所，缺少学校和清新的空气，除了街头娱乐外没有什么消遣，而这些在社会催生的富人眼中是司空见惯的。"贫民窟"是 19 世纪发明的另一个新词。细想这些现象，我们可以得出两个密不可分的结论。第一个结论是恐惧，很多头脑清醒的政治家在 19 世纪末仍然对城市充满戒备，认为其是发生革命危险、犯罪和邪恶的中心。另一种结论是充满希望，城市的状况使有些人坚信：反对不公正社会和经济秩序的革命是不可避免的。这两种反应都忽视了不断积累的经验证据：西欧爆发革命的可能性事实上是越来越小了。

社会骚乱加深了人们对革命的恐惧，尽管革命的本质被曲解并被夸大。俄国和世界上其他国家比较，它很明显是欧洲的一部分，但它没有沿着经济和社会进步的主线向前快速地发展，改革还没有走多远就激起了一场持续的革命运动。革命在恐怖行为中爆发——一位沙皇是其中的一个牺牲者，自发的土地运动连续地爆发助长了革命的火焰。农民对地主和管家的袭击在 20 世纪初期达到了顶点。当俄国人确定他们已经在战争中败给日本人，刹那间动摇了对国家体制的信心，结果就是 1905 年革命爆发。

俄国无疑是一个特殊的例子，但是意大利也是，有一些迹象让一位观察家认为在 1898 年和 1914 年包含着革命因素，而西班牙的一个伟大城市——巴塞罗那在 1909 年爆发了血腥的巷战。罢工和示威游行在没有革命传统的工业化国家里也能变成暴力活动，1890 年的美国充分表现了这一点。甚至在英国，很多时候也因此而出现了伤亡。这种局面和偶发的无政府主义者的活动结合在一起的时候，自然让警察和"正派"的市民保持警觉。无政府主义者们尤其擅长让自己成为公众的关注点。他们在 1890 年的恐怖主义行为和暗杀行动获得广泛的公众注意，这些行为的重要性已经超越了成功或失败本身，因为媒体的发展已经意味着一个手榴弹或是一把刺人的匕首都能提取出巨大的公众关注价值。在采用这些方法的时候，并不是所有的无政府组织者都会有共同的目标。但他们是那个时代的产物，他们抗议的不止是国家的政府层面，也反对整个社会里面他们认为不公正的一切。无政府主义者们有利于让人们保持对革命一贯的恐惧感，哪怕他们的鼓动性也许没有他们的对手——马克思主义者强。

到了 1900 年，几乎各地的社会主义都意味着是马克思主义。只有在英格兰，才存在着可选择的信仰，那里很多工会运动早就取得发展，通过建立政党进行斗争是可能实现的，这使得他们青睐一种非革命性的激进主义。在欧洲大陆社会主义学派中，马克思主义至高无上的地位在1896 年得到正式宣示。那时，第二国际，一个在七年前为了协调各个国家的社会主义活动而建立起来的国际工人阶级运动组织，驱逐了在此之前属于它的无政府主义者。四年后，第二国际在布鲁塞尔设了一个固定办公室。在这些社会主义活动里，德国社会民主党凭借人数上的优势、经费和理论的贡献占据了主导地位。尽管受到政治迫害，但由于德国快速的工业化进程，这个政党还是快速成长起来。到 1900 年，这个党的存在已经成为德国政治生活里的既成事实，它是德国第一个真正的群众政党。仅仅是人数和经费本身就让德国社会民主党的官方信条——马克思主义有可能成为国际社会主义运动的信条，但是马克思主义也有自身理论和情感上的吸引力。这种吸引力尤其存在于世界正朝着社会主义者所期望的方向发展的形势中，以及参加阶级斗争所带来的情感满足中，而马克思主义者坚信阶级斗争必将在暴力革命中终结。

尽管马克思主义使人们强烈地对现存秩序感到担忧，一些马克思主义学者已经意识到，1880 年以后的社会状况已不能完全支撑这个理论了。明显地，大批民众已经能够在资本主义制度下获得较高的生活水平。马克思曾经预测的两个阶级的尖锐斗争不能囊括资本主义体制所展示出来的复杂性。另外，资本主义政治制度也已经能够服务于工人阶级，这一点是非常重要的。在德国，同样也在英格兰，社会主义者抓住议会制这一机遇已经取得重要的优势。选票可以成为武器，就算在等待革命，人们也没有忘记拉选票。这些情况的出现使得一些社会主义者试图去重新表述正统的马克思主义，以便能够符合这些趋势，这些人被称为"修正主义者"，他们宣扬的是通过和平的方式促使社会转变为社会主义社会。如果人们喜欢称这种转型为革命，那就只涉及革命这个词的用法争议了。在这个主张及其激发的冲突内部，有一个现实问题在19世纪末开始凸显出来了：在资本主义社会的政府里，社会主义者该不该成为内阁成员。

由这个问题引起的争论恐怕需要好些年的时间才能解决。后来就出现了对第二国际的修正主义毫不隐讳的批判，而各国的工人党，特别是德国社会民主党继续执行修正主义路线，按照适合他们的方式处理与现存体制的关系。但是一些正统的马克思主义者仍然坚持革命道路。很多社会主义者甚至认为如果政府强迫征募士兵作战的话，只要拒绝应征，就可能让革命变成现实。其中一个社会主义派别，主要是俄国的，继续猛烈地指责修正主义并且宣扬暴力革命，这反映了俄国独特的社会状况，那就是在俄国借助议会制政治进行革命是没有可能的，另外俄国也具有深厚的革命和武装斗争传统。这个派别被称为布尔什维克，在俄语中的意思是多数派。

社会主义者宣称他们为广大群众说话。他们是否真的这么做了呢？到了1900年，很多保守人士开始担心，除非使用暴力，19世纪由自由主义和民主取得的进步将是不可阻挡的潮流。他们中的少部分人仍然生活在19世纪前的精神世界里，而不是20世纪前的精神世界里。在东欧，很多准家长制关系和传统的地主所有制仍然没有被触动。这样的社会将继续制造贵族阶层的保守者，这些人不仅反对侵犯他们的物质特权，而且反对一切"市场社会"的价值观和设想。但这条线也越来越模糊了，因为大部分保守主义的思想倾向于保护资本，这种观点早在半个世纪前就在很多地方因为个人主义者的提倡而被看作是极端的自由。资本家的、工业化的和保守的欧洲越来越反对国家对个人财富的干涉，而这种干涉随着国家在社会生活中扮演的越来越大的管理者角色而稳步增强。1911年，这个问题在英国引发了一场危机，结果导致了对1688年宪章的革命性改变，英国上议院约束民选的下议院的权力遭到削弱。有大量事项与此相关联，其中包括让富人为社会服务缴纳较高的税额。即使在法国，到了1914年，人们也接受了个人所得税的原则。

这些变化显示了发达国家政治民主化的逻辑。到1914年，法国、德国和一些较小的欧洲国家的普通成年男子都有选举权；英国和意大利也有数量足够多的选民，大体接近民主的标准。这也产生了另一个令人困扰的问题：如果男人在国家政治中有了选举权，那么妇女不应该也有这样的权利吗？这个问题已经在英国的政治中引起了不满。但在欧洲，只有芬兰和挪威到1914年让妇女成为议会选举的选民；尽管如此，新西兰、澳大利亚的两个州、美国的一些州也随后给妇女以选举权。在随后30年里很多国家都开放了妇女的选举权。

在一个歧视妇女的社会里，政治权利是妇女权利这个大问题的一个重要组成部分，以前的文明都倾向维护男子利益和价值观。欧洲讨论妇女在社会中的作用始于18世纪，不久，长期围绕这一问题的一系列假设的结构便显露出裂痕。妇女的受教育权、就业权、对自己财产的支配权、道德独立，甚至穿更舒服服装的要求，在19世纪引起热烈的讨论。易卜生的剧作《玩偶之家》就被理解为对妇女解放的高声呼吁，而不仅仅是如作者期望的呼吁个人解放。这些议题的提出意味着一种真正的革命。在欧洲和北美，妇女要求各种合法权利的主张威胁着几百甚至近千年的制度化的假设和态度。这些主张激起了复杂的情感，因为它们和根深蒂固的家庭观念和性别观念相联系。她们的觉醒困扰了一些人，因此产生的影响比社会革命和政治民主对这些人的威胁更深刻。人们这样看待这个问题，那就对了。在早期，欧洲女权运动就像是一粒种子一样，当它作为西方价值观的一部分冲击其他文明的时候，就发展为更具有爆炸性的内容了。

妇女参与政治，抨击让妇女备受压迫的法律和制度结构，也许这并不能给妇女带来什么。但以下三个方面的变化，将在削弱传统方面产生缓慢增进的，但最终十分重大的影响。第一种是发达资本主义经济的发展。到1914年时，在一些国家，妇女已经可以从事很多新职业，比如打字员、文秘、电话通讯员、工人、销售员和教师。而这些在一个世纪前是不存在的。这种变化给妇女带来了实际的经济权：如果她们能靠自己的劳动谋生，就意味着她们已经开始走在一条最终改变家庭结构的道路上。很快地，在工业社会里对社会福利的需求会加速这种进步，因为对劳动力的需求为她们打开了更广阔的就业范围。同时，到1900年时，越来越多的女孩能在工业行业和商业行业中工作，这意味着她们有机会逃离父母的控制和不幸的婚姻。直到1914年，仍有大部分妇女没有得到这种好处，但是这个进程在加速发展，因为这些进步也会激发她们的其他需求，比如教育培训和职业培训。

第二种大变革的动力到1914年更加展现了它改变妇女生活的巨大潜力，那就是避孕技术。避孕技术已经对人口产生决定性的影响。接下来妇女将在权力和社会地位方面进行革命，因为她们接受了这样一个观念，她们能控制生育和养育，生育和养育贯穿人类历史，且直到现在仍然是女性生活的最主要内容。除此还将有另外一个更深刻的改变在1914年也开始明晰起来，那就是女性意识到，她们可以在不必结婚接受终身束缚的情况下追求性满足。

第三种把女性悄悄但不可抗拒地从旧生活中解放出来的动力，也许很难用一个单一的名称表述，但如果这种动力有一种支配性原理，那就是科技。科技是由不计其数的创新组成的，其中一些发明创造在1900年的前几十年就已经开始积累起来，所有这些都开始打断原先女性从事家庭琐事的固定的时间表，尽管这些刚开始看来并不重要。自来水、可用于取暖和照明的煤气的出现都是当时的例子；电能具有清洁和灵活的特点，所以后来对人民的日常生活产生了更明显的影响。大商店是零售领域大变革的前线，大商店不只告诉了人们什么是奢华，而且更便利了家庭的物品需求得到满足。随着食品加工技术和保存技术的发展，进口食品也慢慢改变了人民的饮食习惯，人们不再需要像以前，以及通常仍旧如此的印度人和非洲人一样，一天去一两趟市场。1900 年时世界上还没出现洗涤剂和容易清洗的人工纤维，但和一个世纪前相比，已经可以很容易就买到肥皂和洗涤碱，价格也很便宜。而第一批家用机器——煤气炉、真空吸尘器、洗衣机也在 20 世纪早期开始出现在富人的家里。

那些在以前很快认识到采用马镫和车床对促进当时社会进步重要性的历史学家们，却没有发现这些普通的商品和器具对社会进步也具有与马镫和车床一样的重要性。因为它们意味着这个社会的另一半——女性世界的革命。这就不难理解在 20 世纪初期，为何傻里傻气的"妇女参政权论者"（suffragettes）——英格兰人对争取选举权的妇女的称呼——对这些普通的东西比一般人更关注。自由和政治制度的民主化很快加速了女权运动。这就是女权运动兴起的背景。理论上，跨越性别界线一起追求民主是有理由的，因为这意味着全体选民的人数会翻倍。

但是正式合法的政治结构并不足以完全表达民众想要的具有"大众"性质的政治倾向。大众必须组织起来。到 1900 年，现代政党的出现满足了这个要求。政党简化了议题从而作为清晰的选项呈现在人们面前，并且传播政治意识和发展特殊利益。政党从欧洲、美国传遍全世界。思想守旧的政治家们强烈反对这种新团体模式，因为这是大众社会到来的另一个标志，意味着腐败现象可以被大众讨论，传统的政治精英必须根据大众的要求调整其政治观点。

在 19 世纪早期的英格兰，公众意见的重要性已经被政府意识到。在民众对《谷物法》展开的斗争中，民意被视为具有决定性意义。到 1870 年，法国的皇帝也意识到他无法抵抗民众对他所害怕并且将会输掉的那场战争的呼声。俾斯麦，一个典型的保守政治家，很快意识到他必须向民意妥协，拓展德国的殖民利益。对民意的掌控，很快也将成为可能（至少很多报纸老板和政治家都这样认为）。扩大文化教育具有两面性。一方面，人们曾认为，为了让群众正确行使他们的投票权，得让民众文明开化，因而对民众教育进行投资是必需的。但民众文化程度提高的结果是廉价的报纸有了市场，报纸经常迎合读者的情绪和感觉，卖报者和广告设计者也有了市场，这也是19世纪的另一项发明。

民族主义仍然是一个不容置疑并最具大众吸引力的政治原则。而且，它总能保持革命的潜力。这种现象在一些地方很明显，在奥斯曼帝国的欧洲部分，从克里米亚战争开始，民族主义者成功反抗奥斯曼帝国的统治并建立新国家的浪潮几乎没有停息。塞尔维亚、希腊和罗马尼亚也在1870年前牢固地建立起来。到19世纪末保加利亚和黑山也成立了。1913年，在欧洲冲突完全掩盖土耳其问题之前，爆发了巴尔干同盟对抗土耳其的最后一次战争，阿尔巴尼亚在这时成立了，接着出现了一个由希腊人管理的自治的克里特岛。这些民族主义活动很多次把较大的国家拉进泥潭，它们是和平的潜在威胁。但在俄罗斯帝国境内的民族主义者，他们却不完全是这样的，尽管在那里，波兰人、犹太人、乌克兰人、立陶宛人都觉得他们深受俄罗斯人的压迫。在奥匈帝国，战争看似是关系紧张的必然结果，在帝国的匈牙利部分出现了真正的革命苗头。为反抗匈牙利人的压迫，匈牙利的大部分斯拉夫人跨越国界到塞尔维亚去求助。在奥匈帝国的其他地方，比如在波希米亚和斯洛文尼亚，民族情绪没有这么高涨，但民族主义仍然是主要问题。

英国的民族问题没有像这些国家那么严重，但它在爱尔兰也有民族问题。实际上，它面临两个民族问题。信奉天主教的爱尔兰人在19世纪的大部分时间里都是英国一个明显的民族问题。英国政府作出让步并答应进行改革，但爱尔兰人还是没能实行英国自由党所承诺的地方自治。然而到1900年，农业改革和经济状况的好转大大降低了爱尔兰问题对英国的危害性，尽管很快又被新出现的另一个爱尔兰民族主义问题困扰，即占阿尔斯特省（北爱尔兰）人口绝大部分的新教徒威胁说，如果英国政府给信奉罗马天主教的民族主义者们以地方自治的权利，他们就要起来革命，这是个令英国政府非常头疼的问题。在1914年，当英国的民主体制最终通过地方自治的法令时，一些国外的观察家误以为英国的这一政策肯定会被因为干预欧洲事务而引发的国内革命阻止。

　　所有支持民族主义言论的人都认为自己这么做多少是有正当理由的，是为了被压迫的人们。但列强的民族主义同时也是一股分裂的力量。阿尔萨斯和洛林在1871年被割让给德国后，法国和德国心理上的裂痕更深了。法国的政治家迎合法国人民的心理，积极培养人民的复仇情绪。法国的民族主义给其带来不少苦果，引起诸多政治争吵，因为他们把问题上升到对国家制度的忠诚层面。就连最冷静严肃的英国人也会不时被民族主义情绪鼓动，他们对帝国主义和保持英国海军至高无上的地位都很狂热。德国充满旺盛活力的经济越来越威胁到英国世界商业中心的地位。尽管这两个国家是彼此最好的伙伴，但更重要的是在很多方面它们的利益开始发生冲突了。在德国第三位皇帝威廉二世的统治下，德国的民族主义具有了另一种新特色。威廉注意到了民族主义所蕴藏的巨大力量，他想让这种民族主义不仅得到真正的表达，还要具有象征性的体现。首先他想建设一支强大的海军，这一点尤其让英国恼火，英国人无法接受这一点，认为建设海军是针对英国的。人们开始发现在欧洲事务上德国人越来越盛气凌人，不管是有理还是没理。民族的模式化观念很难用一个词表达，但是因为它们参与对公众的反应进行可怕的简化，因此成为20世纪初民族主义情绪的破坏性力量的一部分。

　　对当时的历史感到乐观的人指出，在19世纪，国际暴力减少了，自从1876年（俄国和土耳其打起来）后欧洲几个强国之间就没有战争，但不幸的是，欧洲的士兵和政治家们并没有理解美国南北战争已透露的征兆，在这场战争中，由于铁路和电报机的出现，一个指挥官第一次能控制超过100万的人，也第一次向人类展示了大量生产的现代武器能够带来巨大的伤亡。然而这些危害性的事实都被忽略了，1899年和1907年召集的和平会议旨在阻止欧洲出现的军备竞赛，尽管失败了，但这种努力是积极的。越来越多的国家接受国际仲裁惯例和对野蛮战争的一些限制。当德国皇帝派遣军队参加八国联军镇压中国义和团运动时，他说了一句意味深长的话。威廉被中国人反抗欧洲人的暴动的报道所激怒，告诉他的士兵们要像匈奴人一样凶残。这句话深刻地印在人们的记忆中。很多人都觉得他这样说太过分，尽管在那时他认为这种指示是有必要的。根本没人会对 17 世纪的军队说要像匈奴人一样凶残，因为不用说他们自然就会这么做。到 1900 年，没有人再期望欧洲军队这样做了，因此要指令他们这么做。战争的人道化开始了。"文明的战争"是一个 19 世纪的概念，不仅仅是一个矛盾的术语。1899 年，各国都同意禁止使用毒气、达姆弹，甚至禁止从空中向下扔手榴弹，即使这种禁止只是暂时的。

　　除了抵制革命的共识外，伴随着基督教世界观念的崩溃，欧洲统治者因意识到彼此息息相关而受到的约束很久前就瓦解了。19 世纪的宗教在国际关系中是一种缓和矛盾的次要的非直接的动力，也有利于加强人道主义与和平主义。基督教已经证明了其在控制暴力上的力量是微弱的，正如社会主义者的希望——全世界的工人为了社会主义目标不要互相斗争一样是不可能的。这是不是有组织的教会全面失势的结果，这一点还不太清楚。到 1900 年时，宗教对人们行为的控制力在不断下降，这使人更加担忧。这并不是因为一种新的宗教形式挑战了基督教教义，而是因为出现了一种趋势，这种趋势从 18 世纪开始就可观察到，自法国大革命后就越趋明显了。几乎所有的基督教教派都越来越受到社会进步和人文精神冲击，它们也没有能力利用新工具来改变这种状况，比如在 19 世纪晚期大量发行的报纸也许本来可以帮助它们。当然，它们中的一些教派，尤其是罗马天主教，极其怀疑这些进步。

　　尽管所有的教派都感觉到了时代产生的这种对它们不利的潮流，但罗马天主教是最明显的牺牲者，教皇的权力和威望已经被严重削弱。罗马天主教也公开声明它对进步、理性和自由的敌视，这些声明也成为宗教教条、教义的一部分。从政治上来说，早在 18 世纪 90 年代，当法国大革命的军队把革命的精神带到意大利，改变了意大利的领土，入侵教皇的领地时，罗马天主教的世俗权力就开始被削减。随后，对教皇权力的侵犯从时代的主导理念——民主、自由、民族主义来看也被证明是有理的。最终，在 1870 年，梵蒂冈外的老教皇国的最后一块领土也被意大利的新国王收回来，教皇就此几乎完全成为纯粹的教会精神领袖。可追溯至墨洛温王朝时期的教皇享有世俗权力的时代结束了，有一些人认为这是一件可耻的事，因为这种宗教习俗一直都是欧洲文明和历史的中心。

事实上，这被历史证明是一种福祉。然而，在那时，对教会权力的强夺强化了教皇对该世纪几种力量的敌意，也强化了进步思想家所持有的嘲笑态度。1870 年教皇谈到信仰和道德方面的最高权威，认为自己是这方面的绝对权威，这成为教会教条的一部分。这时双方的对立达到新的高度。在接下来的 20 年里，在德国、法国、意大利和西班牙的政治生活里，反教权主义和攻击神父变得比以前更重要。在很多信奉罗马天主教的国家里（除了波兰），民族情绪被调动起来反对教会。政府在反教皇运动中占据优势地位，这有利于政府对教会行使其合法权力，政府把权力扩展到教会原先最重视的教育领域，首先是初级教育和中等教育。

"迫害"催生了政治上的不妥协。矛盾的是，出现了这样的情况，无论人们对罗马天主教教义的地位持怎样的观点，天主教在忠实的信徒中依然能获得大量的支持。还有，由于天主教在海外的传播，很多人皈依了天主教，信徒的人数很快大量增长了。尽管在欧洲新出现的众多城市居民中，有组织的宗教并没有取得多大的发展，基督教不合时代的教条没有打动他们，这些人原先生活的世俗文化环境也让他们成为不信教的人，但作为一股政治和社会力量，天主教还有很大的发展空间，更别说它会消亡了。事实上，把教皇从世俗角色中解放出来，使罗马天主教徒更觉得应该对他绝对忠诚。

罗马天主教是对教徒要求最多的基督教教派之一，处于那个时代教权和政权斗争的最前线，但上帝的启示录和教士、牧师的权威到处受到质疑。这是 19 世纪最明显的特征之一，很多欧洲人和美国人仍然相信他们教派教义中简单的和字面的信条，还记得《圣经》中所说的故事。当这些信条被威胁到时，他们感到极为不安，但这些信条在越来越多的国家里受到了挑战。传统的宗教信条最初只是在知识分子中受到质疑批判，知识分子从启蒙运动中吸取很多新思想："伏尔泰式的"是 19 世纪一个最受欢迎的形容词，用来表明反宗教和怀疑精神的观点。随着 19 世纪的推进，这些思想被另外两股知识潮流加强了，这两股潮流刚开始都只是知识分子关注的，但随着大众教育和廉价报纸的推广而产生了广泛的社会影响。

一个挑战来自研究《圣经》的学者们，他们中最重要的是德国人，他们从 1840 年开始不仅仅推翻了很多把《圣经》当作历史证据的假设，起更根本作用的是，使人们对《圣经》的态度从心理上改变了。其实这使以后简单地把《圣经》当作客观的历史材料的行为都会受到人们的批判。法国学者欧内斯特·勒南在 1863 年出版的一部非常成功的且引发一些人愤怒的书《耶稣传》，把这种看法带给了更多的人。《圣经》自从在"黑暗时代"出现以来一直是欧洲文明的核心文献，但此后再也未能恢复到这种地位。

破坏了传统基督教信仰，从而破坏了长久以来基督教假设中固有的道德观、政治观、经济观的第二种思想源泉，是自然科学。攻击宗教学说中不合逻辑的种种说法，对民众进行启发已经变得很急迫了，这时科学开始提供经验性的证据来证明《圣经》所说的大部分都不符合观察到的现实。起点就是地质学，自 18 世纪末期开始，有关地质学的知识自苏格兰科学家查尔斯·赖尔的《地质学原理》一书在 1830 年出版后就得到广泛关注。这本书从自然力的角度解释地壳变化的原因，认为地壳运动和地表变化不是由于一次性的创世，而是由于风、雨等仍在运行的自然力的作用。赖尔还指出，如果这个理论是正确的，那么在不同的地质层存在的不同生命体的化石意味着在每一个地质时代，总是不断出现新物种。如果这个理论也是正确的，那《圣经》所说的神造万物的说法就陷入困境了。

从另一种渠道让解决这些问题变得非常急迫的是生物学。英国科学家查尔斯·达尔文在 1859 年出版了一本对现代文明影响深远的书，简称《物种起源》，这本书也许过于简单，但大体上没歪曲事实。他的书很快就出版并在全国范围内几乎引起骚乱，公众从某种程度上来说，也做好了准备，对宗教主导一切（比如教育）的合理性的质疑传开了。公众对"进化"这个词很快熟悉起来，但达尔文一直试图避免用这个词，直到《物种起源》出到第十五版，也就是第一版出版的十年后。

然而，这本书对进化假设的论述是独一无二的，也就是，生物是从简单的物种经过长期的演变才变成它们现在的样子的。当然，这也包括人，他在另一本书——1871 年的《人类的由来》中有详细的解释。这种进化是怎样发生的，在这个问题上有不同的看法。达尔文受到了马尔萨斯的人类为了食物存在残忍竞争的观点的影响，认为生物界体现了这些原则，在残酷的环境下，生物之间优胜劣汰，这是"自然选择"的结果。这个观点在"适者生存"这句话被用作口号时就变得通俗化了（还被严重曲解）。但是，尽管这部著作的很多观点激发了新思想的产生，但更重要的是达尔文沉重打击了广为流传的《圣经》中的神造论（也打击了认为人类独一无二的说法）。达尔文的书把对《圣经》的评判和地质学结合起来，使任何严谨和有思想的人都难以再认为《圣经》是完全正确的——但是在 1800 年的时候这是可能的。

科学影响人们已经形成的信仰的最有效方法，是削弱《圣经》的权威。另一点也很重要，就是科学开始在范围空前广大的公众当中，拥有一种新的含糊的但是不断壮大的威望。这是因为科学获得了控制自然的最强大工具的新地位，自然被认为日益无力抵抗科学的强大力量。这就是科学开始创造神话的开始。事实上，关键在于 17 世纪科学的伟大进步并没有经常引发普通百姓生活的改变，而 19 世纪的科学进步越来越表现出这一点。人们尽管不明白率先在外科手术中使用防腐剂（或者防腐技术）的约瑟夫·李斯特的理论，或者在发明发电机方面做出最大贡献的迈克尔·法拉第的理论，但依然知道 1900 年的医学不同于他们祖父那个时候，并且经常在工作中和家里看到电力使用。到 1914 年，无线电信息的发送可以跨越大西洋，不依赖由低于空气密度的袋装气体支撑的飞机也变得寻常了，阿司匹林也很容易买到，美国的制造厂开始出售第一批大规模生产的廉价汽车。这些并不能充分展现出科学的无穷力量和不断拓展的领域，但是这些类型的物质进步使普通老百姓印象深刻，也让人们开始崇拜科学这个新的圣地。

科学体现于技术，因为在很长一段时间内，科学对大多数人的生活产生积极影响就是通过技术的发明革新体现出来的。大机器和各种产品带给人们生活的改变越来越多，人们对此感到很满意，即使科学现在已经通过多种方式去改变人类社会了，但通过工业生产还是它最明显的一种方式。不过虽然科学的发展以此跟社会和世界主导文明深深地缠绕交织在一起，科学的发展不仅仅意味着纯粹力量的增强。在 1914 年后的时间里，科学的发展已经为 20 世纪下半叶的明显特征打好了基础，科学成为世界主导文化发展的主要原因。科学进步是如此之快以至于人类生活的每一部分都受到它的影响，同时人们仍然试图去抓住科学最基本的哲学含意。

对这种改变最不费力的（最容易当作起点的）观察是把科学本身当作一种社会和物质现象。在 17 世纪，当物理学实现第一个伟大的进步时，科学已经成为一种社会现实。一些研究机构很快被建立起来，在那里，研究人员集中起来用一种后来被认为是科学的方法去研究自然界，甚至有时统治者还雇请科学家，利用他们的专长解决相关的特殊问题。很明显，在一些有用的技能——它们经常被称作技能而不是科学——比如航海和农业当中，由那些本身不是从事这个职业的技术人员所做的实验，也能产生有用的贡献。有一个专门的名词来帮助人们正确地把那个时代和 19 世纪及此后的时代划分开来，在那个时候科学家被称为"自然哲学家"。"科学家"这个词直到 19 世纪走过三分之一的时候才被发明，当时人们觉得有必要把对自然界的研究区分为建立在严密的实验和观察上的研究，和通过未经检验的理由对自然界进行猜测的研究。然而那时，在大部分人的头脑里，人们认为进行臆测研究的人和进行应用研究的科学家或技术专家没多大区别，技术专家在那个大机器、煤矿和制造业都获得前所未有的大发展的时代更能明显地代表科学。

正是在 19 世纪，科学第一次被理所当然地视为由受过高等教育的人所从事的专业研究，这些研究者都有专业的身份。科学在教育中获得更高的地位，在已有的大学里面开设新的系。在一些国家，特别是法国和德国，成立了一些特殊的科学和技术的研究机构，科学在社会上的地位更加突出了。专业研究也包含了更大的科学成分。科学在教育领域的发展加快了对社会和经济生活的影响，效果越来越明显。科学产生的总的效果使早已形成的社会发展趋势更进一步深化。大约从 1700 年开始，全世界的科学家人数经历着稳定的指数式的增长：科学家的数量大概每 15 年就增加一倍（这说明了一个惊人的事实，从那以后，在任何时候，活着的科学家都比去世的多）。对于 19 世纪科学的发展还可以使用其他衡量方法（比如，天文台的建立），它们也都呈现出指数曲线。

　　科学的进步是人类能够不断增强对生存环境的控制力和改善生活的真正原因，外行人也能抓住这一发展机遇改善生活。就是这些原因让 19 世纪成为第一个让科学真正变成信仰的对象——也许是崇拜对象的世纪。到 1914 年，受过良好教育的欧洲人和美国人都把麻醉剂、汽车、蒸汽涡轮机、坚硬的特制钢材、飞机、电话、无线电，还有其他很多在一个世纪前还不存在的奇迹看作理所当然，但这些东西对社会产生的影响已经非常巨大了。或许最广泛和显而易见的影响是由于使用廉价电能所产生的影响，郊区的居民能乘坐火车和有轨电车，工厂里劳动的工人使用电动机，电灯出现在人们的日常生活里，电能的使用塑造着新的城市生活。就连动物的数量也深受影响，1900 年的时候，在英国有 3.6 万匹马在拉车，到 1914 年，只有 900 匹马在拉车了。

　　当然，科学的实际应用已经不是新鲜事了。自 17 世纪之后每一个时期都受到科学活动附带的技术产品的影响，尽管起初的科学活动很大程度上只被局限在弹道学、航海术和地图制作、农业和一些基本的工业加工等领域。但只有在 19 世纪，科学才在维持生命和改变社会上扮演真正重要的角色，而不是仅仅取得一些令人惊叹的和新奇的成就。比如，染色化学就是在 19 世纪的科学研究推动下产生的包罗万象的新领域，这种技术被很多行业采用，比如药物、炸药、抗菌剂生产等。这些都对人、社会和经济产生了很大作用。新兴的迅速发展的染色工艺影响了成千上万的人们，印度靛蓝原料种植者们悲伤地发现他们破产了，西方的工人阶级发现他们可以购买色彩稍微丰富一些的衣服，就这样，随着衣服大规模的工业生产和人造纤维的迅速发展，不同阶级的人的衣服原先明显的差别开始慢慢消失了。

这些变化已经让我们跨越维持生活的界线，开始去改变生活。基础学科将继续改变我们的社会，尽管在 1914 年以前，一些学科就已经开始改变社会了，比如物理学，这最好留到晚点再讨论。另一个影响比较容易测量的学科是医学。到 1914 年，医学领域已经取得巨大的进步。在一个世纪的时间里，它由一种技能发展成了一个学科。理论发展和控制感染成为医学的桥头堡，抗菌剂在数十年后被认为是理所当然，但在 19 世纪 60 年代仅被赖斯特介绍过；赖斯特和他的朋友巴斯德·路易斯（法国最伟大、最著名的化学家）一起打下了细菌学的基础。维多利亚女王是宣传新医学方法的先锋，在生王子和公主的时候采用抗菌剂，这对促进人们早日接受这种在 1840 年刚刚起步的技术是非常重要的。1909 年洒尔佛散的发明（它标志着选择性处理感染的发展），验明疟疾携带者的技术发明，或者 X 射线的发现，或许只有少数人才认识到这些成就的重要性。然而这些进步尽管很重要，但在接下来的 50 年里被其他的发明给远远超越了，顺便提一下，医疗的费用也大大提高了。

甚至在 1914 年之前，科学就已经对世界产生了巨大的影响，以至于科学创造出了属于它自己的神话。在这句话的语境里，"神话"含有不是虚构或想象出来的意思。这个词仅仅是方便了把大家的注意力集中到这个事实，即科学，以及被实验证实所以"正确"的科学结论，也在开始改变人们看待世界的方式，就像宗教在以前影响着人们看世界一样。也就是说，这已经比它为人类提供开发和控制自然的方法更加重要了。在处理超自然的问题上，科学给人类提供指导，科学也告诉人们该去追求什么样的目标，该用什么样的标准约束人类的行为。尤其在塑造公众态度上它的影响是无处不在的。当然，所有这些和作为科学家的职志的科学，是没有内在和必然的联系的。但从最长远观点来看，结果就是现代文明里的精英人物没有主导的宗教信仰或超然的理想。这个文明的核心，无论是否被清楚地表达出来，就存在于对下列希望的信念里，即人类可以通过控制自然做些什么。理论上，人们认为只要有充足的智力资源和财富，没有什么问题是不可以解决的；人们也给还没弄清楚的领域留下继续发现的空间，但并不承认本质神秘的事物。如今，很多科学家在这个结论上已经开始退缩了。自然界包含的很多现象还难以被理解。但是现在的主导世界观就是基于这个假设上的，它的基本要素在 1914 年以前就已经形成。

对科学的极端信心已经被称为"科学至上主义"，但也许很少人完全明确并无限制地支持"科学至上"，即使在它最为流行的 19 世纪晚期。科学方法的声望的另一个合适的证明，是知识分子希望把科学方法拓展到自然科学以外的领域。寻找"社会科学"的心愿最早的一个例子，我们可以从英国改革家和知识分子杰里米·边沁的功利主义的追随者那里找到。边沁希望把社会管理建立在人对痛苦和快乐的反应原理的适当应用的基础上，而快乐应该最大化，痛苦应该最小化，人的各种感受和感受的激烈程度都应该被考虑进来。19 世纪，法国哲学家奥古斯特·孔德给关于社会的学科取名为——社会学；马克思在自己的葬礼上被描述为社会学领域的"达尔文"。这些人（还有其他很多人）力图效仿自然科学探寻普遍的类似机械的规律；在那时自然科学已正在放弃探寻这种规律，这在此无关紧要，探寻本身仍在证明科学模式的声望。

反常的是，到了 1914 年，科学给欧洲文明造成了一种莫名的压力，这在关于传统宗教的问题上表现得尤其明显，在其他问题上有时比较微妙。通过各种决定论（不少是演绎自达尔文的学说），或者通过从人类学或者对人的思想的研究中得到启发的某种相对论，科学本身就已经逐步削弱了人们对客观性和合理性的信心，而从 18 世纪开始客观性和合理性对于科学就非常重要。到了 1914 年，有征兆表明，自由、理性、开明的欧洲，正像传统、宗教化、保守的欧洲一样面临压力。

怀疑不应过度放大。最明显的事实是，在 20 世纪早期的欧洲，尽管一些欧洲人对欧洲的未来感到怀疑和担忧，但从不怀疑欧洲将继续是世界事务的中心，是全球政治权力最集中的地方，是世界命运的真正主宰者。从外交上和政治上来说，欧洲的政治家经常忽略世界其他地方，除了在西半球，那儿的一个起源于欧洲的国家美国举足轻重；而在远东地区，日本变得越来越重要，而美国在此的利益也需要其他国家的尊重。这就是在 1900 年让欧洲政治家极感兴趣的国家间关系；对大部分欧洲的政治家而言，这时没有什么其他重要的事务能让他们费心。

第 2 章　第一次世界大战时期

自 1870 年起，欧洲就成功避免了大的战争。但与这一明确的事实相反，国际上的一些现象表明，在 1900 年之前欧洲依然存在越来越明显的不稳定因素。例如，一些大国国内存在严重的问题，这些问题可能暗指外部势力的影响。这些国家之间也存在明显的不同，比如，德意志帝国和意大利王国是新兴国家，40 年前它们还不存在，这使得它们的统治者对内部的分裂势力尤其敏感，结果是宁愿讨好国民的沙文主义情绪。一些意大利领袖参加了灾难性的殖民地冒险，对奥匈帝国（是意大利正式的盟友，但意大利人认为奥匈帝国的统治者是"未被救赎的"）始终满腹怀疑和敌意，并最终在 1911 年把意大利推入与土耳其的战争中。德国有工业优势和成功的经济来支持自己，但在谨慎的俾斯麦退休后，正如一些德国人所总结的，执行他的外交政策的人越来越着眼于赢得尊敬和声望的战利品——"阳光下的地盘"。德国也要面对工业化的影响。德国新产生的众多经济势力、社会势力逐渐和德国制度的保守特征难以协调，这种保守特征使半封建的土地贵族在帝国政府中拥有了太多的权力。

不仅新国家存在国内关系紧张的情况。俄国和奥匈帝国这两个庞大的帝国都面临严重的国内问题；它们比其他任何国家更适合神圣同盟时代的设想，政府本质上是国民的对手。尽管它们的政体有明显的连续性，但这两个国家都经历了巨大的改变。哈布斯堡皇室君主政体以新的、两国共主的形式出现，这是马扎尔人①自己的民族主义的成功产物。在 20世纪的早些年，有迹象表明，想要在不激怒国内其他民族的情况下永久使二元君主制发挥作用越来越难。工业化的进行（在波希米亚和奥地利）给旧社会制度带来新的紧张因素。俄国，正像被指出的那样，在 1905 年

---

① Magyars，匈牙利主体民族。——译者注

爆发政治革命，现在俄国社会的变化更加深刻。独裁政治和恐怖主义破坏了亚历山大二世进行自由主义改革的希望，但是直到那个世纪末并没有阻止快速发展的工业化的进行。这是经济革命的开始，在此之前，伟大的农奴解放运动是最基本的准备工作。政府设计政策从农民那里获取粮食，为出口提供商品，从而还清对外借款。

在 20 世纪，俄国开始表现出惊人的经济发展速度。它的生产规模仍然较小——1910 年，俄国的生铁产量不足英国的三分之一，钢产量只有德国的四分之一。但是这种产量是以非常快的增长速度实现的。更重要的是，有迹象显示，到 1914 年，俄国的农业生产已经转危为安，而且有能力实现农作物的生产速度比人口增长的速度更快。一位大臣做了一个决定性的努力，就是去除之前的废除农奴制条款加给个人主义的最后限制，以期让俄国拥有一个富足独立的农民阶级，其收益与提高生产力联系在一起。但是仍有很多落后的因素要去克服。在 1914 年，俄国只有不足 10％的人口居住在城镇，而且超过 1.5 亿的总人口中只有大约 300 万的人从事工业生产。债权国仍然对俄国的进步感到不太乐观。它可能是一个具有潜力的巨人，但也是一个严重的残疾人。专制体制下的俄国管理糟糕，不情愿进行改革，而且反对所有的改变（虽然被迫在 1905 年对立宪作出让步）。文化总体水平落后，且前景暗淡；工业化要求更充分的教育，而那会引起新的紧张。自由主义的传统很弱，而恐怖分子势力和独裁的传统却很强。俄国仍然依赖外国给它提供所需的资金。

资金大部分来自它的盟友法国。和英国、意大利一起，第三共和国在欧洲强国中代表了自由主义和合乎宪法的原则。尽管法国思想有活力、不安分且有自知之明，但它的社会是保守的。一方面，法国表面的不安定是政客之间激烈讨价还价的结果；另一方面，是因为有人想努力保存革命的传统。然而工人阶级的活动基础薄弱。法国只是在慢慢走向工业化，事实上，第三共和国这时或许像欧洲的其他政权一样稳定，但是工业发展的缓慢意味着法国人非常清楚的另一个缺陷，就是他们的军事劣势。1870 年的德法战争已经表明，法国人无法凭他们自己的军队打

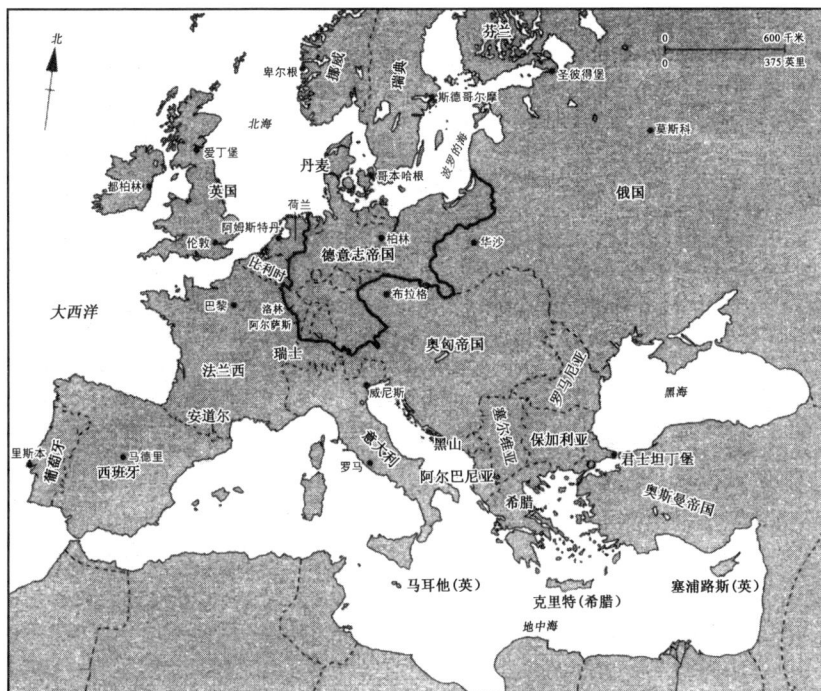

公元 1914 年的欧洲

败德国军队。从那之后，这两个国家的差距越来越大。在人力资源方面，法国远远落后于德国，在经济上的情况也一样；和它的邻居相比，法国显得相形见绌了。就在 1914 年之前，法国仅能生产大约相当于德国六分之一的煤，不到德国三分之一的生铁和四分之一的钢。要想为 1870 年复仇，法国人知道他们需要盟友。

在 1900 年，法国人不会考虑跨越海峡找盟友。这主要是因为殖民地问题。法国（正如俄国）在全球许多地方和英国在当地的利益发生冲突。在很长的一段时间内，英国都可置身欧洲大陆的乱局之外；这是一个优势，但是它在国内也有麻烦。作为第一个工业化国家，英国是工人阶级暴动问题最严重的国家之一，其相对力量优势的丧失更是加剧了困境。到 1900 年，一些英国商人很清楚德国是他们的主要对手；在技术和方法上，德国工业明显优于英国。以前很有把握的事现在也开始退却了；自由贸易被质疑。在北爱尔兰人和妇女参政论者的暴力活动中，在与上议院决定保卫财富利益的社会立法进行的残酷斗争中，甚至有迹象显示，议会制可能受到威胁。在维多利亚王朝中期的政治中，不再有维持共识的意识。然而英国的制度和政治习惯令人很放心。议会制君主立宪制已经证明了在自 1832 年以来英国发生的巨大变化中，它能控制自如，而且大部分人都相信它能继续这样下去。

那时的英国人不愿承认的一种前景，揭示了在此前半个世纪左右，英国在国际上的地位已经发生了根本变化。这点可以从日本或者美国这两个欧洲以外的大国的视角看到。日本的预兆在这两者中更容易辨别，也许，因为它在和俄国的战争中取得了军事胜利。然而明眼人会发现有迹象显示，美国不久后会成为令欧洲相形见绌的强国，成为世界上最强大的国家。美国 19 世纪的扩张已经达到高潮，它在西半球凭借自己无可置疑的实力建立了至高无上的地位。建设巴拿马运河以及与西班牙作战已经圆满结束了。19 世纪中期的大危机被美国克服了，美国的国内环境、社会环境和经济环境决定了美国的政治制度能很快处理它面临的这些问题。

在这些问题当中，最严重的一些是由工业化造成的。只要经济实力强大到足以把其他国家打得无还手之力，就万事大吉，这种自信在 19 世纪末第一次遭到质疑。但是在一部超大规模的工业机器成熟之后，这成了现实。成熟的超大规模的工业机器成为未来美国力量的坚实基础。到 1914 年，美国生产的生铁和钢是英国和德国两国总产量的两倍多；美国挖掘的煤的数量也超过它们，而且制造的汽车比世界的其他国家制造的总和都多。同时，美国公民的生活质量对移民来说仍然充满了吸引力；丰富的自然资源和源源不断的、被高度激励的廉价劳动力是美国经济实力的两个来源。另一个原因就是外来投资。它是最大的债务国。

到 1914 年，除了英国或者俄国外，虽然美国的政治制度比任何主要欧洲国家都古老，但是新移民的到来赋予了美国一个新国家的心理和特征。整合新国民的需要时常引发强烈的民族主义的宣泄。但是因为地理位置的原因和排斥欧洲的传统，以及美国政府和商业被盎格鲁—撒克逊传统的精英持续主导，美国不会参与西半球外的暴力活动。美国在1914年仍然是有待展翼的年轻的巨头，只有当欧洲需要美国介入它们之间的争吵时，美国的重要性才会完全体现出来。

在那年有一场战争是由于那些争吵开始的。虽然它不是最血腥的也不是历史上最长的战争，也不是严格意义的"第一次"世界战争，但它是到那时为止最激烈、波及地理范围最广的战争。来自每个大陆的国家都参加了。它也比任何较早的战争花费都多，而且对资源的要求是前所未有的。整个社会都被动员起来打仗，部分是因为它是第一次由机器发挥最重要功能的战争；战争第一次被科学改变。最适合形容这场战争的名字，还是那些参战者取的那个简单的名字：大战。这充分表现了它对人类造成的前所未有的心理影响。

它也是两场以遏制德国强权为中心的战争的第一场。这两场战争的结果，就是结束了欧洲政治、经济和军事上的至高权威。两次冲突都是根源于欧洲问题，而且战争总是有明显的欧洲特征。正如被德国引爆的下一场战争，它也把其他矛盾吸引进来，把很多矛盾掺杂在一起。但欧洲是这些事务的中心，最终的大战对欧洲本身造成的巨大破坏使它丢失了世界霸权。欧洲的霸权直到1918年才丧失，当大战结束时（无法弥补的损失在那时已经造成），遭到严重打击的欧洲直到1945年第二次世界大战结束的时候还没有完全恢复。这也使1914年前欧洲的结构消失了。因而一些历史学家说从1914至1945年的这个时期，是欧洲人的内战期——这是一个不错的比喻。欧洲从没有远离战争太久，欧洲大陆内部的混乱首先源于将其作为一个国家的基本假设，但欧洲从没统一过，因此没有所谓的国内战争。但它是欧洲共同文明的发源地。欧洲人认为他们间的共性超过了他们与黑皮肤、褐皮肤或黄皮肤的人的共性。此外，欧洲是一个权力体系——在1914年它是经济统一体而且刚刚维持了自己最长时间的内部和平。这些现象在1945年之前都消失了，这使内战的比喻更加生动和合理，它表现了欧洲文明自我毁灭的疯狂。

　　欧洲内部的均势保持大国间和平超过了 40 年。但到了 1914 年，这种和平被严重扰乱了。很多人开始觉得战争带来的机会可能比继续维持和平更多，尤其是在德国、奥匈帝国和俄国的统治范围内。当他们开始注意到这点时，国与国之间的关系开始变得复杂，国家之间的义务和利益使矛盾一旦产生就不可能限制在两个或少数国家的范围内。另外一个造成欧洲不稳定的因素是那些和大国拥有特别关系的小国，其中一些能够从那些随之不得不参加大战的国家手中获得实际决策的权力。

　　1914 年以前当权的政治家从心理上把这种原本就微妙的情况变得更危险了。这是一个大众情绪容易被激起的年代，尤其是在民族主义和爱国主义的煽动下。他们都忽略了战争的危险性，因为没有人（除极少数人外）能预见这场战争和 1870 年的战争是很不相同的，他们记得那年的法国，却忘记了早几年在美国弗吉尼亚州和田纳西州，现代化战争如何展现它长期杀戮和劳民伤财的面目（在内战中牺牲的美国人比在美国参加过的其他所有战争中牺牲的美国人都多，甚至到今天也没被突破）。大家当然都知道战争是具有毁灭性和暴力性的，但是也相信在 20 世纪它们会很快地结束。巨大的军火开支使文明国家觉得维持同拿破仑时期的法国作战那样的长期战争是不可想象的。复杂的世界经济和纳税人都将无法支撑。这也许减少了对危险的担忧。

　　甚至有迹象显示，许多能说会道的欧洲人厌倦了 1914 年的生活，把战争看作清除他们堕落感和枯燥感的一种情感的发泄。由于考虑到国际冲突可能带来的机遇，所以革命者对国际上出现紧张局势是欢迎的。最后，值得我们记取的教训是，外交官在重大危机的谈判中长期成功地化解了战争，这是很危险的。协调欧洲国家间关系的机制奏效了许多次，以致当它遇到 1914 年 7 月那种非同寻常的难题时，就一时约束不了这些当事国了。在冲突的前夕，很多政治家还不明白，为什么召开另一个大使会议或甚至召开欧洲大会都不能让他们从这些问题中解脱。

　　在 1914 年爆发的冲突之一，其根源可以追溯到很久以前。在东南欧，奥匈帝国和俄国进行着长期的争斗。它们敌对的根源深植在 18 世纪，但自克里米亚战争后奥斯曼帝国的加速崩溃主导着争斗的最后阶段。根据这个理由，第一次世界大战从另一个角度上看是奥斯曼战争的延续。1878 年柏林会议后，欧洲已经度过危险的时刻，哈布斯堡王朝和罗曼诺夫王朝的政策使得到 19 世纪 90 年代时，它们之间的关系平静下来，还达成了一定的谅解。这种关系一直持续，直到日本阻止了俄国在远东地区的野心后，俄国把目光重新移到多瑙河流域。在那个时候，哈布斯堡和土耳其帝国之外的事件也正在使得奥匈帝国的政策有了一种新的挑衅性。

这种情况的根源是革命的民族主义。一场看似要把奥斯曼帝国重新整合起来的改革运动激使巴尔干国家想要打破由强国建立起来的边界现状，奥地利人也想在这动荡的国际形势中追求他们的利益。在 1909 年，他们在吞并奥斯曼的波斯尼亚省时处置不当，冒犯了俄国人。俄国人也没有得到相应的回报。合并波斯尼亚的另一个结果就是二元君主制之下有了更多的斯拉夫臣民。奥匈帝国已有一些臣民对国家不满了，特别是生活在匈牙利人统治下的斯拉夫人。在越来越强烈的匈牙利人利益的压力之下，维也纳政府十分敌视塞尔维亚共和国，奥匈帝国的斯拉夫人可能会寻求塞尔维亚的支持。他们中的一些人视塞尔维亚共和国为支持建立包含所有南部斯拉夫人的国家的核心，塞尔维亚的统治者似乎无力（也许不愿意）制止南部斯拉夫人的革命者以贝尔格莱德作为在波斯尼亚进行恐怖和颠覆活动的基地。

历史的教训通常是不幸的，维也纳政府仅仅愿意得出这样的结论：塞尔维亚共和国可能在多瑙河谷发挥与撒丁王国在意大利统一中相同的作用。帝国的许多公职人员感到，除非阴谋被阻止，哈布斯堡领土将会丢掉另一块领土。曾经被普鲁士排除在德意志之外的历史和被撒丁王国排除在意大利之外的历史，使一些哈布斯堡的顾问将一个潜在的新生的南部斯拉夫人国家（一个更大的塞尔维亚或其他国家），看成将帝国排除在多瑙河谷低地区域之外的威胁。这将意味着奥匈帝国不再是一个大国，马扎尔人在匈牙利不再拥有至高无上的地位，因为南部斯拉夫人坚持认为，留在匈牙利境内的斯拉夫人应得到更公正的对待。于是土耳其帝国的持续衰弱只有利于俄国。俄国支持塞尔维亚共和国，决心不让1909 年时的情况再次发生。

其他国家在利益、选择、情绪和正式同盟的推动下卷入了这种复杂的局势。在这些因素当中，正式同盟也许没有以前认为的那么重要。俾斯麦在 19 世纪七八十年代的努力确保了法国的被孤立和德国的至高地位，产生了和平时期一个独特的同盟体系。这些同盟的共同特点是盟约规定了盟国应在何种条件下参战支援彼此，这似乎会阻碍外交发挥作用。但是最后它们没有依照计划运行。这不意味着它们没有成为推动战争来临的因素，但是只有当人们想要这些正式安排有效时，它们才可能有效，是其他因素决定了它们在 1914 年产生了效力。

同盟体系的根源是 1871 年德国从法国手中获得阿尔萨斯和洛林，和随之发生的法国为报仇而产生的躁动。为了防止法国复仇，俾斯麦基于抵制王朝面临的革命和被颠覆危险的共同基础，首次将俄国、德国和奥匈帝国纠集在一起。法国是大国中唯一的共和制国家，被认为是这种威胁的典型；出生于 1789 年前并在 1871 年仍活着的人和许多其他人会记得大革命期间人们的言论，而巴黎公社的动荡，又重新引起从前对国际范围内的社会秩序颠覆的所有恐惧感。1880 年代这个保守同盟终究解体了，从根本上说是因为俾斯麦觉得如果俄国和德国之间的矛盾是不可避免的，他最后必须求助于奥匈帝国。很快意大利就加入德国和奥匈帝国的行列，于是，1882 年，三国同盟成立。但俾斯麦仍然维持着和俄国的单独的"再保险"条约，尽管他已经对俄国和奥匈帝国之间用这种方式保持和平的前景感到不安。

然而它们之间的矛盾直到 1909 年以后才爆发出来。到那时，俾斯麦的继任者早已任由他和俄国的再保险条约失效，俄国在 1892 年成为法国的盟友。从那一天起，德国就越来越偏离俾斯麦的欧洲大陆政策。俾斯麦的欧洲政策以德国为中心，保持德国和其他所有国家之间的平衡，而现在欧洲划分成两个阵营。德国的政策使分裂的情况更严重。在一系列的危机中，德国想通过表现出不快来吓唬其他国家，从而使大家感觉到它的尊严。特别是在 1905 年和 1911 年，德国的愤怒直接指向法国，它把商业问题和殖民问题作为军事演习的借口，以表达它对法国忽略德国的意愿而去和俄国结盟的强烈不满。到 1900 年，德国的军事计划就已经承认了在必要时进行两线作战的需求，其方案是当俄国的各种资源还在被缓慢动员起来时，首先迅速击败法国。

进入 20 世纪，如果奥匈帝国和俄国之间爆发战争，那么德国和法国极有可能会加入。另外，在短短几年里，由于德国开始庇护土耳其，这种趋势更加明显。德国的这些行为比先前的行为更加引起俄国的警惕，因为从俄国的黑海港口出口的粮食快速增长，它们都必须经过土耳其海峡。俄国人也开始提高他们的战斗力，为此一个最根本的措施就是建成一个可以快速动员和运送俄国庞大的军队到东欧战场的铁路交通网络。

这些国家之间的行为，对英国来说，没必要引起它的担忧，因为德国的政策并不是非要与它为敌不可。在 19 世纪末期，和英国有矛盾的国家主要是法国和俄国。当这些帝国的野心在非洲、中亚和东南亚地区互相冲突时，斗争就产生了。英德关系比较容易解决，偶尔才比较棘手。进入新世纪的英国仍然专注于维护它庞大的殖民帝国，而不是专注于欧洲。自从 18 世纪以来它在和平时期的第一个盟友就是日本，目的是维护它在远东的利益。1904 年，它和法国之间的一个长期纠纷也得到解决。这其实是一个关于非洲的协议，英国同意法国在摩洛哥放手大干，作为回报，法国同意英国得到埃及——这是解决另一部分奥斯曼帝国继承权问题的方式，但也把世界其他地方的殖民争端一并涉及了，其中一些争端可远溯至 1713 年的《乌得勒支和约》。几年后，英国和俄国签订了一个相似的协议（尽管没那么成功），这个协议和它们各自在波斯的利益范围有关。但是英法和解的结果远远不只是清除了产生纠纷的原因，它还变成了一种协约国关系（entente），或者说一种特殊的关系。

这是德国促成的。德国被英法协议激怒了，德国政府决定让法国人知道在摩洛哥问题上它还是有发言权的。德国采取行动了，这迫使法国加强协约国关系，这时，英国在几十年里第一次意识到自己必须关心大陆均势政策了。如果不这么做，德国很快就会成为主宰者。德国随之又抛弃了取得英国公众舆论支持的机会，加紧推进建立一支强大海军的计划。德国的这一举措只可能是针对英国而非其他任何强国，这毫无疑问。接下来的结果就是英德之间的海军竞赛，大部分英国人下决心要赢（如果不能结束这场竞赛），因此公众的情绪更加激动了。1911 年是两国舰队实力最为接近的时期，在英国国内，大部分人觉得德国的外交政策激起了另一场摩洛哥危机。这一次，一个英国大臣的公开表态像是在宣布英国会为了保护法国而参加战争。

战争真的到来了，但爆发在南部斯拉夫人的土地上。塞尔维亚在1912 至 1913 年的"巴尔干战争"中取得胜利，在这场战争中，新的巴尔干国家首先掠夺奥斯曼帝国遗留在欧洲的领土，接着又为瓜分战利品而陷入争吵。但塞尔维亚得到的战利品是比较多的，而奥地利对此没有抗议。在塞尔维亚的身后，有俄国给它撑腰，俄国发起了一项重建和扩充军队的计划，但还需要三至四年才能取得成效。按奥地利人的想法，要想在南部斯拉夫人得不到俄国人支持的情况下对塞尔维亚加以羞辱，那么越早做越好。鉴于德国是奥匈帝国的支持者，那么，德国不太可能会在它仍然觉得还有把握取胜的条件下去寻求避免与俄国作战。

1914 年 6 月，奥地利王储在萨拉热窝被一个波斯尼亚恐怖分子刺杀，危机爆发了。奥地利人认为塞尔维亚是幕后指使者。他们认为是时候教训塞尔维亚了，顺便扼杀它的泛斯拉夫主义煽动活动。德国人支持奥地利这么做。6 月 28 日，奥地利向塞尔维亚宣战。一周之后，所有的大国都卷入战争（很有讽刺性的是，此时奥匈帝国和俄国之间还保持和平，到 8 月 6 日，奥匈帝国才向它的老对手俄国宣战）。德国已经制订好军事行动的时间表。早在几年前，德国就决定先对付法国，再对付俄国。德国的军事计划想突袭法国，这就得经过比利时。比利时是个中立国，它的中立身份已经得到英国和其他国家的保证。因此一连串事件几乎是自动发生的。当俄国总动员，为了保护塞尔维亚而向奥匈帝国施加压力时，德国向俄国宣战。做完这个后，德国必须进攻法国，于是找了个借口正式向法国宣战。当时，法国和俄国的联盟事实上还没真正运转。当德国入侵中立国比利时时，英国政府对德国将袭击法国感到不安，但又找不到明确的正当借口来干涉并阻止德国的行为，但它却找到了号召国内团结的理由，并在 8 月 4 日加入战争反对德国。

战争持续的时间和强烈程度超出人们的想象，它蔓延的地理范围也出人意料地广阔。战争爆发后不久，日本和奥斯曼帝国也加入其中。日本是站在协约国（包括法国、英国和俄国）这一边，而土耳其加入同盟国（德国和奥匈帝国）这一边。意大利在 1915 年的时候加入协约国，协约国承诺胜利后给它奥地利的领土作为回报。两边还做出将在胜利后兑现的其他承诺，以此来吸引新的支持者加入阵营。保加利亚在 1915 年 9 月加入同盟国，而罗马尼亚在 1916 年加入协约国。希腊在 1917 年也加入协约国的行列。葡萄牙政府在 1914 年就想加入战争，但由于国内的麻烦而没办法参战，最终，在 1916 年德国还是向葡萄牙宣战。这样，到 1916 年年底，原先欧洲大陆上的法德问题和俄奥问题已经完全与其他斗争混杂在一起。巴尔干国家此时也正在进行第三次巴尔干战争（围绕继承奥斯曼在欧洲的领土展开），英国正在打对抗德国海军和商业权力的战争，意大利在进行复兴运动的最后一场战争。在欧洲以外，英国、俄国和阿拉伯国家正在开始一场分割奥斯曼领土的战争，而日本走了一步成本低、回报高的棋，确立了它在远东的霸权地位。

在 1915 年和 1916 年，参战国都在寻求同盟者，原因在于战争陷入了无人曾预料的僵局中。战争的残酷状况已经让每一个人都感到震惊。这场战争随着德军横扫法国北部而开始。德国对法国的袭击没有达到它闪电式胜利的目标，但是它占有了比利时的绝大部分领土和法国的一些领土。在东线，俄国的进攻被德国和奥地利阻止了。在那之后，尽管西线战场比东线更引人注目，但战争很快进入前所未有的阵地战时期。这有两方面的原因。第一个是现代武器的巨大杀伤力。带弹匣的步枪、机关枪和带刺铁丝网可以阻止任何步兵的袭击，如果他们没有事先进行粉碎性轰炸的话。以下这些数据都证明了现代武器的巨大杀伤力。到 1915 年底，法国军队就有 30 万士兵阵亡，这已经够糟了，但在 1916 年，围绕凡尔登要塞的一场持续七个月的战役又让 31.5 万法国士兵阵亡。也是在这一场战役中，28 万德国士兵阵亡。差不多也是在这个时候，在法国北部的另一场战事索姆河战役中，英国有 42 万的人员伤亡，德军伤亡人数也差不多。索姆河战役的第一天——7 月 1 日，是英军历史上最黑暗的日子，那一天它有 6 万人伤亡，其中超过三分之一的人阵亡。

人们原本以为现代战争的巨大成本一定会把战争尽量缩短，这些数字让这种自信的预测变得毫无意义。这就反映了第二个让人惊讶的地方：工业社会有极大的作战能力。到 1916 年年末，战争已经让很多人都疲惫不堪了，但这时参战国却展现出超乎人们想象的组织能力，前所未有地动员人民为战争进行史无前例的大规模物资生产，并招募新兵补充军力。整个社会都被动员起来对抗他们的敌人，无论工人阶级的国际团结，还是统治阶级抵制颠覆的国际利益，都在战争面前不堪一击，被忘得一干二净。

战场上交战双方的势均力敌，促进了战争的战略扩张和技术发展。这就是外交官寻求新的盟友和不断开辟新战场的原因。1915 年，协约国在达达尼尔对土耳其发动袭击，本想把土耳其踢出战争并且通过黑海和俄国联系，但未能如愿。不久，为打破法国战场的僵局，又在希腊的萨洛尼卡（Salonika）开辟了一个新巴尔干战场。这个新战场取代了在塞尔维亚被占领后崩溃的巴尔干战场。殖民地的存在，从一开始就注定全球范围内的殖民地都会发生战争，哪怕只是小规模战争。德国的殖民地大都轻易就被夺走，这有赖于英国对海洋的控制权，尽管非洲的一些殖民地仍出现了长期的斗争。最重要和相当多的欧洲之外的行动，发生在土耳其帝国的东部和南部。一支英国和印度军队进入美索不达米亚，另一支军队从苏伊士运河出发向巴勒斯坦前进。在阿拉伯沙漠，阿拉伯人起义反对土耳其的统治，这为缓解残酷卑劣的工业国家之间的战争提供了一段浪漫的小插曲。

战争在技术上的扩展，在其产业效应，并在行为标准的倒退中体现得最显著。半个世纪以前的美国南北战争就已经预示了这一点，也揭示了民主时代的大规模战争的经济需求。欧洲的工厂、煤矿、熔炉现在都以前所未有的活力运转着。美国和日本国内的工业部门也是这样不断地日夜工作着。得益于英国的制海权，物资从这些国家不断运往协约国，而不是同盟国。庞大的部队不仅需要武器和军火，同样需要大量食物、衣服、药品和机器。尽管这场战争需要数以万计的动物，但它也是第一场使用内燃发动机的战争，货车、牵引机像马、骡子吃饲料那样贪婪地吞咽汽油。很多数据都表明了这场战争的规模，但这个数据一定足够证明这一点：1914 年，整个大英帝国的医院只有 1.8 万个床位，四年后，有 63 万个床位。

由战争引起的需求大增席卷了整个社会，导致各国政府采用不同的手段去控制经济，征募劳动者入伍，改革女性的雇佣制，引进健康和福利服务。战争的影响也波及欧洲以外。美国不再是一个债务国，协约国清算了它们的投资来购买它们需要的物资，协约国现在反过来成为债务国了。印度的工业获得了长久以来就急需的推动力。经济繁荣影响到了阿根廷的农民和工人以及英国的白人自治领。后者需要承担军事任务，运送士兵到欧洲及其殖民地上和德国人战斗。

技术扩展也让战争变得更加恐怖。这不只因为机关枪和烈性炸药使杀戮变得很血腥恐怖，也不仅因为毒气、火焰喷射器、坦克等新武器的出现有利于打破战场的僵局，扭转局势。它还因为整个社会都被卷入战争，从而使所有人都成为交战中敌方的攻击目标。对平民工人和选民的士气、健康以及生产能力进行破坏成为一种可取的策略。当这些破坏受到谴责时，谴责本身就有了反击效果，变成一种宣传。大众文化程度提升和近来电影产业的兴起相互补充，超越了在过去的宣传战中神职人员和学校发挥的作用。英国控诉德国用飞艇在伦敦开展原始的轰炸，并称它是"婴儿杀手",德国反驳说帮助英国维持封锁的那些船员也是婴儿杀手,德国婴儿死亡率的攀升就是证据。

部分因为英国的海上封锁政策虽然见效慢,但成效却势不可挡,也因为德国不愿意冒险使用它的舰队(建造这支舰队曾严重破坏了两国的战前关系),德国最高统帅部以新的方式投入使用了一种武器,它的威力在1914年时被大家低估了。这就是潜水艇。它对协约国的船只、中立国供给协约国的船只发动袭击,攻击之前通常没有任何警告,还针对没有武装的船只。潜水艇的攻击早在1915年的时候就有了,尽管当时只有少数潜水艇,它们没造成多大的损害。1915年,一艘英国客轮遭到鱼雷攻击,1 200人遇难,其中许多是美国人,接着德国取消了无限制潜艇战。直到1917年再次恢复。

那时候,很明显如果德国不能先掐断英国的补给,那么它就会由于英国的封锁而窒息。那一年冬天,巴尔干国家发生饥荒,维也纳郊区的人民都在挨饿。法国那个时候已遭受335万伤亡,而英国的伤亡人数也超过100万,德国则损失近250万人,而且仍然在两线作战。农作物价格疯长,工人罢工也越来越频繁。婴儿的死亡率比1915年上升了50%。没有理由认为分成东西两线作战的德军更有可能击败英国和法国,它无论如何只能打防御战。在这样的情况下,德国总参谋部选择恢复无限制潜艇战,这导致了战争在1917年迎来第一个大转折——美国参战。德国人知道会有这样的结果,但想赌一把,在美国的势力发挥决定性作用之前让英国屈服,接着让法国屈服。

1914年,美国的看法绝不偏向任何一方,并且从1914年起一直坚持这样。协约国的宣传和购买美国战争物资对推动美国参战有帮助,德国的第一个潜水艇战役也起了重要的推动作用。当协约国政府开始讨论战争目标时,它们谈及在维护各民族国家利益的基础上重建欧洲,这对于"归化的"美国人来说很有吸引力。无限制潜艇战策略的恢复对此有决定性作用,这个策略直接威胁到美国的利益和它的国民的安全。当美国政府知道德国希望和墨西哥、日本谈判结盟反对美国时,由潜水艇引起的美国人的敌意又被挑起来。不久，一艘美国轮船在没有收到警告的情况下就被击沉了，该事件之后美国很快就对德宣战。

除了全面参战，其他方式是不可能打破欧洲僵局的，于是美国卷入旧大陆的混战中，这几乎违背了美国的本意。协约国非常高兴，因为胜利现在有保证了，尽管不久它们就将面临对它们来说黑暗的一年。1917年对英国和法国来说甚至比1916年更加令人失望。协约国不仅需要数月时间来控制潜艇带来的问题，而且在法国境内进行的一系列恐怖的战斗（通常被称为帕斯尚尔［Passchendaele］战役）给英国的民族意识带来不能消除的伤疤：为了几英里的土地，40万英国士兵阵亡。1916年，士兵的英勇斗志已经耗尽，法国军队接连发生叛乱。对协约国来说最糟的是，俄罗斯帝国瓦解了，到同一年年底，俄国在可见的将来都不再是一个强国。

俄国是被战争摧毁的。这也是中欧和东欧发生革命性大变化的开始。引起俄国于1917年2月发生"革命"的是德国的军队。由于交通运输系统被德军破坏，再加上俄国政府的无能腐败，统治阶级像畏惧战败一样畏惧自由主义和立宪，德军使得许多城市陷入了饥荒，最终长期坚持抗争的俄国士兵的斗志也被德军击垮了。从1917年开始，保卫安全的部队已经不可靠了。粮食骚乱不久紧接着就是兵变，专制政权似乎一下子就变得虚弱无力。自由主义者和社会主义者组成临时政府，沙皇退位。但是新政府很快就解体了，主要原因就是它想继续参加战争，但是布尔什维克的领导人，比如列宁，想要的是和平和面包。

他决心从温和的临时政府手中夺取领导权，是临时政府很快失败的第二个原因。临时政府主持着一个混乱的国家、政府和军队，面对着城市中尚未解决的匮乏问题。在又一次政变，即"十月革命"中，临时政府被推翻了。十月革命连同美国参战被视为欧洲两个时代的分界点。以前欧洲独立处理事务，然而现在看来，美国注定要在很大程度上影响欧洲的未来。而在俄国则出现了一个新国家，它遵循着其创始人的信念，决心要破坏整个旧欧洲的秩序，成为世界政治的一个真正的、自觉的革命中心。

俄罗斯现在被称为苏俄，革命后成立的工人士兵代表苏维埃则是其基本政治权力机关，苏俄建立的直接和显而易见的结果是形成了新的战略态势。布尔什维克通过废除旧的所谓普选产生的代表机构（布尔什维克从未控制它），通过承诺和平与土地以确保农民的拥护巩固了统治。这是生存所必需的，布尔什维克政党正在努力控制全俄，该党的主体是俄国少数城市中规模很小的工人阶级。只有和平才能提供安全稳定的基础。起初德国人的条约要求苛刻，以至于俄国人终止了谈判，随后他们不得不接受了更为严重的惩罚，这就是 1918 年 3 月签署的《布列斯特和约》。苏俄损失了大量领土，但换来了自己急需的和平与时间来处理国内问题。

协约国很不高兴，它们把布尔什维克党的行为看作是奸诈的背叛，针对苏俄向其民众宣传的不可调和的革命主张，它们对这个新政权的态度更加强硬。苏俄领导人期待发达资本主义国家的工人阶级进行革命，这给想介入俄国事务的协约国发动一系列的军事干预制造了借口，它们最初的目的是战略性的，希望阻止德国利用结束东部战线带来的优势。但是它们的行为很快被认为是反共产主义的运动，遭到了其国内许多人和所有布尔什维克的反对。更为糟糕的是，它们陷入了看似要摧毁新生的苏维埃政权的内战中。

即使没有马克思主义理论指导列宁及其同志们的世界观，这些干涉事件也会在相当长的一段时间内恶化苏俄和其他资本主义国家的关系。一旦转化为马克思主义术语，这些事件看起来就是根本的、无法改变的敌意的证明。这段历史的记忆影响了此后 50 年的苏联领导人。

俄国共产党相信革命必定在中西欧发生，在某种意义上这是正确的，但在现实中却事与愿违。战争的最后一年，潜在的革命因素的确变得很明朗，不过是以民族而非阶级的形式出现。协约国改变了它们的策略。1917 年底的战争形势不容乐观，没有了俄国的牵制，在 1918 年春协约国必将面临德国在法国发起的进攻，而大批的美国军队到达法国战场支援它们需要很长时间。但它们采用了革命的策略。它们可以鼓动奥匈帝国统治下的各个民族，而自身不必遵守与沙皇俄国的条约。没有了沙皇制度的束缚，以美国的立场看来，强调协约国事业的意识形态纯粹性有额外的好处。

于是，1918 年，颠覆性的宣传指向奥匈帝国军队，流亡异乡的捷克人、南斯拉夫人大受鼓动。德国投降之前，奥匈帝国双元君主立宪制在被再次唤醒的民族情感，和协约国最终开始在巴尔干战场取胜的共同作用下，已经走向解体。这是旧欧洲遭受的第二次打击。以乌拉尔、波罗的海到多瑙河为界的整个地区，旧有的政治体制受到几个世纪以来未曾遭遇的质疑。一支波兰军队再次建立，波兰曾经是德国反对俄国的武器，当时美国总统宣布一个独立的波兰是协约国缔造和平的核心之一。上个世纪的一切确定性似乎都烟消云散。

在日益增长的革命形势下，关键战斗持续进行。夏季，协约国已经成功击败德国的最后进攻，胜利在望，但还没有取得完全的胜利。协约国军队转入反攻时，德国领导人也看到了战争的最后结局，国内革命迹象明显。当德皇宣告退位时，第三个君主制帝国瓦解了；哈布斯堡王朝已经倒下，霍亨索伦王朝只比其老对头多维持一点时间。新的德国政府请求停战，战争结束了。

战争损失无法计算，下列数字充分显示了损失的规模：大约1 000 万人直接战死。但仅在巴尔干，伤寒就夺取了 100 万人的生命。这些可怕的数字还不能反映出无数人伤残、失明，或许多家庭失去了儿子、丈夫和父亲这些有形的损失，以及对理想、自信、善意产生的精神上的巨大破坏。欧洲人望着巨大的墓地，一想到他们做过的事情就不寒而栗。经济损失也是巨大的。大批欧洲人死于饥饿。战后一年，工业产量仍比1914 年低四分之一，苏俄仅为战前的 20％。一些国家的交通处于瘫痪状态。此外，整个复杂、精巧的国际汇兑机制遭到破坏，其中一部分是不能取代的。曾经是欧洲经济发动机的德国满目疮痍、筋疲力尽。年轻的英国经济学家凯恩斯（J. M. Keynes）在一次和平会议上说："我们处于图例：

- 1914年8月的同盟国
- 后来加入同盟国的中立国家（附有加入时间）
- 1914年8月的协约国
- 后来加入协约国的中立国家（附有加入时间）
- 整个战争期间保持中立的国家

--- 同盟国进军的最大范围
── 协约国扩张的最大范围

里海

波斯

阿拉伯

巴格达

大不里士

那路撒冷

苏伊士运河

亚历山大

埃及

地中海

黑海

塞瓦斯托波尔

加利波利

君士坦丁堡

奥斯曼帝国（1914年11月1日）

俄罗斯帝国

莫斯科

彼得格勒

东线（1917.10）

里加

华沙

布列斯特

罗马尼亚（1916年8月27日）

保加利亚（1915年10月14日）

塞尔维亚

希腊（1918年）

阿尔巴尼亚

克里特

黑山

布拉格

布达佩斯

奥匈帝国

维也纳

柏林

德国

塞尔维亚

意大利（1915年5月23日）

罗马

瑞士

法国

巴黎

里昂

比利时

荷兰

北海

丹麦

挪威

瑞典

芬兰

伦敦

大不列颠

大西洋

马德里

西班牙

葡萄牙（1916年3月9日）

里斯本

摩洛哥

北

阿尔及利亚

突尼斯

0　800千米
0　500英里

第一次世界大战

自己财富的萧条时节，超越我们自身物质满足的急切问题之上的感受能力和关怀能力，都暂时消失了……我们长久被折腾，现在需要休养生息。当人的灵魂燃烧殆尽，生存从未具有现在这样的普遍意义。"

1918 年底，参加和会的代表汇聚巴黎。人们曾经一度流行强调他们的过错，然而鉴于他们肩负的重任，还是应当对他们的工作给予一定的敬意。这是 1815 年以来最重要的协议，它必须调和难以撼动的事实与巨大的期待。作出关键决定的国家受到高度关注：英国首相、法国总理和美国总统主导了这次谈判，这是胜利者之间的谈判，战败的德国只有接受条约的份。法国和英美在欧洲安全的中心问题上存在利益分歧：法国存在再次遭到德国入侵的危险，而英美不存在这种危险。但是欧洲安全的中心问题被外围的其他问题淹没了。这是一份世界和平协议。它不仅是一次重新划分欧洲以外领土的协议，正如以前重要的协议那样，而且在协议制定过程中，许多欧洲以外的国家发表了意见。有 27 个国家的代表签署了主要条款，17 个国家是欧洲以外的国家，占大多数，美国是其中最大的国家。它同日本、英国、法国、意大利组成了这次会议的战胜国大国集团。对于一个世界性协议来说，领土横跨欧亚的俄国却没有参加，这是不祥的。

技术上，《凡尔赛和约》包含一系列不同的条约，涉及德国、保加利亚、土耳其以及由奥匈帝国分裂而成的多个国家。在这些国家当中，一个得到恢复的波兰，一个得到扩大的塞尔维亚共和国（也被称作"塞尔维亚人、克罗地亚人和斯洛文尼亚人的王国"，后来被称为"南斯拉夫"）和一个全新的捷克作为盟国出席会议，而力量被大幅削减的匈牙利和昔日奥地利的日耳曼民族中心区被当作战败的敌人。所有这些造成了复杂的问题。但巴黎和会的主要关切是与德国的条约，这体现为 1919 年 6 月签署的《凡尔赛和约》。

这是一个惩罚性的条约，而且明确地规定了德国人需要为战争的爆发负责。但是大部分最严厉的条款不是为惩罚这种道德罪责，而是出于法国的希望：如果有任何可能，尽量束缚德国使任何第三次德国入侵法国的战争变得不可想象。这是经济赔款的目的，同时也是整个条约最令人不满意的部分。它们激怒了德国人，让接受失败变得更难了。而且在经济上它们也是无意义的。同时这一处罚并未辅以相应的安排，以防止德国有一天凭借军事力量推翻《凡尔赛和约》，这又激怒了法国人。德国的土地损失，显而易见，包括阿尔萨斯和洛林，但是在东部损失最大，大都划给了波兰。在西部，法国人仅得到莱茵河的德国河岸应该被"非军事化"的保证。

和平的第二个主要特性是它尽可能地遵循自决和民族原则。在许多地方，这只意味着承认现有的事实：波兰和捷克在和平会议之前已经存在，而且南斯拉夫以原塞尔维亚共和国为核心已经建立起来。因此，到1918 年年底，这些原则已经在原奥匈帝国的许多区域推行（而且在前俄属波罗的海地区也很快如此）。在古老的神圣罗马帝国之后得以维持下来的哈布斯堡王朝终于也消失了，在它曾经统治的地方出现了新的国家，虽然出现了反复，但在这个世纪的大部分余下时间内这些国家都幸存下来。自决原则也得到遵循，特定边界地域的命运由本地区公民投票决定。

不幸的是，民族原则没有一直被遵守。地理、历史、文化以及经济的现实性影响着它。当民族原则凌驾于这些因素之上时，会产生负面的结果，正如多瑙河经济一体化的瓦解；当民族原则不被遵循时，也会产生同样坏的结果，有些民族会感到愤愤不平。中东欧地区有许多少数民族对所在民族国家没有忠诚感。三分之一波兰人口不说波兰语；超过三分之一的捷克人口由波兰人、俄罗斯人、德意志人、匈牙利人和鲁塞尼亚人（Ruthenes）等少数民族组成；一个被扩大的罗马尼亚现在包含超过百万的匈牙利人。在一些地方，民族原则遭到的侵犯明显不公正。德国人对"波兰走廊"的存在愤愤不平，它跨过德国土地，使波兰与波罗的海相连；协约国在需要意大利帮助时提出的亚得里亚海战利品未兑现，意大利人对此十分失望；而且最终爱尔兰人仍然没有得到地方自治。

最明显的非欧洲问题与对德国殖民地的处置有关。在这里有一种重要的创新。美国不能接受对殖民地毫不掩饰的贪欲；取而代之的是，从前处于德国或土耳其统治之下的非欧洲民族，对它们的保护将由托管机构提供。当这些地方准备好了自治的时候，战胜国被国际联盟授权（虽然美国婉拒了这些权力）来管理这些领土。尽管它是掩饰欧洲帝国主义最后一次重大殖民扩张的遮羞布，它仍是《凡尔赛和约》中最具有想象力的主张。

国际联盟的成立很大程度归功于美国总统伍德罗·威尔逊的热情，他保证了国联盟约的首要地位，即作为《凡尔赛和约》的第一部分。这是和约超越了民族主义观念的例证（大英帝国成员作为一个个单独的主体出现，印度是其中一个重要主体），它也超越了欧洲观念，它是新时代的又一个信号：联盟的 42 个创始会员国中有 26 个是欧洲以外的国家。不幸的是，因为威尔逊没有考虑到国内政治因素，最终美国没有参加国联。这是让国联不可能实现它最初设想的最致命的弱点。考虑到世界政治力量的现实状况，也许这些期待大都不可能实现。尽管如此，国联还是成功地处理了一些问题，没有国联的干预，这些问题会变得危险。假如人们怀有极大希望，愿它能做得更多，这也并不意味着它不是一个可行的并且重大的和具有想象力的主张。

苏俄没加入国际联盟，正如它缺席巴黎和会一样。或许后者影响更深远。塑造欧洲历史下一个阶段的政治安排在没有与苏俄商议下就进行了，尽管在欧洲东部这涉及任何政府必定都十分感兴趣的边界划分。的确，布尔什维克领袖给其他签署国提供了把他们排除在外的大量借口。他们通过革命的宣传损害了与主要大国的关系，因为他们相信资本主义国家下定决心推翻他们。英国首相劳合·乔治（Lloyd George）和威尔逊相比他们大部分的同僚和选民，在处理俄国问题方面事实上更灵活——甚至有同情心。另一方面他们的法国同僚克莱蒙梭（Clemenceau）强烈反对布尔什维克，而且获得了多数法国退伍军人和投资者的支持；《凡尔赛和约》是由掌权者制定的第一个重大的欧洲和平条约，他们对失望选民的危险有清醒认识。但是无论责任如何划分，结果是俄国这个曾经在欧洲大陆说话最有分量的国家，被排除在塑造新欧洲的过程之外。虽然一段时间里俄国确实没有采取行动，它最终必定会加入希望修订或者推翻该条约的国家行列。加剧事态的是，它的统治者憎恨这种它理当去保护的社会制度。

人们对和约抱有极大希望。这些希望时常是不切实际的，然而尽管和约有明显缺陷，它仍然受到了过分的谴责，因为它也有许多好的方面。它的失败原因，大部分超出了其缔造者的控制。首先，在狭义的政治层面，欧洲掌握世界霸权的日子已经结束了。1919 年的和平条约对保证未来欧洲的安全没有太大作用。其中一些旧"帝国警察"现在太弱了，无法在欧洲发挥他们的作用，更不用说在外面了；另一些则完全消失了。最后，需要美国确保德国的战败国地位，但是现在美国陷入了一个人为的孤立时期。苏俄也不希望卷入维持大陆稳定的事务中。

美国的孤立主义和俄国的意识形态立场使欧洲力不从心了。当欧洲没有革命爆发时，苏俄转向国内事务；当威尔逊给了美国人一个机会涉入欧洲的和平维护时，他们拒绝了它。两者的决定是可理解的，但是它们共同的效果是维续了欧洲自治的幻想——不再是现实而且不再是处理它的问题的适当架构。最后，体系最严重也最近在眼前的弱点，存在于作为先决条件的新结构的经济脆弱性上。这方面的条款更容易陷入争论：自决在经济学上经常毫无意义。但是可以根据什么理由来搁置自决，很难看清楚。1922 年自由独立的爱尔兰国家出现 100 来年后，爱尔兰的问题到最近才开始平息。

因为在欧洲有许多幻想依然存在，并且还有新的幻想产生，所以形势可能更加不稳定。协约国的胜利和创造和平的说辞使许多人认为这是自由主义和民主政治的伟大胜利。毕竟，四个独裁的、反对民族主义的、限制自由的帝国已经倒塌，和约至今仍是历史上唯一一个全部由民主政治国家制定的条约。自由主义的乐观主义也从战争期间威尔逊浮华的立场中汲取力量。他尽可能标榜美国的参战和其他盟友在本质上不同：美国受到高尚的理想和信念支配。他反复地说：如果其他国家放弃它们的坏的旧方法，民主可能给世界带来安全。一些人认为他已经被证明是对的，新成立的国家，最重要的是新德国，采用了自由、议会制的政体，往往是共和制政体。最后，是对于国联的幻想，一个并非帝国的新的国际权威似乎成了现实。

然而这些完全根植于谬见和错误的前提中。和平缔造者除了推崇自由主义的原则外，还有更多的事要做——他们也要支付债务，保护既有利益，考虑难对付的事实，于是在实践中那些原则变得模糊了。最重要的是，他们遗留了许多对德国不满的民族主义，而且在德国滋生了新的、凶猛的民族主义怨恨。也许这难成气候，但是它成为非自由主义思潮成长的土壤。此外，新生国家的民主制度——老牌民主国家就此而言也是如此——是建立在经济结构严重毁坏的世界中的。满目的贫穷、艰难和失业加剧了政治上的斗争，在许多地方，由于国家主权问题而产生的特殊的混乱使局势更加恶化。在战争中旧的经济交换模式的崩溃也使得更难以处理像农民贫穷和失业这样的问题；俄国曾经是西欧许多国家的谷仓，现在经济上已自给自足。这是革命者可以利用的背景。共产主义者积极地准备着革命，因为他们相信历史赋予了他们这一角色。

共产主义以两种方式威胁着这个新欧洲。每个国家内部很快都成立了一个革命的共产党。它们的影响不大，但是引起了很大的警觉。它们也制约了其他强大的进步政党的出现，这是它们的诞生环境所致。1919年3月，苏俄创建"共产国际"（Comintern）或"第三国际"来指导国际社会主义运动，以免其落入那些旧的领导者手中，后者缺乏革命热忱，未能利用战争的机会。对列宁来说，检验社会主义运动的标准就是是否忠于共产国际，他认为一个真正的革命政党必须符合坚定、守纪、坚决等原则。几乎在每一个国家，这些原则都把社会主义者分成两派。一派忠诚于共产国际并称呼自己为共产主义者，另一派尽管仍自称是马克思主义者，但仍从属于小的民族性政党和运动。这两派极力争取工人阶级的支持并且相互斗争。

左派的新的革命威胁使很多欧洲人提心吊胆，因为这里有太多可供

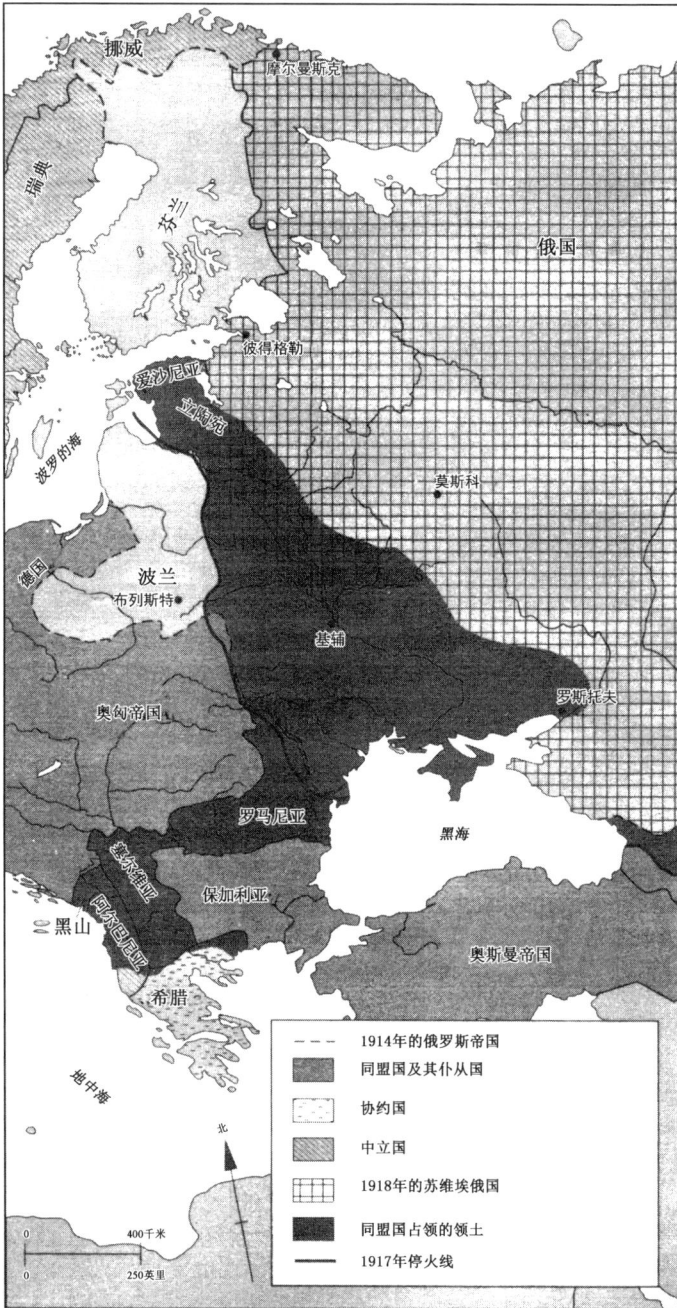

图例：

- - - 　1914年的俄罗斯帝国
- 同盟国及其仆从国
- 协约国
- 中立国
- 1918年的苏维埃俄国
- 同盟国占领的领土
—— 1917年停火线

地图标注：挪威、瑞典、芬兰、摩尔曼斯克、俄国、波罗的海、彼得格勒、爱沙尼亚、立陶宛、莫斯科、德国、波兰、布列斯特、基辅、罗斯托夫、奥匈帝国、罗马尼亚、黑海、塞尔维亚、阿尔巴尼亚、黑山、保加利亚、希腊、地中海、奥斯曼帝国

比例尺：
0　400千米
0　250英里
北

1918 年的俄国

共产主义者利用的革命可能。最引人注目的是在匈牙利成立了布尔什维克政府，但更令人震惊的是德国的共产主义夺权尝试，其中一些还一度取得成功。德国的情形特别具有讽刺意味，因为一战战败后成立的新共和国政府现在被社会主义者控制着，为了防止革命，新共和国政府被迫依靠保守势力——特别是旧军队的职业军人。甚至在共产国际成立之前，这些事情就发生了，这令德国左派的不同派别痛苦不已。但是共产党人在各国的政策都让团结抵抗保守主义变得困难，革命的豪言壮语和阴谋把中间人士都吓跑了。

在东欧，社会主义威胁通常也被看作是苏俄的威胁。共产国际作为苏俄外交政策的工具被布尔什维克的领导人控制着，他们为此给出的正当理由是，苏俄是第一个社会主义国家，是世界工人阶级的堡垒，世界革命的未来取决于能否把苏俄保卫好。在国内战争的前几年，俄国的布尔什维克势力在慢慢得到巩固后，这个信念导致很多其他国家都有人煽动对本国政府的不满情绪，以便夺取资本主义的政权。但在东欧和中欧，人民的不满表现得更激烈，因为在《凡尔赛和约》之后很长时间里，那个地方的领土纠纷问题仍没得到解决。直到 1921 年 3 月，苏俄和波兰共和国签订了和平协议，确定了持续到 1939 年的边境线后，第一次世界大战在那里才结束。波兰历来最具反俄国的传统，那里的宗教最反布尔什维克，波兰也是最大最有野心的新生国家。这些地区的国家都感受到俄国复兴的威胁，特别是现在它和社会主义革命联系紧密。这些联系使很多国家在 1939 年之前都转向支持独裁和有武装力量的政府，这样至少可以提供一条强大的反共产主义防线。

在东欧和中欧，对共产主义革命的恐惧在战后的前几年里最明显，因为当时经济崩溃，苏俄和波兰战争（曾一度威胁到华沙）的结果也未确定。1921 年，和平最终实现，苏俄和英国象征性地建立了官方关系，两国的关系明显缓和。两国关系的改善和当时苏俄政府在国内战争中感觉到的严重威胁有关。在外交礼仪方面改善不多，革命宣传和对资本主义国家的公开谴责没有停止，但是现在布尔什维克政府可以把精力放在

重建国家上面了。1921 年，生铁产量大约是 1913 年的五分之一，煤的
产量大概是 1913 年的 3％，而在铁路上运行的火车数量还不到一战刚开
始时的一半。牲口数量下降超过四分之一，谷物输送量还不到 1916 年的
五分之二。1921 年，让贫困的经济雪上加霜的是，苏俄南部发生了干
旱，超过 200 万人死于饥荒，据说甚至还发生了吃人肉这样的事。

经济政策的放宽扭转了这种局面。到 1927 年，农业和工业产量都差
不多恢复到战前水平。新政权在这几年里的统治经历了很多变数，这在
1924 年列宁去世前就已经表现得很明显了，但这位在布尔什维克内具有
强大威望并能维持各方势力平衡的领导者的逝去，使布尔什维克在领导
权问题上开始分化，发生争议。争论不是针对 1917 年革命中建立的政权
的集权性质，因为没有一个领导人认为政治自由化是可行的，没一个领
导人认为面对周围敌对的资本主义国家，可以不要秘密警察和一党专
政。但他们在经济政策和策略上看法不同，个人的竞争有时加剧了分歧。

宽泛地说，当时有两种观点。第一种观点强调革命取决于新近成立
的苏联的群众，特别是农民的好感；虽然农民最先分到土地，但由于农
民的劳动成果要无条件先供养城市，这使农民和城市敌对起来，接下来
又有了经济自由化再次对他们进行安抚，就是我们所知的“新经济政
策”，这是列宁以前提出的权宜之计。实行新经济政策后，农民就可以有
自己的收益了，他们开始种植越来越多的粮食作物然后卖到城市里。另
一种观点从更长远的角度考量了同样的事实。让农民满意会降低工业化
的速度，而苏联需要实现工业化以便能在这个充满敌意的世界里存活。
持这个观点的人认为，党的合适路线应该是依靠城市的革命激进分子，
为了这些人的利益去剥夺那些还没布尔什维克化的农民，同时加快工业
化速度并促进国外的布尔什维克革命。共产主义革命的领导者托洛茨基
（Trotsky）就持这种观点。

当时发生的事情大致是托洛茨基被排挤了，但他的观点占了上风。
从党内错综复杂的政治斗争中最终获胜的是约瑟夫·斯大林，一个在思
想魅力上远不及列宁或托洛茨基的人。他同样强硬，并且有着更为重要

的历史意义。斯大林逐渐掌握了权力。布尔什维克夺权为斯大林开展真正的革命铺好了道路，他聚拢了新的国家中坚从而为新俄国打好了根基。对于斯大林来说，工业化是最重要的。工业化的出路在于让农民买单，也就是让农民供应那部分如果没有好收益就宁愿自己吃掉的农产品。苏联从 1928 年开始实行两个"五年计划"，以农业集体化为基础，开始工业化的计划。这是共产党第一次赢得农村。在这场新的国内斗争中，成千上万的农民死亡或者被流放，征粮导致了再度饥荒。但是城镇维持了温饱，尽管警察机关把消费水平控制到了最低。工资水平也下降了。但到了 1937 年，80％的苏联工业产量都来自 1928 年起建立的工厂。昔日的俄国再次成为一个主要强国，仅仅凭借这个成就的巨大影响，就能保证斯大林在历史上的地位。

但是工业化的代价也很大。

在其他国家，对自由资本主义社会的批判经常以苏联为例，批判者们把苏联想得非常美好，认为它在实现进步以及文化和道德生活复兴的方式方面是个典范。但对于那些对西方文明感到失望的人来说，这种模式不是唯一的。1920 年，意大利出现了一个叫法西斯的运动。法西斯的名字将被其他国家的一些彼此仅有松散联系的激进右翼组织沿用，这些组织都反对自由主义并强烈反对马克思主义。

世界大战让意大利的立宪制度变得岌岌可危。尽管意大利在 1914 年只能被称为次等强国，可是在战争中它却承担了和它的国力不相称的重担，而且经常失败，很多场战争还都发生在意大利的领土内。战争还在进行的时候，不平等就加剧了社会分裂。此外，通货膨胀来得比和平还快。农业资本家和工业资本家，还有那些因为劳动力短缺而可以要高一些报酬的人，他们受到的影响要小于中产阶级和那些依靠投资和固定收入生活的人群。然而这些人总体上都是 1870 年意大利统一的忠实支持者。当保守的罗马天主教徒和革命的社会主义者长期以来都在反对这个立宪的自由的国家时，他们却一直都支持着。他们把意大利在 1915 年参加战争看作是意大利复兴运动的延伸，该运动是 19 世纪旨在统一意大利的斗争，它试图把奥地利从它统治的最后一块居住着意大利血统或说意大利语的人的土地上赶出去。像其他民族主义一样，这是个混杂且不科学的主张，但它力量很强。

战后和平带给意大利人的是幻想的破灭和失望，很多民族主义者的梦想都无法实现了。另外，随着战后经济危机的迅速加剧，国会里面的社会主义势力迅速壮大，并由于俄国社会主义革命政权的存在而更令民族主义者恐慌。失望、恐惧，并且厌倦社会主义者的反民族主义的很多意大利人，开始抛弃自由主义的代议制民主，重新寻找一条不让意大利失望的发展道路。很多意大利人都同情在海外进行的不妥协的民族主义斗争（比如，民族主义分子冒险夺取了巴黎和会没有给意大利的亚得里亚海港口阜姆），和国内暴力的反马克思主义运动。后者注定对这个信奉罗马天主教的国家很有吸引力，但反对马克思主义的新的领导阶层不仅仅来自历来保守的教会。

墨索里尼是一个记者，也是一个退役的军人，在一战前他曾是一个极端社会主义者。1919 年，他成立了一个名为"fascio di combattimento"的组织，大概能把它译为"战斗的法西斯"。这个组织利用一切手段去获取权力，他们中有一群年轻的暴徒经常使用暴力，他们的目标是首先对付社会主义者和工人阶级组织，其次对付选举出来的政府官员。这个运动发展迅速，意大利的立宪派政治家既不能控制它也不能用合作来驯服它。很快地，法西斯分子（他们开始被这样称呼）能够常常得到官方和半官方机构的支持，也受到地方政府和警察部门的保护。暴徒的犯罪行为已经半制度化了。到 1922 年，他们不但在选举上获得重要的成功，还在一些地方通过恐吓他们的政治敌人，特别是共产主义者或社会主义者而令政府的有序管理无从谈起。在那个时期，其他的政客都已经无法应对法西斯的挑战，国王召见墨索里尼让他组成一个新政府。以政党联合为基础，墨索里尼组建了新政府，暴力活动停止了。这在接下来的法西斯神话中被称为"向罗马进军"，但这还不是意大利宪政制度的终结。墨索里尼慢慢地走向独裁。1926 年，独裁政府逐渐开始形成，选举被废止。那时已经不存在多少反对的声音了。

　　这个新政权是以大量恐怖主义为基础的，它也明确指责自由主义思想，然而墨索里尼的统治还远没达到极权主义的程度。无疑，他有志要在意大利进行彻底革命，而且他的许多追随者进行革命的愿望更强烈，但是革命在实践中基本停留在宣传层面。这既是由于墨索里尼改造这个让他觉得受排斥的社会的愿望变化无常，也由于这个运动中真实的激进压力。意大利的法西斯主义在实践上和理论上很少达成一致，相反，它越来越反映出意大利的现实权力状况。它在国内事务上的最重要措施就是和教皇达成外交协议，相应地，教皇不再坚持教会在意大利人生活中的权威地位（那天之前一直如此），并首次正式承认了意大利国家政权。1929 年的《拉特兰条约》(the Lateran treaties) 包含这一协议，虽然其中充斥着法西斯主义的革命修辞，其实该条约是对意大利最大保守势力的一个妥协。"我们已经把上帝还给意大利，也把意大利还给上帝了。"教皇说。法西斯对自由企业的批评也同样缺少革命性。个人利益从属于国家的观念，引发了国家剥夺工会保护工会成员利益的权力。因为很少对雇主的自由进行抑制，所以法西斯的经济计划没多少价值。只有农业生产明显改善了。

　　在其他地方发生的所谓法西斯运动中，其类型和抱负以及它的结果之间存在同样明显的差异。尽管这些运动确实反映了某种新观念和后自由主义色彩——除了作为大众社会的表述外，它们难以捉摸——这些运动在现实中经常对保守势力作出妥协。这让我们难以完全准确地讨论这种"法西斯"现象。在很多国家出现的政权都是专制的，甚至希望实现极权，都带有强烈的民族主义色彩和反马克思主义倾向。但法西斯并不是这些思想的唯一来源。比如，出现在葡萄牙和西班牙的政府，它们利用传统和保守势力，而不是利用从大众政治这种新现象中产生的力量。在这些人中，真正的法西斯激进分子经常对为维护现有社会秩序而作出的妥协感到不满。只有在德国，一个也被称为"法西斯"的运动，最终在一场压倒了过去的保守主义势力的革命中胜出。

对于 1918 年后的二十年，或许最好是仅仅区分两种可以区分的现象。第一个现象是出现了一类思想家和活动家（甚至在像英国和法国这样稳定的民主国家），他们谈论一种新的激进政治，强调理想主义、意志力和牺牲，盼望能按不顾既得利益也不向物质主义妥协的新方针重建社会和国家。这种现象尽管影响广泛，但只在两个国家取得胜利，这就是意大利和德国。经济崩溃、激烈的民族主义和反马克思主义，是该现象在这两个国家成功的原因，尽管它在德国到 1933 年才实现。如果想用一个词来表达这种现象，那可能是法西斯。

在其他国家，经常是在那些经济落后的国家，特别是东欧，说它们的政权是专制政权，可能比说法西斯政权更恰当。在这些国家，庞大的农业人口引发了不少问题，边界问题的和平解决反而加剧了这些问题。有时候同样也分布在外国的少数民族似乎威胁到这些国家。这些新国家有很多只是移植了自由主义制度的表皮，传统保守社会势力和宗教势力仍然很强大。就如在拉丁美洲国家，那里的经济基础和这些国家很相似，它们表面的立宪制度似乎迟早会让路给政治强人和军人的统治。在 1939 年之前，波罗的海的新国家中，波兰和所有从奥匈帝国中分解出来的国家就是例证，捷克斯洛伐克是中欧地区和巴尔干地区真正实行民主政治的例外。这些国家对这种独裁政权的依赖，表明了 1918 年列强对它们政治成熟度的希望多么不切实际，以及新增的对马克思主义的恐惧，在与俄国毗邻的国家这种恐惧特别强烈。在西班牙和葡萄牙，也存在着这样的压力，尽管没有这么严重，两国的传统保守势力甚至更强大，天主教思想比法西斯更加强大。

两战间隔期中民主制度的失败，并非一路向下。20 世纪 20 年代开始时，世界的经济形势都不好，随后除了苏俄外，欧洲大部分国家的经济逐渐复苏。从 1925 年到 1929 年，欧洲国家的经济总体向好。这就使这些国家对未来的新民主政治感到乐观。20 年代头五年里欧洲国家出现了骇人的通货膨胀，之后货币又再次稳定。很多国家重新使用金本位制，似乎表明它们相信 1914 年前那种好日子回来了。1925 年，欧洲的食品生产和原材料生产第一次超过 1913 年的数量，制造业也在恢复。在已成为资本输出地的美国的巨额投资和逐步恢复的世界贸易的帮助下，到 1929 年时欧洲的贸易水平达到新高，直到 1954 年才被打破。

然而接下来经济又崩溃了。之前经济恢复的基础并不稳固，所以一旦面临突发的危机，这种新的繁荣就又一下子瓦解了。现在不仅欧洲发生经济危机，而且整个世界都发生了经济危机，这是在一战和二战之间发生的最重要的事件。

1914 年的那种复杂而相当高效的经济系统事实上已经被毁坏得无法挽救了。战后新成立的国家为了保护它们脆弱的经济，纷纷采取关税壁垒和控制汇率的措施，老牌的强国也纷纷努力修复衰微的经济，这些限制措施严重阻碍了国际贸易的发展。《凡尔赛和约》使国际情况变得更糟，因为它要求德国这个欧洲最重要的工业国，以实物和现金的方式偿还对战胜国的赔款，这给德国造成一个无止境的负担。这不仅使德国的经济不能正常运转，而且至少让它的复苏推后好几年，还让它的经济丧失发展的动力。东边的苏俄是德国最大的潜在市场，这时已经用一条任何贸易也渗透不进去的经济防线，把自己与外部隔离开来。多瑙河流域和巴尔干地区原本是德国企业的另一块领地，现在也被隔开了，而且现在这里变得贫穷了。这些困难暂时在得到美国的资金后逐步克服，而美国也乐意提供这些资金（尽管它不会买欧洲的商品，而在关税壁垒后自守）。但这会让欧洲对美国的持续繁荣产生严重的依赖。

1920 年代，美国生产了全世界 40％的煤，以及占世界一半的工业品。战争对物资的需求使美国的财富急剧增长，美国人的生活也改变了，美国人是世界上最先大量拥有私家车的国民。不幸的是，美国国内经济的繁荣支撑着整个世界。由于很多国家的经济都依赖它，这让美国很自信，这种自信使美国对外大量输出资金。也由于这一点，商业循环中美国经济的一个摇晃就会给世界经济带来灾难。1928 年，在美国开始很难得到短期资金。还有一些迹象表明，随着商品价格开始下跌，长期的繁荣快接近尾声了。这两个因素导致美国人向欧洲借款，很快欧洲一些借钱的国家就陷入困境。同时，美国国内的需求也降低了，因为美国人开始认为一次严重的经济萧条快来了。这一次，联邦储备银行通过提高利率并持续这一政策来对付这场经济危机。令人意想不到的是，1929 年 10 月股票市场突然一下子就崩溃了。在这之后尽管有短暂的回升而且各大银行都买入股票来重建信心，但这对经济复苏没多大效果。这是美国海外投资和商业自信的终结。在 1930 年最后一次短暂回升后，美国用于海外投资的资金都枯竭了。世界经济萧条开始了。

投资的崩溃使经济增长走向末路，但另一个因素的作用很快就加速灾难的扩大。负债国开始整顿它们的账目，削减进口量。这些举措导致了世界商品价格的下跌，以致那些主要商品生产国都买不起国外的东西。同时，更重要的是，美国和欧洲也陷入金融危机，各国都尽了一切努力，但还是无法成功稳定它们国家的货币和黄金的关系（即一种国际承认的兑换方法——金本位制），它们试图采取通货紧缩的政策去平衡账目，所以它们再次削减需求。政府的介入使经济萧条变为一场灾难。到 1933 年，所有主要的货币（除了法郎）都和黄金脱钩。这就是这场悲剧的标志性表现，自由经济的旧偶像被抛弃了。这场悲剧的现实就是，在工业化的世界里，失业人数可能达到 3 000 万。1932 年（对工业国来说形势最严峻的一年），美国和德国的工业生产指数分别都只有本国 1929 年时的一半。

经济危机的影响以可怕且难以抵抗的威力席卷了其他领域。1920 年代所增加的社会财富，当时使很多人的生活水平都提高了，但现在几乎到处都化为乌有。所有国家都对失业束手无策，尽管美国和德国的情况是最糟的，但失业还以隐秘的方式波及全世界的农村和主要的农业生产者。在 1929 年和 1932 年间，美国的国内生产降了 38%，这是制造业商品价格下跌的准确数据，但与此同时，原材料价格下降 56%，食品价格下降 48%。因此，世界各地的穷国和成熟经济体的较贫穷部门并未受到同等的冲击。也许它们受到的影响并不会那么严重，因为它们没多少下滑余地。一个东欧人或者一个阿根廷农民的生活情况也许并没变差多少，因为他们的生活本来就已经够差了，而一个失业的德国文员或者工人的生活肯定就很明显变差了，他们对经济危机的体会也很深刻。

在下一次世界大战到来之前，全球性经济恢复都没有到来。各国都在用关税壁垒（1930 年的美国进口税平均提高了 59％）把自己保护起来，各国政府纷纷通过加强对经济生活的控制来实现经济的自足。有一些国家做得相对成功，有一些却一败涂地。这场经济大灾难像是为共产主义和法西斯之间的斗争设置好的舞台，它们都期望或支持资本文明的垮台，而且现在开始充满期望地在其衰弱的躯体周围寻找良机。金本位制和不干预经济的信念的结束标志着世界经济秩序的崩溃，正如极权主义和民族主义的兴起对政治的破坏已达极致。自由主义文明已经失去控制事态的力量。很多欧洲人仍然很难接受这一点，他们继续梦想着能够恢复到他们的文明不会被质疑并且至高无上的时代。他们忘记他们的文明是取决于政治和经济的霸权，虽然这种霸权在很长一段时间里都能引人注目地呼风唤雨，但是现在，却已经在全世界范围开始衰退。

第 3 章　新亚洲的形成

　　欧洲的困境不可能局限在欧洲大陆上。欧洲的强国很快必定会凭自身的实力去主导世界其他地方的事务，这种现象最早出现在亚洲。从世界历史的角度看，欧洲在亚洲的殖民力量，只在短时期内不可挑战也未受到挑战。但到 1914 年，欧洲的强国英国为维护其在远东地区的利益和日本结盟，而不再只依靠自己了。另外，在日俄战争中被日本打败后，俄国不得不停止 20 年来对黄海的觊觎，把眼光转回欧洲。义和团的反抗给侵略者们致命的震撼后，西方列强对中国长达一个世纪的欺凌正在走向尽头。从那以后，中国未再割让土地给欧洲的帝国主义者。

　　不像印度和非洲，中国设法维持住了独立和大多数领土，直到欧洲殖民势力在亚洲消退。随着欧洲局势的紧张，压制日本的侵略野心也越来越困难，欧洲的政治家开始意识到争夺新港口和分割"东亚病夫"的时代结束了。由美国提出，但事实上英国向来奉行的"门户开放"政策能让所有国家都寻求到自己的商业优势。这种优势，远没有充满希望的 19 世纪 90 年代那样显而易见了，但它是各国在远东地区维持相安无事状态的另一个原因。

　　到 1914 年，欧洲进攻亚洲的高潮过去了，而且殖民主义、文化互动和经济力量给亚洲带来了变革，这已经使亚洲产生了值得列强严肃对待的防御的本能反应。早在 1881 年，夏威夷的一个国王就向明治天皇提议成立亚洲国家和元首的联盟及协会；这只是一个苗头而已，但这种反应现在在日本已经表现得很明显。这些反应起到了促进现代化的间接作用，帮助了日本这个地方性的亚洲力量，主导了东西方百年战争的下一个阶段。在 20 世纪的前 40 年里，日本的活力主导了亚洲的历史，中国的革命则没有这么大的影响，直到 1945 年后，中国才连同外部的新变革

力量，再一次超越日本成为亚洲事务的更重要塑造者。这将结束亚洲的
欧洲时代。

日本的劲头表现在经济的增长和领土的扩张上。在很长的时间里，
经济增长更明显。这些都是日本整个"西化"过程中的一部分，"西化"
使日本在 20 世纪 20 年代保持着自由主义的希望，这一点也掩饰了日本
的帝国主义性质。1925 年日本实行了普遍选举，尽管欧洲的很多事实都
证明普选跟自由主义或自我节制没有必然的联系，但它似乎又一次推进
了一种在 19 世纪就开始的立宪进程。

由于日本工业的快速发展，外国人和日本人都对日本充满信心，特
别是一战唤醒了日本人不断膨胀的乐观情绪，他们认为战争给日本带来
了很多机遇：日本原来面临来自西方的激烈竞争的市场（特别是在亚洲
的市场），被丢给了日本，因为那些从前的剥削者发现他们无法满足国内
在战争期间对物资的需求。协约国政府向日本工厂订购了大量的军需
品，世界船运短缺使日本建起很多新的船坞来满足它。在战争期间日本
的国民生产总值上升了 40％。尽管日本的扩张活动在 1920 年时中断了，
但在 20 年代的随后时期又重新开始。到了 1929 年日本的工业（尽管从
事工业生产的人口仍不到日本总人口的五分之一）在此前 20 年里的增速
为，钢产量增长到原来的近 10 倍，纺织品生产增长到 3 倍，煤产量增长
到 2 倍。日本的制造部门也开始影响到亚洲其他国家：它从中国和马来
亚进口铁矿石，从中国进口煤。尽管和欧洲列强相比，日本的制造业还
是规模不大，尽管它的工业体系里长期存在小规模的工匠部门，但在 20
世纪 20 年代日本的新工业力量已经开始影响国内的政治和外交关系，特
别是影响了日本和亚洲大陆的关系。

和日本开始受尊崇、充满活力的形象相比，中国就黯然失色了，尽
管它有望成为亚洲和世界的头号强国。1911 年的辛亥革命对中国很重
要，但无法阻止中国的没落。理论上，辛亥革命从根本上比法国大革命
和俄国革命更能标志着一个新时代的到来：它结束了中国两千多年的由
儒家政治维系的大一统，结束了儒家思想对中国社会和中国文化两千多

年的统治。儒家学说曾和法律秩序不可分离地交织在一起，被统治者结合起来利用。1911 年的辛亥革命正式宣告中国传统的原有基准的终结。

另外，辛亥革命也有局限性，表现在两个方面。第一方面，它是破坏性的而不是建设性的。君主制度在此之前把一个辽阔的国家聚合起来，事实上几乎聚合了一块大陆，涵括了广阔的不同区域。君主制的崩溃意味着中国历史上常出现的地方割据现象将再次猖獗。很多革命者因为对北京中央政府的不信任和忌恨，而更受激励去从事革命事业。各种秘密社团、上层人士和军队指挥官都时刻准备着采取行动以控制他们辖区内的一切事务。这些割据倾向在袁世凯当政时期还不太明显，但不久就爆发了。

革命者分裂为两派，一派是以孙中山为首的中国国民党，而另一派则支持原本基于议会制的北京中央政府。孙中山的支持者主要是广东的商人和一些南方的士兵。在当时那个时代背景下，军阀非常猖獗。这些军阀的首领以前都是军队里的士兵，趁中央政府衰落，夺取军队实权，成为割据一方的军阀。1912 至 1928 年之间，中国有 1 000 多个大小军阀，往往控制着重要地区。他们中有一些在控制区内实行改革；有一些纯粹就是土匪；有一些实力相当强也有很高的威望，所以觊觎中央政府的权力。这个时候的中国有点像罗马帝国晚期，尽管这种军阀割据的状况不久后就结束了，没有拖延得像罗马帝国那么久。当没人取代士大夫们管理国家时，军人会迅速填补这个空缺。袁世凯本人就是这方面的典型代表。

这也反映了 1911 年辛亥革命的第二个局限性：革命派没有为革命后的进一步发展达成协议。孙中山曾经说过解决民族问题比解决社会问题更重要，但他们也没有就该怎样塑造民族未来达成一致意见。在推翻王朝统治这个共同的敌人后，革命派内部的矛盾开始凸显出来。尽管中国的知识分子还是富有创造力的，但他们在这时的困惑表明，在辛亥革命后不到十年里，革命者们已经严重分裂了，这也预示着承担改变中国这个艰巨任务的是未来的革新者。

从 1916 年开始，一群文化革新者开始聚集到北京大学。1915 年，这些新文化倡导者中的一员——陈独秀，创办了一本叫《新青年》的杂志，这本杂志成为新旧文化辩论的阵地。陈独秀向中国的青年传播新思想，他认为中国革命的命运掌握在年轻人手里，必须完全否定旧中国的传统文化。像其他的知识分子一样，陈独秀也谈到了赫胥黎、杜威，他把易卜生的著作介绍给他困惑的同胞，这时的陈独秀仍然认为解救中国命运的钥匙还是在西方，在达尔文主义的斗争意识中，在个人主义和实用主义中，西方似乎依然指明了前进的道路。

虽然这些新文化运动的领导者很重要，他们的支持者也都富有激情，但是强调对中国进行欧洲文化再教育已经显得先天不足了。不仅很多受过教育并爱国的中国人的思想都受中国传统文化的影响，而且欧洲思想仅在中国社会最不典型的阶层中受到欢迎，即居住在沿海城市的商人和他们大都留学海外的后代。广大的中国群众并不理解欧洲的这些思想，也不受欧洲文化吸引，这就是必须进行白话文改革的原因之一。

被民族情绪所感染，中国人原本有可能会反对西方，反对在欧洲发源的资本主义。资本主义对他们中大部分人来说就意味着增加了一种剥削方式，资本主义是西方文明最明显的组成部分，一些要实现中国现代化的改革者敦促人民接受这种文明。但中国大部分农民在 1911 年后对革命更没热情了，他们对国内的大事都很冷漠，也不会被已经西化的年轻人激昂的鼓动所触动。要概括中国农民的经济状况不是一件容易的事：中国太大、太复杂了。而且中国社会一个很明显的现象是随着人口的稳步增长，关乎农民生存的土地问题却一点也没得到改善；负债和无地的人越来越多了，他们悲惨的生活由于频繁的战争变得更加令人无法忍受，无论是战争的直接破坏，还是伴随战争的饥荒和疾病，都让人民生活痛苦不堪。中国的革命能否真正胜利取决于革命能否触动这些人。20世纪早期的革新者不愿意考虑中国革命必需的实际政治步骤，他们对文化的强调时常掩盖了这一点。

中国的孱弱对日本来说就是机遇。一场世界性战争是助长日本 19 世纪的野心的一个偶然因素。日本利用了欧洲各国互相打斗给它带来的有利时机。日本的盟友不会反对它去占领德国在中国的港口，就算日本真的这么做了，他们也不能怎么样，因为这时他们需要日本的船只和工业制品。日本的欧洲盟友还在希望日本能派遣部队到欧洲去参加战争，尽管这看起来是不可能的。日本巧妙地利用了协约国担心日本单独与德国媾和的心理，加紧对中国的侵略步伐。1915年刚开始的时候，日本政府就向中国政府递交了包括二十一条要求的文件，并发出最后通牒。事实上，这意味着计划让日本成为中国的保护国。

英国和美国尽一切外交努力去减少日本对中国的野心，但是最终，日本还是得到了它想要的利益，还进一步确定了它在中国东北的特殊商业权和租借权。中国的爱国者们被日本的侵略行为激怒了，但此时他们却做不了什么，因为这时中国国内的政治一片混乱。他们很困惑，确实，这时孙中山自己也在向日本寻求支持。1916年，日本再次干预中国的政治，当时日本对英国施加压力，不让英国同意袁世凯通过称帝来恢复国内稳定的企图。下一年，中国又和日本签了另一个条约，承认日本的特殊利益拓展到内蒙古地区。

1917年8月，中国政府和德国开战了，中国参战的原因部分是为了赢得协约国的好感和支持，以便在战后和平时期能保证中国的独立地位。但是仅仅几个月以后美国就正式承认日本在中国的特殊利益，日本则以赞同美国的"门户开放"政策和同意维持中国的完整和独立作为回报。中国从协约国集团得到的只有结束德国和奥地利的治外法权，和推迟还清庚子赔款的期限。另外，日本紧握着在1917年和1918年从与中国签订的密约中取得的特权和利益不放。

然而，当和平到来的时候，它让中国人和日本人都感到很失望。日本现在毋庸置疑是世界强国之一，在1918年时它的海军实力已经在世界排名第三。确实，日本在和约中获得的利益是牢固的：它继承了德国在山东的势力范围（1917年英国和法国承诺给予的），并被授权接管德国在太平洋的岛屿，成为国际联盟中的常任理事国之一。日本得到的这些承认和荣誉使日本脸上有光，但从亚洲人的角度看，日本脸上的光彩被抵消了，因为它提议把种族平等写进国联的盟约却遭到拒绝。在种族平等这一点上（巴黎和会上唯一让中国和日本一致的地方），伍德罗·威尔逊拒绝靠多数票表决，坚持必须全体意见一致才生效，再加上英国、澳大利亚和新西兰也反对，这个提议很快就被大家抛诸脑后。巴黎和会上中国人感到很愤愤不平，因为尽管各国（特别是美国）都普遍因为日本强加的"二十一条"同情中国，但还是不能扭转关于山东的决定。由于对美国未能给予外交支持感到失望，以及中国代表团里面代表北京政府的成员和代表广东国民党的成员之间的分歧，中国代表团拒绝在和约上签字。

巴黎和会上的失败导致的直接后果就是整个中国陷入大动乱，一些评论家认为这场动乱和 1911 年辛亥革命一样重要，一样伟大。这就是1919 年的五四运动。五四运动起源于北京学生反对巴黎和会的示威游行，原本这场游行定在 5 月 7 日举行，以抗议中国在 1915 年接受日本"二十一条"的这一国耻，但中国代表在巴黎和会上的失败让示威游行提前了。尽管刚开始只引发了小骚乱和大学校长辞职，五四运动此后不断升级。这场运动不久就发展为全国性的学生运动（这是 1911 年之后由中国的新学院、大学发起的第一次得到广泛支持的政治反思运动）。这场运动也扩展到学生以外的其他领域，工人罢工、商人罢市，人民开始抵制日货。一场原本由知识分子和学生开始的运动，扩展到其他城市居民，尤其是工人和从一战中发家的新资本家这些人群中。这也表明了亚洲对欧洲不断上升的抗拒情绪。

这是一个工业化的中国第一次登上历史的舞台。像日本一样，中国在战争时期经济迅速发展。尽管中国进口欧洲的商品减少了，大部分转由美国进口和日本进口，但在港口的中国企业家还是发现在国内市场投资商品生产有利可图。中国东北以外第一个重要的工业区开始出现了。这些工业区属于进步的中国民族资本家，他们支持革命的思想，特别是当战后西方商品强有力的竞争力重现，而他们又发现在外国人的指导下中国无法实现解放时。工人对外国产品的涌入也感到愤恨：他们的工作岗位受到威胁。很多工人都是第一代的城镇居民，提供工作的保证使他们从农村涌进了新兴的工业区。把中国的农民从土地上分离出来甚至比改革古老的欧洲制度更重要。在中国，家族和农村的联系更牢固。迁徙到城镇去，就脱离了家长制的控制以及独立生产单位的相互义务，脱离了传统的大家庭：这更大程度上削弱了中国古老的统治根基，这种传统经过革命的洗礼仍然幸存下来，仍然把中国和过去连接起来。新的物质基础的形成促进了新意识形态的传播。

五四运动第一次向人们显示中国的革命可以联合各阶级，形成广泛的社会基础。进步的欧洲自由主义已经不足以拯救中国，文化革新者对五四运动只取得不明显成果感到失望。中国政府在日本强权面前的无助，已经揭穿了欧洲资本主义民主的本质。现在，中国政府在处理国内事务时面临另一个尴尬：对日货的抵制和示威游行迫使政府释放被捕的学生和辞退亲日官员。但这一点不是五四运动唯一的重要成果。对于新文化倡导者来说，他们自身的力量对政治的影响力是有限的，但有了学生的参与，他们第一次把革新活动变成一场全社会的行动。这给人民以很大的鼓舞，也前所未有地唤醒了人民的政治意识。这是一个恰当的例子，可以说明中国现代史开始于1919年而不是1911年。

然而最终，由于日本的侵略野心，战争还是爆发了。日本这股外来势力对中国来说并不陌生，早在1919年以前它就开始肆虐在文化传统正在迅速消融的中国大地上。科举制的废除，流亡海外的欧化知识分子的回归，新旧文化文学在战争时期的大辩论，这些都推动了中国不断前进，中国已经不再是那个封闭落后的国家了。军阀未能树立和正统观念一样的新权威。现在不仅儒家思想，连其劲敌欧洲的自由主义也受到攻击，因为它和外国剥削者有很大的关联。欧洲的自由主义对中国广大的人民群众并没有吸引力；现在它对中国知识分子的吸引力也遭到另一种来自西方的意识形态的威胁，马克思主义登上了中国的历史舞台。俄国的布尔什维克革命给了马克思主义一个家园，其来自世界各地的拥护者能在这个家园里得到鼓舞、指导、领导甚至物质支持，这个新的因素就这样被引进那个即将消逝的历史时代，它必将加速旧时代的灭亡。

1917 年俄国二月革命和布尔什维克革命的胜利，使《新青年》的创立者之一李大钊感到欢欣鼓舞。他于 1918 年开始任北大图书馆馆长。李大钊很快就领悟到了马克思主义世界革命理论的原动力和发动中国农民起来革命的方法。从那个时候开始，李大钊就不再对西方模式抱有幻想，俄国模式在中国学生中很受欢迎。似乎沙皇的后继者们已经驱除了心中热爱扩张的魔鬼，苏俄政府成立后最先做的事情之一，就是正式声明放弃沙皇俄国以前所得到的治外法权和司法权。在民族主义者的眼中，苏俄因此是清白的。

此外，俄国的革命，一场爆发在农民人口占大多数的社会里的革命，宣称它的胜利是建立在马克思主义学说上，这一学说看起来对在一战中开始工业化的中国也有很大的适用性。1918 年，北京大学出现了一个研究马克思主义的社团，它的一些成员成了五四运动中的风云人物。其中一位是北大图书馆的一名管理员——毛泽东。到 1920 年，马克思主义原著的译文开始出现在学生杂志中，也是在这一年，《共产党宣言》的第一个完整中译版出版了。接下来，对马克思主义、列宁主义的第一个运用就是尝试组织工人罢工以支持五四运动。

然而，由于对马克思主义认识的不同，这些新文化运动领导者产生了分歧。陈独秀把马克思主义当作 20 世纪 20 年代解决中国问题的办法。他投入大量的精力去帮忙组织信奉马克思主义的中国左翼力量。自由主义者开始被抛在后面。共产国际注意到中国国内的革命新动向，在 1919 年派了第一个代表到中国来帮助陈独秀和李大钊。但结果并不是完全令人满意的，他们之间存在争议。然而，在前途仍然不明朗的情况下，1921 年，中国共产党在上海（我们也不清楚确切的地点和日期）成立了，与会代表们来自全国各地（其中包括毛泽东）。

中国革命的一个新阶段就这样开始了，它令一直贯穿于欧洲和亚洲之间关系的不可思议的辩证逻辑又有了新的变化。马克思主义，一种来自欧洲的外来学说，诞生和形成于与传统的东方完全不同的社会里，它的思想来源扎根于犹太—基督教文化，但被亚洲人民采纳并根据他们的实际得到应用了。它希望实现苏联那种明确的现代化、效率和工业化目标。它的力量来自一个核心预设（苏联已被视为付诸实践的代表）：即便是一个已被边缘化的社会，也可以实现技术的现代化和社会的公正，从而重现辉煌。

共产主义在中国取得成功，很大程度上归因于资本主义在这里经常被认为与外国剥削和侵略联系在一起。1920年，中国的分裂使它在国际事务中无足轻重，尽管九个在亚洲有利益的国家都保证中国的领土完整，日本也同意交回它在一战中夺得的德国在中国的殖民范围。这只是华盛顿会议上达成的复杂协议的一部分，华盛顿会议的核心问题是对各国海军力量进行限制（由于对军费的担忧）；这些最后都让日本相对变得更强了。四个主要的强国之间互相承认在战争中取得的权益，这体面地葬送了英日同盟。英日同盟的结束是美国一直都希望的。但给予中国的保证，每个人都知道，不值得美国为了支持它而去打仗，条约已经迫使英国不能在香港建立海军基地。同时，外国人继续支配着一个"独立自主"的中国的海关和税收，这些收入是北洋政府赖以生存的经济来源，在很多时候外国机构和外国商人直接同军阀打交道就可以了。虽然美国的政策进一步削弱了欧洲在亚洲的地位，但这在中国却表现得不明显。

列强对中国明显而持续的控制，使得马克思主义对知识分子的吸引力远远超出中国共产党的成员范围。孙中山强调他的学说和马克思主义不一致，但他采用了马克思主义中有利于国民党脱离传统自由主义学说的理论，并朝着马克思主义的方向努力。在他看来，俄国、德国和亚洲作为被剥削者在反对压迫者和敌人——四个帝国主义国家（德国在1921年保证在完全平等的基础上和中国建立关系后，得到了好评）的问题上有共同的利益。他创造了一个新词"次殖民地"（hypo-colony）用来描述这样一种状况：中国从未成为任何国家的附属国，也就是在和其他国家没有正式的从属关系的条件下被其他国家剥削。他的结论是集体主义：

自由"万不可再用到个人身上去，要用到国家身上去"。这是对否定个人自由的新的公开赞同，这种赞同经常出现在中国古典观念和传统中。家庭、宗族和国家的诉求是最重要的，所以孙中山设想在一个时期内实行一党专政，以便进行大众灌输使人民重新认可对家庭、宗族和国家的态度，而这种态度已处于被西方思想腐蚀的危险之中。

中国共产党和国民党的合作没有多大障碍。外国列强和军阀是它们共同的敌人，苏联政府也大力推动国共合作。中国和这个与它有着最长边境线的反帝国主义强国进行合作是有先见之明的，这对中国是有利的。对于共产国际来说，支持与国民党的合作可以维护苏联在蒙古的利益，也是拖延日本的一个措施。苏联已经被排除在华盛顿会议之外，尽管华盛顿会议上的国家没有一个在亚洲有比它更大的领土利益。对于苏联来说，和中国最有可能获胜的一方合作是必须做的一个环节，就算他们的政策和马克思主义不完全相符。在苏联的帮助下，从1924年开始中国共产党就和国民党进行合作，尽管一些中国的共产主义者们对此感到怀疑。共产党员获准以个人身份加入国民党。孙中山把他身边年轻能干的蒋介石送去苏联访问学习，然后在中国建立军事学校，为革命战士提供军事教学和思想教育。

1925年孙中山逝世后，他的追随者继续和共产党合作，统一战线仍然存在。孙中山的遗嘱中写道：革命尚未成功（中国孩子都会背诵）。而共产党在一些省份开展的革命运动取得重大进展，赢得了农民的支持，有理想的年轻军官带领的革命新军也在和军阀的北伐战争中取得重大成果。到1927年在国民党的领导下，中国已经恢复了表面上的团结。反帝国主义情绪使人们成功地抵制英货，这让英国政府开始警惕苏联对中国的强大影响力，英国宣布放弃在汉口和九江取得的特权。在此之前英国已经承诺把威海卫交还给中国，而美国也宣布放弃庚子赔款中美国的部分。这些成就都表明中国终于行动了。

这场革命有一个方面长期未被注意到。马克思主义理论强调无产阶级是必不可少的革命角色。中国共产党使城市工人的政治觉悟大大提高并参与政治活动，这一点已取得较大进步，这也是中国共产党引以为豪的，但是中国的群众大部分都是农民。中国的情况也走不出马尔萨斯人口论的困局：人口激增和土地短缺，以及中国一个世纪以来所遭受的苦难，在军阀统治和中央权威瓦解的情况下加剧了。一些中国的共产主义者已经看到了农民身上蕴藏的巨大革命潜能，他们认为尽管这一点不符合当时的正统（共产国际的主流意见），但它依然体现了中国社会的实际情况。毛泽东以及那些同意他观点的革命者开始相信，一些农民可以与城市无产阶级联合起来，支持革命。他们开始在毛泽东的家乡，位于中国中南部的湖南省尝试鼓动和组织农民。

接下来取得了重大的进步。毛泽东写道："孙中山先生致力国民革命凡四十年，所要做而没有做到的事，农民在几个月内做到了。"有组织的农民现在可以把困扰他们多年的难题解决了。地主没有被撵走，但是地租大大减少了。高利贷的利率也降低到合理的水平。农村革命避免了以前的中国革命活动所犯的错误——毛泽东认为没有发动农民起来革命是辛亥革命最重要的缺陷；这次共产党能成功达到他们的目标就在于他们发现并激发了农民身上巨大的革命潜能。这对未来的革命来说有重大的意义，因为它预示着整个亚洲的历史发展进程将有重大突破。毛泽东深深地领会了这一点。他写道，如果给民主革命打十分，那么城市居民和部队的成绩只占三分，而剩下的七分都应归功于农民的农村革命。在《湖南农民运动考察报告》里面，毛泽东两次把农民比作强大的动力，认为其攻击的形势，简直是急风暴雨，顺之者存，违之者灭。这个比喻意义重大，中国社会的历史传统确实根深蒂固，长期存在反对地主和土豪劣绅的斗争。如果共产党试图通过破除迷信和摧毁家长制来抛开传统做法，他们仍然也能借鉴这一点。

农村革命根据地是共产党在孙中山逝世后国共关系恶化情况下仍能生存的关键因素。孙中山的离去使国民党内部开始分裂为"右翼"和"左翼"。年轻的蒋介石，曾经被视为进步分子，现在以右翼军队代表的身份登场。他鼓吹民族凝聚和国家建设，以及在军事上击败军阀和北洋政府的迫切需要。蒋介石担任了"北伐"的指挥官，从1926年开始向北方城市进发，并取得了巨大胜利。共产党人积极支持北伐，在国民革命军抵达前就在产业工人中组织起义。然而这个战略越是成功，国民党右翼对共产党人的猜忌就越大。

蒋介石控制军队后，在城市里全力摧毁左派人士和共产党的组织，至此国民党内部在战略问题上的分歧才得到解决。1927年在上海和南京，当着被派到中国维护其在华权益的美国士兵和欧洲代表团的面，这一幕血腥收场。共产党正式宣布国共合作结束，但事实上国共合作还没真正结束，在全国的一些地方，国共合作还继续了几个月，因为苏联还不想在这个时候和蒋介石关系破裂。这使得城市里的共产党员更加容易受到蒋介石的迫害；共产国际在中国，像在其他地方一样，短视地追求它所认为的对苏联有利的利益，这表现为马克思主义的教条化。维护斯大林的利益是首要的，在外部事务上，斯大林希望中国能有人站起来反抗英国这个最强大的帝国主义国家，而国民党是最合适的人选。这些选择符合马克思主义的理论，根据正统马克思主义理论，资产阶级革命先于无产阶级革命。在国民党铲除异己即将胜利的时候，苏联调回了派往中共的苏联顾问，中国共产党最后只能放弃公开的政治活动，转为地下组织，进行地下活动。

事实上，没有苏联的帮助，中国的民族革命也开展得很好。然而，国民党面临着一大堆问题。那时战争的主动权还掌握在国民党手中，如果革命想要继续下去，它就必须满足广大群众的要求。在北伐进程中，国共的分裂造成倒退，这使得彻底消灭军阀变得不可能，更严重的是，它削弱了反抗外国侵略的统一战线。在日本交还胶州湾后，中日之间的关系得到短暂的缓和，但在20世纪20年代，中国又面临来自日本的压力。

日本的国内情况已经发生重大的变化。1920年，日本在一战时期快速发展的经济势头开始停下来，随之而来的是经济困难和越来越紧张的社会矛盾，甚至在世界经济危机还没开始之前，日本国内的情况就已经不乐观了。到 1931 年，日本一半的工厂已经停工；欧洲殖民地市场的消失，关税壁垒筑起的鸿沟，都给日本的商品出口造成毁灭性的打击，日本的商品出口下降了三分之二。亚洲市场对于日本的出口至关重要，任何威胁到日本的市场的行为都会激起它的强烈恼怒。在日本国内，农民的状况日益恶化，成千上万的人破产了，为了生存他们把自己的女儿卖去当妓女。重大的政治后果也很快显现出来，日本爆发了强烈的极端民族主义情绪，这比当时的阶级矛盾更加激烈。促使这种极端民族主义产生的动力就来自长期以来日本热衷于反对"不平等条约"的斗争。日本需要为国内市场寻找新的出路，在经济大萧条时期工业资本主义采取了残酷的措施，这为他们的反欧洲情绪提供了新动力。

当时的环境对日本进一步侵略亚洲是有利的。欧洲殖民势力现在如果不是全面撤退，很明显也是处于守势。20 世纪 20 年代，荷兰面临爪哇人民和苏门答腊岛人民的反抗，1930 年，越南人开始反抗法国人。在这两个地方，都有共产主义者帮助当地的民族主义造反者。在印度，英国没遇到这么大的挑战。不过，虽然英国人当时还不赞同印度自治，但这已是他们宣布的政策目标。在中国，20 年代英国就已经表明他们只想和难以估计的民族主义运动平静和解，只要不让英国太没面子就好。在经济崩溃后，英国的远东政策看起来更虚弱无力了，它把美国到手的肥肉敲出来给了美国的对手——日本。最后，苏联一直试图影响中国的国内事务，现在似乎影响力开始消退了。相反，中国的民族主义获得了明显的成功，不但没有一点退却的迹象，而且已经开始威胁到日本在中国东北的存在。这些因素都反映到了日本政治家在经济恶化时作出的预测中。

中国东北是个非常重要的地域。日本人从 1905 年就开始经营那里，并进行大量的投资。刚开始中国人被迫同意，但到了 20 世纪 20 年代中国政府在苏联的支持下开始提出非议，苏联已经预见到日本把影响力推进到内蒙古会带给它的威胁。事实上，1929 年，当时中国和苏联在经过中国东北直达符拉迪沃斯托克的铁路控制权问题上已经出现矛盾，这些使日本人对中国的新力量印象深刻，而国民党再次申明中国的领土和清朝的国土一样大。在 1928 年的时候日本和国民党就发生过军事冲突，当时日本试图阻止国民党军队对付它扶植的北方军阀。此外，日本政府不能有效控制当地的事态。在中国东北，实际的控制权掌握在驻扎在那里的日本军队指挥官手里，1931 年，他们在奉天附近制造了一起事件，并以此为借口夺取了整个地区。一些东京官员并不希望他们这么做，但力不从心。

接下来日本在中国东北建立了傀儡政权伪满洲国（由清朝末代皇帝溥仪统治），国际联盟公开反对日本的侵略行为，军国主义分子在东京制造了多起暗杀事件，深受军国主义影响的政府上台了，日本和中国的矛盾进一步激化。1932 年，针对中国人抵制日货，日本派军队登陆上海作为回应。接下来几年里，日本的侵略势力南下进入长城内的中国部分地区，在那里进行实际控制，并多次密谋把中国北方从中国分离出去，但都没取得成功。直到 1937 年，日本在那里一直不断地制造事端。

国民党政府在反抗帝国主义侵略上表现得无能为力。然而，从它的新首都南京，国民政府实行着有效的统治，除了一些边境地区无法控制外。国民政府逐步摆脱了条约中的劣势地位，西方国家也开始重新调整他们和国民政府的关系，因为他们想依靠国民党的力量来对抗共产主义在亚洲的扩展。尽管国民党的执政在外交上还是取得了一定的成绩，但这不能掩盖它存在的缺陷，这些缺陷拖累了它在国内的成就。在某些地区，中央政府的政令形同空文，因此必须与地方豪强达成交易。部分出于这个原因，政府很难经由税收筹集必要的收入。但它最大的失败，可能是在农村改革中乏善可陈，而仅仅致力于争得该国精英的支持。依靠国民党建立强大新中国的希望看起来是渺茫的。它将面临强大的竞争对手。

中国共产党领导层的一些人仍对城市起义抱有希望。但在一些省份，个别的共产党领导人仍在沿着毛泽东在湖南提出的革命路线奋斗着。这些共产党人没收逃跑地主的土地，组织地方苏维埃，他们都非常精明，看到并重视传统农民斗争的价值。到了 1930 年，共产党在这方面做得更好更娴熟了，他们在江西组织了一支军队，中华苏维埃共和国在那里统治着 500 多万人口。1932 年，中共的领导放弃上海来到江西和毛泽东会合。此时国民党的精力转向了剿灭共产党军队，但经常以失败告终。这意味着在日本对中国造成最大压力的时候，中国国内还在另一条战线上进行争斗。国民党的最后一次围剿，迫使共产党从根据地转移，在 1934 年的时候开始长征，去了陕西。长征是中国革命史上的一大壮举，也前所未有地鼓舞了共产党人。在陕西，7 000 多名幸存者得到当地共产党的支持，但他们仍不安全，不过，人民抗日的呼声使国民党减少了对他们的围剿。

由于对外部威胁的担忧，1930 年下半年，中国国内出现了试探国共再次合作抗日的文章。这也得归功于共产国际政策的改变；现在是"人民阵线"的时代，这使得共产党和其他党派都联合起来。国民党也不得不弱化了其排外立场，这也使国民党得到英国，特别是美国的某种廉价同情。当日本在 1937 年向中国发动进攻的时候，无论是和共产党的合作还是西方自由主义者的同情，都有助于民族主义力量兴起以抵御入侵。

日本人所谓的"中国事变"花了中国人八年的时间去战斗，给中国带来巨大的社会和物质伤害。抗日战争也被认为拉开了第二次世界大战的序幕。1937 年年底，为了安全着想，南京政府迁至西部的重庆，当时日本已经占领北方和沿海的重要地区。国际联盟对日本的谴责和苏联派出的飞机都不能阻止日本的猛烈进攻。在战争黑暗的第一年里，唯一可喜的事就是中国的爱国统一战线得到前所未有的发展，共产党、国民党和民主党派同样看到中国的民族革命危在旦夕。日本人也觉得中国的民族革命快到尽头了。值得注意的是，在日本的占领区内，日本人鼓励重建儒家思想的统治地位，令伪政府支持所谓"大东亚共荣圈"（当然是在日本操控下）。

列强对此感到无奈，但又没法介入，唯有苏联在战争初期对国民党提供了军事援助，从而略有不同。西方国家的抗议，即便是在他们的国民受到威胁和虐待时发出的抗议，日本人也不放在眼里。到 1939 年，日本就明确宣布，如果它关于建立亚洲新秩序的主张不被承认，日本将开始封锁外国侨民的居住区。英国和法国的软弱很容易解释清楚：它们到处都有麻烦。美国人在这时的无所作为是有深层原因的：这时美国又恢复到以前长期实行的孤立主义状态，尽管美国仍会讨论亚洲大陆的问题，但不会为了它去打仗。甚至，当日本炸沉美国停在南京的炮舰时，美国国会气得咬牙切齿，但最终还是咽下这口气，接受了日本所谓的解释。现在美国人的态度已经和四十年前在哈瓦那发生"缅因号"事件那时不同了，尽管他们仍以非官方渠道给蒋介石提供了物资支援。

到1941年，中国的抗日战争和外面的世界是分隔开的，虽然救援就要到来。这一年年底它才终于和世界的反法西斯战争联合到一起，这是蒋介石在其最清醒时刻曾预见到的。然而这时中国已损失惨重。在日本和它亚洲潜在对手的长期斗争中，日本这时看起来是赢家。一方面，日本必须考虑到它的军队在侵华战争中的经济开支和日益增大的难度。另一方面，它的国际地位空前提高，这通过羞辱在中国的西方人，如1940年迫使英国关闭运送援助物资到中国的滇缅公路，迫使法国同意日军入侵中南半岛等嚣张行为体现出来。日本强大的野心诱使它进一步冒险，由于日本军国主义的声威和在政府中的影响力达到了20世纪30年代中期以来的顶峰，这使日本的侵略野心丝毫不减。

但这对日本也有副作用。侵略战争使日本必须加紧掠夺东南亚和印度尼西亚的资源。另外，美国人也慢慢做好了用武力维护自身利益的心理准备。很明显到1941年时，美国必须尽快决定它是否想最终成为亚洲的一支力量，如果想，那又意味着什么。当时的背景下，这一点是很重要的。对于侵略中国的行为，日本打着粉饰的"亚洲人的亚洲"的旗号进一步向西方在亚洲不断衰退的势力发起进攻。就像1905年打败俄国标志着亚洲和欧洲的心理关系进入一个新时代，日本在1938至1941年这个时期的独立性和能力也是如此。接下来欧洲的殖民统治的瓦解，使其标志着非殖民化时代的开始。

第 4 章　奥斯曼帝国的遗产和
西方的伊斯兰地区

19世纪期间，奥斯曼帝国几乎在欧洲和非洲消失，造成这一结果的基本原因是相同的：民族主义带来的分裂性影响和欧洲列强的掠夺活动。1804年的塞尔维亚起义和穆罕默德·阿里在1805年亲自担任埃及总督，共同标志着土耳其进入了衰落的最后时期，尽管这个时期旷日持久。欧洲下一个里程碑意义的事件是希腊起义。从那时起，奥斯曼帝国的故事便告终结，在欧洲开始了新的民族国家传奇，到1914年，土耳其的欧洲部分就仅仅指东色雷斯了。在伊斯兰非洲，奥斯曼帝国力量的衰落更加迅速和剧烈，到19世纪，非洲北部的大部分国家事实上已经摆脱了苏丹的统治。

结果之一是，在伊斯兰非洲出现民族主义的时候，它更多针对的是欧洲而不是奥斯曼帝国。它也与文化革新有关。这个故事还得从穆罕默德·阿里讲起。尽管他从来没有去过出生地鲁梅利亚的卡瓦拉以西更远的地方，但他羡慕欧洲文明并且相信埃及能够从中学到东西。他引进技术顾问，雇用外国人员指导健康和卫生方面的措施，翻译、印刷欧洲技术领域的书籍和文章，同时派幼童去法国和英国留学。然而事与愿违，尽管他打开了欧洲，尤其是法国对埃及影响的大门，但实际取得的成绩让他失望。欧洲的影响通过教育和技术机构渗透进来，并且反映了法国在奥斯曼帝国贸易和事务方面的传统利益。法语很快就成为受教育的埃及人的第二语言，同时在亚历山大里亚出现了一大批法国人居住地。这座城市是地中海地区的大都市之一。

非欧洲世界里具有现代意识的政治家，很难将学习西方局限于技术知识领域。不久，年轻的埃及人也开始学习西方的政治理念，而这在法国有大量现成的可学对象。一个混合物开始慢慢地形成，它在最后将帮助改变欧洲跟埃及的关系。埃及人就像印度人、日本人、中国人一样吸取了同样的教训：患上欧洲病是为了生出必要的抗体以抵抗它。所以现代化和民族主义无法摆脱地纠缠在一起。这也是中东地区民族主义的长期弱点的来源。先进精英阶层的理念长期以来使他们与社会脱离，社会中的大众仍生活在未受到西方思想"腐蚀"的伊斯兰文明中。矛盾的是，民族主义者通常是埃及、叙利亚和黎巴嫩社会中最欧化的成员，直到 20 世纪仍然是这样。然而他们的观点获得了更多的共鸣。在叙利亚信仰基督教的阿拉伯人中，最早出现了泛阿拉伯主义和阿拉伯民族主义（相对于埃及、叙利亚或者其他民族主义），其主张所有的阿拉伯人，无论他们在哪里，都应该组建成一个国家。泛阿拉伯主义是区别于穆斯林兄弟会的一种概念，后者不仅包含了很多非阿拉伯人，同时也排除了很多不信仰伊斯兰教的阿拉伯人。这种实际上想在实践中尝试建立一个阿拉伯国家的想法，就像其他泛阿拉伯主义思想一样存在弱点，其潜在问题直到 20 世纪才暴露出来。

奥斯曼帝国领土上另外一个具有历史性意义的事件是 1869 年苏伊士运河的修建。在很长一个时期里（尽管是间接性的），它与任何其他单独的事件相比，给埃及带来了更多的国外干涉的厄运。然而运河并不是 19 世纪欧洲人开始干涉埃及政府的直接原因。其发生的原因是由于伊斯梅尔（他是从苏丹那里得到埃及总督头衔的第一位统治者）的作为。伊斯梅尔接受了法国教育，他喜欢法国人和现代化的想法，同时多次游历欧洲。他非常奢侈。当他在 1863 年成为执政者时，埃及的主要出口项目棉花的价格非常高，这一方面是因为美国爆发独立战争，另一方面出于伊斯梅尔的经济保护措施，因此形势看起来非常好。不幸的是，他的财政管理措施少了些规范性，结果导致埃及的国债增加：在伊斯梅尔就职时国债是 700 万英镑，13 年后几乎达到了 1 亿英镑。埃及一年的利息费用总计 500 万英镑，在那个年代这些数额非同小可。

1876 年埃及政府破产，同时停止支付债务，所以外国管理者开始被派遣进来。两个管理者一个是英国人，一个是法国人，他们被授权以确保伊斯梅尔的儿子能管理埃及，并保障收入且优先考虑偿清债务。很快他们就受到了民族主义者的批评，因为巨大的税收负担导致埃及陷入贫困，而这些收益是用于支付债务利息。批评还针对经济状况，例如削减政府工资。在民族主义者的眼里，那些以埃及总督名义而工作的欧洲官员，仅仅是国外帝国主义的代理人。许多在埃及的外国人具有合法的特权地位并且有自己特殊的法庭，对此越来越多的人感到不满。

这些怨恨导致民族主义者密谋策划并且最终进行了革命。欧化过程中的排外和其他因素促进了伊斯兰的改革，即伊斯兰世界的统一和适应现代化生活的泛伊斯兰主义运动。有些人则仅仅因为埃及总督的随从以土耳其人为主而恼怒。但是这种区别在1882年英国人对一场革命进行了令人沮丧的干预之后变得无关紧要了。这并不是出于财政原因而进行的干涉，而是因为英国的政策。当时的英国首相是一个自由主义者，尽管他同情奥斯曼帝国其他部分的民族主义，但他不能接受这种危险：一个不友好的开罗政府会对从英国到印度的运河通道安全产生危害。这在当时是难以想象的，但受这种战略信条所累，英国军队一直到1956年才最终离开埃及。

因此，1882年以后，英国人成了埃及民族主义者首要的攻击对象。英国人说一旦建立起一个稳定的政府，他们就马上撤离，但是他们不可能这样做，因为没有一个埃及人被他们所接受，相反，英国行政官员接管了埃及政府越来越多的权力。英国人带来的也不全是悲惨，他们减少了债务，并且建好了灌溉系统，这使得供养增长的人口成为可能。在1880至1914年间，人口增长了两倍，达到1 200万。但英国人引起了埃及人的反感，因为他们不让埃及人担任政府公职，对他们课以重税，或是与他们格格不入。1900年以后，发生了更多的动乱和暴力行为，英国人和他们的埃及傀儡政权，开始坚决地打击煽动活动，同时试图通过改革找寻出路。首先是行政方面的改革，这导致1913年出现了一部新的宪法，提供了更多的代表选举，形成了一个更强有力的立法机构。不幸的是，立法议会只维持了几个月，就因战争的爆发而被迫中止。埃及政府被拉进了与土耳其的战争中，一个埃及总督因为被怀疑密谋反对英国而被撤换。在这一年末，英国宣告埃及为受保护国，埃及总督从此被称为苏丹。

那时，奥斯曼政府已经将的黎波里塔尼亚（Tripolitania）割给了于1911年入侵进来的意大利，部分原因是另一场主张改革的民族主义运动，这次运动发生在土耳其本土。1907年，"青年土耳其运动"领导了一次成功的叛乱。这个组织的历史很复杂，但是目的却简单。像一个土耳其青年说的那样，"我们沿着欧洲描绘的道路走下去……尽管我们拒绝接受外国干涉"。这句话的前半部分意味着他们希望结束阿卜杜勒·哈米德的专制统治，并且废除1876年以后的宪法，重建1876年颁布的自由宪法。但是他们期望的目的比宪法本身更多，因为他们认为宪法可以改革、复兴整个帝国，做到尽可能的现代化，同时还可以阻止王朝衰落。无论是这个计划还是土耳其青年运动理论都要归功于欧洲。比如说，他们利用共济会地方分会作为蓝本，组织秘密社团，而这些在神圣同盟时期的欧洲自由主义者中间已经十分兴盛了。但是，他们怨恨欧洲人不断增加的对奥斯曼内部事务的干涉，这明显表现在对财政的管理上，例如，在埃及，为国内发展而进行的货币借贷利息的担保是以损害国家独立为代价的。他们认为欧洲人对他们的欺侮已经导致奥斯曼政府从多瑙河流域和巴尔干半岛长期的、屈辱的后退。

在一系列哗变和反叛之后，1908年苏丹向宪法作出了让步。海外的自由主义者赞许立宪的土耳其；看起来，暴政走向了末路。但是一个未遂的反革命活动导致了土耳其青年运动的政变，他们废黜了阿卜杜勒·哈米德，同时建立了一个实质上的专制政府。从1909至1914年随着革命者的统治越来越独裁，专制主义从君主立宪制外表背后显现出来。不祥的是，其中一个革命者宣称"从此不再有保加利亚人、希腊人、罗马人、犹太人和穆斯林，我们自豪地成为土耳其人"，这种论调非常新颖。这是宣告了老旧的多民族政权的终结。

事后看来，青年土耳其运动的所作所为比在当时更容易理解。他们面对着许多非欧洲国家在现代化过程中遇到的类似问题，同时他们也受现实的需要或臆想的需要的刺激而采用了暴力方法。他们醉心于对政府各部门的改革（引进了很多欧洲顾问）。例如，寻求促进对女孩的教育在一个伊斯兰国家是一个重大的姿态。但他们是在一个尽显落后的帝国掌权，而且遭遇了一连串外交耻辱的打击，他们的吸引力受到削弱，并且开始依赖武力。这些外交耻辱是：在哈布斯堡王室兼并了波斯尼亚后，保加利亚的执政者赢得了对其独立地位的认可；克里特岛人宣称他们与希腊人组成联盟。短暂的喘息之后，又是意大利攻击的黎波里，是巴尔干战争和进一步的军事失败。

在这样的压力下，自由主义者所期待的改革后各民族和睦相处的景象很明显不过是一个妄想。宗教、语言、社会习俗和民族性仍然还很牢固，这些都是帝国的遗物，青年土耳其越来越倒退到单一的土耳其民族主义，当然，这也导致了其他民族怨恨。结果就是君士坦丁堡古老的统治手段——屠杀、暴政和暗杀再次出现。从1913年开始直到一战爆发，青年土耳其党的"三雄"寡头政权使用这些统治手段实行集体专制。

尽管他们让很多崇拜者失望，但他们这一派还是有前途的。他们代表了有朝一日可以再造奥斯曼帝国的遗产的思想：民族主义和现代化。为了向这个目标迈进，他们甚至不顾一切地放弃奥斯曼帝国在欧洲留下的微不足道的遗产，不过这也使他们从重负中解脱出来。但是在1914年，他们手上的遗产仍然带来许多困扰。在他们面前，没有其他选项比民族主义更适合作为改革手段。泛伊斯兰主义的影响有多么微不足道，1914年以后奥斯曼保留下来的最大一块领土（基本是亚洲的穆斯林省份）上发生的事情将此体现出来。

在1914年，这些省份覆盖了一个巨大并且在战略上非常重要的区域，从高加索地区与波斯的边界延伸到巴士拉附近的海湾——底格里斯河河口。在海湾的南岸，奥斯曼帝国的统治范围延伸至科威特（有一个

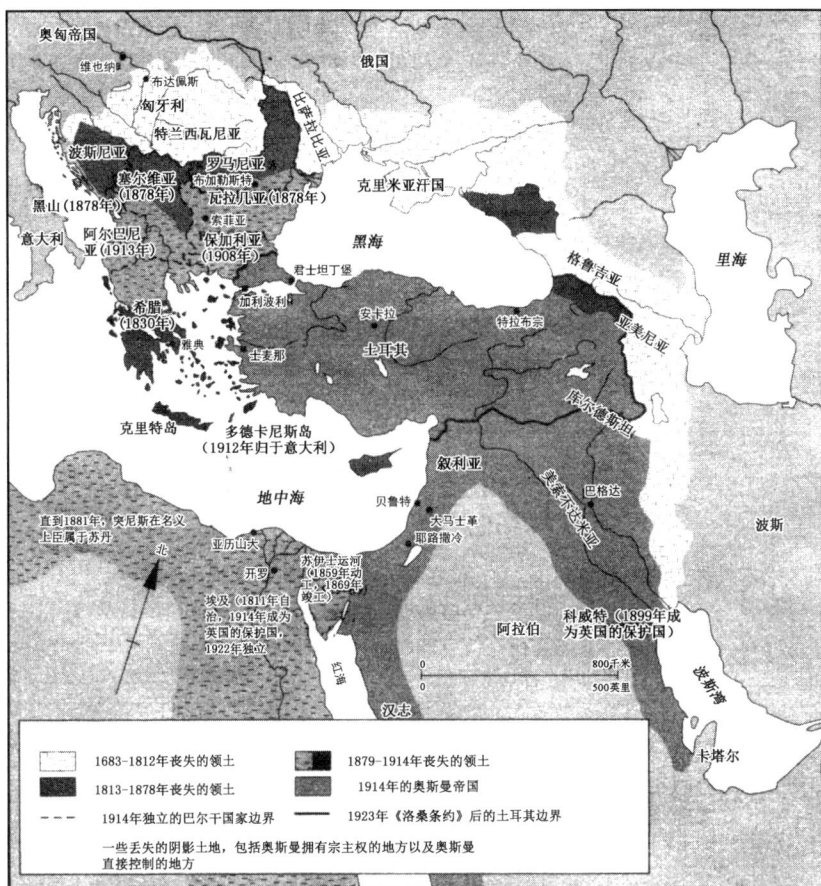

地图标注：

奥匈帝国
维也纳
布达佩斯
匈牙利
特兰西瓦尼亚
波斯尼亚
塞尔维亚（1878年）
罗马尼亚
布加勒斯特
瓦拉几亚（1878年）
黑山（1878年）
意大利
阿尔巴尼亚（1913年）
索菲亚
保加利亚（1908年）
希腊（1830年）
雅典
君士坦丁堡
加利波利
士麦那
克里特岛
多德卡尼斯岛（1912年归于意大利）
比萨拉比亚
俄国
克里米亚汗国
黑海
格鲁吉亚
里海
亚美尼亚
安卡拉
特拉布宗
土耳其
埃尔泽鲁姆
地中海
贝鲁特
叙利亚
大马士革
耶路撒冷
巴格达
摩苏尔
波斯
直到1881年突尼斯在名义上臣属于苏丹
北
亚历山大
开罗
苏伊士运河（始1859年动工，1869年竣工）
埃及（1811年自治，1914年成为英国的保护国，1922年独立）
阿拉伯
科威特（1899年成为英国的保护国）
汉志
红海
波斯湾
卡塔尔

图例：
1683—1812年丧失的领土
1813—1878年丧失的领土
1879—1914年丧失的领土
1914年的奥斯曼帝国
1914年独立的巴尔干国家边界
1923年《洛桑条约》后的土耳其边界
一些丢失的阴影土地，包括奥斯曼拥有宗主权的地方以及奥斯曼直接控制的地方

0　　800千米
0　　500英里

1683—1923年奥斯曼的衰落和现代土耳其的出现

独立的阿拉伯酋长，置于英国保护下），然后回转到海岸向南延伸到卡塔尔。从此处的阿拉伯半岛海岸到红海的入海口地区以这样或那样的方式受到英国的影响，但是整个内陆地区和红海海岸都是属于奥斯曼帝国的。在英国的压力下，西奈地区已经于几年前屈服于埃及，但是巴勒斯坦、叙利亚、美索不达米亚平原这些古老土地仍然属于土耳其，这些都是历史上伊斯兰的核心区域，同时苏丹仍然是他们的精神领袖——哈里发（caliph）。

这份遗产在世界大战的战略和政治的作用下日趋衰落。即使在伊斯兰的历史核心区内，1914 年前已有迹象表明，新的政治力量在活动。它们部分源于早已存在的欧洲文化的影响，这种影响在叙利亚和黎巴嫩表现得比埃及更加强烈。随着美国传教士不断努力，以及接收阿拉伯世界的穆斯林和基督徒男孩的学校和学院建立起来，法国的影响已经进入这些国家了。黎凡特地区的文化先进，人们有文化。在一战前夕，数百种阿拉伯报纸都是在除埃及外的奥斯曼帝国出版的。

伴随着青年土耳其党的胜利和他们奥斯曼化的趋势，产生了一个重要的结果，不同政见者的秘密社团和公开组织在流亡的阿拉伯人中形成了，特别是在巴黎和开罗。在这种背景中有另外一个不确定的因素：阿拉伯半岛的地方执政者对苏丹的忠诚已经动摇了。他们中最重要的人是麦加的侯赛因，到 1914 年土耳其政府已对他失去信心。一年之前在波斯召开的探讨伊拉克独立问题的阿拉伯大会上，就已经有了不祥的征兆。面对这种局面，土耳其人只是希望阿拉伯人中不同利益集团间的分歧可以维持住现状。

最后，尽管没有马上构成威胁，犹太人成了最后一个转向地域民族主义文化的民族。在 1897 年，犹太人历史发生了新的转折，这一年他们召开了一个犹太人复国运动大会，目标是获得一个民族家园。因此，在犹太人漫长的历史中，民族融入（法国大革命的解放时代后，许多欧洲国家依然未能实现）在当时被民族主义理想所取代。建立家园的满意地点一时间还定不下来；人们在不同的时间曾建议选择阿根廷和乌拉圭，但是，在这个世纪末，犹太复国主义者最终确定在巴勒斯坦建立家园。犹太人开始向那里移民，尽管规模不是很大。战争的爆发将改变这种移民的意义。

1914 年，奥斯曼帝国和哈布斯堡王朝出现了有趣的相似之处。双方都在寻求战争，将战争看作解决自身问题的手段。然而，两个王朝都必定在战争中受损，因为国内外太多的民族都将战争看作获得优势的机会。结果，两个帝国都被战争摧毁。甚至自土耳其加入战争伊始，其历史上的敌人——俄国就看到有利可图，因为这令英法不再如历史上那般反对在君士坦丁堡建立沙皇权力。就法国来说，法国在中东地区有自己的事要做，英法协约的签订以及法国在摩洛哥拥有了全权，稍微平息了法国对英国在埃及的存在的愤怒，但法国一直以来在黎凡特拥有特殊的地位。一些狂热者鼓吹唤醒圣路易斯和十字军，不过这并没有被认真考虑。但不可否认的是，法国政府 100 年来一直宣称要对奥斯曼帝国的天主教徒发挥特殊的保护作用（尤其是对叙利亚的），拿破仑三世曾经在19 世纪 60 年代向这里派出一支法国军队。法国在这里也有文化优势，在黎凡特受教育者中法语的广泛普及就表明了这一点，同时法国的大部分资金也投资于此，这些力量都不能被忽略。

然而在 1914 年，土耳其在欧洲以外最主要的军事对手很可能是高加索地区的俄国和在苏伊士的英国。对运河的保护是英国在这一地区战略思考的基础，但是不久形势清楚表明运河安全没有遭遇大的威胁。接着发生的事情揭示了使中东最终陷入混乱的新因素。1914 年末，一支英印军队在巴士拉登陆，以保护波斯的石油供给不受影响。这是该区域历史命运中石油与政治相互作用的开端，尽管在奥斯曼帝国退出历史舞台前并没有完全地表现出来。另一方面，埃及的英国总督于 1914 年 10 月用一种方法使侯赛因·伊本·阿里快速地尝到甜头。这是第一次运用阿拉伯民族主义这一武器的尝试。

当欧洲的战斗在血腥而绵延地进行时，对德国的盟国发动一次打击的吸引力变得更大了。1915 年，英法曾经尝试通过海军和陆军联合行动出兵达达尼尔海峡，以占领君士坦丁堡，结果陷入困境。那时欧洲国家间的混战已经开始培养出有朝一日将反对它们的力量。但能为阿拉伯盟友提供的东西非常有限。直到 1916 年初，才与侯赛因达成一致。他要求北纬 37 度以南的阿拉伯世界获得独立，这条线大约是从阿勒颇到摩苏尔以北大概 80 千米，事实上包括土耳其和库尔德斯坦以外的所有奥斯曼帝国地区。这大大超过了英国可以同意的范围，因为法国在叙利亚具有特殊的利益，所以也征询了法国的意见。当英法之间对于分割奥斯曼帝国后彼此的势力范围达成协议时，仍然为未来留下了很多问题，其中包括伊拉克的地位，但是一个阿拉伯民族主义者的政治计划看起来好像正在变成现实。

这种事业的未来很快就遭到质疑。阿拉伯的反抗开始于 1916 年 6 月，他们对驻守在麦地那的土耳其安全部队发动进攻，叛乱始终不过是大战主战场之外的小打小闹，但是起义逐渐壮大，最后成了一个传奇。不久英国人感到他们必须更加认真地对待阿拉伯人，侯赛因被承认是汉志的国王。英军于 1917 年大举推进到巴勒斯坦，占领了耶路撒冷。在 1918 年，他们与阿拉伯人共同进入大马士革。不过在这之前，另外两件事已经让情况进一步变得更加复杂，一件是美国参加战争；在一份对战争目标的陈述中，威尔逊总统说，他赞成为奥斯曼帝国内的非土耳其人提供一个完全不受干预的发展机会。另一件事是布尔什维克发布了沙俄政府的秘密外交文件，其中揭示出了英法对划分中东势力范围的提议。这项协议中的一部分规定了巴勒斯坦应该被国际共管。除此之外，另外一个刺激因素是英国宣称其政策是赞成犹太人在巴勒斯坦建立一个民族家园。"贝尔福宣言"可以算得上是那个时代犹太复国运动最大的成功。这绝对与他们曾经跟阿拉伯人说的不一致。威尔逊总统也加入其中，他宣称自己保护犹太人，但是根本无法想象这可以不受挑战地得到执行，尤其是英法随后在 1918 年进一步对阿拉伯人的强烈愿望表达美好意愿。在土耳其人失败的前夜，未来的前景完全是模糊不清的。

大英帝国在那时认为侯赛因是阿拉伯人的国王，但是这对侯赛因无甚用处。不是阿拉伯的民族主义者，而是英国和法国在国联的帮助下，设计出现代阿拉伯世界的地图。在这混乱的 20 年里，英国和法国跟阿拉伯人卷在一起，他们变戏法般地使阿拉伯人登上了世界政治的舞台，而阿拉伯的领导人之间还存在分歧。伊斯兰联合的幻景再一次破灭，但是幸运的是，一同消失的还有俄国的威胁（即便只是暂时而言），中东地区只留下了两个大国。它们互不信任，但是可以达成大致共识，基本上来说，如果英国在伊拉克自主行事，法国也可以在叙利亚自行其是。国际联盟合法地将阿拉伯的土地奖励给了英法进行托管。巴勒斯坦、外约旦和伊拉克归英国；叙利亚交给了法国，法国从一开始就实行高压统治，在国民议会要求独立或者英美托管后，法国依靠武力确立了自己的统治。他们驱逐了阿拉伯人选出的国王——侯赛因的儿子，随后又不得不面对大规模的起义。在 20 世纪 30 年代，法国仍然继续依靠武力维护他们所占有的一切，尽管那时已经有迹象表明：他们不得不向民族主义者让渡一些权力。不幸的是，叙利亚的情况很快显现出了民族主义造成的内部分裂力量：叙利亚北部的库尔德人起义谋求从一个阿拉伯人的国家里分裂出来，这产生了西方外交官至今都需要面对的另一个中东问题。

　　同时，阿拉伯半岛被侯赛因与另外一个国王之间的争斗弄得疲惫不堪，这个国王与英国已经达成了协议（他的追随者是一个特别极端的伊斯兰教派，这让事情变得更加复杂，在王朝与部落纷争之外又增加了宗教纷争）。侯赛因被取代了，1932 年沙特阿拉伯这个新的王国出现在汉志。紧随其后又出现了其他问题，因为侯赛因的儿子这时已经成为伊拉克和外约旦的国王。激烈的斗争显示出未来的难题，此后英国人以最快的速度结束了伊拉克的委托统治，寻求仅仅通过保留一定陆军和空军力量以保护英国的战略利益。于是在 1932 年，伊拉克作为一个独立的、拥有完整主权的国家进入国联。在之前的 1928 年，英国已经承认外约旦为独立国家，并也在该国保留了英国的军事和经济力量。

　　巴勒斯坦地区的情况更加复杂。1921 年爆发了阿拉伯人反对犹太人的暴动，阿拉伯人对犹太人移民和犹太人获取阿拉伯土地颇为担忧，从此那个不幸的地区就再也没有长久的和平。不仅仅是宗教或民族情感，还有更多的因素造成了危机。犹太人的移民意味着新的欧化和现代化力量的入侵，这种新力量的活动将改变经济关系并且会让一个传统社会产生新的需求。英国的托管机构左右为难，一面是如果它不限制犹太人的移民，就会遭到阿拉伯人的公开反对，另一面是如果它这样做，就会遭到犹太人的反对。当时阿拉伯人的政府也认为，他们占据的土地在经济和战略上都对英国安全有重大作用。世界其他地方也参与进来。1933 年上台的德国法西斯迫害犹太人，并且剥夺他们自法国大革命以来得到的法律和社会权益，使问题变得更加棘手。到 1937 年，犹太人和阿拉伯人在巴勒斯坦地区出现了多次激烈冲突。不久，一支英国军队设法压制了一场阿拉伯人暴动。

在过去，阿拉伯土地上最高权力的崩溃常会立刻带来一个混乱时期。这次是否像以前一样，混乱之后随即建立一个帝国的霸权，局势仍不清楚。英国不想做这个角色，在短暂地陶醉于帝国胜利的果实后，他们只渴望保证他们在这一地区的基本利益：保护苏伊士运河以及来自伊拉克和伊朗的日益扩大的石油运输。在 1918 和 1934 年间兴建了一条巨大的石油管道，从伊拉克北部穿过外约旦和巴勒斯坦到达海法，它给这些地区的未来带来了另一个新的转折。欧洲的石油消费需求还没大到会对它产生依赖，在 20 世纪 50 年代也没有什么大发现可以再次改变这里的政治地位。但是人们感受到新的因素正在产生，英国皇家海军已经开始认真考虑用船运输石油。

英国人认为保护苏伊士运河的最好办法就是把军队驻扎在埃及，但这也引发了越来越多的麻烦。战争已经加剧了埃及人的不满和愤恨。侵略军从来都不会受欢迎。当战争导致物价上涨时，外国人更是备受指责。1919 年，埃及的民族主义领导者就尝试把他们的要求提交到巴黎和会上，但被阻止了，接下来国内兴起了反对英国的浪潮，很快也被平息了。但英国也开始从埃及撤退。1922 年，为了在民族主义情绪爆发之前抽身，英国结束了作为埃及保护国的身份。然而埃及这个新王国的选举制度选出的总是一个又一个民族主义多数派，这就使得埃及政府难以达成能让任何一届英国政府接受的保护英国利益的协议。结果，埃及陷入长时间的立宪危机和断断续续的社会混乱之中，直到 1936 年英国同意接受一定年限内在运河区的驻扎权为止。外国人的审判特权也被宣布取消了。

这是大英帝国的撤退迹象的一部分，1918 年后在别处也可以发现这种现象。这反映了英国权力和资源的力不从心，因为英国的外交政策已经开始穷于应付其他的挑战。中东地区之外的世界关系的变化有利于影响后奥斯曼土耳其时代伊斯兰地区的发展。另一个新的要素是马克思主义。在两次世界大战之间，苏联对阿拉伯国家的无线广播支持着第一批阿拉伯共产主义者。但虽然引起了关注，共产主义却没表现出可以取代那个地区最强烈的革命思潮的迹象，也无法取代阿拉伯民族主义的影响。到 1938 年，阿拉伯民族主义的焦点转向了巴勒斯坦。在那一年叙利亚召开了一个代表大会以支持巴勒斯坦阿拉伯人的事业。阿拉伯世界对法国在叙利亚的野蛮行径的愤恨已经越来越明显，埃及民族主义者对英国的抗议也唤起阿拉伯国家的不满和愤怒。在泛阿拉伯的民族情绪里存在着一种力量，有人认为这种力量最终可能会压倒哈希姆王国的分裂倾向。

协约国在战争期间的协议也让奥斯曼的本土土耳其（很快就会改叫这个名字）的历史复杂化了，英国、法国、希腊和意大利都满意自己所分得的战利品；战争唯一简化的，是俄国不再企图据有君士坦丁堡和两大海峡地区。面对法国、希腊和意大利的入侵，苏丹被迫签署了一个耻辱的和约。希腊获得了重大的让步，亚美尼亚将成为独立的国家，而土耳其剩余的领土被划分为英国、法国和意大利的势力范围。这是最露骨的帝国主义，所签的协议也比在凡尔赛宫上强加给德国的不平等条约苛刻得多。简而言之，欧洲人的财政控制权得到了重建。

接下来是第一次成功修订和平协议。这主要都是一个人的功劳。此人以前是青年土耳其党党员，也是土耳其唯一的常胜将军，他就是穆斯塔法·凯末尔（Mustafa Kemal）。他在吓跑意大利人后，接着先后赶跑了法国人和希腊人。在布尔什维克的帮助下，他制服了亚美尼亚人。英国决定谈判，所以在 1923 年英国和土耳其签订了第二个条约。这是民族主义对巴黎和会的决定的胜利，也是这一系列和平协议里面唯一一个在双方平等的基础上签订的，而不是强加给战败方的协议。它还是唯一一个有苏联的谈判代表参加，并且比其他的和平条约维持更久的协议。一系列不平等条款和外国的财政控制都废除了。土耳其放弃它对阿拉伯的土地要求，以及对爱琴海、塞浦路斯、罗德岛和多德卡尼斯群岛的要求。接下来希腊和土耳其间出现大规模的人口流动（38 万穆斯林离开希腊来到土耳其，130 多万东正教徒离开土耳其去到希腊），因此，这些人彼此之间的仇恨进一步加深了。然而，鉴于随后发生的事件，这个结果可以被认为是在这个区域的种族清洗措施中较为成功的之一。现在的状况已经没先前那么危险了。就这样，奥斯曼帝国六个世纪的统治终于结束了。1923 年，一个新共和国以一个民族国家的身份诞生了。在 1924 年，哈里发也跟随着奥斯曼帝国退出历史舞台。这是奥斯曼时代的终结，而土耳其的历史则刚刚开始。安纳托利亚的土耳其人如今在这五六个世纪里第一次成为他们国家的人口中人数最多的民族。具有象征性意义的是，土耳其的首都也从伊斯坦布尔移到安卡拉。

凯末尔——他喜欢这样称自己（名字的意思是"完美"）——有点像彼得大帝（但在成功修订不平等的条约后凯末尔不喜欢领土扩张），又有点像一个更开明的专制君主。他也是土耳其 20 世纪最有影响力的现代化改革家之一。土耳其的法律实现了世俗化（以拿破仑法典为楷模），伊斯兰律法被废除。1928 年，宪法开始修订，把关于土耳其是一个伊斯兰国家的表述去掉。到今天，它仍然是中东唯一以穆斯林人口为主但采用世俗化原则的国家。多妻制也结束了。1935 年每周一次的休息日，从以前的星期五（伊斯兰的神圣日）变成星期日；一个新的词汇进入土耳其的语言，即 vikend（从星期六下午 1 点开始到星期日的午夜这段时间）；学校停止宗教教学；土耳其毡帽被禁止，尽管这种帽子来自欧洲。凯末尔意识到他想要达到的现代化必须是彻底的，所以这些象征性的东西对他来说也是重要的。它们是标志，但事物的标志很重要，因为它们表明欧式社会代替了传统的伊斯兰社会。一个伊斯兰的思想家敦促跟随他的土耳其人要"首先属于土耳其国家，其次属于伊斯兰教，最后属于欧洲文明"，而且不认为同时做到这些有多难。字母表被拉丁化，这对教育是很重要的，从那以后，小学就是义务教育。在学生的教科书里，这个国家的过去也被重写了，教科书里说亚当也曾是土耳其人。

在土耳其的国民大会上，凯末尔被授予"阿塔图尔克"（Atatürk）的称号，意思是"土耳其之父"，这是一件有重大意义的事情。也许他就是穆罕默德·阿里想要成为的那种人——伊斯兰国家第一个现代化的改革家。直到 1938 年他去世，他一直都是一个很有趣的人，他似乎下决心不让他的改革停滞，结果他造就了一个新国家，而且使其某些层面属于世界最先进之列。在土耳其，比在欧洲还远为重大的一项对过去的突破，就是给予妇女新的社会角色，在 1934 年，土耳其妇女获得了选举权。女性也被鼓励从事专业工作。

在 1914 年前，既没有被欧洲宗主国直接统治，也没有被奥斯曼帝国统治过的最重要的伊斯兰国家就是波斯。1907 年，在英国和俄国同意划分势力范围后，这两个国家就开始干预波斯的内政，但随着俄国国内发生布尔什维克革命，俄国的势力很快就消退了。英国势力继续在波斯的国土内经营，直到一战末期才结束。当波斯代表团向巴黎和会陈述他们的要求却不被允许时，波斯人对英国的愤恨迅速蔓延。有一段时间英国很困惑，当时它在努力寻找在军队撤出波斯以后能持续抵抗布尔什维克的方法。继续在波斯驻扎军队是不可能的，这对于英国的国力来说负担过重。很偶然地，一个英国将军发现有一个人可以做到这一点，尽管他是以一种难以预见的方式去行事。

这个人就是礼萨汗（Reza Khan）。他是一个军官，他在 1921 年时发动政变，并且迅速利用布尔什维克对英国的忧惧，和俄国签订了条约，使俄国出让其在波斯的权益和资产，并且从波斯撤军。礼萨汗接下来打败了英国支持下的分裂分子。1925 年，国民大会授予他独裁的权力，几个月以后，他被称为"伊朗的王中之王"。他统治波斯直到 1941 年（那时苏联人和英国人联合把他从王位上撵下来），他就像是伊朗的凯末尔。对面纱和宗教学校的废除，表明他对国家进行世俗化改革的决心，尽管他的改革没有取得像土耳其那么彻底的成效。1928 年，波斯签订的一系列不平等条约都被废除，这是一个重要的标志性举措。同时，波斯的工业化和交通快速发展。波斯和土耳其的密切关系也逐步培养起来。最后，这位波斯的政治强人在 1933 年的时候第一次在一门新技艺——石油外交中取得引人注目的成功，当时英波石油公司所拥有的特权被礼萨汗取消。当英国政府把这个事情反映到国际联盟时，礼萨汗得到了对他有利的另一个更大让步。这是礼萨汗最伟大的胜利，也是波斯独立自主最好的证据。波斯进入了一个新的时代，标志性事件是 1935 年官方更改了国家的名字：波斯改为伊朗。两年后，礼萨汗的妻子第一次没戴面纱出现在公众场合。

第 5 章　第二次世界大战

　　第二次世界大战表明了欧洲时代的终结。像第一次世界大战一样，开始于 1939 年的二战从欧洲国家间的争斗演变为世界大战。它提出了在程度上远远超过以往任何战争的前所未有的要求；其巨大规模使得没有什么未被触及，没有什么未被动员，没有什么未被打乱。二战可以真正称为"全面"战争。

　　到 1939 年，已有许多明显的迹象表明一个历史时代正在结束。尽管 1919 年的战后安排导致殖民国家控制的领地出现了少许最后一轮扩张，但是最大的殖民国家——大英帝国的行为表明，帝国主义如果不是已经处于撤退，就是处于防御。日本的势头意味着欧洲不再是国际权力体系的唯一焦点；早在 1921 年，当中国再次运用其影响力的可能性还不十分明显时，一位南非的政治家就预言，国际政治舞台已从欧洲转向了远东和太平洋地区。现在来看这个预言越发正确。在此预言之后的十年，比起所依赖的政治基础，西方优势地位所依赖的经济基础甚至还要不牢固；美国作为最大的工业国家，尚有 1 000 万人失业。尽管当时没有一个欧洲工业国家陷入这样的困境，但对本国经济体系根基稳固所怀有的那种理所当然的自信，已永远地消失了。很大程度上归因于重整军备的刺激，一些国家的工业得到了恢复，但是，1933 年世界经济会议的失败，表明通过国际合作寻求经济复苏的国际努力失败了。此后，各国各行其是；甚至英国最终也放弃了自由贸易原则。即使人们还在谈论自由放任主义，但它已走向末路。到 1939 年，西方各国政府都在有计划地干预经济，采取了自重商主义极盛以来政府都未采取的措施。

　　如果 19 世纪的政治假设和经济假设已经失灵，那么其他很多东西也如此。阐明智力和精神的趋势比把握政治和经济的趋势要难得多，但是，尽管很多人仍固守旧的信条，对引领思想和舆论的精英人物而言旧根基已不再牢固。很多人仍参加宗教服务活动——尽管只占少数，甚至是在罗马天主教国家情况也如此——但是工业城市的群众已生活在一个后基督教世界里，宗教机构和标志的清除并不会给他们的日常生活带来多大的不同。知识分子也如此，他们可能会面临一个比丧失宗教信仰更大的问题，因为许多帮助基督教徒从 18 世纪解脱出来的自由思想，现在也开始被取代了。在 20 世纪二三十年代，个体的自主权、客观的道德标准、合理性、父母的权威以及一个可解释的机械世界，所有这些自由主义的确定性似乎都和自由贸易的信条相伴随。

改变最明显的是艺术。自人文主义时代以来的三四百年里，欧洲人认为，艺术以易于理解的方式向普通人表达愿望、感悟和乐趣，即使它们在得到创作时可能会被提升到一个特别精致的程度，或者以集中的形式表现出来，以至于并非所有人都喜欢。无论如何，对那整个时代而言，这种想法是可能的：给予时间和研究，有教养的人能判别所处那个时代的艺术的感受，因为它们用共同的标准表达共同的文化。这一想法在 19 世纪有所削弱，当时人们仿效浪漫主义运动，将艺术家理想化为天才——贝多芬是最初的例子之一——并且系统阐述先锋派的观点。

不过，到了 20 世纪的头十年，即使是训练有素的眼睛和耳朵也难以辨别很多当代艺术家在作品中表达的东西。这方面最生动的例子是绘画上的形象错位。在这方面，表现派的飞跃仍然与传统保持着微妙的关系，正如立体派后期表现的那样。但随后它已不再清晰地展示给普通的、"有教养的人"——如果他还存在的话。艺术家龟缩到一种越来越难以理解的个人视角的混乱状态中，其焦点已放在达达主义和超现实主义的世界里。在 1918 年之后的几年，最有趣的是艺术的解体达到顶点：在超现实主义里甚至连客体的概念也消失了，只留下单独的描绘。正如一位超现实主义者所言，这种趋势意味着"在摆脱了理性施加的所有控制，并超越所有美学的或道德的成见的情况下，所表达的思想"。超现实主义者通过偶然性、象征手法、冲击、联想以及疯狂行为，寻求远离意识本身。

通过这样做，他们只是在探索许多作家和音乐家当时竭力在做的事情。

这种现象为自由主义文化的衰退提供了众多不同形式的证据，而自由主义文化是欧洲鼎盛时代的高度文明的最终结果。重要的是，时常是这种认识，即认为传统文化太局限于排斥存在于无意识中的情感资源和经验资源，推动了这种解体运动。或许赞同这一点的艺术家实际上也很少读过那个人的作品，此人比其他任何人更有力地给了 20 世纪用于探索无意识领域的一种语言和大量隐喻，以及对那里正是生命奥秘所在的信心。

这个人就是弗洛伊德——精神分析学的创始人。他认为自己在文化史上足以与哥白尼或达尔文齐肩，因为他改变了受过教育的人思考自我的方式。弗洛伊德进行了刻意的对比，将无意识的思想描述成继日心说和进化论之后对人类自恋的第三次"侮辱"。他让若干新观念进入日常用语：我们赋予"情结"（complex）和"强迫症"（obsession）的特殊含义，以及熟悉的术语"弗洛伊德式失语"（Freudian slip）和"里比多"（libido）的出现，成为其学说力量的永久典范。他的影响力迅速蔓延到文学、人际关系、教育、政治领域。与许多预言家的话一样，他提供的信息常常被曲解。人们认为他所说的话比他在具体临床研究方面的科学贡献更重要。与牛顿和达尔文相比，弗洛伊德的重要性几乎不与自然科学沾边——他在这方面的影响要比他们小得多——但他提供了一个新的神话。他的理论将被证明具有很强的破坏性。

人们从弗洛伊德得到的讯息显示：无意识是大部分重要行为的真实源泉；道德观念和态度是塑造无意识的影响因素的投影，因而责任心的理念充其量不过是个神话，而且可能是危险的神话；或许理性本身就是一个幻觉。假如这是真实的，弗洛伊德自己的主张也就没了意义，但人们可不管这个。这就是过去许多人相信由他所证明的东西——现在仍有很多人相信。这些观点质疑自由主义文明本身的根基、理性的观念、责任心以及自觉的有动机的个体，这是其主要的重要性之所在。

弗洛伊德的学说并不是导致确定性丧失和人们没有坚实立足点这一

认识的唯一知识力量。但它在两战间歇期间的知识生活中最为突显。面对弗洛伊德的学说，或面对艺术领域的混乱，或面对科学世界的晦涩难懂（似乎牛顿和拉普拉斯突然间被遗弃了），人们忧心忡忡地投身探索新的神话和准则，以便为自己指明方向。政治上，这导致诸如法西斯主义、极端民族主义的出现，过去认为必然之事中更加不理性的地方也显露出来。人们不会因宽容、民主和天赋的个人自由而备受鼓舞或者兴奋不已。

这种影响使得应对逐渐加深的不确定性，以及消除笼罩着 20 世纪 30 年代的国际关系的阴霾难上加难。其中心在欧洲，在于德国问题，它比日本预示着更大范围的动荡。德国在 1918 年没有被摧毁，因而，有朝一日它将再次企图获得它应有的权势，这是一个符合逻辑的结果。地理、人口和工业能力都意味着，以这种或那种方式统一后的德国必定在欧洲中部占主导地位，而且令法国黯然失色。根本的问题是能否做到无须面对战争。只有少数人认为或许再次肢解 1871 年统一成的那个德国能够解决问题。

德国很快开始要求修订《凡尔赛和约》。尽管在 20 世纪 20 年代它是以一种充满希望的心态来处理的，这一要求最终变得难以应付。德国实际负担的赔款逐渐削减，《洛迦诺公约》被视为重大的里程碑，因为通过它，德国同意《凡尔赛和约》对西部领土的处理。但它遗留下了修改东部版图的问题，而且在此背后还隐藏着一个更大的问题：考虑到德国特殊的历史和文化经历，一个潜在实力像德国这样强大的国家，怎样才能以一种平衡与和平的方式跟它的邻居维持关系。

大部分人希望一个民主的德意志共和国的产生可以解决这一问题，它的制度将温和而友善地重建德国的社会和文明。魏玛共和国的宪法（因宪法大会召开的地点而得名）是相当自由的，但太多德国人自一开始并不认同它。当经济大危机粉碎德意志共和国狭小的栖息地，释放毁灭性的民族主义以及由它掩盖的社会力量时，魏玛已解决了德国问题这个看法显然是一个幻觉。

当这发生时，遏制德国再次成为一个国际问题。但是由于诸多原因，

20 世纪 30 年代是一个无望轻易实施遏制的十年。一开始，在中东欧几个经济实力相对弱小、农业经济主导的新独立的国家里，人们能感受到世界经济危机带来的影响最严重。法国一直在中东欧寻找遏制德国复兴的盟友，但是现在这些盟友被经济危机严重削弱了。由于这些盟友的特殊位置，在遏制德国时必然牵扯到又一个无可争议（有些神秘）的大国——苏联，这使问题变得加倍困难。意识形态上的差异已经足以阻挡苏联与英国、法国的合作，更不要说苏联与英法在战略上的巨大差异。如果不穿越一个或几个东欧国家，苏联军队不可能抵达中欧，而新成立的东欧国家中弥漫着对俄罗斯和共产主义的恐惧。毕竟，罗马尼亚、波兰和波罗的海国家跟苏联存在许多纠葛，其中有一些国家就建立在前沙俄帝国的领土上。

美国人也不会提供任何帮助。自从威尔逊未能使美国加入国联以来，美国政策的总体趋势已退回到只关心自己的孤立状态之中，这符合美国的传统政策理念。曾赴欧洲参战的美国人不愿意再重复这样的经历。美国经济在 20 年代的繁荣证实了孤立政策的合理性，而 30 年代经济的衰退从反面促使美国人坚信孤立政策。美国人毫不犹豫地指责欧洲人制造的麻烦——战争债务问题，它带来了巨大心理影响，因为它被认为与国际金融困难密切相关（确实有一定关系，但没有美国人想的那样密切）。美国人对在此时进一步卷入欧洲事务深表怀疑。无论如何，经济大萧条使美国人有足够的理由只关心本国事务。随着民主党在总统大选中的胜利，美国开启了一个发生重大变革的时代。这种变革将最终消除孤立主义的氛围，但在当时没人能预见到这一点。

紧接着这一阶段的美国历史由民主党人领导，他们连续把持了五个总统任期，前四个任期是由同一个人——富兰克林·罗斯福竞选赢得的。连续四次赢得总统选举胜利，这几乎是不可超越且令人吃惊的。（只有社会主义者尤金·德布斯连续四次参加总统选举，但都失败了。）罗斯福每一次都赢得了绝对多数选民的支持，看起来像一场革命。早期的民主党总统候选人从美国内战以来没人赢得过这样的胜利，而后来的民主党总统候选人在 1964 年前也没人如此。并且，罗斯福是一位富有的、贵族化的人物。因此，更让人吃惊的是，他会成为 20 世纪前期世界上最伟大的领袖之一。在一次基本上是希望与失望对决的总统选举中，罗斯福做到了这一点。他给人们带来了采取行动摆脱经济萧条不良影响的自信和希望。伴随着选举的胜利，罗斯福进行政治改革，构建了民主党在国内政治中的支配权，它是以南方人、穷人、农场主、黑人、进步自由知识分子这些不可忽视的支持者组成的联合体为基础的。当这个联合体似乎在取得成果时，它又赢得了更多的支持。

美国人对改革存在一定程度的错觉。罗斯福政府进行的"新政"到1939 年仍未圆满地解决经济问题。尽管如此，"新政"改变了美国资本主义的运作重心及其与政府的关系。一项庞大的失业救济保险计划开始启动，数百万人投入到公共工程，新的金融体系被采用，一项重大的公有产权实验在田纳西河流域的水电项目中开展。资本主义被赋予了新的生机和新的政府机构。新政导致了和平时期美国联邦政府对美国社会和各州最重要且不可逆转的权力扩张。因此，美国的政治反映了走向集体主义的相同压力，集体主义在 20 世纪影响着其他一些国家。从这个意义上讲，罗斯福时代在历史上是具有决定性的。它改变了自内战以来未曾变动的美国的宪法历史和政治历史的进程，并且顺便为世界提供了一种所谓"民主"选项，即一种政府大规模干预经济的自由主义版本。这个成就更加令人印象深刻，因为它几乎完全依赖于忠于民主过程的政治家的有关选择，而不是依赖于经济学家的主张。有些经济学家已经在宣扬对资本主义国家经济进行更大规模的中央管理。这有力地证明了美国政治体系有能力实现人们觉得他们想要的东西。

当然，这个体系也能将大多数美国人的民意转化为外交政策。罗斯福比他的大多数同胞更加清醒地知道将美国孤立于欧洲事务之外的危险。但是他只能逐渐地展示自己的主张。

如果德国恢复元气，只有西欧的大国继续对抗德国，而无法得到苏联和美国的帮助。英国和法国不幸地将自己置于欧洲警察的位置。历史上，即使当俄国与它们站在一边时，英法应对德国仍困难重重。何况自1918年后，英法之间矛盾重重。在军事上，两国也十分脆弱。为了应对德国重新武装的可能和自己在人力上的缺陷，法国沉迷于战略防御方案，修建了壮观的要塞，但是它极大销蚀了军队的进攻性。英国皇家海军的优势地位受到了挑战，也不能再像1914年那样，放心地将兵力集中在欧洲海域。在全球安全承诺对其军队造成日益增长的压力之时，英国政府一直在谋求削减军备开支。经济危机加重了这种趋势；人们担心重整军备的开支将会导致通货膨胀，严重破坏经济的复苏。许多英国选民也相信德国的不满是合理的，出于尊重德国民族主义和民族自决，他们倾向于作出妥协，甚至主张归还德国的殖民地。英国和法国都被欧洲国家中的巨大变数——意大利所困扰。英法希望墨索里尼领导的意大利加入反德阵营的愿望到1938年破灭了。

这归因于意大利姗姗来迟的对非洲的争夺，1935年它的军队入侵了埃塞俄比亚。意大利的行为产生了一个问题，国联应该作何应对？国联的一个成员国侵犯另一个成员国，这是对国联盟约的公然挑衅。法国和英国的处境非常尴尬。作为大国、地中海国家和非洲殖民宗主国，它们理应在国联带头反对意大利。但是英法的反对如此软弱无力和半心半意，因为它们不愿意疏远意大利，而希望意大利和它们一起对抗德国。最坏的结果出现了。国联未能制止侵略并且意大利被疏远了。埃塞俄比亚丧失了独立地位，尽管只持续了6年。

事后看来，这是几个犯了致命错误的时刻之一。但是，不可能在事后追溯事态在什么阶段发展至如此不可收拾的情形。可以肯定的是，一个更加激进、穷凶极恶的机会主义体制在德国出现，是事态发展的重大转折点。但是大萧条的影响更大，并且使事态的发展成为可能。经济的崩溃也产生了另一个重大影响。它使得对30年代的事件加以意识形态解释听起来很合理，由此进一步增加了人们的怨愤。由于经济危机带来的阶级冲突的加剧，相关政治家时常把国际关系解释为法西斯主义与共产主义、左翼与右翼或者民主与专制的斗争。墨索里尼被英法在意大利入侵埃塞俄比亚事件中的行为所激怒，逐渐与德国结盟，并且主张进行一场反对共产主义的圣战。此后，国际关系的意识形态化解释更加盛行了。30 年代所有的对国际事务的意识形态式的解释，都易于模糊德国问题的核心本质，由此也易于使德国问题的解决更加困难。

苏联的宣传也产生了重要的影响。30 年代苏联国内局势很不稳定。工业化运动带来了国内局势的严重紧张和大量的牺牲。苏联的集权体制控制住了这些困难——尽管困难可能也被夸大了——这不仅表现在集体化过程中对农民的斗争，还表现为从 1934 年以来针对体制内官员的恐怖措施。5 年内，数以百万计的苏联人被处死、投入监狱或者被放逐，最常施行的处罚是强制劳动。当看到一批批被告在苏联法庭上俯首帖耳地用滑稽可笑的供词承认自己的罪行时，整个世界为之震惊。在这些年中，一个新的精英集团代替了旧的集团；到 1939 年，曾出席过 1934 年党代会的超过一半的代表被捕了。局外人很难确定苏联国内正在发生什么，但可以肯定的是，苏联绝不是一个非常强大的潜在盟友。

由于与此相随的宣传，上述情况更直接影响了国际局势。许多宣传是由苏联内部的被包围心态的蓄意刺激引起的。苏联通常用"我们"和"他们"对立的习惯性思维来看待世界，它来源于马克思主义的信念和 1918 至 1922 年的外国干涉。在 30 年代，这种习惯性思维不仅没有被削弱，反而进一步强化。对外宣扬国际阶级斗争的共产国际也持有这种想法。这种观念在国际上的相互影响是意料之中的。世界各地保守主义者的担心加剧了。对左翼甚至温和进步力量的任何妥协都很容易被人们想象为布尔什维克的胜利。右翼力量态度的这种强化，恰好为共产主义者所宣扬的"阶级斗争和革命是不可避免"的论断提供了新的证据。

但是当时并未发生成功的左翼革命。革命的危险在一战结束后不久就被迅速地平息了。在 20 世纪 20 年代，工党曾一度平和地执掌英国政权，并未采取激进的措施。1931 年随着金融体系的崩溃，第二次执政的工党被保守党联盟取代。保守党联盟赢得了压倒性的选民支持，并且坚持传统的执政理念：进步的、逐步的社会和行政体系改革。这些改革表明英国进入了"福利国家"行列。这个方向被斯堪的纳维亚国家进一步推进了。这些国家经常作为榜样被提出，受到其他国家的钦佩，因为它们将资本主义政治民主和实用的社会主义结合起来，明显不同于共产主义。即使在法国存在着一个庞大而又活跃的共产党，也没有迹象表明在大萧条后法国共产党的目标得到了大多数选民的支持。在德国，1933 年前共产党还能获得较多的选票，但是从未能取代社会民主党控制劳工阶级的运动。在其他不太发达的国家，共产主义革命成功的可能性更加渺茫。在西班牙，共产党面临着社会党和无政府主义派别的竞争。西班牙的保守派确实害怕共产党，并且可能有理由担心在共和国体制下（1931 年建立），西班牙存在滑向社会革命的危险，但实际上，共产主义对他们几乎没有威胁。

然而意识形态化的解释具有强大的吸引力，甚至对非共产主义者来说也是如此。随着阿道夫·希特勒成为德国新的统治者，这种情况进一步加剧。尽管他所追求的目标很难使人认为他是完全理智的，但希特勒的成功使人们很难否认他是一个政治天才。在 20 世纪 20 年代初，他只是一个落魄的鼓动者，曾企图推翻巴伐利亚政府但遭到失败。在他具有催眠功效的演讲中和他不成形的长篇半自传中（很少人读过该书），充斥着他所热衷的民族主义和反犹太主义。凭借他领导的德意志民族社会主义工人党（简称"纳粹"）在选举中的强劲表现，1933 年希特勒被任命为德意志共和国总理。从政治上来讲，这可能是 20 世纪最重大的一个决定性时刻，因为这意味着德国的根本性变革，它转向了对外发动侵略战争。这场战争以摧毁旧的欧洲和德国而结束，也意味着一个新世界的出现。

虽然希特勒的思想的要点很简单，但他的要求却很庞杂。他鼓吹德国的困境有明确的根源：《凡尔赛和约》、国际资本家，还有马克思主义者和犹太人所谓的反国家活动。他还表示，纠正德国政治的错误必须结合德国社会和文化的革新；这是一个通过切除非雅利安人的组成部分，以净化德国人生物种群的问题。

　　这种言论在 1922 年影响很小，却在 1930 年使希特勒领导的纳粹赢得了议会 107 个席位，超过了共产党人的 77 个席位。纳粹是已经崩溃的德国经济的受益者，同时德国经济将变得更糟。纳粹在政治上的成功有几个原因，但最重要的原因之一是德国共产党人花费了相当多的精力把社会民主党人当作对手进行斗争。在整个 20 世纪 20 年代，这严重阻碍了左翼力量在德国的发展。另一个原因是，民主共和国的反犹太主义情绪已有所增长。随着经济的崩溃，这种情绪进一步加剧。像民族主义一样，反犹太主义的影响力在于可以跨越阶级，用来作为对德国困境的解释，而不像某些马克思主义者同样简单的阶级斗争解释虽然吸引了一个阶级，却也激怒了另一个阶级。

　　到 1930 年，纳粹党成为德国的一支政治力量。纳粹获得了更多的支持，和不同种类的支持者：有些人将纳粹在街头的暴动视为反对共产党人的保障，而支持纳粹；力图重新武装德国和修改《凡尔赛和约》的民族主义者支持纳粹；保守的政治家将希特勒视为他们政治游戏中有价值的角色而支持纳粹。经过一系列的纵横捭阖，1932 年纳粹尽管还未取得国会多数席位，但已成为德国国会中最大的政党。1933 年 1 月，根据宪法程序，希特勒被德国总统召见。在接下来的选举中，尽管得到了政府垄断的电台的支持并使用了恐吓手段，纳粹仍未获得国会多数席位。尽管如此，在得到一些右翼议员的支持后，纳粹获得了国会多数席位，这些右翼议员投票支持给予政府特别有利的权力。最重要的权力是《紧急法案》赋予的管理权。这一事件宣告了这一届国会会期的结束，也宣告了国会最高权威的终结。凭借这些特别权力，纳粹开始彻底地破坏民主体制。到 1939 年，德国社会没有一个部分未被纳粹控制或胁持。保守派也大失所望。他们很快发现纳粹对传统权威的独立性的干涉很可能没有止境。

　　纳粹体制在很大程度上是建立在对敌人毫不留情地使用恐怖手段上。德国很快就爆发了针对犹太人的恐怖手段，惊讶的欧洲人发现，自己正在目睹中世纪欧洲或沙皇俄国的种族迫害在欧洲最先进的社会之一复活了。这确实让人如此震惊以至于德国以外的人们很难相信它正在发生。对纳粹本质的困惑使应对德国变得更加困难。有些人认为希特勒仅仅是一个民族主义领导人，像凯末尔一样，倾向于复兴自己国家和坚持其应有的索赔。其他人将其看作反对布尔什维克的十字军斗士。即使当人们只是认为希特勒也许可以充当抵制布尔什维克的"栅栏"时，这也导致了一种可能：在左翼人士看来，希特勒是资本主义国家反苏的工具。但是没有一个简单的方法可以描绘希特勒或他的目的，并且人们对此的认识还存在巨大分歧。一种可能合理的接近事实真相的一点是，人们只是认识到：希特勒以最消极和破坏性的形式表达了德国社会的怨恨和愤怒，并且以一种可怕的形式体现出来。经济灾难、政治犬儒主义和有利的国际力量格局，给他的个性施展提供了机会，这时他可能会释放这些负面特质。所有欧洲人，包括他自己的同胞，都要为此付出长期的代价。

　　1939 年德国再次走向战争的方式是复杂的。有种观点认为，当时存在避免走向战争的可能性。显然墨索里尼（他以前对德国在欧洲中部的野心保持警惕）成为希特勒的盟友是一个重要的时刻。由于对埃塞俄比亚的冒险，意大利与英法疏远了。此后，一批西班牙将军发动兵变企图颠覆左翼共和国，西班牙内战爆发。希特勒和墨索里尼都派出特遣队支持那里的反政府武装领导人佛朗哥将军。这个事实最为显著地令欧洲的分裂产生了一种意识形态色彩。希特勒、墨索里尼和佛朗哥都被确定为"法西斯主义者"。苏联开始调整外交政策，指示西方国家的共产党人放弃对本国其他左翼政党的攻击，并鼓励他们建立"统一战线"，并与西方国家统一协调支持西班牙。于是，西班牙被认为是最纯粹的右派和左派之间的冲突。这里存在误解，但它促使人们去思考这个事实——欧洲分为了两大阵营。

　　英国和法国政府深知在这个时候应对德国的困难。希特勒在 1935 年已经宣布德国开始重整军备，这是被《凡尔赛和约》所禁止的。直到英法自己也完成重整军备，它们始终非常软弱。由此导致的第一个后果就是，德国军队违反《凡尔赛和约》的规定再次进入莱茵兰非军事区。英法未采取任何举动抵制德国的这次行动。西班牙内战使英国和法国国内舆论陷入进一步的混乱，于是希特勒趁机吞并了奥地利。《凡尔赛和约》条款禁止德国和奥地利的合并，这点似乎很难坚持；在法国和英国选民看来，这是一个在法律层面受到不公正对待的民族主义问题。奥地利共和国长期以来被内部问题困扰。1938 年 3 月，两国正式合并。到了秋天，德国把下一个侵略的目标指向了捷克斯洛伐克领土的一部分。这次的理由又是貌似有理的民族自决的要求。这次涉及的地域是如此重要，它们的丧失会削弱捷克斯洛伐克未来自卫的前景，但这些地区居住着许多德意志人。第二年，基于同样理由，梅梅尔（Memel）被德国吞并。希特勒一步一步实现了在普鲁士击败奥地利后德意志人丢失的旧梦——一个统一的大德国，涵盖所有德意志人居住的土地。

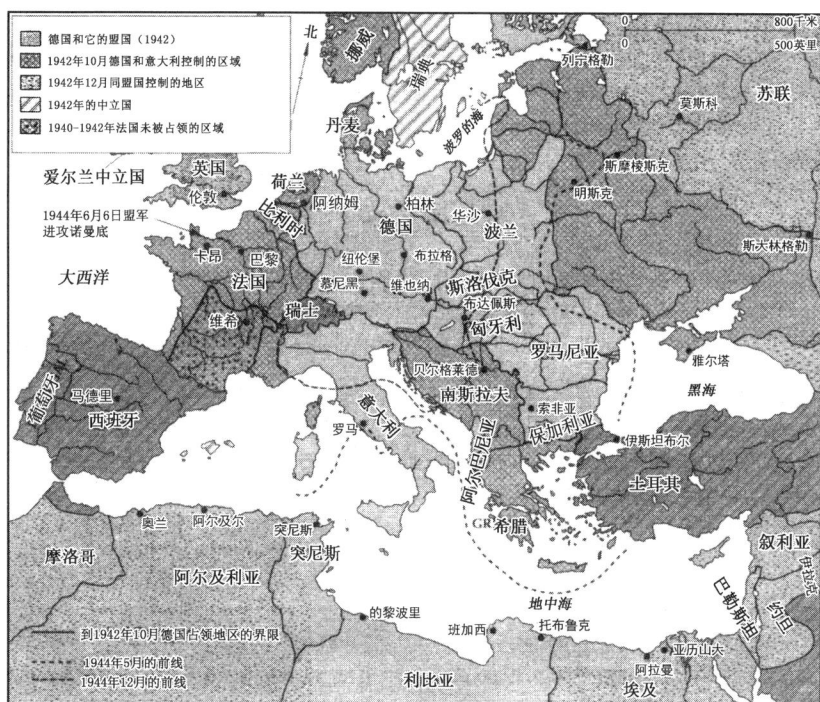

第二次世界大战期间的欧洲

捷克斯洛伐克的肢解是一个具有转折意义的事件。它是通过 1938 年
9 月慕尼黑会议达成的一系列协议完成的。英国和德国在会议上发挥了
主要作用。这是英国外交政策试图满足希特勒的最后一个重大倡议。这
位英国首相对于是否扩充军备抵制德国仍然犹豫不决，还幻想着，随着
最后一批被外国人统治的德意志人回归德国统治，希特勒进一步修改
《凡尔赛和约》（无论从哪个角度来看，《凡尔赛和约》已千疮百孔了）的
动机就会消失。

英国首相错了，因为希特勒把扩张的计划扩大到入侵斯拉夫人的土
地。他的第一步就是在 1939 年 3 月吞并了捷克斯洛伐克剩余的领土。这
导致了对 1919 年波兰问题协议的质疑。希特勒憎恨"波兰走廊"，它将
东普鲁士和德国本土隔开，它还包含但泽市，一个古老的德国城市，在
1919 年被规定为处于国际保护之下。在这一点上，虽然犹犹豫豫，但是
英国政府改变了方针，并向波兰、罗马尼亚、希腊和土耳其提供了反对
侵略战争的保证。它也开始与苏联进行谨慎的谈判。

苏联的政策依然难以琢磨。看起来，只要西班牙内战能吸引德国的
注意力，斯大林仍然会支持共和国政府，但同时也在寻找其他拖延时间
的办法以防止苏联遭到来自西边的攻击，这是他一直担忧的。在他看来，
英国和法国可能会怂恿德国进攻苏联，并乐见自己长期面对的危险被引
向这个工人阶级国家。毫无疑问，英法可能会这样做。与英国或者法国
合作反对德国的可能性几乎没有，即使它们愿意这样做，这也是不可能
的。因为如果不穿过波兰，苏联军队不可能接近德国，而波兰人是不可
能同意的。因此，当一位苏联外交官听说《慕尼黑协定》后对法国同行
说，这没什么，因为捷克斯洛伐克只是波兰面积的四分之一。1939 年
夏，苏联和德国进行谈判。双方曾相互进行了激烈而不愉快的抨击，诸
如布尔什维克-斯拉夫式的野蛮和法西斯资本主义的剥削，但之后德国和
苏联在 8 月就两国瓜分波兰签订协议。在这个条约的保证下，希特勒发
动了对波兰的进攻。两天后，英国和法国履行其对波兰的保证，对德国
宣战。

英法政府十分不情愿这样做，因为很明显它们不能给波兰提供什么帮助。这个不幸的国家再次灭亡，战争爆发后一个月它被德国和苏联瓜分了。但不干预就意味着默许德国对欧洲的统治，因为其他国家将认为拥有英国或法国的支持没有价值。所以，欧洲仅有的两个宪政大国发现自己面临着一个极权主义政权的威胁时，没有了 1914 年一战爆发时的兴奋，而是充满了不安。无论是它们的人民，还是政府都没有热情承担这个角色；并且自 1918 年以来自由和民主力量的衰落，使它们处在一个远逊色于 1914 年协约国所处的位置，但对希特勒的一系列侵略、出尔反尔的恼怒使它们很难看到缔结什么样的和平会让自己安心。如 1914 年一样，战争爆发的基本原因是德意志的民族主义，但是那时德国走向战争是因为它感到了威胁，现在英国和法国正面临德国扩张所带来的危险。这次英国和法国也感到了威胁。

进攻波兰的战役很快就结束了，战争的前六个月几乎是平淡无奇的。这使许多观察家感到吃惊，也使另外一些观察家感到宽慰。机械化部队和空中力量将比一战时期发挥重要得多的作用，这很快就一目了然。第一次世界大战索姆河和凡尔登战场的"大绞杀"给英法太深的记忆，以致它们只计划进行经济的攻势，它们希望封锁的武器将是有效的。希特勒不愿意去打扰它们，因为他十分希望英法保持这种和平。当英国谋求加强对斯堪的纳维亚海域的封锁之时，僵局打破了。值得注意的是，这正好与德国进攻（继而占领）挪威和丹麦以确保矿石供应同时发生。进攻发生在 1940 年 4 月 9 日，由此也开始了一个令人吃惊的战争阶段。仅仅一个月后，德国发动了一次绝妙的入侵，首先进攻低地国家，然后进攻法国。通过阿登地区，德国一次强大的装甲攻击打开了分割英法联军和占领巴黎的通道。6 月 22 日法国与德国签署了停战协定。到了 6 月底，整个欧洲海岸，从比利牛斯山到北角都在德国人的控制中。在法国投降十天前，意大利加入了德国阵营。由于担心法国军舰可能落入德国人的手里，英国夺取或炸沉了它们，此后新的法国政府——维希政府（Vichy）断绝了与英国的关系。随着贝当元帅（第一次世界大战期间的英雄）就任维希政府的首脑，法国第三共和国实际上走到了尽头。随着大陆上的盟友尽数覆灭，英国面临着一个远比对抗拿破仑时期还要糟糕的战略态势。

但战争的性质发生了巨大变化，英国不再孤独。英国所有的自治领以及来自敌占区的海外流亡政府跟英国站在一起，加入了战争。其中一些指挥自己的部队和挪威人、丹麦人、荷兰人、比利时人、捷克人和波兰人一起英勇斗争，在未来的岁月往往具有决定性的作用。最重要的流亡团体是法国代表团，但在那个阶段，他们仅是法国的一个派系，而不是它的合法政府。戴高乐将军是这个团体的领导人，他在法国签订停战协定前已离开，并被缺席判处死刑。英国仅仅承认他是"自由法国"的领导人，但戴高乐把自己看作第三共和国合法的遗产继承人，法国利益和荣誉的保管人。他很快就开始显示出自主性，这最终使他成为自克里蒙梭以来法国最伟大的"公仆"。

对英国来说戴高乐很快变得非常重要，因为谁也不能确定法兰西帝国的其他地区到底会发生什么，而戴高乐希望从这些地方招募支持者来与自己共同战斗下去。这正是战争如今在地缘上扩大的一种方式。意大利参战也是原因之一，因为它的非洲殖民地和地中海航路现在也成了作战区域。最后，德国人获得大西洋和斯堪的纳维亚的港口意味着：后来所称的"大西洋战役"（由潜艇、水面和空中攻击构成的战斗，目的是为了断绝或拖垮英国的海上交通）势必更加激烈。

随即，英伦三岛面临着直接攻击。危急时刻人们已经找到了支撑国家应对如此挑战的那个人。在挪威战役失败的时候，温斯顿·丘吉尔（他之前已经历一个漫长而多变的政治生涯）成为英国首相，因为没有其他人能在下议院赢得所有各方的支持。他立即组建了联合政府，并进行强有力的领导，这是英国此前深感缺乏的。更为重要的是，他通过广播发表讲话，呼吁他的人民重拾自身那些被遗忘的品质。在遭到直接攻击后，人们很快明白，只有战胜敌人才能使英国脱离战争。

依靠英国雷达技术和皇家空军的英勇作战，英国赢得了8至9月在英格兰南部的大空战的胜利。此后，人们更加坚信这一点了。这时，英国人才理解了马拉松战役胜利后希腊人的骄傲和轻松。丘吉尔在演讲中经常引用一句话："在人类战争历史中，从来没有过以如此之少的兵力取得这么大的胜利。"这是真实的。这一胜利使德国从海上入侵英国的计划成为泡影（虽然海上入侵总是不可能一次成功）。它还使德国人认识到仅仅依靠空中轰炸击败大不列颠是不可能的。大不列颠的前景依然黯淡，但这场胜利改变了战争的方向，因为它是战争新时期的开始。在这个阶段，诸多因素影响使德国的注意力转向其他地方。1940 年 12 月德国开始计划入侵苏联。

那年冬天，苏联进一步向西扩张，显然是为了获得一个缓冲区以防备德国未来的攻击。对芬兰的战争使苏联获得了一块重要的战略区域。波罗的海沿岸的拉脱维亚、立陶宛和爱沙尼亚这三个共和国在 1940 年被苏联吞并。罗马尼亚在 1918 年从俄国得到的比萨拉比亚（Bessarabia）连同布科维纳（Bukovina）北部地区现在被苏联收回。对于布科维纳北部地区，沙皇都未曾占领，而斯大林做到了。德国决定攻击苏联的部分原因是苏德在苏联扩张的未来发展方向上存在分歧：德国力图使苏联远离巴尔干地区和黑海海峡。德国也是为了证明，通过迅速打败苏联，英国人的继续抵抗是毫无意义的。同时，在德国发动对苏战争的决策中，也有强烈的个人性格因素的影响。希特勒一直强烈和狂热地厌恶布尔什维主义，并且一直认为作为一个低劣种族的斯拉夫人应该在欧洲东部为德国人提供生存空间和原材料。历史上，日耳曼人一直都力图将西方文明强加给东方的斯拉夫民族。这种论调是对这种古老斗争的极端和变态的演化，且得到了很多德国人的响应，并以此证明比早期任何斗争更骇人听闻的暴行的合理性。

在短暂的春季战役中，德国占领南斯拉夫和希腊（自 1940 年 10 月以来，这是意大利军队第二次被迫参与战斗），这是即将到来的大国间冲突的序曲。英国军队再次被赶出欧洲大陆。克里特岛在一次大规模的德国空降突击中被占领。现在，所有的准备都是为了大规模攻击苏联，即"巴巴罗萨计划"，这一计划以中世纪神圣罗马帝国皇帝腓特烈一世①的绰号命名。

1941年6月22日，德国向苏联发动了进攻，并在早期取得了巨大胜利。苏联军队大量被俘，后撤数百英里。德国先头部队进攻到离莫斯科几英里的地方。但这个距离是很难跨越的，在圣诞节前，苏联第一次成功的反击宣布德国事实上被牵制住了。德国已经失去了战略主动权。如果英国和苏联坚持抵抗，如果它们能保持同盟关系，即使没有发明威力巨大的新式武器进而导致战争技术的彻底调整，美国的援助也必定将增加它们的实力。当然这不意味着它们必定会击败德国，仅仅意味着它们可能迫使德国进行谈判。

自1940年以来，美国总统认为，为了美国利益，英国应该获得超越美国公众允许和"中立法案"规定的支持。事实上，他有时巧妙地突破这两个方面的限制。到1941年的夏天，希特勒知道美国实际上是一个未公开的敌人。一个关键步骤是当年3月美国通过《租借法案》，根据该法案，英国在美国的资产被清算后，美国将向盟国提供产品和服务，而盟国不用支付现款。不久，美国政府将海上巡逻和护航进一步向东扩展到大西洋。德国入侵苏联后，丘吉尔和罗斯福进行了会晤，结果产生了一份包含共同原则的声明，即《大西洋宪章》。两国领导人共同讨论了"在最终摧毁纳粹暴政"后的战后世界的需要。从孤立主义到《大西洋宪章》，美国经历了一个漫长的转变过程。这也是希特勒在1941年12月11日（也就是在日本进攻英国和进攻美国领土的四天后）对美国宣战的背景。对美国宣战是早些时候希特勒对日本的承诺，这是他在1941年的第二个致命且愚蠢的决定。于是，这场战争演变为全球性的。英国和美国对日本的宣战，可能会导致这两场分别进行的战争迅速蔓延，而当时只有英国同时参与这两个战场的战事。希特勒的这个行动使他失去了让美国的力量远离欧洲，只在太平洋发挥作用的机会。很少有这种如此明确地标志着一个时代的结束的行动，因为它宣布了欧洲事务在国际舞台上

---

① 曾领导第三次十字军东征，结果在途中溺水而死。——译者注

的重要性的丧失。现在欧洲的未来不是由它自己的努力能决定的，而是由处在它侧翼的两个大国，即美国和苏联来决定。

日本的决定也是草率的，尽管长期以来日本的政策逻辑是以与美国的斗争为指向的。虽然日本跟德国和意大利的关系对双方有一些宣传价值，但在实际上并没有多少作用。关于挑战美国（这必将导致战争）是否危险的争论结果，决定了日本政策的时机选择。问题的症结在于日本要想成功地结束在中国的战争和获取石油，需要美国默许其灭亡中国。这是美国政府不能答应的。相反，在 1941 年 10 月，美国政府加强了对日本的全面贸易禁运。

20 世纪 30 年代反动和好战势力在日本的崛起，推动了对美国战争的进程。随后就是这个进程的最后阶段。此时，这对于日本军事策划人员而言已成为纯粹的战略和技术问题；既然他们必须通过武力从东南亚夺取他们所需的资源，唯一要确定的就是对美国战争的类型和时机。这样的决定根本就是非理性的，因为最终成功的机会非常小。国家荣誉的主张占据了上风，不过，关于最佳攻击点和时机的最终方案是经过认真考虑的。日本决定从一开始就尽可能猛烈打击美国的海军力量，以便获得在太平洋和中国南海的最大行动自由。结果，日本在 12 月 7 日发动偷袭，其核心是空袭珍珠港的美国舰队。它是战争史上构思最巧妙和执行最杰出的行动之一。然而它并没有取得圆满的成功，因为它并没有摧毁美国海军的空中力量，虽然它使日本在两个月里享受了梦寐以求的战略自由。在珍珠港胜利后，日本面临一场注定要失败的长期战争。日本人使美国人团结了起来。12 月 8 日后，孤立主义实际上被美国抛弃了。罗斯福获得了整个国家的支持，而威尔逊从未获得过这样的支持。

随着少数日本炸弹甚至落到美洲大陆，很明显，与第一次世界大战相比，二战更是真正意义上的世界战争。当日本偷袭珍珠港时，德国军队在巴尔干地区的行动令当时欧洲大陆仅剩下四个中立国：西班牙、葡萄牙、瑞典、瑞士。北非的战争肆虐在利比亚和埃及之间。随着一个德国代表团的到来，战争延伸到叙利亚。由德国空军支持的伊拉克国民政府被英国部队解散了。伊朗已由英国和苏联军队在 1941 年占领。在非洲，埃塞俄比亚获得解放，意大利的殖民帝国倒塌了。

随着东亚战事的展开，日本也摧毁了该地区的殖民帝国。在几个月里，他们占领了印度尼西亚、中南半岛、马来亚、菲律宾群岛。他们穿过缅甸推进到印度边界，并很快从新几内亚轰炸了澳大利亚北部的达尔文港。与此同时，德国的潜艇部队、飞机和海上突击舰参加的海战遍布大西洋、北冰洋、地中海和印度洋。只有极少数国家未卷入这场战争。二战的需求是巨大的，对全社会的动员程度比一战又推进了一步。美国发挥了决定性的作用，它巨大的制造能力为"联合国家"（1942 年初开始，与德意日作战的国家联盟的称谓）提供了无可争议的物质优势。

尽管如此，前进的道路依然艰难。1942 年上半年对联合国家来说是一个非常黯淡的阶段。依靠四场不同的重大战役，反法西斯战争迎来了转折。在 6 月，攻击中途岛的日本舰队受到美国作战飞机的重创。日本航空母舰和机组人员损失严重，以至于日本舰队从此失去了战略主动。而美国在太平洋的长期反击开始了。随后，11 月初，在埃及的英国军队决定性地击败了德国和意大利，开始向西挺进，力图最终将所有敌人驱逐出北非。在英美军队于法属非洲殖民地登陆的同时，阿拉曼战役打响了。随后他们向东进军，到 1943 年 5 月，德国和意大利在非洲大陆的抵抗停止了。在此六个月前，即 1942 年底，苏联在伏尔加河流域的斯大林格勒包围了因希特勒之令而陷入险境的德国军队。1943 年 2 月，进攻斯大林格勒的残余德军投降，这是德国在苏联所遭受的最打击士气的失败，但这只是具有重大意义的三个月冬季攻势的一部分。冬季攻势的胜利是大战的东部战线的转折点。

盟军还有一个伟大胜利，虽然没有具体的日期，但同样重要。这就是大西洋战役。1942 年盟军的商船损失达到高峰，在年底有近 800 万吨商船被德国的 87 艘 U 型潜艇击沉。在 1943 年这组数字分别为 325 万吨和 237 艘 U 型潜艇。在春季几个月的战斗中盟军取得了胜利。仅 5 月份，就有 47 艘 U 型潜艇被击沉了。对联合国家而言，这是最关键的战斗，因为这决定了联合国家能否顺利得到美国的援助。

拥有制海权使盟军重新进入欧洲成为可能。罗斯福同意优先击败德国，但在法国登陆开辟第二战场以减轻苏军压力的准备工作不可能在1944年前完成，这令斯大林很生气。1944年6月，英美军队在法国北部的登陆是历史上最大的海上远征。那时墨索里尼政权已被意大利人推翻，盟军已经从南部攻入意大利。当时，德国要在三个战线上作战。在英美诺曼底登陆后不久，苏联进入波兰。苏联推进的速度比他们的盟友快，但要到次年4月苏军才能到达柏林。在西线，盟军打败了意大利进入中欧，并从低地国家进入德国北部。顺便说一下，大规模的空中进攻给德国城市造成了可怕的破坏。它一直持续到战争的最后几个月，但并没有产生决定性的战略作用。当4月30日希特勒在柏林废墟中的一个掩体里点燃了大火自杀时，旧时代的欧洲，无论是实际上还是比喻意义上，都处在一片废墟中。

在远东的战争持续时间稍长些。1945年8月初，日本政府知道它必定被打败。许多被日本占领的地方已被收复，日本城市被美军的轰炸所摧毁；从入侵以来，日本联络和安全所依赖的海上力量也被摧毁了。同时，美国投下了两枚破坏力至今还未消除的核武器，给两个日本城市造成了可怕的影响。在两次核武器爆炸之间，苏联对日宣战。9月2日，日本政府放弃了最后一搏的自杀式计划，并签署了投降书。第二次世界大战结束了。

二战巨大的影响带来的直接后果是难以衡量的。只有一个明确和毫不含糊的好处是显而易见的，即推翻了纳粹政权。当盟军进入欧洲，随着集中营的打开和对集中营中暴行的持续揭露，纳粹政权的恐怖和酷刑制度的最深重罪恶被揭露出来。这时人们才突然发现丘吉尔并未夸大其词。丘吉尔曾告诉他的同胞："如果我们失败了，那么全世界，包括美国在内，包括我们知道的和关心的国家，将陷入一个更加邪恶，也许更加漫长的新黑暗时代的深渊。"

这种威胁的现实，可首先在贝尔森（Belsen）和布痕瓦尔德

(Buchenwald) 集中营看到。区分政治犯、来自其他国家的苦役及战俘所受暴行的程度，这几乎没有意义。德国人系统地消灭欧洲犹太人的尝试，即所谓的"最终解决方案"，极大地改变了欧洲人口版图：波兰的犹太人几乎灭迹，荷兰的犹太人也大大减少。这远远超出了人们的想象。虽然永远不可能得到完整的确切数字，但大约有 500 万到 600 万的犹太人被杀害，他们在东欧和东南欧的死亡营的毒气室以及火葬场被枪杀和灭绝，或因过度劳累和饥饿而死。

众多人口和国家投入这场战争，不是因为他们将这次战争看成反对这种邪恶的斗争。但是毋庸置疑的是，当这场战争被赋予了道德意义时，他们中许多人感到了振奋。这要归因于战争的宣传。当英国还是欧洲唯一坚持为生存而战的国家时，英国社会曾试图这样看待这场战争：斗争的积极意义超越了求存和摧毁纳粹主义。对新世界（包含大国间合作以及经济社会重建）的愿望，体现在《大西洋宪章》和联合国家中。人们为结盟的美好愿望以及利益和社会观念差异的突然消弭感到鼓舞，其实这些差异很快就会重现。随着和平的到来，许多战时的虚华辞藻被打回原形，美好理想也幻灭了。然而尽管如此，1939 至 1945 年的欧洲战争在一定形式上仍然是一场道德斗争，或许，这种形式是其他大国之间的战争中不曾有过的。记住这点很重要，因为关于盟军胜利的令人遗憾的结果，人们听到的太多；人们常常很容易遗忘这场战争曾粉碎了对自由文明最严重的挑战。

一些有远见的人，在此可以看出一个深刻的讽刺。在许多方面，德国曾是欧洲最先进的国家之一；这往往体现在其文明的精华部分。德国集体紊乱产生的恶劣影响，表明德国文明源头的某些成分存在错误。纳粹主义的罪行不在于进行了忘乎所以的野蛮的征服，而在于其以系统的、科学的、有控制的、官僚系统（虽然往往效率不高）的方式进行征服；这种方式除了其可怕的企图外没有什么是非理性的。在这方面，亚洲的战争明显不同。一段时间里，日本帝国主义取代了旧的西方帝国主义，但是许多被统治民族对这种取代本身并不十分遗憾。战争期间的宣传力图使"日本法西斯"这个概念得到认同，但这个概念并不符合极其传统的日本社会特性。德国统治下欧洲国家所面临的那类可怕后果不一定会发生在日本统治的地区。

战争的第二个明显结果是其无与伦比的破坏性。这在德国和日本被摧毁的城市中体现得最为明显。在这些地方，大规模的空中轰炸（第二次世界大战的重大创新之一），比西班牙内战中对城市的轰炸，更能证实战争带来了更加惨重的生命和建筑物损失。即使是那些早期报道也足以让许多观察家相信单靠空中轰炸就可以使一个国家求饶。事实上，虽然大规模战略轰炸与其他战斗形式的结合往往是非常有价值的，英国皇家空军从 1940 年开始对德国进行战略轰炸，起初规模很小，从 1942 年得到美国的稳步配合后规模逐渐扩大，以至联合作战部队可以对目标进行了昼夜不停的轰炸；但是直到战争的最后几个月，所取得成果还非常微小。对日本城市的猛烈轰炸，在战略上也并不像消灭其海上力量那样重要。

不仅城市被摧毁，中欧的经济生活和通信也遭到了极其严重的破坏。1945 年，数以百万计的难民徘徊在中欧，试图返回家园。由于食品供应困难，这里存在着严重饥荒和流行病的危险。1918 年的巨大问题再次降临欧洲，而这次面临问题的国家由于被打败和被占领而士气低落；只有中立国和大不列颠逃脱了这些灾难。大量的武器掌握在私人手中，有些人害怕会发生革命。在亚洲也可以发现这些情况，但这里的物资破坏没那么严重，复苏的前景更好。

战争带来的巨大政治影响十分明显。1914 年前欧洲的权力结构在两次世界大战间得以勉强地延续，在 1941 年瓦解了。两个外围的大国在政治上主导了欧洲，并在军事上于欧洲中心地区确立了主导地位。在 1945 年 2 月盟国领导人的雅尔塔会议上，罗斯福秘密与斯大林就苏联参加对日战争的条款达成一致，这是最明显的表现。雅尔塔会议还为三个大国达成一项共识奠定了基础。它是欧洲几十年来所取得的最接近正式和平协议的共识。其结果是旧的中欧消失了。欧洲将被分为东西两半。的里雅斯特-波罗的海分界线再次变成了现实，但这时在旧的分界线上又添加了新的差异。在 1945 年年底，除希腊外，欧洲东部国家都建立了共产党政府或者共产党与其他派别共同执政的政府。占领了这些国家的苏联军队，证明他们本身是比革命更加有力的国际共产主义的输出工具。战前就存在的波罗的海共和国未能从苏联分离出来，当然，这时苏联也占有了战前波兰和罗马尼亚的部分领土。

德国作为老欧洲权力结构的中心，确确实实不复存在了。它主导欧洲历史的阶段结束了，俾斯麦缔造的德国被苏联人、美国人、英国人和法国分区占领了。西欧其他主要政治力量在被占领和失败后进行过重组，但十分弱小；在墨索里尼被推翻后，意大利加入了盟国，像法国一样，意大利国内存在一个力量大大加强和规模大大扩大的共产党，仍然致力于推翻资本主义的革命。只有英国保持了 1939 年时在世界的声望，甚至在 1940 和 1941 年暂时提高了，并且它在一段时间里获得了公认的跟苏联及美国平等的地位（形式上，中国和法国也是大国，但被人们相对忽视了）。然而，英国的时代已经过去。通过巨大努力动员超常的国家资源和社会力量，英国才没有倒下。但它仅仅靠着德国攻击苏联才摆脱了战略僵局，并且仅仅靠着美国的租借才维持了下去。这种援助不是没有代价的：美国人坚持英国出售海外资产，以满足即将通过的租借法案。此外，英镑区已经无法正常运转了。美国现在大规模地将资本投向英国的自治领。鉴于自身新的战时实力，以及它们必须依靠母国保卫自己的弱点，这些自治领吸取了经验教训。从 1945 年开始，它们越来越完全并正式地独立行事。

只用了几年时间，最大的老牌帝国主义的位置所发生的巨大变化就清晰起来。具有象征意义的是，当 1944 年英国在欧洲进行最后一次重大的军事行动时，这次行动是由一位美国将军指挥的。虽然英国军队在此后的几个月里在欧洲可以和美国人匹敌，但到战争结束时，他们在数量上已被美军超过了。在远东也是一样，尽管英国重新征服缅甸，但打败日本的是美国海军和空军。尽管丘吉尔作出种种努力，罗斯福在战争谈判结束前，还是越过丘吉尔，与斯大林商谈，尤其是他还建议拆散大英帝国。尽管英国在 1940 年独自胜利地抵抗了德国攻击并且赢得了崇高的道德威信，但它没有逃脱战争对欧洲政治结构造成的惊天动地的影响。事实上，在某些方面，英国和德国一道最好地说明了这一点。

因此，欧洲霸权地位的丧失不仅体现在欧洲，在欧洲之外也很显著。英国政府最后一次成功地短暂挫败美国政策的努力是，英国军队确保会及时将荷兰和法国在亚洲的领地交还给两国，并且防止反殖民制度的力量夺取权力。但是，与反叛者的战斗几乎立即开始，而且很明显，帝国主义国家面临着一个困难的未来。战争也给这些帝国主义国家带来了大变革。权力的万花筒已微妙、突然地发生转移；当战争宣告结束时，它仍然在转移中。因此，1945 年不是一个令人愉快的停顿点；当时，现实仍然有些被表象所掩盖。很多欧洲人稍晚才痛苦地发现，欧洲的帝国时代已经结束。

第 6 章　非殖民化与冷战

一战后，仍可能存在一种错觉，那就是旧秩序会被恢复。但到了1945 年，没有一个当权者还相信这种事。对 20 世纪重新安排国际生活秩序的两次重大努力的环境进行比较是有益的。当然，这两次重大努力都没有展开自由规划的基础。各种事件已关闭了许多可供选择的途径，并且关于战后该如何做的重大决定已被提出，一些是通过协议，而另一些则不是。建立一个新的国际性组织来维持国际和平，成为二战期间最重要的事务之一。各大国从不同的角度来看待这个组织，美国人将其作为通过法律来规范国际生活的开端，俄国人将其作为维持大国联盟的工具，但是各大国仍然继续向前推进。所以，1945 年联合国组织在旧金山成立。

关于国联为何未能发挥应有作用，人们很自然地做了许多思考。1945 年，国联的缺陷之一被避免了：美国和苏联从一开始就属于这个新组织。除此之外，联合国的基本结构大体类似于国联。其两个主要的机构是小规模的理事会和大规模的全体大会。所有成员国常驻代表都将出席联合国大会。起初安全理事会只有 11 个成员，其中 5 个是永久性的，分别是美国、苏联、英国、法国（在丘吉尔的坚持下进入）和中国（在罗斯福的坚持下进入）。安理会被赋予了比旧的联盟理事会更大的权力，这很大程度上是苏联人努力的结果。苏联人相信他们几乎不可能在起初只有 51 个国家代表出席的联合国大会上获得多数票，因为美国不仅能获得盟国的投票支持，而且还可以获得其在美洲的卫星国的赞成票。当然，不是所有小国都喜欢这样。他们对这个机构感到不安：在这个机构里小国任何时候都不可能获得有最后表决权的席位，而大国在其中发挥着主要作用。然而，大国所希望的组织结构被采纳了，因为事实上要想让任何组织能够起作用就必须这样。

另外一件引起严重的宪章争议的重大事件是，否决权被给予了安理会常任理事国。如果要让大国接受这个组织，这是必要的，尽管否决权最后会受到一些限制，即常任理事国不能阻止特别是影响到自身的事务的调查和讨论，除非这些事务有可能导致不利于其利益的行动。

理论上，安理会拥有非常大的权力，但是，常任理事国的行动必定是对政治现实的反映。在最初的十年里，联合国的重要性不在于依赖它的权力采取行动，而是在于它提供了讨论的公共场所。历史上第一次，世界公众通过广播、电影和后来的电视联系在一起，耳闻目睹联大讨论主权国家间的事务。这是非常新鲜的事情。联合国立刻给予国际政治新的内容，但它需要长得多的时间为解决问题提供有效的新方案。当争论中出现日益激烈和不妥协的观点，又无人退让时，国际争论的新闻报道有时会给人以枯燥贫乏的感觉。但是这产生了教育意义。联大很快作出把永久性会址设在纽约的决定，这也是非常重要的。这吸引了美国人对它的关注，有助于抵消孤立主义的历史性影响。

尽管如此，1946 年在伦敦，联合国召开了第一次全体大会。更加激烈的争论立刻开始了，苏联士兵在伊朗的阿塞拜疆人聚居区持续驻扎（他们在大战期间占领了那里）的行为遭到谴责。但是，苏联人迅速地作了反击，攻击英国在希腊保持兵力。几天之内，苏联代表团投下了第一次否决票。此后有更多的否决票投下。否决权被美国人和英国人视为用来保护特别利益的非常手段，同时也成为苏联一种常见的外交技巧。1946 年，联合国已经成为苏联与西方国家集团争论的舞台。这个集团还处于初期阶段，它的政策有待进一步巩固。

尽管美国与苏联冲突的起源常常能追溯到很远，但是在战争的后期，英国政府越来越感觉到美国人做了许多让步，并且对苏联过于友好。当然，一种基本的意识形态分歧总会有的；如果苏联人不总是对资本主义社会的行为根源有一种成见，他们当然也会在 1945 年后对他们的战时同盟有不同的作为。一些美国人从来不信赖苏联，并且将它看作是革命性的威胁，这也是真实的。但是这不意味着他们能对美国政策制定能起到多大的影响。在 1945 年，当战争结束的时候，美国人对苏联人意图的不信任比后来要少得多。这两个国家中苏联要更多疑和谨慎。

在那个时候，再没有其他真正的大国了。战争已促使一个世纪前托克维尔的直觉成为现实，那就是有朝一日美国和俄国会主导这个世界。关于安理会构成的所有说辞只不过是一种合法的虚构，英国严重衰落了，法国还没能从生不如死的占领和国内分裂势力（一个巨大的、威胁它稳定的共产党势力）的困扰中崛起，而意大利的加入使得旧的纠纷更加复杂。德国成为一片废墟并被占领。日本被占领，军事上软弱无力，而中国还未成为现代强国。因此，美国人和俄国人拥有胜过所有可能对手的巨大优势。他们也是仅有的真正的胜利者，因为只有他们从战争中获得了显而易见的收获。所有其他战胜国最多赢得的是幸存或复苏。对于美国和苏联而言，战争带来了新的帝国。

尽管苏联帝国是以巨大代价赢得的，但是它现在比沙俄统治时更强大。苏联军队统治了一个巨大的欧洲区域，其中许多地方是苏联领土；剩下的区域在 1948 年被组织成了一个个国家，实际上就是卫星国，其中之一是东德（一个重要的工业实体）。在这片区域之外，还存在南斯拉夫和阿尔巴尼亚两个国家，它们是自战争以来仅有的没有在苏联军队帮助下获得解放的共产主义国家；在 1945 年，它们似乎是莫斯科可靠的盟国。苏联的有利地位是通过红军战士浴血奋斗赢得的，同时这在很大程度上也归功于西方政府和它们在欧洲的统帅（当进入战争最后阶段，他抵制了在俄国人之前到达布拉格和柏林的压力）所实施的决定。由此产生的苏联在中欧的战略优势更具威胁性，因为俄国在 1914 年时进入中欧的传统障碍，即奥匈帝国和德意志帝国，现在不存在了。如果美国不参与欧洲事务，很难指望元气大伤的英国和缓慢复苏的法国足以抵抗苏联红军，也很难想象出大陆上还有谁能与之抗衡。

1945 年，苏联军队也在共产主义正在兴起的土耳其和希腊边境驻军，并占领了伊朗北部地区。在远东，他们控制了蒙古、北朝鲜的大部分地区和中国海军基地旅顺港，还占领了中国东北剩下的地区，尽管他们实际从日本夺来的唯一领土是萨哈林岛的南半部分和千岛群岛。他们其他的收获在很大程度上曾是以中国为代价的。然而在中国，在战争结束时，人们已经能够看到共产党已重振旗鼓。斯大林可能仍然不相信中国共产党人能完全胜利，他认为中国太落后了，还搞不了共产主义。另一方面，除了从苏联，中国共产党也无法指望从其他任何力量那里寻求道义和物质帮助。因此，苏联在亚洲的影响力也在上升。

与苏联相比，新的世界强国美国很少依赖领土的占领。在战争结束时，它在欧洲中心也有驻军，但在 1945 年，美国选民想尽可能撤军。环绕欧亚大陆许多地方的美国海军和空军基地是另一回事。尽管苏联已成为一个远比任何时候都强大的霸主，但日本海军力量的消失、岛屿飞机场的获得和令后勤船队成为可能的技术革新，共同使太平洋变成了美国的内湖。此外，广岛和长崎已经证实了美国独家拥有的数量稀少的新武器——原子弹的威力。

但是美帝国最牢固的根基在于它的经济实力。美国势不可挡的工业力量以及苏联红军成为盟国胜利的决定性因素。再者，与盟国相比，美国胜利的代价很小。美国伤亡人员比它们少，即使英联邦的人员伤亡也比美国惨重，苏联的伤亡人数则更是庞大。美国本土基地没有受到敌军的重大攻击和破坏，它的固定资产完好无损，它的资源也比任何时候都庞大。它的公民认为他们在战时的生活标准实际上提高了，军备计划使罗斯福新政都未能克服的经济大危机消失了。美国是一个债权大国，其资本能在世界范围内进行海外投资，而其他国家无法做到。最后，它以前的商业和政治对手正在缓慢复苏。因为资源的缺乏，它们的经济逐渐被纳入美国的范围。结果导致美国力量在世界范围的间接崛起，这在战争结束前就已初现端倪。

在欧洲的战斗停止以前，人们依稀看到未来大国两极化的趋势。比如很清楚，苏联人不被允许参与占领意大利或瓜分其殖民帝国，英国人和美国人则不得不接受斯大林想要的波兰解决方案。尽管美国人在他们自己的半球劣迹斑斑，但他们不太乐于接受限制明确的势力范围，而苏联人更愿意将它们作为活动基地。当这两个大国之间的冲突被推定是由其中一方从一开始就挑起时，没有必要追溯关于这种差异的假设，尽管这种假设在战后一些年很流行。

一些表象是不真实的。因为在 1945 年，美国几乎没有利用自己庞大力量的政治意愿；胜利后美国军方头等重要的事就是尽可能快地裁军。就在日本投降前，美国国会 1941 年通过的与盟国的《租借法案》被终止了。这进一步降低了美国间接的国际影响力；它也削弱了很快就会需要帮助的盟友，而这些盟友现在正面临着重大的复苏问题。它们无法提供一个新的安全体系来替代美国势力。除了在不得已的情况下，原子弹是不能被使用的，因为它们的杀伤力太强大了。

很难确定苏联国内的情况。它的人民很明显遭受到了可怕的战争苦难，可能比德国人遭受的还要严重。没有人能够提供准确数据，但是似乎有超过 2 000 万苏联公民死亡。战争结束时，斯大林也许也意识到了苏联的虚弱，而不是苏联的强大。确实，他的统治方式缓解了裁撤赋予他欧洲霸权地位的庞大陆军的需要（比如面对西方国家）。但是苏联既没有原子弹，也没有一支可观的战略轰炸机部队，斯大林发展核武器的决定进一步加重了当时苏联经济的压力，那时国民经济重建是非常必要的。战后初期，如同 20 世纪 30 年代的工业化时期那样严酷。然而 1949 年 9 月，一颗原子弹成功爆炸了。在第二年的 3 月，苏联官方宣布拥有了原子武器。到那时，形势完全改观了。

逐渐，两个世界主要大国之间的关系严重恶化了。这大体是欧洲当时事态的结果，1945 年这片区域最需要的是进行富有想象力和合作的重建。战争破坏的代价从未得到过精确的测算。除去苏联人，大约有 1 425 万欧洲人死去。最贫困国家的那些幸存者居住在一片废墟中。有人估计，在德国和苏联大约有 750 万套住宅被毁坏。工厂和交通设施都被摧毁。没有什么可以用来偿付欧洲所需的进口物资，于是金融体系崩溃了；盟国占领军发现，香烟和牛肉罐头是比金钱更好的交换手段。文明社会不仅在纳粹战争的恐怖下让步，而且因为纳粹的占领把说谎、欺诈、欺骗和偷窃变成了善行；它们不仅是生存的必要，同时它们可以被美化为"抵抗"行为。反对德国占领军的斗争孕育了新的分歧；随着盟军的进军，国家被解放了，行刑队开始行动起来报仇雪恨。据说，法国解放过程中的"清洗"造成的死亡，比1793年大恐怖时期还要多。

欧洲经济结构的瓦解比1918年更彻底。工业化的德国曾经是欧洲经济生活中的飞轮。但是，即使那里有恢复机器运转的通信和生产能力，盟国一开始也坚决压制德国的工业生产，以防止它的复苏。其次，德国被一分为二。从一开始，苏联人就已经并且将来还会剥夺德国的固定设备，将它们作为恢复遭受蹂躏的国土的"赔偿"；德国仅在从俄罗斯的撤退中就摧毁了那里39 000英里的铁路轨道。苏联可能失去了其总固定设备的四分之一。

东欧和西欧之间的政治分化在战争结束前日趋明显。尤其是英国对波兰所发生的事情感到警惕。这似乎表明，苏联将只能容忍屈从的东欧政府。这并非美国人的设想，即东欧人自由选择自己的统治者，但是直到战争结束，无论是美国政府还是美国公众都不太关注或者怀疑他们能与苏联达成合理协议。从广义上讲，罗斯福一直相信美国可以与苏联友好相处；他们的共同点在于抵抗德国势力的复兴和瓦解旧的殖民帝国。但是既然罗斯福已在1945年4月去世，很难说当欧洲战事结束几个月后，斯大林就加快巩固苏联在东欧的势力，罗斯福会如何应对。

副总统杜鲁门（悲哀的是，他接任罗斯福时并不具备政治家的才能）以及他的顾问大体是由于他们在波兰和德国的经历而改变了美国的政策。俄国人一丝不苟地履行着达成的协议，允许英国和美国（以及后来的法国）的军队进入柏林，并且分享被他们征服的这个城市的管理权。种种迹象表明，他们希望德国作为一个统一国家接受统治（就像1945年7月战胜国在波茨坦的设想），因为这会让他们参与掌控鲁尔，一个潜在的赔偿宝库。

然而，德国经济很快就孕育出东西方之间的摩擦。苏联控制自己占领区的努力，导致其与其他三个占领国逐渐地实际分离。苏联最初打算为一个统一的德国提供一个坚实可靠的核心（即共产主义），但是它最终导致了德国问题的分区解决，这是任何人都没有想象到的。首先，西方占领区因为经济原因成为一个整体，排除了东方占领区。同时苏联的占领政策引起了越来越多的不信任。共产主义在东德的牢固确立似乎重复着在其他地方看到的模式。1945 年，只有保加利亚和南斯拉夫拥有共产党多数派，其他东欧国家的共产党只能分享联合政府的权力。然而，情况越来越像是，这些政府实际上只能成为苏联的傀儡。1946 年某种阵营已经在东欧出现。

斯大林显然很担心德国在可能遭到西方控制的情况下重新统一；当他表示反对未来德国的复仇主义时，他真正担心的是美国在此时此地的力量。苏联逐渐意识到，战后世界不会由两个西方大国，美国和英国的对立所主导（斯大林一度如此预测）。因此苏联努力避免与此时毫无疑问的头号大国，美国的力量直接冲突。为了免于出现一个针对苏联的全球联盟，此时，苏联的政策表现出了更多的灵活性。苏联虽然急切地在欧洲大陆上逐渐出现的苏联集团一边组建了东德，但在中国，苏联仍然正式支持国民党。另一方面，在伊朗，苏军很明显不愿意履行早已达成的撤军协议。即使当他们最终离开，他们也在阿塞拜疆人聚居区留下了一个听从苏联的共产主义共和国——后来被伊朗人倾覆，因为 1947 年美国人给予了伊朗军事援助。在安理会，苏联的否决票越来越习惯于阻挠以前的盟友，很明显，西欧的共产党被苏联的利益所左右。然而，斯大林的盘算依然难以确定，也许他在等待、期待甚至在依赖资本主义世界的经济瓦解。

曾经的盟友依然对苏联怀有善意。1946 年，温斯顿·丘吉尔发表了"铁幕演说"让世人注意欧洲的日益分裂，但这并不是说给他的同胞，也不是说给美国的观众听；一些人谴责了他。然而，尽管 1945 年当选的英国工党政府首先希望进行"左派与左派的对话"，但这很快就遭到了质疑。当英国在希腊的干预实际上使得自由选举成为可能，而美国官员对苏联政策的倾向更有经验，英国和美国的政策在 1946 年开始趋同。杜鲁门总统也不存在对苏联的任何偏爱。此外，如今英国已经很明显要离开印度，这符合美国的官方观点。

1947 年 2 月，英国政府发给杜鲁门的信息，也许比其他任何形式更加承认了一个长期以来不愿承认的事实，那就是英国不再是一个世界强国。由于战争期间巨大的消耗，英国经济已经被严重破坏，迫切需要国内投资。非殖民化的第一阶段也是代价高昂的。一个结果就是，到 1947 年，只有从希腊撤军，英国才能维持财政收支平衡。

杜鲁门总统立刻决定美国必须填补这个空白。这是一个重大的决定。给予希腊和土耳其财政援助，是为了让两国能够在苏联的压力下生存下来。他特意让世人注意这样做的含义，而远远不限于支持这两个国家。尽管只有土耳其和希腊将接受援助，但是他有意提议美国领导世界上所有"自由人民"在美国的支持下抵制"少数派武装或者外来压力所施行的征服企图"。希腊和土耳其人民在各自政府统治下并非特别"自由"，但这个事实并没有此事对于未来美国外交政策的巨大影响来得重要。美国没有退出欧洲，相反，华盛顿现在决心要留在那里"遏制"苏联力量。这可能是美国外交史上最重要的决定。这是由此前一年半里苏联的行为和斯大林政策所带来的日益增长的恐惧所导致的，也是由英国的虚弱导致的。最终，这将导致对美国实力有效边界的不切实际的评估，并且由于政策被扩大到欧洲之外，批评者将提及一个新的美帝国主义，但是这在当时无法看清楚。

几个月以后，"杜鲁门主义"形成了，它是由另一个更加缜密的步骤完成的，那就是提议美国提供经济援助给欧洲国家，使它们能够联合起来谋划经济的复兴。这就是马歇尔计划，以宣布这项计划的美国国务卿名字命名。它的援助是以非军事、非攻击性的方式来阻止共产主义的扩张。这让每个人都很惊讶。英国的外交大臣欧内斯特·贝文（Ernest Bevin）是第一个领会其含义的欧洲政治家。他和法国迫切要求西欧接受这个提议。当然，所有的欧洲国家都接受了。但是俄国人不会参与，也不允许它的卫星国这样做。相反，他们猛烈地攻击这个计划。当捷克斯洛伐克联合政府也拒绝接受时，整个国家（东欧唯一一个政府不全由共产党人控制，也不被认为是苏联卫星国的国家）显然很沮丧地不得不站在了苏联一边。1948 年 2 月共产党人发起的政变取代了政府，这使对捷克斯洛伐克独立自主的任何残留信念都被消灭了。苏联不妥协的另一个标志是一种旧的战前宣传机构，即共产国际，在 1947 年 9 月作为共产党和工人党情报局（Cominform）复活了。它随即开始谴责马歇尔计划是一个赤裸裸地掠夺和扩张的过程……这是为了美帝国主义建立世界霸权。最后，当西欧建立起一个欧洲经济合作组织来施行马歇尔计划时，苏联人通过组织东欧国家建立经济互助委员会来回应，这是苏联实现东欧指令性经济一体化的门面。

冷战（后来被如此命名）开始了。欧洲战后历史的第一阶段已经结束。全球历史的下一个阶段将持续到 20 世纪 60 年代。在这个阶段，苏联和美国领导的两个国家集团，通过利用除了主要竞争者之间的战争外的一切办法，努力度过一系列的危机，来保证自己的安全。双方的大量表态都是使用意识形态术语。在一些后来加入西方集团的国家，冷战也以内战或准战争的形式出现，或者以关于价值的道德争论的形式出现，诸如自由、社会正义、个人价值观。冷战的一些斗争是在边缘地区进行宣传或颠覆，或是通过由两大国支持的游击活动。幸运的是，它们总会在使用核武器这个临界点上停止斗争，因为威力日益增强的核武器使得获得胜利的想法越来越不切实际。冷战也是一种通过对卫星国和中间国家提供示范或援助的方式进行的经济竞争。无法避免的是，在这个过程中许多机会主义和教条主义混在了一起。可能某种形式的对立是不可避免的，但冷战所采取的形式使之成为一种几乎波及全球的祸害，和一种持续了几乎 50 年、不断渗透的犯罪、腐败和苦难之源。

现在回想起来，尽管冷战的语言十分粗暴，但它现在看上去有些像16 至 17 世纪欧洲的复杂宗教斗争，此时虽然意识形态能够引发暴力、狂热，有时甚至能够鼓动信念，但是永远无法完全涵盖当时复杂的局势和不同的观念。尤其是，它无法包含关系到国家利益和族群利益的东西。就像过去的宗教斗争，很快每一个迹象都会表明，尽管特定的争吵也许会逐渐平息，灾难会被避免，但是它的言辞和神话在它们停止反映现实后还会长期存在。

跨越冷战的第一个重要的复杂因素，是越来越多新兴国家的出现，它们并没有对冷战任何一方表示坚定的承诺。许多新兴国家诞生于1945年后的十年里，它们是非殖民化的结果。在世界一些地区，这引起了许多比冷战本身更多的动荡。联合国大会作为一个平台，比起冷战宣传，它更关注反殖民宣传（尽管这两者经常被混淆）。虽然短命的欧洲帝国已成为世界历史的一种现象，但是它的消逝是一种极为复杂的现象。虽然相关的修辞很笼统，其实每一个殖民地和每一个殖民大国都是一个特例。

在某些地方——尤其是在撒哈拉以南非洲地区——一体化和现代化的进程刚刚开始，而殖民主义没有留下什么积极的建设基础。在另外一些地方——法国的北非地区是一个典型的例子——殖民地政府（事实上，从行政上说阿尔及利亚根本不是一个殖民地，而是作为宗主国法国的一部分被管辖）不能忽视长期定居的白人居民。相反，在印度，英国人的存在对于掌控实现独立的进程没有多大重要意义。

独立进程在不同地区也有很大区别；到1954年，欧洲在亚洲的统治基本上都消失了，而非洲在下一个十年内才刚刚摆脱殖民主义，葡萄牙的殖民统治甚至持续到20世纪70年代。但是，在南部非洲，安哥拉和莫桑比克在其他方面也是例外；就像阿尔及利亚和中南半岛，它们是殖民地政权和土著居民之间艰苦斗争的区域，而在其他非洲殖民地，权力相对和平地移交给了继任的精英（他们在数量上各不相同，对于管理国家的任务的胜任程度也不同）。在一些国家——印度和中南半岛是典型但迥异的例子——在帝国统治者（英国不像法国，它已经对此作出了重要让步）离开之前就已存在真正的民族主义情绪和组织，而在非洲大部分地区，民族主义是新生事物和独立的结果，而不是起因。

尽管情况有所不同，早在1945年以前，亚洲殖民地的人民就已确信自己将取得最终的胜利。这不仅是出于 1939 年以前的让步，而很大程度上是战败的结果；1940 至 1941 年欧洲帝国主义被日本夷为平地。它不仅仅是一个在特定的殖民地帝国的权力交替问题。1942 年，在新加坡有六万多英国、印度和自治领士兵投降，这表明欧洲在亚洲的帝国已经瓦解了。对于英国，这比在约克镇同样不可避免的投降更糟糕。在这样的背景下，日本人虽然有时在他们新的征服中表现恶劣，也没有让形势逆转。甚至他们最恶劣的暴行也没有疏远占领区的所有人，而是找到了许多通敌者，其中包括民族主义政治家。盟军给那些他们认为可能抗日的力量投送武器，这带来的可能仅仅是这些武器被用来抵抗他们的重返。此外，与欧洲因轰炸、征兵、饥饿、战斗和疾病带来的动荡相比较，亚洲的许多村庄以及大片农村，生活仍在继续。到 1945 年，亚洲发生变化的潜能十分巨大。

帝国主义注定要失败，因为两个主要的世界强国都反对它，起码反对其他民族的帝国。由于截然不同的原因，美国和苏联均致力于瓦解殖民主义。1939 年以前很久，莫斯科就为民族解放运动提供了庇护和支持。美国人以一种十分特殊的方式来理解《大西洋宪章》中宣称的各国有权利选择自己政府的意义；它被签署仅仅几个月以后，美国副国务卿宣布说"帝国主义时代结束了"。苏联和美国的代表发现，共同签署《联合国宪章》以肯定殖民地独立的最终目标并不困难。然而，大国的关系没有保持不变的。虽然在 1948 年美、苏十分清晰地界定了彼此关系并保持了 40 年不变，但是远东的外交格局在长得多的时间内都很成疑问，部分是由于出现了新的大国，部分是因为帝国统治消失导致的不确定性。

有些人一直认为，印度一旦自治后，将成为占主导地位的亚洲强国。1939 年之前，当一般性地讨论英国统治的时间表和替代问题时，许多英国人赞成印度独立，他们希望一个新的印度保持与英联邦国家（这是 1926 年帝国会议后给定的帝国正式名称）的联系。那次会议还第一次提出了"自治领"的官方定义，它是效忠英国君主的英联邦的独立组织，能够完全独立掌控内部和外部事务。尽管许多人认为，对于印度来说这是一个可以想象的目标，但是直到 1940 年没有一个英国政府承认这是一个急切目标。尽管过程很曲折，但在此之前还是取得了一些进展，这在一定程度上解释了为什么印度没有产生中国那样彻底的对西方的反感。

第一次世界大战后，印度政客们已经深感失望。他们曾基本上忠实地支持英国君主；印度在人力和金钱方面对帝国的战争努力做出了巨大的贡献，后来被看作印度民族之父的甘地也曾为此效力并认为这会带来应有的回报。1917 年，英国政府宣布，它赞成在帝国内稳步建立印度责任政府的政策——即所谓的地方自治——尽管这满足不了一些印度人正开始寻求的目标。虽然 1918 年推行的改革依然令人失望，但是这使得一些温和派感到满意，而即使这些有限的成功也很快消退。作为国际贸易条件的经济越来越糟糕。在 20 世纪 20 年代，印度殖民政府已经顺从印度人的要求，终止有利于英国的商业和财务安排，并很快坚持要帝国政府对印度在帝国国防中的实际贡献支付费用。很明显，一旦进入世界不景气，印度人不可能允许伦敦调整印度的关税政策以适应英国工业的要求。在 1914 年，印度纺织制造只满足了全国四分之一的需求，而这一数字在 1930 年已上升为一半。

那时依然阻碍事态发展的一个因素，是在印度的英国侨民团体的持续隔离状态。他们坚信印度的民族主义是少数野心勃勃的知识分子的问题，要求殖民当局对阴谋采取强硬措施。这对面临布尔什维克革命后果的一些官员是有吸引力的（虽然直到 1923 年印度共产党才成立）。结果是对嫌疑犯的正常法律保障被暂停，这违背了立法会所有印度成员的愿望。这激起了甘地领导的第一次罢工与非暴力和平反抗运动。尽管他努力避免暴力，但还是有暴动发生。1919 年在阿姆利则，一些英国人被杀、被袭击后，一个将军愚蠢地决定以武力驱散人群，以此显示英国人的决心。射击停止后，近 400 印度人死亡，逾千人受伤。当居住在印度的英国人和一些议员对这个罪行大声叫好之时，英国的信誉遭受了愈加不可弥补的打击。

随后印度经历了一个抵制和内乱的时期，其间甘地的计划被印度国大党采纳。虽然甘地本人强调，他倡导的运动是非暴力的，不过仍然有很多骚乱，1922 年他第一次被捕并关押（因为他可能会有在监狱中死亡的危险，所以很快就被释放）。接下来几年里印度未再发生重大动荡。1927 年，英国的政策又开始缓缓向前推进了。一个委员会被派往印度研究修改宪法的最后一系列工作（虽然这造成更多的麻烦，因为委员会中没有印度人）。曾经维持民族主义者之间团结的大部分热情到现在已经消失，并且有分裂的危险，全靠甘地的努力和威望才将那些坚持完全独立要求的人和那些致力于自治领地位的人联系在一起。在任何情况下，印度国大党并非像其言论所示的那样结构坚固。与其说它是一个有着深厚群众根基的政党，还不如说它是一个当地头面人物和利益集团的联盟。最后，印度教徒和穆斯林之间仍然存在着不断深化的严重分歧。在 20 世纪 20 年代还发生过教派骚乱和流血事件。到了 1930 年，穆斯林政治联盟的主席建议，印度未来的宪法发展应包括在西北部建立一个独立的伊斯兰国家政权。

这是充满暴力的一年。英国总督曾宣布，召开会议以实现自治领地位，但这一承诺因为英国的反对而毫无意义。因此，甘地不会参加。当危难随着世界经济大萧条而加深时，非暴力不合作运动得以恢复并且更激烈。现在农村群众更容易被民族主义诉求动员起来；由于国大党转而考虑群众利益，这使得甘地成为第一位能够号召全印度范围内的追随者的政治家。

在吸取辩论和 1927 年委员会的教训之后，印度当局如今开始转变方向。1935 年出现了真正的权力和任命权的下放，只留下诸如国防和外交事务等由总督单独控制，当年《印度政府法案》获得通过，进一步推动了代议制和责任政府的建立。这是英国人立法的顶点，尽管法案中关于国家权力的转移并未完全实施。那时他们已经为一个国家的政治搭建了框架。越发明显的是，在所有层面上，印度人之间的决定性斗争将在国大党中展开。1935 年的法案进一步确认了不同派别代表的原则，它的实施几乎立刻挑起印度教徒和穆斯林之间更深的敌意。国大党至今实际上是一个印度教组织（尽管它拒绝承认穆斯林联盟因此应是穆斯林的唯一代表）。但是，国大党也有它内部的问题。一些成员仍希望向独立迈进，而另一些人则开始对日本的侵略警觉起来，愿意与帝国政府合作使新的机构运作起来。英国下放权力的实际行动势必会造成分裂，不同的利益团体开始努力确保自身在不确定的未来里的利益。

因此，到了1941年，这一浪潮汹涌澎湃。近二十年来，在地方政府中设立代表机构以及高级公务员的逐步印度化，已创建了一个必须取得其精英的实质性同意才能进行管理的国家，而且这个国家已在自治方面，即使不是民主方面，接受了相当的预备性教育。尽管战争的逼近令英国人越来越意识到他们需要印度的军队，但他们已经放弃让印度为战争买单的企图，而且直到1941年他们还承担着印度现代化的费用。随后，日本的进攻束缚了英国政府的手脚。英国向印度的民族主义者承诺战后实行自治以及赋予其从英联邦脱离的权利，但为时已晚；现在他们要求立刻获得独立。他们的领导人遭到逮捕，印度继续着英国的统治。1942年的叛乱比近一个世纪以前的兵变更迅速地被镇压下去，但是如果英国想平静地离开已经没有时间了。一个新的因素便是来自美国的压力。罗斯福总统秘密地与斯大林讨论为印度的独立（以及亚洲的其他部分，包括法属印度支那的独立）做准备的必要；美国的介入暗示其他民族的事务会发生革命性的变化，就像1917年那样。

1945年，长期将印度和缅甸的独立作为其方案一部分的工党在国会掌权。1946年3月14日，英国政府表示愿意印度完全独立，这时印度正遭受印度教徒和穆斯林骚乱的煎熬，印度的政治家们则为未来争吵不休。近一年之后，英国宣布最迟将于1948年6月移交权力，以此胁迫印度人。这个做法某种程度上孕育了进一步的族群对抗。许多印度政客，尤其穆斯林政客，现在推动在印度领土的某些区域建立一个伊斯兰国家。至少一开始是由英国人强加的印度统一，正走向终结。1947年8月15日，两个新的自治领在其境内出现，即巴基斯坦和印度。前者是伊斯兰国家，本身分为两块，坐落在印度次大陆北部的两端；后者是世俗政权国家，但是印度教在其人口构成和思想意识方面占压倒性优势。

分治绝不是无法避免。它是短视的印度政客（印度教和伊斯兰教双方）以及英国人（他们急于从自己统治了 200 年的次大陆脱身）合力导致的结果。但同样正确的是，印度未曾作为一个实体被统治过，甚至在英国的统治下也如此；自大暴动之后，印度教徒和穆斯林越发分裂。然而，分治的代价是惨烈的。对许多民族主义者造成心灵创伤的标志性事件，是甘地被一名狂热的印度教徒刺杀，因为甘地企图制止进一步的族群暴力。大屠杀发生在少数民族居住的地区。大约1 400 万人逃往其教友控制的地方，尽管大量穆斯林还是选择留在了印度（今天印度和巴基斯坦的穆斯林人口几乎同样多）。两个新国家都是从悲剧中诞生，并且即使殖民当局留下的行政、基础设施和教育体系能运作良好，至少一开始运作良好，未来的动荡也势难避免，尤其是在巴基斯坦——这个人造的宗教国家分成了两部分，相隔超过1 000 英里。

致力建设新国家（同时也在积累彼此的长期敌意），并未有效改善两国都存在的大规模贫困和社会分化。一些地区的食品供应赶不上人口增长，而新政府在有效赈济方面的表现，就如英国统治的最糟糕时刻一样无能。在英国统治之下，印度人口开始稳定增长。有时它因受马尔萨斯所说的灾难影响稍微有所减缓，如一战末期的流感大瘟疫击倒了 500 多万印度人，或者二战期间的孟加拉大饥荒夺走过几百万人的生命。但是，1951 年印度再次发生大饥荒，巴基斯坦在 1953 年也发生大饥荒。这一幽灵一直徘徊到 20 世纪 70 年代。

次大陆的工业化，尽管它在 20 世纪获得长足的发展（二战期间尤为明显），也未能抵消这一危险。它无法及时为快速增长中的人口提供新的就业岗位和收入。虽然新印度享有那儿的大部分工业，但是它在这方面的问题要比巴基斯坦严重得多。在大城市之外，多数印度人是无地的农民，居住在农村，尽管新共和国的一些领导人持平等主义抱负，那里的不平等还是一如既往。为统治国家的国大党提供资金，并在国大党的委员会中占主导地位的地主，抵制任何能解决这一问题的土地改革。在许多方面，对于这个宣扬民主、民族主义、世俗主义以及物质进步等欧洲理想的新国家，往昔留下了沉重负担，它将阻碍通往改革和发展的道路。

中国长期致力于赶走一个不同的帝国主义。第二次世界大战使中国战胜日本以及完成其长期的革命成为可能。这一转变的政治阶段始于1941年，当时抗日战争融入了整个世界的冲突当中。这给中国带来了强大的盟友和全新的国际地位。重要的是，与英国、法国及美国之间的不平等条约的最后残余被废除了。这比盟国所能提供的军事援助更重要；在很长的一段时间内，盟国忙于摆脱1942年初的灾难以至于无法为中国提供更多的帮助。事实上，一支中国部队反而帮助盟军阻击日本人，以保卫缅甸和通往中国的陆上交通线。尽管得到美国飞机的支援，中国人还是被困于西部地区，他们在很长的时期内尽自己最大的能耐坚持着，只能通过空中或者滇缅公路与盟国取得联系。尽管如此，决定性的变化依旧开始发生。

中国起初以长期追求的，但或许除了五四运动时外一直未实现的全民族团结一心的精神，来对抗日本的侵略。虽然共产党和国民党之间存在摩擦，有时甚至爆发公开的冲突，但这种团结得以幸存下来，从广义上讲，一直到1941年。此后，日本施加的军事压力日增，以及国民党政府与共产党之间的角力加剧，都带来了新的内战苗头。从1944年开始，当很明显日本将要输掉太平洋战争，两党之间的对抗再次升级。但大多数中国人仍然相信，在抗日战争之后能够建立起某种形式的联合政府，只要新的超级大国——美国和苏联——能够同意在亚洲携手合作。

冷战在亚洲的第一串摩擦，终于引爆了国民党和共产党之间本已岌岌可危的和平。1945年8月，美国投下原子弹，苏联出兵中国东北，日本帝国迅速崩溃，这也给两党之间任何形式的谈判造成了压力。到1946年夏，蒋介石显然已经决心要用武力消灭共产党，而美国人也不打算阻止他，尽管他们之前曾试图居中调解。内战已经不可避免。

起初，国民党政府几乎占尽优势。它得到了国际上的承认、美国的支援，并控制着中国所有富庶地区。国民党军队比共产党的规模更大，装备更好。此外，斯大林一开始并没有对共产党表示支持，认为他们不会取胜。但国民党很快浪费了他们的物质优势，和在抗日战争期间赢得的民众支持。尽管蒋介石再三劝诫，他领导的国民党还是很快显示出其冷漠、自私和腐败的特质，逐渐丧失民心，也疏远了知识分子们。军中的士兵没有得到很好的规训和约束，恐吓农民的架势和之前日本人的所作所为并无二致。内战爆发还不到一年，似乎国民政府只会做一件事了：与人民为敌。

而共产党的力量却在逐步增强。依靠在抗日战争中积累下来的好名声，他们又非常注意杜绝在自己早期斗争中曾有过的一些过火行为，诸如处决地主、焚烧寺庙等，表现得更加温和，至少是在公众形象方面。他们善于交朋友，一如蒋介石的政权善于制造敌人。更重要的是，共产党人成功地抵挡住了占优势的国民党军队一开始的进攻，生存下来。到1948年时，局势开始发生逆转。

中国共产党骤然取胜，让人们感到非常惊讶。为了理解其原因，我们必须从更长的时段来审视来龙去脉。国民党在中国的政权始终并不稳固，许多地方只是名义上服从他们的统治。尽管在抗日战争全面爆发之前的十年统治期里，国民党取得了重要的成就，却始终没能有效地组织经济或理顺行政体系。而20世纪30年代早期曾在政治上元气大伤的共产党，却从失误当中吸取了教训。他们的组织高度集中，领袖毛泽东富有个人魅力，一些农民拥护者将他奉若神明。他们还重点关注了国家的主要政治问题：许多乡村地区的土地占有情况不平等；长期在外的地主数量不断增加，他们在村落里没有根基。在其他事项上共产党也处事灵活，注意各方的需求，这让他们获得成功，因为人们关注的是政府的所为和所不为。

日本人在1937年发动的全面进攻，最终促成了他们一直想要避免的中国革命的胜利。若是国民党人没有受到外敌入侵及其引起的大规模破坏的影响，他们或许还有一些可能，像许多发展中国家的后殖民地精英那样巩固自己的统治。1937年时，国民党还能诉诸爱国主义口号；许多中国人相信它是革命的合法实施者，是反抗外来统治的焦点。战争打破了他们利用这一点的机会，这并不是因为国民党没有参与战斗，而是因为它作战不利，还付出了沉重的代价。它还对本国人民犯下了很多不当罪行，大多数是在绝望的处境之下，而这些将在其后的内战中为它招致众多敌人。

蒋介石政府表现出来的缺陷和腐败令美国大失所望。1947 年美国军队撤出中国，放弃了调停的努力。接下来这一年，随着北方大部分地区落入共产党人之手，美国人开始削减对国民党的财政和军事援助。从这时起，国民政府在政治和军事上走下坡路了；当这一趋势尤为明显时，越来越多的政府人员以及地方当局寻求与共产党达成协议，只要其具备可行性。一个新时代正在显露的信念逐渐传开。到了 1949 年 12 月初，中国大陆已没有完整的国民党重要军事力量，蒋介石本人则撤退到台湾。当此次撤退正在进行时，美国人切断了他们的援助，并且公开谴责国民党的无能导致政权的崩溃。同时，1949 年 10 月 1 日，中华人民共和国开国大典正式在北京举行，世界上人口最多的共产主义国家诞生了。天命又一次更易，但这一次的继承者对中国的不少传统提出了批评，为了快速现代化，他们也会尽力做出改变。

与其他地方一样，第二次世界大战对结束东南亚的殖民统治具有决定性的意义，尽管与英国殖民地相比，荷兰和法国的殖民统治终结得更快更血腥。在 1939 年之前，荷兰授权印度尼西亚创立代表机构，但未能制止其民族主义政党的成长，随后还出现了蓬勃的共产主义运动。一些民族主义领导人，当中有一位是苏加诺（Sukarno），在 1942 年日本占领这些岛屿时与其进行合作。日本投降时，他们处于夺取权力的有利位置，并且他在荷兰重返之前宣布成立一个独立的印度尼西亚共和国，但英军最后还是恢复了殖民秩序。

斗争和谈判持续了近两年，直到最终达成协议，印尼共和国仍留在荷兰王国内；这并没有用。战斗再次打响，作为从前的殖民大国，荷兰徒劳地在最初的战役中实施"警卫行动"，希冀借此在联合国全面发起对共产主义和反殖民主义的责难。印度和澳大利亚（它们认为荷兰应明智地安抚独立的印尼，它的出现是迟早的事）将此事送交安理会处理。荷兰最终屈服了。开始于三个半世纪前的阿姆斯特丹东印度公司的故事于1949 年随着印度尼西亚合众国的成立结束了，1 亿多人组成一个混合体，分散居住在数百个岛屿上，分属不同的人种，信仰不同的宗教。在荷兰王国内保留了一个印尼与荷兰的联盟，但五年之后便解散了。20 世纪 50年代初，30 多万白肤色和棕肤色的荷兰人离开印尼抵达荷兰。

　　法国对中南半岛的掌控似乎一度比荷兰更严密。该地区的战时历史与马来西亚和印尼的有些不同，因为尽管日本人自 1941 年起就对该地区实施全面的军事控制，但直到 1945 年 3 月法国的统治权还未正式被取代。日本人随后将安南、交趾支那和东京（Tonkin，越南北部一地区旧称）合并，组成一个在安南皇帝统治下的新的越南国。不过，日本人一投降，当地的共产党组织首领——胡志明便在河内的政府宫就职，宣告越南共和国的成立。胡志明是一个在共产党内和欧洲都有深刻体验的人。他接受了美国的支持和援助，而且相信中国在其背后做靠山。当中国军队进入越南北部而英军派军至南部时，革命运动迅速蔓延。事实证明，法国企图重建自己的势力绝非易事。英国人会与他们进行合作，但中国不会，而是令法国重建势力的行动迟缓下来。一支庞大的远征军被派往中南半岛，同时法国也作出妥协，承认越南共和国是法兰西联邦的一个自治邦国。但这时产生了归还交趾的问题，交趾是一个主要的产粮区，具有独特的地位，所有在这一问题上达成协议的尝试均失败了。与此同时，法国士兵受到狙击，他们的车队遇袭。1946 年底，河内的居民遇袭，许多人遇难。河内遭遇法军轰炸（6 000 多人遇害）且重新被法军占领，胡志明的政府转移。

　　由此开始了一场持续 30 年的战争，战争中共产党人致力于国家统一这一民族主义目标，而法国则竭力维持一个缩小的越南，以使它和其他中南半岛国家一同留在法兰西联邦内。到了 1949 年，法国人转向合并越南的交趾支那，并且承认柬埔寨和老挝为"准国家"。但新的外部势力开始感兴趣，冷战波及中南半岛地区。胡志明政府得到莫斯科和北京的承认，由法国人创建的安南皇帝政府则得到英国和美国的承认。

　　这样，亚洲的非殖民化很快就超出了罗斯福的简单设想。当英国开始清算他们重新得手的遗产时，事情变得复杂化。1947 年缅甸和锡兰获得独立。翌年，共产党支持的游击战在马来亚爆发，尽管并没有取得成功，也未妨碍国家在 1957 年的独立，但它是最初困扰美国政策的众多后殖民问题之一。与共产主义世界对抗的加剧很快使美国将其内心的反殖民主义置之不顾。

　　只有中东地区的事务看起来仍旧简单直接明朗。1948 年 5 月，新国家以色列在巴勒斯坦地区诞生。这标志着 40 年来只需两个大国共同协商管理该地区的时代的结束。法国和大不列颠曾经并不觉得这有多难。1939 年，法国仍然持有国联对叙利亚和黎巴嫩的委任统治权（原来权限被一分为二），英国则维持其对巴勒斯坦的委任统治权。在阿拉伯世界的其他地方，英国对各国的新领导者施加着不同程度的影响或者权力。最重要的是伊拉克，那里维持着一小股英军，主要是几支空军小分队，以及埃及，那里有大批驻军仍旧守卫着苏伊士运河。在 20 世纪 30 年代，当意大利对英国的敌意日益增强时，埃及变得越来越重要。

　　如同其他地方，1939 年的战争给中东带来了变化，不过起初并不明显。在意大利参战之后，运河周边一带成为英国最为重要的战略地区之一，埃及突然间发现自己成为西方边境地区的前线。埃及几乎保持中立至战争结束，但实际上是一个英国基地而非其他。战争也使确保从海湾地区，尤其是伊拉克获得石油供应变得不可或缺。这导致英国的干涉，当时伊拉克在 1941 的民族主义政变之后，威胁要转向亲德的方向。1941 年，英国和自由法国对叙利亚的入侵使其免于落入德国人之手，也导致一个独立的叙利亚的出现。此后不久，黎巴嫩宣布独立。法国试图在战争的后期重建其势力，但没有成功，1946 年，这两国不得不面对最后一支外国驻军的撤离。法国西进也遇到困难，1945 年阿尔及利亚爆发战斗。那时候那里的民族主义者只要求在与法国的联邦之下实现自治，法国于 1947 年开始沿着此方向走，但离故事的结束还很远。

在英国影响力仍旧强大的地方，反英情绪仍是一个很好的政治口号。埃及和伊拉克在战后时期对英国占领军充满敌意。1946 年英国宣称他们准备撤离埃及，但关于签订一个新条约的谈判破裂了，以致埃及将此事提交给联合国（没有成功）。到此刻，对阿拉伯世界的未来这整个问题的关注，因犹太人决定运用武力在巴勒斯坦建立一个民族国家而转移了。

巴勒斯坦问题此后一直伴随着我们。它的催化剂是德国的纳粹运动。《贝尔福宣言》时期，巴勒斯坦居住着 60 多万阿拉伯人和 8 万多犹太人——这一数字已经令阿拉伯人感受到巨大的威胁。不过，此后若干年，迁出的犹太人实际上超过迁入的犹太人，因此有理由期待，协调犹太人建立"民族家园"的希望以及对"巴勒斯坦的现存非犹太社区的民事权和宗教权"（《贝尔福宣言》所述）的尊重这一问题有望得到解决。希特勒改变了它。

自纳粹迫害开始，希望前往巴勒斯坦的犹太人数量不断增加。当灭绝政策在战争时期实施时，他们更是置英国的迁入限制于不顾。一方面，英国的政策令犹太人无法接受；另一方面巴勒斯坦的分割为阿拉伯人所不容。战争一结束，世界犹太复国主义协会要求立刻让 100 万犹太人进入巴勒斯坦，这一问题就戏剧化了。其他的新因素也开始发挥作用。1945 年，英国以善意的目光看待一个由埃及、叙利亚、黎巴嫩、伊拉克、沙特阿拉伯、也门以及约旦组成的"阿拉伯联盟"的形成。英国的政策总是存在一丝幻想，即泛阿拉伯主义能够展现出一条使中东地区在后奥斯曼帝国混乱之后平静下来的道路，各阿拉伯国家政策的相互协调将为解决这个问题开辟道路。事实上，阿拉伯联盟很快就致力于把其他所有人从巴勒斯坦排除出去。

另一新事物是冷战。在战后初期，斯大林认为英国与美国将相互争夺世界霸权，苏联则可以渔翁得利。于是对英国的地位和影响的口头攻击开始了，当然，这在中东地区还与传统利益联系在一起。土耳其在海

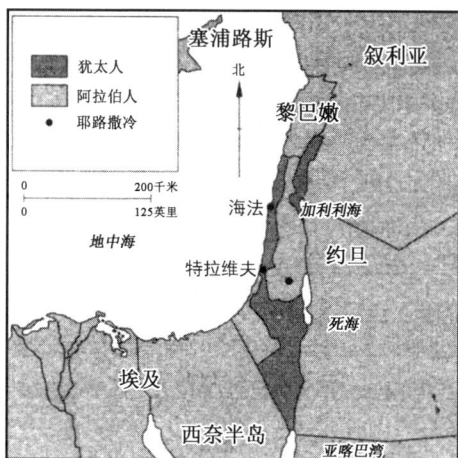

1947年联合国的巴勒斯坦领土分配方案

峡问题上遇到压力，而且苏联开始向犹太复国主义提供引人注目的援助，这是对整个局势最具破坏性的因素。无需非凡的政治洞察力便可看出在奥斯曼帝国的遗留地重申苏联利益的含义。美国人也在努力表明自己的立场。犹太复国主义观点在美国得到大批公众支持，纳粹死亡营中所揭示的恐怖景象又强化了这种支持。此处，1946 年美国举行国会中期选举，犹太人的选票具有相当的分量。自罗斯福的国内政治改革以来，民主党总统几乎不会持反犹太主义立场。

　　既然如此烦心，英国便试图将自己从圣地解脱出来。自 1945 年开始，他们就在巴勒斯坦同时面临犹太人和阿拉伯人的恐怖主义和游击战。不幸的阿拉伯警察、犹太警察以及英国警察正努力维持局势的稳定，英国政府则仍然试图找出一种能够被双方接受的方案以结束委任统治。英国寻求美国的帮助，但无济于事；杜鲁门想要的是一个亲犹太复国主义的解决方案。最终英国将这一问题提交给联合国。联合国建议分割巴勒斯坦，但这对阿拉伯人而言仍旧毫无指望。两个族群之间的斗争越来越激烈，英国决定立刻撤离。

　　在他们这样做的那天，即 1948 年 5 月 14 日，以色列国宣告诞生。它立刻得到美国（在宣告建国 16 分钟之后）和苏联的承认；美苏在接下来的 25 年里在中东地区其他问题上再没有达成多少共识。

　　埃及几乎即刻对以色列发动进攻，它的部队入侵了联合国协议授予犹太人的那部分巴勒斯坦地区。约旦和伊拉克军队则进入了授予巴勒斯坦阿拉伯人的领土支持他们。但以色列击退了这些敌人，随后在联合国的主持下签订停战协议（在此期间一个犹太复国主义恐怖分子刺杀了联合国的调停者）。1949 年，以色列政府迁至耶路撒冷，它自罗马帝国时期以来再度成为犹太人国家的首都。城市的一半还在约旦军队的占领之下，但这似乎已经是留给未来的最小的问题了。借助美国和苏联的外交支持以及美国的私人资金，犹太人的精力和创造力成功地使一个崭新的民族国家得以形成，25 年前那里连一点建国的基础也没有。

　　然而，代价是需要长期承受的。失望和受辱的阿拉伯国家注定要持久地敌视以色列，从而为大国将来的干预提供机会。而且，犹太复国主义极端分子的行为和以色列军队在 1948 至 1949 年的行动导致了大批阿拉伯难民的迁徙。很快，他们当中的 75 万人滞留在埃及和约旦的营地里，造成经济社会问题，这是世界良知的沉重负担，也是阿拉伯民族主义者潜在的军事力量和外交武器。据称以色列的首任总统鼓励本国的科学家们从事核能计划研究，这若是属实（如一些学者认为的那样），并不令人感到意外。到 1960 年代末期，以色列有了自己的核武库。

　　因而，许多股潮流以一种奇特而颇具讽刺性的方式汇聚在一起，在这个始终是世界历史焦点的地区的乱象中搅动。作为多个世纪的受害者，犹太人现在反过来被阿拉伯人视为迫害者。奥斯曼势力几个世纪以来的瓦解、帝国主义继任者的相互对抗（特别是两个新的世界大国的崛起，它们先后令旧帝国相形见绌）、19 世纪欧洲民族主义与古代宗教的相互作用，以及发达国家对石油的新依赖带来的初步影响，由此产生的种种力量进一步恶化了该地区人们不得不解决的问题。20 世纪很少有像以色列建立这样饱含历史意味的时刻。我们不妨在此刻暂停，然后再转向接下来 65 年的故事。

卷八

我们的时代

导　论

　　即使是在 20 世纪尚未完全落幕之时，我们就已经不难达成共识：从大概 1945 年至今，伟大而惊人的变化已经出现。时至今日，这一切更加明显。可是，有一些昔日就已出现的问题，我们很想将它们作为世界历史的一部分加以盖棺定论，却依旧没有消失。它们甚至变得更加难以解决。仅是所要叙述的事件就似乎无缘无故突然多出好多，而且还自有其发展逻辑。由于近期发生的事情总给人留下更深刻印象，我们试图恰如其分地以过去 6 000 多年历史为参照，来审视过去这 50 多年，就变得前所未有地困难了。

　　其中一个障碍来自我们的合理期望。当我们回望曾生活的年代，我们期待能够遇到自己记得的事件，或回忆起在已记事的年龄里听说的事件。一旦它们未在故事中展现，我们就会有些失望。但所有的历史都出于一种选择；严格意义上讲，每一个时代认为此前的岁月曾展现的卓越之处，还有人们的期望，无论合法还是不合法，都仅仅是所发生的一切中的一部分。

　　研究距离很近时代的历史，这并非所面临挑战的唯一来源。变化速度加快也带来了另一重困难。人类文化演进的概念也是几个世纪前才开始得到历史学家的关注。此外，也就是最近，历史学家才开始理所当然地认为一代人与另一代人在文化上是不同的，人们生活的社会总是在以非常深刻和确定的方式发生变革，人们的基本观念也会随之改变。然而，任何一个生活在今天的成年人，肯定都曾经历过剧烈的转变和适应过程，尽管这一切比我们前辈经历过的任何事情都可能要更深刻、更显著，但在今天看来已习以为常，融入我们的潜意识之中，且往往是无意识进行的。其中人口增长堪称典范例证；之前的人们在有生之年从未遇到过如此迅猛的人口数量增加。然而，很少有人意识到这一点。

历史加速不仅体现在事件更迭加快上。历史加速带来的变迁加速本身，还产生了比以往更加广泛、深入的影响力。例如，西方社会中妇女的机遇、自由发展的程度和规模已大大超过前几个世纪，尽管仍有许多人对进步幅度不满意。虽则如此，它们的全部影响力仍未穷尽（或在某些地方甚至才刚开始显现）。同样，许多领域更窄的技术变化和新材料变化的情况也是如此，其中一些还远未发挥出它们的潜在影响力。

如果由于历史导致的快速和激进的变革，过去几十年的历史与早期历史完全不同，那就很难把它描写成同一个故事的一部分。要研究近期的历史，看来我们不仅要（在某种意义上）"换挡变速"，还需要采取一种不同的看法。为了表明这样或那样的事实或事件的特殊影响，还需要更多解释方法，尤其是当涉及技术创新时。比如，在第一个真正意义上的全球经济秩序背景下探讨世界政治体系的崩溃和重建，或估计人类干预自然所导致的变化中有哪些是不可挽回的，就需要探讨更多的细节。当然，诸如此类的问题在先前历史中也需要考虑。然而，在过去，事件所具有的深刻长远影响往往只是慢慢地显露出来，有时几乎不知不觉。而如今，它们有时会出乎意料地显现，甚至是急速爆发，这就使得形成确定的观点更加困难。

再就是作为历史基石的年表。认为历史在 20 世纪中期的某个时间点迈入了一个独特的新阶段，这样的思考会让我们很多人想要去寻找那些在年表中可能会成为转折点、标志和不可缺少的里程碑的事件，正如我们在之前历史中公认的那些一样。然而，在思考这些问题时，1917 年是否是一个比 1989 年更有意义的转折点，或 1931 年发生在中国东北的事件是否就比 1945 年发生在德国的事件更加标志着惊人的转折，几十年后我们可能会发现，这样的比较并没有当初认为的那么重要。或许比上述时间更加重要的是例如 1953 年，那年发现了遗传物质的结构（DNA），或 1977 年，那年发布了第一台个人电脑（Apple II）。

接下来，我们将特意尝试直面此类问题。为了让它们显得不那么令人生畏，我们会首先（可能会用比较长的篇幅）勾勒出最为重要的普遍发展态势。它们蕴含或表现了在过去差不多两代人时间内运作着的长时段主题和影响力。只有完成了这个任务之后，我们才会粗略地划分出较短的时段，试图描述经常出现在报纸头条中的种种事件。以这种方式，我希望"当代史"的各个主要里程碑（即这样一些时刻，此时，若历史不成其为历史，因此不会在固有规律的约束下上演的话，一切就将大不相同）会浮现出来。

当然，甚至在我们开始探讨之前就能相当肯定，有一些概括性的观点肯定会出现。例如，看出欧洲人统治世界事务的时代已经结束并不难；我们可以把自1945年后的这段时期称为后欧洲时代。但也有一些更普遍、更彻底的改变已然显现。现在的世界前所未见（尽管恰如一位伟大的历史学家曾说过的，它仍然是"一个世界，四分五裂"）。在短短几年内，世界发生了较之之前历史更为迅速，或许也更为彻底的变革。一种更加普遍的文明正在传播开来，相比迄今任何一种文明，它为更多的人所共享。然而，就在我们观察到这一事实之时，它却在我们眼前继续快速演变。事实上，这是一种独特的以变化为本的文明，因此，往往会产生革命性的影响。我们可能远不及我们的前辈那样，拥有坚实的证据，有信心对未来哪怕几十年后的生活做出预测。经济和技术愈加互相依赖①，信息供应大量增加，以及发掘信息的更优手段出现，是这种变化的首要原因。在世界任何地方发生的任何事情，原则上都可能在其他地方迅速产生影响；政治领导人们似乎也越来越认识到这一点，无论他们是迫于意识形态、计算考量，还是单纯的惧意。即使有时太迟缓，他们大多最终还是会明白历史正在遵循的轨迹。为方便起见，在世界的任何角落，涉及上述变化的过程通常都被称作"现代化"，它的各种表现已经遍布全球各个角落，即使在某些地方表现得还不如预期的那么明显。

早在远古史前时期，人类就开始借助原始技术从大自然中获得解放。在此后的数千年里，人类沿着不同的路径分化发展，这让人们获得

---

①　原文这里是 independence，根据后文疑有误，应是 interdependence。——译者注

了不同的生活方式，创造了高度个性化和独特的文化与文明。几个世纪前，世界的一个区域启动了迅速的变化并开始扩展到全球，之前各条不同的道路开始汇聚。现在，我们可以感受到它们正在世界范围内进行融合，即使我们不能确定它们各自在何种层次上发生着。不过，我们必须（且幸运的是，可以很容易地）承认，即使是非常近期的历史，也仍然可以依照过去的历史学方法来加以观察。这样一来，我们就又多了些把握，对哪怕是最伟大的变革进行公正的评价。

第 1 章　科学与观念的变革

1974 年，有史以来第一次世界人口会议在罗马尼亚举办。少数因了解相关情况而感到担忧的人士首次得到一个平台，借以呼吁人类慎重考虑人口数量问题。在随后的 25 年间，这种担忧升级为预警；许多人开始追问，我们的世界是否还能容纳下仍在不断增长的人口，其数量到 2050 年或将达到 100 亿。以整数论，两个半世纪前世界人口约为 7.5 亿，150 多年后，到 1900 年人口数量增加了一倍多，到大约 16 亿人；然后，用了 50 多年又增加了大概 8.5 亿；到 1950 年，世界上有大约 25 亿居民；下一个 8.5 亿数量增长仅用了 20 年；现在，世界人口超过 70 亿。这种发展态势也可以用更长的时间标准来衡量。智人的人口数量达到 10 亿（1840 年左右达到）用了 5 万年，而最后一个 10 亿数量的增长仅仅用了 12 年时间。就在大概几十年前，人口总量的增长速度越来越快，在 1963 年以年增速超过 2.2% 达到其峰值。

这样的增长使得一些人对"马尔萨斯灾难"的恐慌再次显现，尽管正如马尔萨斯本人所说，"基于现有人口增加或减少的速率所形成的对未来人口数量增加或减少的估计，不足为信"，我们仍然无法确定未来会发生什么将导致人口模式变化的事件。例如，有些社会已经着手试图控制人口的规模和结构。严格来说，这种努力并非首创。在一些地方，杀婴和堕胎早已是控制对稀缺资源需求的惯常做法。在中世纪日本，人们丢弃婴儿，任其自生自灭；在 19 世纪的印度，溺杀女婴很是普遍。新的创举主要是，政府开始把资源和权威隐藏在更人道的人口控制方法背后，目的是积极促进社会和经济发展，而不是单纯地避免个人和家庭的窘迫。

只有少数政府做出这样的尝试，经济和社会事实表明这一努力并没在各地产生同样的效果，即使毫无疑问都促进了技术和知识上的进步。20 世纪 60 年代，一种新的避孕技术在许多西方国家迅速传播，并伴随着对人类行为和思维的颠覆式影响，但此时它还未被非西方世界的女性同样快乐地接纳。这正是虽然全球人口都在增长，但各地情况不尽相同，且引发的反响也各不相同的原因之一。虽然许多非欧洲国家都遵循了 19 世纪欧洲的模式（首先表现在死亡率下降，但出生率并未下降），但判断它们会简单地重复发达国家人口史的下一阶段状况则是草率的。人口增长的动力是极其复杂的，受到无知，以及难以预测的个人态度和社会态度的影响，更别说还有人为操纵了。

婴儿死亡率是一个很有帮助的预测未来人口增长潜力的粗略指标。1970 年之前的百年间，发达国家的婴儿死亡率从每千人 225，下降到每千人 20 以内；2010 年，塞拉利昂与新加坡的对比数据分别为每千人 135 和每千人 2。今天，富国和穷国之间的这一差距比过去更大。各年龄段的预期寿命上也有相当大的差距。在发达国家，1870 年的出生预期寿命是 40 岁多一点，而 100 年后是 70 岁多一点。对发达国家而言，这个数据惊人地接近。例如，1987 年，美国、英国和苏联的这一数字分别为 76、75 和 70（俄罗斯的男性现已下降到 63 岁）。今天的整体反差更加显著。日本如今以 83 岁的人均寿命高居榜首，而莫桑比克还不到 40 岁，等于法国 1789 年之前的水平（部分是因为对莫桑比克人口造成毁灭性影响的艾滋病）。

不久的将来，这种差距将引发新的问题。在历史上多数时期，所有社会的结构都类似于金字塔，年轻人占大多数，处在金字塔的底部，老人为少数，处于塔尖。现在，发达国家的人口状况却宛若一个上宽下窄的圆柱体。老年人的比例大大超过了以前，例如意大利和日本的 15 岁以下人口比例不足 15％。而在一些贫穷国家，情况正好相反。尼日尔约有一半人口在 15 岁以下，印度则有三分之一。因此，简单地探讨整体的人口增长会掩盖重要事实。世界人口可能在迅速地增加，但有着非常不同的根源，并将具有大不相同的历史意义和效果。

其中，人口流动的方式是需要考察的。2010 年，人口在各大洲的分布大致如下：

洲	百　　万	占总数的百分比
欧洲（包括俄罗斯）	733	10.61
亚洲	4 167	60.31
非洲	1 033	14.95
南美洲和加勒比	587	8.52
北美	351	5.09
澳大利亚和大洋洲	36	0.52

欧洲人口曾在 19 世纪中期占世界人口的四分之一，这个份额出现了惊人下滑。欧洲人口迁出这块大陆散布到世界各地的四个世纪也就此终结。直到 20 世纪 20 年代，欧洲仍在向海外输出人口，尤其是向美洲。但在那十年中，由于美国的限制政策，欧洲输出的人口数大幅下降，大萧条时期进一步减少，之后再也没有恢复到昔日的水平。另一方面，加勒比海地区、中南美洲和亚洲移民到美国的人数在 20 世纪最后几十年间迅速飙升。此外，尽管欧洲一些国家仍然输出移民（在 20 世纪 70 年代早期，相较于来自国外的移民而言，每年迁出的英国人更多），但它们从 20 世纪 50 年代开始，也吸引来北非人、土耳其人、亚洲人和西印度群岛的人，因为他们无法在本国找到工作。总体上说，欧洲现在是人口输入地。

可是，目前的模式可能维持不了多久。亚洲现在容纳了全球一半的人口，其中中国和印度加起来就占了全球的 37%，但造成这种高占比的惊人增长率已经开始下降。巴西的人口增长率在 20 世纪 60 年代时曾经高达世界平均增长率的两倍，现在虽然巴西的人口还在保持增长，但增速已经不那么高了。印度（育龄妇女平均生育 2.8 个孩子）和中国（1.5 个）之间的差异很显著，但位居首位的尼日尔更是高达 7.7 个，立陶宛和韩国的数值最低，为 1.2 个。不过，全球总体的增长趋势是下降的：现在大概是 1963 年的一半。

虽然在这方面做任何概述都要小心，不过在我们的时代，随着平均收入增长，大多数社会的生育率都开始下滑。在过去，孩子被视作父母的养老保障，所以一个家庭里总会生很多孩子，或者如社会上流行的观念，多子多福。随着财富的增长，大家庭却被视为无谓消耗了资源。外出工作的职业女性也倾向于要更少的孩子，至少是在她们自己能够做主的情况下（如果她们在经济上独立的话，也大多会这么做）。让历史学家和人口学家都感到惊讶的是，人口结构类型变化起来如此之快，曾经让数代人视为古老智慧的观念，很可能在十年甚至更短的时间里就发生改变。人们曾认为，罗马天主教会的教义同南欧或拉丁美洲的高生育率大有关联，但意大利的育龄妇女现在平均只生育 1.3 个孩子，智利则是 1.8 个。

今天，全球最高平均生育率出现在撒哈拉以南非洲——但这个地区或许是最难承受人口高速增长的。紧随其后的是一些伊斯兰国家（伊拉克 3.8 个，约旦 3.4 个）。这么快的人口增长将对资源和政府都造成相当大的压力。可是，那些人口数量迅速萎缩的国家同样也有困扰。如果许多欧洲国家的趋势得不到逆转，就必须依赖移民来照顾国内的老年人口，可是某些国家现在的自然生育率实在太低，趋势很难逆转。中国曾实行的一胎化政策也带来了新议题——虽然人口总数仍然在增长，但人口结构在迅速发生改变，使得中国在发达之前，会先变“老”。困扰更大的是，中国人口中生孩子最多的是仍然贫困的群体，而城市中产阶层却大多只生了一个。

城市化是当今人口变化的另一个关键维度。20 世纪临近尾声时，近一半人居住在城市里。城市成为人类特有的栖息地。相对于人类漫长的历史而言，这是一个显著的变化。这表明城市已失去昔日的“致死力”。过去，城市生活的高死亡率导致始终需要农村出生的人移民到城市，以保持城市人口的数量。19 世纪，一些国家的城市居民开始了有效的自我繁衍，令城市人口得以内部有机增长。结果是惊人的：现在许多城市的居民多得根本就无法统计。加尔各答早在 1900 年就拥有 100 多万人，但现在已超过原先的 15 倍；20 世纪开始时，墨西哥城只有 35 万居民，但 20 世纪结束时，有超过 2 000 万居民。从更长时段来看，我们可以得到其他一些概观。1700 年，世界上只有 5 座城市的居民超过 50 万；1900 年有 43 座；现在仅巴西就有 7 座城市的居民超过百万。在一些国家，卫生制度和公共健康措施的改善远远落后于其他国家，因此在那里上述变化还无法出现，但城市化的浪潮远未结束。

人口和城市化的动态变化均意味着世界资源的巨大增长。用简单粗暴的话来说，尽管很多人饿死，但还有更多的人活着；虽有数以百万计的人死于饥荒，但迄今全球没有出现马尔萨斯灾难。如果地球不能养活他们，人口的数量将会减少。但这是否可以长期持续，则是另一个问题。专家们得出结论，我们可以在未来很长时间内为越来越多的人提供食品。但在这一问题上，我们进入了推测的范畴，尽管这种希望引发了历史学家的兴趣，对他们来说，当今世界的实际状态对推测将会发生的事情很重要。在考虑这个问题时，我们必须认识到现代史特别是过去半个世纪的主要经济事实：前所未有的财富被生产了出来。

本书的读者可能在电视中已见多了饥荒的悲惨景象。然而，在世界上超过一半的土地上，自 1945 年以来，世界经济的持续增长第一次被认为是必然的。尽管发展的道路上充满波折起伏，但增长已是“常态”。增长速度的任何放缓，比如我们自 2008 年看到的情形，如今都是一种警示。更重要的是，整体来说，真正的经济增长也一直发生在大多数不发达世界，尽管不平等或高出生率仍然让大多数人口处于贫困之中。与大家仍然以为的相反，即使是在 1939 年，这些地方的经济增长也堪称是一场革命。

然而，经济高速增长并非仅仅始于二战后的几十年——这一时期世界一些地方处于前所未有的增长黄金时代。财富的激增成功地担负起了世界人口的剧增，而前者的合适历史背景要深远多了。有一个测算显示，目前的人均财富是 1500 年的 9 倍。根据一些经济学家的计算，今天全世界的 GDP 比 1500 年要多 185 倍。但这个估算并不确切，因为很难评估新产品的"价值"，并且今天分享 GDP 的人口要多得多，还有——至少在某些国家——分配也不公平得多。

人均国内生产总值的变化　　　　　　（单位：美元）

国　　家	1900 年	2010 年
巴　　西	678	10 816
中　　国	545	4 382
英　　国	4 492	36 000
美　　国	4 091	46 800
印　　度	599	1 370
德　　国	2 895	40 274
日　　本	1 135	42 783

　　事实上，在 19 世纪以前，财富和人口数量的增长基本保持平行态势。然后，一些经济体逐步比其他经济体增长得更快。早在 20 世纪初，新的财富急剧增长就已经开始，尽管两次世界大战和 20 世纪 30 年代经济大萧条引发的动荡严重阻碍了这一进程，但 1945 年后它又得以恢复。此后，尽管仍然遭遇了多次严峻挑战，不同经济体之间差异也很大，但经济高速增长态势几乎从未停止。一些国家遭遇了挫折，分化也在加剧，但经济增长还是比以往任何时候都更广泛地在进行。

　　对上述表格中所展示的数字，必须谨慎地加以解读，而且它们可能很快发生变化。但它们如实地给了我们一个印象，即，世界如何在一个世纪里变得更加富有。然而，还有一些人仍然处在赤贫之中。尽管中国和印度最近经济飞速发展，但就人均收入来看，两国仍算穷国。不过，最穷的国家是那些基础本来就差，却又遭受战火或流行病蹂躏的国家。布隆迪 2010 年的人均 GDP 只有 192 美元，阿富汗则是 362 美元。

　　如果说财富创造是重要的现实状况，那么大国之间如此长时间的持久和平必定对此大有助益。当然，1945 年以来，世界仍时不时有许多较小规模的血腥冲突或战争，其中每一天都有男人和女人死去，军事行动及其造成的后果令成千上万人死亡。大国通过代理人为自身的利益展开了诸多争斗。但如同两次世界大战对人力资源和经济资源造成的破坏程度，再没有出现过。相反，在这些冲突之下潜藏的国际竞争在许多国家往往会维持或促动一定的经济活动。它提供了许多技术衍生品，并导致出于政治动机的资本投资和转移，其中有一些的确促进了财富的增加。

　　第一次此类转移发生在 20 世纪 40 年代末，当时美国的援助为欧洲经济复苏提供了可能性。要让欧洲经济复苏，美国这台发动机必须要能够提供动力，而在 1918 年后它却没能做到。美国经济在战时的大规模扩张最终把它拉出战前的萧条，同时美国本土免于战争的破坏，这让它有能力成为发动机。美国经济实力的施展为何以援助的方式进行，这还需从当时的国际环境（冷战是其中的重要组成部分）中寻找答案。当时的国际紧张局势使得援助欧洲似乎符合美国的利益；许多美国政治家和商人都预见并抓住了这一机遇；很长一段时间内没有如此规模的资本替代来源；最后，它帮助了不同国家的人，甚至在战争结束前，就已经安排好了管理国际经济的制度，从而避免退回到 20 世纪 30 年代那种几乎致命的经济无政府状态。因此，早在 1945 年之前，世界就开始重塑其经济生活，战时的种种努力，最终产生了国际货币基金组织、世界银行和关税贸易总协定（GATT）。它们为 1945 年后非共产主义国家的经济稳定提供了支撑，使世界贸易的实值在 20 年间每年以近 7％的速度增长，尽管直到冷战结束，世界贸易才恢复到 1914 年之前的水平。不过，1945 年至 20 世纪 80 年代间，工业制成品的平均关税水平，从 40％下降至 5％，而世界贸易也增加到之前的五倍多。

　　在一个仍在持续的较长时期内，科学家和工程师们往往以非正式的或是隐秘的方式为经济增长做出贡献。科学技术知识的不断应用，以及在探索提高效率的过程中，进程和系统的改善与合理化，在 1939 年前都是非常重要的。但在 1945 年后它们更是走到前台，开始发挥更大的影响力。工业化之前农业就一直在改善，但上述要素给农业带来的显著效果已是公认的事实。几千年来，农民几乎完全采用古老的方法来极力逐步提升其产出，最主要是开荒拓土。仍然有大量这样的土地，只要加以适当的投入，就能转为耕地种植庄稼（即使是像印度这样一个人口拥挤的国家，在过去的 25 年中也采取了大量措施来使用这些土地）。然而，这并不能解释为什么世界农业产量最近增加得那么迅猛。根本的解释是，近代早期在欧洲启动的农业革命持续进行且不断加速，其效果至少从 17 世纪便已显现。250 多年后的今天，在很大程度上依赖于应用科学，农业产量的提高急剧加速。

早在 1939 年前，小麦就被成功地引入此前由于气候原因而未被耕种的土地。植物遗传学家培育出了新的谷物品种，这是 20 世纪科学对农业做出的一大贡献，其规模之大，远远超出了早期那种一点点试错式"改进"的程度；直到很久以后，基因改造作物品种才开始招致批评。一些已经在种植谷物的地区，通过使用更好的化肥（于 19 世纪第一次使用），对世界粮食的供应做出了更大的贡献。为土壤加入大量能提高产量的氮，这在先进农业国如今已非常常见。

不过，这样做的代价是巨大的能量投入，此外从 20 世纪 60 年代开始，人们越来越担忧其造成的生态后果。此时，除了高效肥料外，更为有效的除草剂和杀虫剂也已问世，而农业的机械化程度在发达国家也大大提升。依据每英亩耕种所使用的马力计算，英国曾在 1939 年拥有世界上机械化程度最高的耕作，然而英国农民当时仍主要靠马完成大部分工作，而联合收割机（在美国已经普及）还很罕见。但是此后，得以机械化的不仅是耕种领域。电力的使用带来了自动化的挤奶、粮食干燥、脱粒，冬季可以为畜舍保暖。现在，计算机和自动化已经开始进一步减少农业对人类劳动的依赖；发达国家的农业劳动力数量持续下降，而亩产量却不断提高，转基因作物有望带来更高的产量。

矛盾的是，仅仅由于世界上人口更多了，所以今天世界上仅能维持温饱的农民数量比 1900 年还要多，尽管他们的耕地和生产作物的价值份额减少了。生活在发达国家的 2％农民现在却提供了大约一半的世界粮食供应。欧洲的农民正在迅速消失，正如在两百年前的英国一样。但这种变化的程度在各个地方并不一致。俄罗斯是传统的农业大国，但迟至 1947 年还遭受过严重的饥荒。

对于那些人口不断增长，但仍维持着自给式农业、生产力低下的国家而言，当地的粮食不足仍是一种威胁。就在第一次世界大战前，英国的小麦亩产量已是印度的 2.5 倍多；到 1968 年则差不多是印度的 5 倍。大约在同一时间段，美国人把水稻产量从每英亩 4.25 吨提高到近 12 吨，而曾号称"亚洲的饭碗"的缅甸，仅从 3.8 吨提升至 4.2 吨①。1968 年，埃及的一个农业劳动者可提供略多于一个家庭的食物，而在新西兰，每个农场的雇员足以为 40 人提供食物。即使到 21 世纪初一些发展中国家的收益率差距已缩小，大部分非洲地区和部分南亚地区的产量依旧低得骇人。

非农业领域的经济发达国家表现出最高的农业生产力。相较于领先的工业国家，最需要粮食的国家却无法以更便宜的方式生产出大量粮食。具有讽刺意味的结果便是：俄罗斯人、印度人和中国人，这些大的粮食生产者，发现自己正在购买美国和加拿大的小麦。在粮食供给充足的年代里，发达国家和不发达国家之间的差距却在扩大。大约一半的人消耗了全世界约七分之六的产出，其余的人分享剩下的。美国是迄今为止最奢侈的消费国家。1970 年，100 个人中大概占到 6 个的美国人，使用了世界年产 100 桶油中的将近 40 桶。他们每人每年消耗大约 0.25 吨②的纸制品；在中国，相应的数字大约是 20 磅。当时中国一年内的电力消耗总量（据说）仅够供给美国所有空调的消耗。事实上，由于电力较少用于国际贸易且大部分是在国内消耗掉，因此，电力生产是进行比较的最佳标准之一。20 世纪 80 年代末，美国生产的人均电力将近印度的 40

---

① 数据似有误。2019 年美国每英亩水稻产量约为 3.4 吨，缅甸约为 2 吨。——编辑注
② 即 250 千克，后面的 20 磅相当于 9.07 千克。——译者注

倍，中国的 23 倍，但只是瑞士的 1.3 倍。

世界各地富国和穷国之间的差距自 1945 年以来已经变得越来越明显，这通常不是因为穷人更穷了，而是因为富人更富了。可能算唯一例外的是相对富有（按穷国标准）的苏联和东欧国家，那里的管理不善和指令经济导致了较低的增长率，或根本没有增长。除了这些例外，即使生产率极大提升（例如，亚洲一些国家在 1952 至 1970 年之间的农业产出提升比例大于欧洲，更是远远大于北美）也极少能成功地改善穷国相对于富国的地位，因为不平等，也因为人口不断增长——而富裕国家归根到底，起点更高。

尽管彼此间的排名会略有上下，但总体而言，1950 年时生活水平最高的国家，大多现在仍然享受着高水平的生活（但新加入了一批东亚国家）。这些都是主要的工业国家。它们的经济体拥有最高的人均财富，激励着穷国谋求自身经济脱胎换骨的增长。我们通常将这个发展过程太过简单地称为工业化。诚然，今天主要的工业经济体与 19 世纪的先驱们并不相似。长期作为经济实力基础的传统制造业，也不再是工业化程度的简单而又令人满意的衡量标准。领先国家以往的支柱产业都在衰退。1900 年的三大炼钢国家，前两个（美国和德国）80 年后仍然是世界前五，但分别排名第三和第五。英国（1900 年是第三名）如今在炼钢榜上排名第十一——西班牙、罗马尼亚和巴西紧跟其后。波兰现在生产的钢材比一个世纪前的美国要多。此外，相较于在成熟经济体中，新生产业往往在发展中国家和地区找到迅速发展所需的更好环境。因此，2010 年，中国台湾地区的人均国内生产总值接近印度的 14 倍，韩国则是印度的 15 倍。

20 世纪经济的增长，通常是在诸如电子和塑料行业等在 1945 年还不存在的产业门类，以及源自新能源领域。19 世纪，煤炭取代流水和木材成为工业能源的主要原料，但早在 1939 年前，水力发电、石油以及天然气也已成为主要能源；近年来，核电也加入其间。随着能源成本下降，运输成本随之降低，工业增长便提高了人民的生活水平。其中，有一项创新作用巨大。1885 年，第一辆由内燃机推动的机车诞生，也就是说，这种机械直接使用热产生的能量驱动发动机汽缸里面的活塞，而不是借助外部火焰燃烧让锅炉产生蒸汽进行能量传递。九年后，法国潘哈德公司（Panhard Company）制造了一台四个轮子的奇异装置，成为可辨识的现代汽车的前身。接下来几十年中，法国与德国主宰了小汽车的生产，但它仍只是富人的玩具。这是汽车发展的史前史。真正的汽车的历史始于 1907 年，此时美国人亨利·福特建立了之后闻名遐迩的"T 型车"的汽车生产线。该车针对大众市场设计，价格低廉。到 1915 年，福特车每年生产百万辆，到 1926 年，T 型车的价格已低于 300 美元（按当时的汇率约合 60 英镑）。一项巨大的商业成功已经起步。

这同样也带来了社会和经济变革。福特改变了世界。通过给予普通百姓以前认为是一种奢侈品的东西（50 年前即使百万富翁都不可能拥有的汽车），他的影响如同铺设铁路一样伟大。这一便利设备迅速传遍世界各地，并带来巨大的影响。全球汽车制造业诞生便是其中之一，它往往主宰着国内制造业，并最终实现大规模的国际一体化。20 世纪 80 年代，世界上生产的四辆汽车中就有三辆出自八大生产商。该行业也刺激了对其他行业的巨大投资；仅仅几年前，世界工业领域使用的一半机器人都在汽车厂做焊工，另外的四分之一则给这些产品涂上油漆。同时，汽车生产极大地刺激了石油需求。大量人员受雇于为车主提供燃油及其他服务的行业。公路建设上的投资成为政府的主要关注对象，这是自罗马帝国以来久未得到关注的问题。

像其他许多伟大的革命家一样，福特把他人的思想纳为己用。在这个过程中，他也改变了工作场所。在这一榜样的带动下，装配生产线成为消费品制造的特有方式。在福特设置的生产线上，待组装的汽车稳步地从一个工人转到另一工人，每个人都在精确界定的最短必要时间内完成任务，如果可能的话，他（或，后来还有她）完成自己已熟练的尽可能简单的任务。很快，人们开始谴责这种工作方式对工人心理健康的影响，但福特也看到这项工作非常单调，于是开出很高的工资（从而也使他的工人能更容易买得起他的车）。这是对另一项具有不可估量文化影响力的根本性社会变革做出的一大贡献。这种变革就是——用增加购买力因而也增加需求的方式刺激经济繁荣。

　　时下一些装配生产线完全是由机器人"操控"。1945 年以来一项影响了各个主要工业社会的最伟大技术变革，出自一个被宽泛地称为信息技术的庞大领域，包罗了设计、建构、处理以及管理由电力驱动的信息处理器的复杂技术。技术变革历史上出现过的新发明中，很少有发展如此迅速的技术。仅在二战期间运用过的各项应用成果，战后几十年间就被广泛运用到服务和工业的生产过程中。最明显的是诞生于 1945 年的电子数据处理器——"计算机"的广泛使用。能量和处理速度迅速增加，尺寸不断缩小，视觉显示能力不断改善，使得在给定时间段内可下令处理的信息量有了突飞猛进的增长。

　　量变带来了质变。由于所涉及的数据量过于巨大，此前这类技术操作一直很难实现，但现在却成为可能。智力活动从来没有如此突然加速过。此外，在电脑的能力不断发生变革性增长的同时，它也在变得越来越容易获得、便宜和便携。不到 30 年时间里，一张信用卡大小的"微芯片"，就能承担起当初需要如一般的英国客厅大小的机器来完成的工作。1965 年时有报道称，一个芯片的处理能力每 18 个月增加一倍；30 年前一个芯片上的晶体管数量大约为 2 000 个，如今却已增至数以百万计。这种影响已经强烈地被感知到，渗入人类的每项活动中——从金融运作到战争决策，从学术到色情。

　　当然，各种通信手段的进步和创新发展有着漫长的历史，计算机只是其中的一部分。这个故事开始于诸如商品和人等固体的物理及机械移动过程的进步。19 世纪的主要成就是蒸汽机运用到海陆通信，以及后来的电力和内燃机中。在空中运输方面则是热气球。第一个"可以驾驶"的飞艇 1900 年之前已经出现，但直到 1903 年才有"比空气重"（即，浮力不是来自袋装的比空气轻的气体）的载人机器进行了第一次飞行。由此宣告了一个物质传输新时代的来临；100 年后，伦敦最大的机场运输的商品，其价值远大于任何一个英国海港所承运的。如今，数以百万计的人乘坐飞机进行商务或休闲之旅，飞行让人们的空间掌控能力大为增长，而这在 20 世纪之初仍只是模糊的想象。

信息通信早已进入到另一场革命。这场革命的本质在于，信息流动脱离了信息来源和信号之间任何一种物理关联。19 世纪中叶，伫立在铁路旁为发电报而设的电线柱子早已是熟悉的景象，而用海底电缆连接世界的进程也已开始。物理线路连接仍是根本。之后，海因里希·赫兹发现了无线电波。到了 1900 年，科学家们开始利用电磁理论发送出第一条"无线"传递的信息。发报机和接收器不再需要任何物理连接。1901 年，新世纪的第一年，恰如其分地以一项新发明来开启，马可尼（Marconi）发送了第一封横跨大西洋的无线电报。30 年后，数以百万计的人拥有了无线接收器，他们大多已不再相信，需要打开窗口才能接收神秘的"电波"，同时所有大国都有了大型广播系统。

比这大概早上几年时间，日后的电视机赖以诞生的装置也首次得到展示。到 1936 年，英国广播公司首次开设了定期放送的电视广播服务；20 年后，在主要的工业国家中，这种传媒已是司空见惯，现在则可以真正称得上是遍布全球了。正如印刷业的到来一样，这种新媒体有着巨大的影响，但为了更全面地加以评价，必须把它们放置在整个现代通信发展的时代背景下。尽管新的传媒与印刷业一样，保持着政治和社会的中立（也可说是一把双刃剑），但其影响仍是不可估量的。电报和无线电使得信息传播更为迅速，这可能既对各国政府也对它们的对手有利。电视具有的模棱两可立场则更加迅速地得到了展现。它们可能会曝光政府想掩饰的内容，让数百万乃至上亿人看到，但也有人认为，为了控制者的利益，它们发布的内容也能影响人们的舆论观点。

到了 20 世纪末，毫无疑问，互联网这项信息技术的重大进展，同样作用不明。它源自阿帕网（由美国国防部高级研究计划局于 1969 年研发），到 2010 年已有近 20 亿常规用户，其中大部分在发展中国家。此时，它所提供的便捷交流有助于革新全球市场并强烈地影响到了世界政治，无论对所谓开放政治体系还是独裁国家。它推动了深刻的政治变革，甚至革命。随着诸如亚马逊和易趣这些公司在市场上成为最有价值和最有影响力的公司，电子商务（通过互联网买卖消费品和服务）成为 21 世纪早期美国商业的重要组成部分。到 2005 年，在北美、欧洲和东亚部分地区，电子邮件已取代邮政服务成为首选交流方式。但与此同时，互联网与日俱增的传输速度和能力，大量被用来观看色情电影或玩互动游戏。大量信息传输能力被浪费，而那些每天大部分时间在线的人和那些无法接触到互联网的人之间，社会差异在迅速拉大。

截至 1950 年，不管人们承认与否，现代工业早已或直接或间接，或明或暗地依赖于科学和科学家。此外，基础科学这时转化为终端产品往往非常迅速，大部分地区的技术革新也在不断加速。掌握了内燃机工作原理之后，汽车的大量推广历时约半个世纪；近期，微芯片的发明与使用，使得手持电脑在随后 10 年内就得以出现。技术进步仍是大多数人意识到科学重要性的唯一途径。然而，科学塑造人们生活的方式也发生了重大的变化。19 世纪时，大多数的科学实践成果往往仍是科学好奇心的副产品，有时甚至是偶然得到的。到了 1900 年，变化便开始了。一些科学家开始认识到，有意识地针对性研究和重点研究是很重要的。20 年后，大型工业企业开始认识到研发投入是很值得的，即使数额还不是很大。随着化学工业、塑料、电子和生物制药等领域出现，一些工业研究部门最终自身就发展为庞大的工业企业。

如今，发达国家中普通公民的生活根本离不开应用科学。这种无处不在的普遍性，再加上最壮观的科学成就给人们留下的深刻印象，是科学日益获得承认的原因之一。投入的资金是一种衡量尺度。例如，1914 年之前进行了多次基础核物理实验的剑桥大学卡文迪什实验室（Cavendish Laboratory），当时每年从学校得到的经费大约是 300 英镑——按当时的利率折算，大约为 1 500 美元左右。1939 至 1945 年战争期间，英国人和美国人决定必须花大力气研制核武器，后来所称的"曼哈顿计划"由此诞生。据估计，其花费的成本相当于此前人类有记录的所有科学研究的花费总和。

如此庞大的数目（后来冷战时期的花费比这还高）标示着另一个重大变化，显示出科学对政府的重要性。在之前几个世纪里仅偶尔得到国家资助的事项，现在却成了一个重大的政治关注点。1945 年以来，有些科学研究项目所需的资源也只有政府才能提供。它们从中希求得到的好处之一，是更好的武器，这便是美国和苏联进行巨额科学投资的重要原因。但另一方面，政府对科学日益增加的兴趣和参与程度却并不意味着科学日渐本国化，事实上，情况正好相反。科学家之间的国际交流是 17 世纪这第一个伟大科学时代留下的遗产。而即使没有这份遗产，科学也会因为纯粹的理论和技术原因而冲破国界。

又一次，历史背景是复杂和深刻的。早在 1914 年前，个别学科（其中一些自 17 世纪后就已经成为清晰界定、作用明显的独立研究领域）之间的界限就开始慢慢地趋于模糊，直至消失。但是，这种情况的影响力直到近期才开始充分显现。如果说在 18、19 世纪，是伟大的化学家和生物学家们取得了很大成就，那么，是物理学家改变了 20 世纪的科学地图。詹姆斯·克拉克·麦克斯韦（James Clerk Maxwell）是剑桥大学首位应用物理学教授。19 世纪 70 年代他发布的电磁学研究成果，首次有效探讨了牛顿物理学未触及的问题和领域。传统的观点认为，宇宙遵从于某种自然的、规律的和可发现的，且多少属于机械类的法则，它由本质上牢不可摧的物质以不同组合和排列方式构成。但麦克斯韦的理论工作和实验研究深刻地撼动了这种观点。新的观念图景中将加入新发现的电磁场，其技术可能性迅速让非专业人士和科学家们都深深着迷。

随后在 1895 至 1914 年间，一系列重要的研究相机进行，奠定了现代物理学理论的基础：伦琴（Röntgen）发现了 X 射线，贝克勒尔（Becquerel）发现了放射性，汤姆逊（Thomson）发现了电子，居里夫妇分离出镭，卢瑟福（Rutherford）深入研究了原子结构。他们使人们能够以一种新的方式观察物理世界。宇宙不再是纠缠的物质团块，而开始更像一个大量原子的集合体，这些原子就像是由众多粒子——由不同排列组合的电力维系——构成的微小的太阳系。这些粒子运动的方式似乎模糊了物质与电磁场之间的区别。此外，粒子的组合并非固定不变，从本质上讲，一个组合可能转换为另一个组合，因此，一种元素可能转变为其他元素。卢瑟福的工作尤其具有决定性的意义，因为他确认了原子可以"分裂"，因为原子结构是一个粒子系统。这就意味着即使在如此基础的层面上，物质也是可以被操控的。很快两种这样分裂出来的粒子就被发现：质子和电子。其他粒子直到 1932 年后才被分离出来，这一年，查德威克（Chadwick）发现了中子。现在，科学界已经通过实验证明原子结构是一个粒子系统。但迟至 1935 年，卢瑟福还说过，核物理不会有实际意义——当时也并没有人跳出来反驳他。

这一极具重要性的实验成果没能立刻提供一个新的理论框架，来取代牛顿的体系。这项工作是在经历了长期的理论革命之后才实现的。这场革命始于 19 世纪的最后几年，并于 20 世纪 20 年代达到顶峰。它侧重于两类不同的问题，引发了分别被称为"相对论"和"量子理论"的两个研究方向。马克斯·普朗克（Max Planck），以及 20 世纪无可争议的最伟大科学家阿尔伯特·爱因斯坦（Albert Einstein），是研究先驱。到 1905 年，他们提供了实验和数学证据，证明牛顿运动规律不足以解释如今已不再存有争议的事实：物质世界的能量转换不是均匀流动的，而是呈现为离散跳跃的形式——这在后来被称为"量子"。普朗克表明，发散出来的热量（例如来自太阳）并非如牛顿物理学认为的那样是连续的；他认为，所有能量转换都是如此。爱因斯坦认为光并非连续传播的，而是经由粒子运动。虽然在接下来的 20 年里还有很多重要的工作要做，但普朗克的贡献产生了深远影响，却也引发了新的悬而未决的问题。牛顿的观点已被发现是有缺憾的，但可替代的理论还没有出现。

与此同时，爱因斯坦在研究量子后，于 1905 年出版了他最广为人所知（或许并不是最完善的）的作品，即他对相对论的阐述。相对论主要阐明，传统的空间和时间划分，以及质量和能量区别，并不是恒定不变的。因此这形同一场科学革命，尽管其意义需要很长时间才能被完全吸收。与牛顿的三维物理不同，爱因斯坦把人们的注意力转向了"空间—时间连续体"，借以理解空间、时间以及运动的相互作用。不久，天文观测上有了证实：有一些现象牛顿的宇宙学无法解释，却可以契合爱因斯坦的理论。相对论赖以建立的一个奇怪且意料之外的研究成果，是爱因斯坦关于质量和能量关系的论断，他将其概括为一个公式：$E = mc^2$，其中 E 代表能量，m 代表质量，c 代表光的恒定速度。要等到更多的核物理工作完成之后，这个理论公式的重要性和准确性才逐渐得以清晰。原子核裂变过程中，可以观察到大量能量转换为热能，这种关系转换显然也同爱因斯坦的公式相吻合。

　　吸收了这些成果之后，科学家们继续尝试改写物理学，但始终没取得大的进展，直到 1926 年，一个重大的理论突破终于为普朗克的观测结果，也因而为核物理学提供了一个数学框架。对此做出主要贡献的两位数学家薛定谔（Schrödinger）和海森堡（Heisenberg），他们的成果具有极大的普适性，乃至于有一段时间里，量子力学似乎在科学上具有了不可限量的解释力。仰赖这个框架，卢瑟福和玻尔（Bohr）发现的原子内部粒子的运动可以得到解释了。他们的工作还在进一步展开，预言了原子核内还存在新的粒子，主要指正子，而它也确实如预期的在 20 世纪 30 年代被确认。新粒子的发现还在持续。量子力学似乎开创了物理学的新时代。

　　到 20 世纪中叶，除了曾经被广为接纳的一组一般法则外（但无论如何，对几乎所有日常情况而言，牛顿物理学仍然具有全面的解释力），科学上还有很多东西都消失了。从物理学开始，又扩展到其他学科，寻求一种普遍法则的观念已被取代，如今我们至多能期望的就是统计概率的可能性。科学的观念和内容都在不断发生变化。此外，随着新理论和新仪器使人们接触到大量新知识，奔涌而来的知识潮让学科之间的界限分崩离析。科学当中的任何一种主要传统分类很快就失去了意义。把物理学理论运用于神经病学，或将数学应用于生物学，这其中涉及的融合方式，又为 19 世纪人们获得包罗万象知识的梦想之路，设置了新的障碍，同样形成障碍的，还有获取新知识（有些数量是如此庞大，以至于只能通过最新型的电脑来处理）的概率前所未有地变快。但这些因素并没有削弱科学家们的权威，或人们的这种信念：只有科学家才能最好地实现人类更好管理自己未来的希望。当人们质疑科学家时，不是因为他们没有能力创造出一个像牛顿定律那样充满智慧，成为解释一切的基础的包罗万象的理论，而是出于其他原因。与此同时，科学上的实证进展还在不间断地持续。

相比之下，1945 年后，接力棒从物理学传给了生物或"生命"科学。它们当下的成功和远大前景同样也有着深厚的根源。17 世纪，显微镜的发明首次揭示了人体组织机构可以划分为具体的单位，即细胞。19 世纪，研究者就已知道细胞可以分裂，而且是单独成长的。细胞理论到 1900 年时已经被广泛接受，它认为单个细胞有自己的生命，提供了一个研究生命的好方法，而将化学应用到细胞研究中，就成为生物学研究的主要途径之一。19 世纪生物学的另一大进展出自一个新领域——遗传学，即对后代如何继承亲代特征的研究。达尔文曾将遗传定为传递自然选择所青睐特质的手段。这种传递如何成为可能？理解个中机制的最初进展，是由奥地利神父格雷戈尔·孟德尔（Gregor Mendel）在 19 世纪五六十年代实现的。经过一系列细致的豌豆育种实验，孟德尔得出结论，存在控制从父母遗传给后代特质的遗传单元。1909 年，一个丹麦人①把它们命名为"基因"。

渐渐地，细胞化学逐步得到了更好的理解，基因的物理形态也已被接受。1873 年，细胞核中存在某种物质，可能蕴含着对所有生物而言最根本的决定因素，这一观点已经确立。随后，实验揭示出基因在染色体上的位置。20 世纪 40 年代，基因被证明控制着细胞中最重要的组成部分——蛋白质的化学结构。到底是什么引发了某些细菌变化，因此也就控制了蛋白质结构？1944 年，科学家开始迈出确认具体起效部分的第一

①　丹麦遗传学家约翰逊（W. Johansen，1859—1927）在《精密遗传学原理》一书中正式提出"基因"概念。——译者注

步。20 世纪 50 年代，它最终被确定为"DNA"，其物理结构（双螺旋）于 1953 年被认定。这种物质（它的全称是脱氧核糖核酸）的重要性在于，它承载了决定着作为生命基础的蛋白质分子构成的遗传信息。生物现象多样性背后的化学机制，终于为人们所知晓。这意味着自 19 世纪达尔文主义传播开来之后，人对自身的认知再一次经历了在生理上，或许也在心理上的前所未有的大转变。

　　DNA 结构的识别和分析，是迈向新的操纵自然程度、塑造生命形式进程中最为显著的一步。早在 1947 年，"生物技术"这个术语就已经诞生。再一次，不仅是更多的科学知识，还有新的研究领域和新的应用随之出现。"分子生物学"和"基因工程"，如同"生物技术"一样，迅速成为人们熟悉的术语。对一些生物体的基因可以加以改变，从而赋予其新的、人们所期望的特点，这一点很快就变得很明显。通过控制酵母和其他微生物的成长过程，它们也可以产生出新物质，如酶、激素或其他化学物质。这是这门新科学的早期应用之一，千百年来在制作面包、啤酒、葡萄酒以及奶酪中积累的经验性的和非正式的技术和数据最终被超越。对细菌进行基因编辑现在可以培育出新的复合物。截至 20 世纪末，美国种植的大豆有四分之三出自转基因种子，而像加拿大、阿根廷和巴西这样的农业国家也已开始种植大量的转基因作物。

　　更宏伟的是，20 世纪 80 年代末，科学家们开始了一个全球范围内的协作调查，即人类基因组计划。其难以想象且雄心勃勃的目标，是绘制人类基因组图谱。科学家要确定每一个人的基因的位置、结构和功能——据说每一个细胞里的基因数目在 3 万至 5 万之间，每个基因拥有多达 3 万对构成基因密码的四种基本化学单元。20 世纪结束时，该项目已经宣布完成。（不久，科学家明确发现，人类拥有的基因数大约只是果蝇的两倍——比之前预期的要少得多。）人们已经打开一扇通往在新层次上操纵自然的伟大前景的大门——它意味着什么，早已在一个苏格兰实验室第一次成功"克隆"羊时初见端倪。目前，基因缺陷的筛查也已成为现实，且更换其中一些也不无可能。这对社会及医疗的影响巨大，对历史学也是如此。本书之前好多章节中阐述的情形，如果不借助 DNA 提供的证据，便都无从谈起。

到新世纪伊始，前景日益清晰：尽管基因工程领域的很多研究项目都引发了争论，但它将会对我们未来的很大一部分产生重大影响。基因学者创造的"新"微生物现在可以取得专利，因此可以在世界大部分地区进行商业应用。此外，转基因作物通过创造更具有抵抗力和多产的菌株来增加产量，从而使一些地区第一次有机会自给自足地供应粮食。虽然带来不少明显的好处，但由于提供的食品可能不安全，以及大型跨国公司在研究与生产上日益占据统治地位，生物技术也招致不少关注和非议。当基因研究开始针对人类时，比如研究胚胎干细胞时，显而易见，这类关注就变得越发强烈。主要由于 20 世纪史中的诸多警示，科学研究引起了公众不断增加的巨大关注，很多科学家却未能意识到这一点。

这些方面的进展速度惊人，很大程度上有赖于新的电脑拥有了强大的能力，而这正是科学飞速进步的另一个实例。电脑既能促进新知识的快速应用，又能用普通大众也需要知晓的新观点来挑战现存的种种定论。然而，这类挑战到底意味着什么，或可能意味着什么，却一如既往地看不分明。尽管近来生命科学领域取得了长足进步，但仍然存疑的是，它们的重要性是否被一个极小群体之外的广大民众所感知，尤其是涉及自人类历史之初就始终困扰着我们的终极问题之时：创造生命与长生不死。

20 世纪中叶有一小段时间里，科学能量的焦点从地面转到了天空。对太空的探索或许有一天会让（本书用更大篇幅讨论的）其他历史进程相形见绌，但目前还没有这样的迹象。然而，它表明人类文化应对前所未有挑战的能力仍与从前一样伟大，并成为人类统治自然迄今为止最壮观的例子。对于大多数人来说，太空时代始于 1957 年 10 月，当时无人驾驶的苏联卫星——"斯普特尼克一号"（Sputnik Ⅰ）由火箭发射升空，很快便确认到达绕地球旋转的轨道，并发射回无线电信号。其政治影响是巨大的：它粉碎了苏联技术明显落后于美国的观点。然而，这个事件其他方面的重要性在当时却没多少人看清，因为大多数观察家都被两个超级大国的对抗占据了全部注意力。事实上，它结束了人类进行太空旅行的可能性遭受质疑的时代。因此，几乎完全出于偶然，它具有了像欧洲人发现美洲，或工业革命一样的重要性，标志着历史连续性的一次突破。

19 世纪末 20 世纪初，对太空探索的想象就已经出现。它们出现在小说中，吸引了西方公众的目光，尤其是儒勒·凡尔纳（Jules Verne）和 H. G. 威尔斯（H. G. Wells）的小说。相关技术的出现也差不多可追溯至这个时期。早在 1914 年之前，俄国科学家康斯坦丁·齐奥尔科夫斯基（K. E. Tsiolkovsky）就设计出了多级火箭，还制定了太空旅行的多项基本原则（而且他也写小说来向大众普及自己所迷恋的这一切）。1933年，苏联第一枚液体燃料推进剂火箭起飞（升空 3 英里），六年后，苏联发明了两级火箭。二战催生了德国一项重大火箭计划，而美国以此为基础，于 1955 年开始提出自己的计划。

与苏联（它早已领先）相比，美国的计划起初的硬件有些寒酸。美国第一颗卫星仅重 3 磅（"斯普特尼克一号"重达 184 磅）。1957 年 12 月底，美国做了一次更公开的发射尝试，但火箭并没起飞而是葬身火海。美国人很快就拿出了更好的成绩，但苏联发射"斯普特尼克一号"还不到一个月，就又发射了"斯普特尼克二号"。这颗卫星的成就惊人，它重达半吨，并把第一名乘客送入了太空——一只名叫莱卡的杂交犬。这颗卫星绕地球飞行了近 6 个月，地球上所有有人居住的地方都能观测到它的身影，但它也激怒了数千名爱狗的人，因为莱卡再也回不来了。

之后，美苏的太空计划开始分道扬镳。苏联人以他们战前的经验为基础，着重关注火箭的动力和大小，让它可以承载大负荷。他们在这方面的实力确实也在不断增强。与美国将注意力集中在数据搜集和仪器上相比（同样深刻，但不那么引人注目），苏联这样做的军事意涵更为明显。两国很快为追名逐利争得不可开交。尽管被人们称为"太空竞赛"，但竞争双方实际上在奔向不同的目标。除了一个很宏大的例外之外（希望首先把人送到太空），美苏的技术决策可能不怎么受到对方行为的影响。美国于 1957 年 12 月发射失败的"先锋号"，于次年 3 月发射成功。在它身上就充分体现了两国计划的差异。虽然体积很小，但是它比之前任何一颗卫星都更深入太空，而且，传回了与它的娇小体积不相称的众多珍贵科学信息。而且，它应该还能在轨道上再飞行差不多两个世纪之久。

新成就接踵而至。1958 年底，第一颗用于通信的卫星成功发射（出自美国）。1960 年美国人又夺得了另一个"第一"——发射并回收了太空舱。苏联人紧随其后，发射并回收了 4.5 吨重的人造卫星"斯普特尼克五号"。卫星上还携带了两只狗，它们成为第一对进入太空又安全返回地球的生物。次年春天的 4 月 12 日，苏联载人火箭载着尤里·加加林（Yuri Gagarin）升空。它绕地球飞行了一圈，于发射完 108 分钟后又带着加加林安全着陆。在"斯普特尼克一号"发射四年后，人类的太空生活拉开序幕。

可能是为了抵消美国与古巴之间紧张关系造成的公关危机的不利影响，1961 年 5 月，肯尼迪总统提出，美国要在十年内尝试让人登上月球（第一个人造物体早在 1959 年就坠落在那里），并让他安全返回地球。肯尼迪公开陈述了理由，耐人寻味地把它与 15 世纪葡萄牙和西班牙的统治者支持麦哲伦和达·伽马航海相提并论。理由有四：第一，这样一个项目提供了一个好的国家目标；第二，它将会名声卓著（"令人类印象深刻"是总统的原话）；第三，这对太空探索而言非常重要；第四，（多少有点奇怪，）将面临前所未有的困难和巨额花费。肯尼迪完全没有提及科学的进步，商业或军事上的优势——甚或也完全没谈及似乎应是他真正动机的要点：抢在苏联之前做到。令人惊讶的是，该计划几乎没遇到任何反对，第一笔经费很快到位。

20 世纪 60 年代初，苏联不断取得辉煌的进展。其中也许最令全世界兴奋的是，他们于 1963 年把一名女性送到了太空。但他们的技术能力仍最集中地体现在飞行器的大小——1964 年苏联推出了可载三人的飞船——以及次年实现的第一次"太空行走"上，当时一名宇航员从船舱走出来，在宇宙飞船仍在绕地球飞行的情况下，在飞船四周走了走（尽管很令人心安地绑着救生索）。苏联人进一步取得了更大的进展，实现了多艘飞船在太空中定点集合并实现对接，但 1967 年（这一年太空旅行出现第一例死亡，一名苏联航天员在返回时遇难）后荣耀开始转向美国人。1968 年，美国取得了轰动全球的成功，成功发送一艘载有 3 人的飞船进入环绕月球的轨道，并发回月球表面的电视画面。此时，前景已经明朗，"阿波罗登月计划"即将成功。

1969 年 5 月，这项计划发射的第十枚火箭载着飞船进入距离月球不到 6 英里的预定轨道，以测试登月最后阶段的技术。几个星期后，7 月 16 日，3 名宇航员搭载飞船起飞。四天后他们的登月舱降落在月球表面。第二天，也就是 7 月 21 日的早晨，本次任务的指挥官尼尔·阿姆斯特朗在月球上留下了脚印。肯尼迪总统的目标提前实现。其他登月行动紧随其后。这个十年开始时，美国在加勒比地区遭受了政治上的羞辱，这十年终结时，美国又在亚洲陷入战争泥潭。相比之下，登月计划是美国试图重申自身（某种意义上也是资本主义）能力的胜利宣言。这也是智人最新和最大幅度拓展自身生活环境的绝佳标志，是人类历史将在其他天体上展开的新阶段的开端。

即使在当时，这一伟大的成就也遭到了非议，时至今日，则难免给人一种虎头蛇尾、不了了之的感觉。批评者认为，该计划动员的必要资源之巨，是不合理的，因为它无益于解决地球面临的现实问题。在一些人看来，太空旅行技术似乎就是我们文明中的金字塔，巨大投资用在错误的事情上，而世界上正亟须资金用于教育、营养、医学研究——这还仅是其中几种迫切需求而已。然而，这项计划取得的科学技术成果是不可否认的，同样重要的是其神秘的文化信仰意义。尽管非常令人遗憾，我们也必须承认，现代社会似乎已无力唤起社会成员多少关注和热忱来为集体目标奋斗，仅有零星的短期例外而已（或在战争期间，而战争的"道德等价物"——正如一位美国哲学家 1914 年之前恰如其分称呼的那样——却仍未寻得）。国内生产总值又增加了，或社会服务体系又有了改善，虽然这些事情都是人们孜孜以求的，却无法点燃广大民众的想象和热情。肯尼迪制定国家目标是明智的，在动荡的 20 世纪 60 年代，美国人面临太多煽动和分化因素，但他们却并没有阻挠启动太空探索任务。

随着时间的流逝，太空探索也变得更加国际化。20 世纪 70 年代前，与太空探索相关的这两个超级大国——美国和苏联之间很少合作，因此做了很多重复劳动，效率低下。美国人在月球上插上美国国旗的十年前，苏联的一项飞行任务朝月球投送了一面列宁三角锦旗。这似乎堪忧，因为这场科技竞赛本身具有一种基本的国家对抗色彩，而民族主义可能会挑起一场"太空争夺战"。但这一竞争的危险被避免了，至少就某些领域而言。两国很快达成协议，天体不属于任何一个国家。1975 年 7 月，在两国关系的缓和时期，在地球上空约 150 英里处，令人惊讶的合作成为现实：两国的空间站进行对接，双方航天员得以自由出入互访。尽管彼此间也不乏防备和疑虑，但太空探索仍在相对和谐的国际环境下继续着。对更远的太空的视觉探索，在木星之外是由无人卫星执行的。1976 年，一架无人探测器首次登陆火星。1977 年，第一架可重复使用的太空飞行器——美国的航天飞机实现了首航，这项计划将一直持续到 2011 年①。

这些成就是巨大的，但未来的太空计划还有巨大的不确定性。航天飞机项目的终止，让人怀疑空间研究中是否还有载人探测的位置。不过，安全降落在月球上并返回，乃是对下列观点的绝佳证明：我们生活在一个我们能够掌控的宇宙中。我们曾经只能依靠巫术和祈祷来试图掌控宇宙，如今却有了科学技术作为工具。但自然界可被操纵，历史上人类对此的自信心不断增长。登月是这一连续历程中又一具有里程碑意义的事件，不亚于火的掌握、农业的发明或核能的发现。还有后续，2012 年美

---

① 美国在该计划期间一共造了五架航天飞机，依次是哥伦比亚号（失事）、挑战者号（失事）、发现号、亚特兰蒂斯号和奋进号。2011 年亚特兰蒂斯号进行最后一次飞行后，该计划如期终止。——译者注

国的无人"科学实验室"探测器登陆火星。（具有象征性的是，40 年前苏联的一个探测器在火星着陆失败。）

对天空的探索可以与地理大发现的伟大时代相比拟，虽然或许太空旅行比 15 世纪的航海探索要更加安全和可预见得多。但两者都需要基于知识的缓慢累积。随着新数据不断一点点加入我们现有的知识体系当中，探索的基础也在一点点变宽厚。绕过好望角后，达·伽马不得不带上一名阿拉伯领航员。前方全是未知的海洋。500 年后，"阿波罗"号的发射有着广泛得多但仍在积累的知识基础——几乎相当于人类的全部科学知识。1969 年，人们已经知道从地球到月球的距离，同样已被知晓的还有：人们到达那里的有利条件，他们可能遇到的大多数危险，他们返回地球所需的能量、其他给养以及其他支持系统的性质，他们身体将会承受的压力。尽管可能会出错，人们还是普遍相信不会出错。其可预见性，及其知识累积，都让太空探索成为以科学为基础的文明的缩影。或许这就是太空为何似乎不像先前的伟大发现一样，如此剧烈改变人类的思想和想象力的原因。

一万多年间人类控制自然能力提升的背后，是数十万年的史前探索史，其技术是从发现石头可以打磨出利刃，以及火是能够掌握的开始，一毫一厘向前缓慢推进的。而遗传编码和环境造成的压力，仍远远大于人类有意识控制自然的力量。在人类的身体结构稳定为今天这个形态之后，人类意识到他们能在有意识控制方面做得更多，这是人类进化迈出的一大步。有了这种意识，控制和利用经验已成为可能。

然而，早在 20 世纪 80 年代，由于人类干涉自然而产生的新的不安，对很多人来说已超过太空探索带来的振奋。"斯普特尼克一号"发射还没几年，人们就开始质疑，我们人类以这样的主人姿态对待自然世界的意识形态根源。这种不安，现在由于有了之前无法得到的或没从这个角度考虑过的可观测的事实，得以更加精准地表达出来。正是科学本身，提供了相应手段和数据来质疑正在发生的一切。人们开始认识到，过度干涉环境，可能在未来造成破坏。

当然，新鲜的是这种认知，而非引发这种认知的现象。智人（或许还有他的前辈）总是一点点在利用和更改自身所居住的自然界，修改了其中很多细节，也毁掉了其他物种。数千年后，人口南迁以及美洲旱地作物的引入，毁坏了中国西南地区的大森林，造成土壤退化，致使长江排水系统淤塞，最终使得大片地区重复水涝。中世纪早期，伊斯兰征服把放牧山羊和砍伐树木的做法带到了北非沿海地区，摧毁了曾能填满罗马粮仓的肥沃土地。这种翻天覆地的变化尽管并非没人注意到，其意义却没有得到理解。然而，17世纪从欧洲开始发端的急速生态干涉史无前例，把事情推向高潮。20世纪后半期，未经深思熟虑就加以应用的技术所带来的危险，已迫使人类不得不予以关注。人们开始估算损失和收益之间的关系，到20世纪70年代中期，似乎有些人开始认为，即使人类日渐掌控环境的故事是一部史诗，这部史诗也很可能变成一出悲剧。

17世纪科学革命的权威和影响逐渐展开，但西方社会对科学的怀疑却从未完全消失，尽管只限于几块原始的或反对改革的幸存飞地。历史可以提供大量干涉自然并试图控制它从而引发人们不安的证据，但直到最近，这种不安似乎都还是基于一些非理性的理由，如害怕挑起神怒或遭到报应。随着时间的推移，由于成功干涉自然带来各种真实可触的好处和进步，最明显的是以各种商品形式创造的新财富，从更好的药品到更好的衣服和食物，这种声音大为减弱。

然而，20世纪70年代，对科学本身的怀疑很明显已在盛传，即使只是在少数人和富裕国家中间。对这种现象，愤世嫉俗者可能会说，他们早就享受过科学的红利，现在倒过来开始怀疑起科学来了。尽管如此，20世纪七八十年代，科学怀疑主义者还是在这些国家组建起"绿党"，致力于促进制定保护环境的政策。尽管他们直接的政治影响力有限，但其实力确实壮大了；一些已成立的政党和敏感的政治家也因此开始把玩"绿色"议题。

这股势力开始被称为环保人士。他们利用现代通信的新进展，可以迅速从之前似乎难以联络的地域发布令人不安的新闻。1986年，乌克兰一家核电站发生爆炸。突然之间，人类之间相互依赖的关系以可怕的方式清晰可见。威尔士羔羊吃的草，波兰人和南斯拉夫人喝的牛奶，瑞典人呼吸的空气，全都被污染了。人们发现，有大批苏联人将在此后的数年里死于核辐射的缓慢影响。数以百万计的人在电视上看到了这个令人震惊的事件，而就在不久以前，数以百万计的人刚从电视上看到，美国的火箭爆炸，机组成员无人生还。切尔诺贝利事故以及"挑战者号"爆炸，首次向大批民众展示了拥有先进技术的文明的局限性和其可能带来的危险。

这些事故强化并普及了人们对环境的新关注。这种关注很快又与其他方面纠缠在一起。最近出现的一些质疑，一方面承认我们的文明善于创造物质财富，但也指出，创造财富本身并不一定让人们快乐。财富不能带来快乐，这绝非什么新观点，但新的关注点在于把它应用于社会，而不是个人。这让更多的人意识到，社会条件的改善并不能消除人们所有的不满，实际上还可能使某些愤懑更为激化。污染，拥挤城市中压抑的单调无趣，以及现代工作条件引发的焦虑和压力，很容易抹杀物质所得带来的快乐。而这些都不是什么新问题：1952 年在英国伦敦，一星期内有 4 000 人死于大气污染，但"雾霾"（smog）一词此前早已存在了近半个世纪。目前，规模本身也成为一个大问题。一些现代城市甚至可能已经发展到一个临界点，很多暴露出来的问题靠目前的手段已经无法解决。

有人担心，如今资源利用上的铺张浪费如此厉害，会使我们面临一种新的马尔萨斯危机。能源从未像今天这么奢侈地得到使用。一项统计表明，20 世纪人类使用的能源，比之前整个人类历史上（换言之，就是过去一万年内）使用的还多。这些能源有 87％ 来自化石燃料，即在地壳中积累了至少几百万年的植物化石遗骸。随着数亿人希望达到西方当前的生活水平，储量正在耗尽。这种状况显然无法持续。许多政府和公司目前在投资开发各种"可再生"能源类型，诸如地热能、太阳能、潮汐能、风能和垃圾能源。但过去几十年其实进展甚微，尤其在开发基于这些能源的应用技术方面。加之核能仍在遭受巨大非议，人类在能源方面可谓前景黯淡。

　　能源消耗正对环境施加着无法控制的压力（例如，在对臭氧层的污染或破坏上），再增长下去，这些压力可能将变得无法消受。而我们可能就已经越过了临界点，进入这样的危险区域。我们都还没能成功应对业已发生的环境变化带来的社会和政治影响，也不具备相应的知识、技术或共识来提出替代方案，诸如把人们送到月球生活。

　　随着一个新的幽灵，即可能存在人为的不可逆转的气候变化，困扰着 20 世纪的最后十年，这些后果也变得更加明显。1990 年还没结束时，据说就已被认为是有气候记录以来最热的一年。有人提出，这是否就是"温室效应"（它由人类使用化石燃料而排放的大量二氧化碳造成）导致的"全球变暖"的迹象？据估计，现在大气中的二氧化碳比工业化前水平要高出 25％ 以上。可能这是准确的（据说每年世界释放的此类物质为 300 亿吨，门外汉想要驳倒这个结论很难）。二氧化碳并不是大气中阻止地球散热的气体累积现象的唯一贡献者，甲烷、氧化亚氮和氯氟碳化合物都加重了这一问题。

　　如果全球变暖还不足以令我们担心的话，那么，酸雨、臭氧耗损导致臭氧层出现"空洞"，以及森林以前所未有的速度消失，所有这些引发了人们新的环境关注。如果不出台有效的应对措施，这些现象造成的后果将不堪设想，这表现在可能发生的气候变化（下个世纪，地球的平均地表温度可能会上升 1 到 4 摄氏度）、农业转型、海平面上升（每年 6.35 厘米被认为是可能且可信的）以及大规模迁徙。

　　《联合国气候变化框架公约》的补充条款《京都议定书》在 2005 年生效，旨在尝试通过限定往大气层排放的温室气体量来处理这些问题。38 个工业国承诺到 2012 年将其排放量减少至低于 1990 年的水平。但是世界第二大排放国美国拒绝签署，而第一大排放国中国，由于是发展中国家而被免除了大部分义务。即使各缔约国履行它们的承诺（何况现在也没有迹象表明它们都完全做到了），大部分专家也认为要消除全球变暖的长期影响，还需要付出更多的努力。到 21 世纪初，极为明显的是，如果主要国家能够最终实现合作而不是竞争的话，那么将有很多共同关心的问题需要人类合作解决——如果他们能在必须要做的事情上达成共识的话。

历史学家不应该武断地推测大多数人心中在想些什么，因为他们并不比其他人知道得更多；他们了解最多的，是那些留下了多得不成比例的突出证据的人，但这些人却并不典型。在推测他们认为广为接受的观念的影响力方面，他们也应该谨慎。显然，近来政界对环境问题的回应，表明思想观念的变化很快会影响到我们的集体生活。即使只有少数人知道臭氧层，这也会变为事实。普遍流传的思想，虽然更为模糊，更缺乏清晰界定，仍具有历史影响力；一名维多利亚时代的英国人发明了"习惯蛋糕"（cake of custom）的说法，来指基于根深蒂固的、通常不容置疑的判断形成的态度，这在大多数社会中都是最主要的守旧力量。相比谈论这些观念如何与具体事务（比如环境变化）相关，对于这种观念如何发挥作用的教条式遵循，可能更为危险，但人们必须作出改变的努力。

我们现在可以看到，例如，近年来商品的日益丰富，比起其他任何一种影响因素来说，都更严重地击碎了不久前人们还抱有的世界将大体稳定的预期。这种情况还在持续进行，在一些最贫穷的国家尤为突出。便宜的消费品及其越来越频繁地在各种广告中现身，特别是在电视上，陆续带来了重大的社会变革。消费这些商品意味着具有某种地位；它们能够激发嫉妒和野心，激励人们为得到工资而工作，好购买它们，并往往鼓励人们为了工资涌向城镇和中心城市。这隔断了跟传统方式和规律的、稳定的生活之间的联系，成为促使新事物不断涌现的众多潮流之一。

这种变化的复杂背景和发展历程，在一定程度上是一个明显的悖论：20 世纪无论用哪种尺度来衡量，都是一个充满史无前例的可怕悲剧和灾难的世纪，但在它结束时，却有比以往更多的人相信，人们的生活和世界的状况能得到持续改善，或许前景还不可限量，因此我们就应该朝着这样的方向去努力。这种乐观态度的根源可追溯到几个世纪前的欧洲，直到很晚近的年代，这一观点还只在这片大陆的各个文化中扎根，而在其他地方还有待发展。即使被问及，也很少有人能够清楚、自觉地意识到这种观念，但它却已经前所未有地成为很多人的共识，并在很多地方改变着人们的行为。

几乎可以肯定，这种变化并非主要出于说教（尽管说教层出不穷），而是归功于物质变革，它们造成的心理影响有助于打破"习惯蛋糕"。在许多地方，它们都是人们接触到的最早信号，让人们意识到改变实际上是可能的，事物并不必然是一成不变的。过去，大多数人类社会主要由被共同的常规、习俗、季节和贫穷束缚着的农民构成。现在，人类之间（比如欧洲的工厂工人跟印度或中国的工厂工人）的文化鸿沟通常是巨大的。工人和农民之间更是如此。然而，即使农民也开始感到变化是可能的。变化不仅可能，而且值得——这种观念传播开来，可能才是欧洲文化所造成的最重要也最恼人的影响。

技术进步往往是通过破坏各个行为领域的传统方式，促进了这种变化。如前所述，过去的两个世纪里更好的避孕方式的出现便是一个突出例子。"避孕药"迅速扩散，于 20 世纪 60 年代达到巅峰，在（很多文化中）人们直接把它简称为"小药丸"。尽管西方社会的妇女在这方面接触到有效的技术和知识由来已久，但避孕药——本质上是一种抑制排卵的化学手段——实际上比之前任何一种机制都意味着性行为和生育中的权力向妇女转移。尽管非西方世界妇女使用避孕药不如西方国家广泛，尽管并非所有发达国家都在法律上给予了相同程度的认可，仅仅人们普遍意识到它的存在，它就开创了两性关系的新时代。

但科学技术具有改变社会的能力，还有很多其他例子可以援引。例如，我们很容易感觉到，两个世纪以来，尤其是过去六七十年间通信技术的变化，对历史文化而言的意义，甚至比诸如印刷术的发明更为重大。技术进步也常通过证明科学那犹如魔法般神奇的功效，在更广泛的层面上起作用，因为人们比以往任何时候都认识到它的重要性。我们身边的科学家更多了；教育中对科学的关注增加了；科学信息通过媒体得到了更广泛的扩散，且更容易得到理解了。

　　然而，矛盾的是，正如在太空探索中一样，不断的成功所收获的赞叹却在不断减少。越来越多的东西被证明是可能的，于是新近的奇迹也就没那么令人惊讶了。当一些问题显得无法处理时，甚至出现了（不合理的）失望和愤怒。然而，我们这个时代的最重要主题，即在具备足够资源的情况下可以有目的地让自然发生相应变化，这一观念尽管不乏批评之声，却变得越发强大了。这是一种源自欧洲的观念，目前在全球普及的科学（都是以欧洲的实验传统为基础）正在持续推翻传统的、以神为中心的人生观。与之相伴的是，人类社会进入了一个将超自然观念，乃至伟大宗教拉下神坛的漫长而活跃的过程。

　　科学技术因而均倾向于削弱传统权威、习惯方式，以及约定俗成的思想观念。即使它们似乎能为既定的秩序提供物质和技术支持，但它们的资源也可以为批判者所用。通信方式的改善比之前更能迅速地把新思想传播给大众，不过，把握科学思想对精英的影响显然更容易。18 世纪，牛顿宇宙学与基督教以及其他有神论思想共存，并未带给与它们联系在一起的社会和道德信念太多麻烦。然而，随着时间的推移，科学的立场似乎越来越强硬，很难与任何固有信念调和。有时，它似乎强调相对主义和环境压力，以排除任何不容挑战的假设或观点。

　　一个很明显的例子，是从 19 世纪开始衍生的新学科分支——心理学。1900 年后，普通公众越来越经常地听说心理学，尤其是它的两种表现形式。其一逐渐被称为"精神分析"，可被视作一种已为人们所接受的方法。它对社会产生了普遍影响，一般认为始于西格蒙德·弗洛伊德的工作。他最初做的是对精神疾病的临床观察分析，之后他进行的理论阐述相对而言非常迅速地传播开来，在医学界之外也拥有广泛的影响力，但名声并不太好。精神分析不仅推动了大量据称科学性的临床工作（但直至今日仍有很多科学家提出质疑），也摧毁了很多公认的观念假设，其中最重要的是关于性、教育、责任和惩罚的观念。

　　与此同时，另一种心理学流派是"行为主义"（如"弗洛伊德主义"

和"心理分析"一样，这个词语经常被滥用）。行为主义根源于 18 世纪的思想，它似乎获得了与精神分析的临床成功一样令人印象深刻（可以说是有过之而无不及）的大量实验数据。与行为主义密切相关的先驱，是俄罗斯人伊凡·彼德罗维奇·巴甫洛夫（I. P. Pavlov），即"条件反射"的发现者。条件反射指，要获得"设定的刺激"（经典实验是，每次给狗喂食之前都先摇铃；一段时间后，即使只摇铃但不给食物，也会刺激狗分泌唾液）获得可预见的行为结果，取决于对实验中变量的控制。人们相信，对类似这样的实验程序进行改善和推演，就能为我们提供大量有关人类行为的信息和洞见。

无论这些心理研究可能带来怎样的好处，对历史学家而言最令人震惊的是，弗洛伊德和巴甫洛夫为一种更宽泛但不容易界定的文化变革做出了巨大贡献。与利用化学、电能以及其他物理干预方式医治精神病患者的经验疗法一样，这两种学说都必然揭示出，欧洲式道德文化核心中对道德自主权和个人责任的传统尊重存在缺陷。而在另一个更为聚焦的方面，它们的重要性又与 19 世纪地质学家、生物学家以及人类学家的工作加在一起，削弱了宗教信仰的影响。

无论如何，最好用巫术或宗教手段来应对神秘和不可解的事情，这种旧观念现在似乎已经在西方社会中逐渐消失，或许仅仅在东南欧的农民和一些美国福音派基督徒中还存在。毋庸置疑，与这种趋势齐头并进的是，人们正在接纳一种新的观念，即使时断时续且还处在比较基础的层面，但科学如今已经在逐步接管我们的大部分生活。当人们谈及宗教影响力衰退时，他们主要是指基督教会的正式权威和影响力在消退；但行为与信仰是截然不同的。从 450 年前开始，自伊丽莎白一世起的英国君主，没有哪位会在加冕前向占星术士咨询黄道吉日。但在 20 世纪 80年代，当听说美国总统的妻子喜欢向占星术士求教问事时，全世界都被逗乐了（但或许还有点警醒）。

或许更有揭示作用的是，1947 年印度独立仪式的时间是在与占星家们磋商后才确定的，尽管印度拥有一部非宗教的且从理论上说是世俗的宪法。现在全世界范围内除了少数国家外，宗教国家或政教合一都很罕见（不过英格兰和一些北欧国家仍然有国教）。然而，这并不意味着宗教信仰的真正力量或宗教对其追随者的真正影响力在所有地方都下降了。巴基斯坦的创始者是世俗派、西化的人，但独立后他们在与保守的乌里玛（Ulema）[①] 们抗争时却常常落败。以色列同为由世俗精英创建却以宗教为基础的国家，也碰到过很多类似情况。

今天，郑重地听从宗教权威言论的人比以往都要多，这是事实：毕竟活着的人也更多了，虽然在西方某些地区任何一种正式宗教的信徒都在减少。20 世纪 80 年代，当伊朗神职人员宣告一名畅销书作家是宗教叛徒，并宣判他死刑的时候，很多英国人都吓了一跳；对于思想正统的人及进步圈子而言，这是一个惊人的发现：中世纪传统竟然还活生生地存在于这个世界的某些地方，而他们之前竟然没有注意到。更让他们震惊的是，他们身边一些穆斯林英国公民，似乎也赞同这项法特瓦（Fatwa）[②]。

不过，"原教旨主义"是出自美国宗教社会学的一个词，它表达了那些觉得被现代化威胁、被剥夺权利的人的抗议，这在基督教内也存在。然而，一些人认为，像在其他方面一样，西方社会在这方面也指明了一条其他社会将追随的路径，传统的西方自由主义终将盛行。可能会这样。同样，也可能不会这样。宗教和社会的相互作用非常复杂，下结论之前最好要谨慎。前往麦加的朝圣者数量急剧上升，可能表示新的宗教热情，但也可能仅是由于拥有了更好的航空旅游设施。

近来，很多人开始以激烈的方式重申自己的信仰，这令人不安。然而，伊斯兰教似乎并不能避免欧洲式技术和唯物主义造成的文化影响，尽管他们成功抵制了欧洲式审美理念的大行其道。伊斯兰社会中的激进分子经常与西化的、不谨守教规的伊斯兰精英发生冲突。但显然，伊斯兰教仍然是一种积极传播的信仰，在伊斯兰世界里，伊斯兰团结的观念还远未消失。它仍可以鼓动人们行动，正如 1947 年在印度，或 1978 年

---

① 伊斯兰国家对有名望的神学家和教法学家的统称。——译者注
② 伊斯兰律法的裁决或教令。——译者注

在伊朗发生的那样。在北爱尔兰的阿尔斯特和爱尔兰，尽管停战协定已经签署，但爱尔兰宗派分子长期以来一直以 17 世纪欧洲宗教战争时代的语汇来表达愤恨，激烈地争论本国的未来。虽然不同宗教的高层和领袖们都认为在公开场合要表现得友好，但不能不说，宗教仍然有可能成为一种分裂的力量。教义可能变得没那么正式，但宗教的超自然内容是否正在失去其在世界各地的控制力，其重要性是否仅为团体成员的身份标志，这些都是值得商榷的。

更为确定的是，具有基督教源流的那部分地区在极大程度上塑造了当今世界。如今，随着基督教信仰的普遍衰落和信念丧失，那里的宗教冲突也在减少。基督教内的普世教会运动，最突出的表现是 1948 年世界基督教堂理事会（World Council of Churches，罗马没有加入）的成立，很大程度上这归功于发达国家的基督徒们逐渐意识到他们身处充满敌意的环境中。人们普遍不了解也不确定基督教是什么，基督教到底宣扬什么，也是其成立的原因。基督教仍具有生机的唯一明确标志，是罗马天主教徒人数的增长（主要是自发增长）。这些教徒大多已不是欧洲人，20 世纪 60 年代教皇首次访问南美洲和亚洲，以及出席 1962 年梵蒂冈大公会议的有 72 名非洲血统的大主教和主教，就生动地代表了这种变化。到 2010 年，全世界的天主教信徒中仅有四分之一生活在欧洲，而它在非洲的发展最快。

教廷在罗马教会中的历史地位，似乎于 20 世纪 60 年代开始削弱，第二次梵蒂冈大公会议本身就展示了一些迹象。若望二十三世要求梵蒂冈应更加"跟上时代"（Aggiornamento），甚至谈及要尊重伊斯兰教义中传递的"真理"，其激进程度可见一斑。但在 1978 年（当年有三个教皇）约翰·保罗二世登上教皇宝座，他是 450 年来第一个非意大利人教皇，历史上第一个波兰籍教皇，也是第一个请到坎特伯雷大主教出席其加冕仪式的教皇。他上任不久就显示出他要以保守的方式重申教皇历史权威及可能力量的决心；然而，他也是第一个亲自前往希腊寻求与东欧的东正教会和解的教皇。

　　1989 年东欧剧变（特别是他的祖国波兰的变化）很大程度上受到教皇约翰·保罗二世的道德权威和实践主义的鼓动。他在 2005 年去世，成为历史上任职时间第三长的教皇，并留下了一份复杂的遗产：作为一个在教义上极为固执的保守主义分子，这个波兰籍教皇越来越关注在当代世界不断弥漫的物质主义，尤其是在他花费了力气的东欧国家。想要在教廷这样一种命运如此起伏坎坷（希尔德布兰德①改革是起，大裂教与公会议至上运动②是伏；特伦特大公会议是起，启蒙运动是伏；而第一次梵蒂冈大公会议又是起）的机制内推动改革风险重重。其他姑且不论，至少承认这一点是板上钉钉的：在数以百万计罗马天主教徒看来，20 世纪对避孕知识和技术的提倡、普及和接受，或许第一次对罗马的权威造成了致命的伤害。

　　近期一些最有影响力的变革，其影响力和重要性要完全展现，还有待时日。毕竟，尽管我们通常只认为避孕是女性发展史的一部分，但它对整个人类种族都具有潜在的影响力。即使仅从某一方来考虑问题是传统的且简便的方法，但男性和女性的关系还是应从整体上来加以考虑。尽管如此，决定大多数女性命运的因素还是能被粗略地判定出来，而即使只是以最粗略的衡量，情况也很快变得明显：尽管已经发生了翻天覆地的伟大变化，这条路仍然漫长。巨变只发生在少数地方，而且（如果有的话）也只在近几百年才清晰可见。我们对变化程度的确认必须要非常谨慎：大多数西方国家女性的生活，已大大不同于她们的曾祖母那一代，但世界上还有一些地区的女性，她们的生活千百年来几乎毫无变化。

　　女性争取与男性相同的政治和法律权利的平权运动所取得的进展，是我们这个时代最波澜壮阔的一大革命，释放出了巨大的智识和生产力。目前，联合国大多数成员国接受女性投票，且在大多数国家，正式的和法律上的性别不平等已受到长期抨击。虽则如此，需要做的还很多。

---

　　①　教皇格列高利七世的俗名，他毕生都在与神圣罗马帝国皇帝亨利四世争斗。他的改革让教皇权势达到顶峰。——译者注
　　②　指基督教中主张限制教皇个人权力，由大公会议集体决策的运动。——译者注

通过立法来确保平等对待女性的努力正在逐步推进（例如，关注长期以来都被忽略的职场雇佣中女性的弱势）。因此，甚至不顾保守派的抵制，在非西方国家也有类似具有影响力的例子。这是一股改变人们观念的新推动力，而且，由于技术和经济上的变革，在当代世界，女性劳动力拥有了越来越多的机会，这就让这股推动力变得更加影响深远。

这种情况正以工业化浪潮以来形成的相互联系、环环相扣的方式，继续向前推进。甚至家也变为工作场所——自来水和天然气之后，电力接踵而至，家务管理更加便捷的可能性也很快来临，洗涤剂、合成纤维和预加工食品进入人们的生活当中，而女性能够通过广播、电影、电视以及廉价印刷品获得信息。但我们仍忍不住想，实在没有哪种变化，具有 20 世纪 60 年代时避孕小药丸出现带来的根本性影响。多亏了它的简便易得和使用方便，与早期避孕知识和避孕技术上的各种进步相比，它更加有力地推动了女性在这些方面对自己生活的掌控能力。它开启了性文化史的新时代，即使其影响要到三四十年后才在少数几个国家显著地表现出来。

妇女争取平等的另一个面向，是出现了一种新的女权主义，它与之前的运动所植根的自由主义传统分道扬镳。传统的女权主义观点倾向始终带有自由主义色彩，认为女性不应受制于男性无须遵守而仅强加在她们身上的法律和习俗，这其实是对如下真理的逻辑推演：自由和平等是善的，除非导致相反情况的特殊原因出现。新女权主义则朝着新方向发展。它囊括了众多仅针对女性的事业，例如保护女同性恋，特别强调妇女的性解放，以及最主要的，努力发掘和确认尚不为人知的各种心理的、隐性的和制度化形式的男性压迫女性案例。尽管其激进方面不太可能被大多数女性接受，更别说男性了，但它的影响相当大。

有一些社会激烈抵制女权主义的任何进展。伊斯兰世界的某些部分还在延续旨在保持男性完全主导地位的规定与习俗，其他大宗教的追随者也曾尝试限制女性自由。不过只有某些伊斯兰社会才强行规定女性的特定着装形式，此外有些情况下，戴头巾甚至穿罩袍的妇女却是女性权利的激烈捍卫者。这样的事实是否最终会促成明智的妥协，或至少暂时的均势局面，这取决于各个国家和地区的不同情况。但不应忘记的是，就在不久以前，欧洲社会中同样存在对着装不当的女性暴力相向的行为。想要把这种相悖的情况与所宣扬的理念联系在一起并不容易，因为有时候这些理念会被宣传为普遍接受的信念。

无论有组织的宗教和固定不变的道德法律观念是否失去了它们作为社会规约者的力量，历史上第三个伟大的社会秩序托管机制——国家，乍一看，似乎命运要好很多。尽管也面临挑战，但它已前所未有地被广泛视为理所当然的存在。国家——得到公认的、有明确地理界限的政治单位，它们宣告自己在边界范围内拥有立法主权和动用武力的排他性权力——的数量比以往任何时候都多。1945 至 2010 年间，国家数量从不足 50 个，增加到超过 200 个。越来越多的人认为政府是确保他们福祉的最佳体制，而不是自己不可逃避的敌人。争夺国家权力的政治角力，有时显然替代了宗教（有时甚至似乎要侵蚀市场经济）成为拥有移山填海力量的核心信念。

欧洲留给世界历史最显著的可见制度标志之一，是将国际生活基本上重组成了主权国家问题（现在，主权至少在名称上往往表现为共和的或民族的）。这种体制始于 17 世纪，19 世纪时就已开始在全球展开，并最终于 20 世纪在全球确立。伴随这一过程的，是国家机器的各种近似形式传播到各地，有时通过借鉴采纳，有时起初由帝国统治者强加。人们认为这是现代化的伴生物。虽然许多地方甚至在一个世纪之前还是另一种面貌，但如今，主权国家已被认为是人类社会必然的选择。这在很大程度上是帝国缓慢崩溃后带来的体制影响。新国家应运而生以取代帝国，在任何阶段都未受到质疑。其他帝国瓦解近 50 年后，随着苏联解体，诸如人民主权、代议制以及分权制等制度术语在全球的普及达到了历史的巅峰。

因此，国家的强化——如果我们可以这样说的话——长期以来并未遇到什么有效的抵抗。即使在那些政府历来不被信任或现存机制对它们进行掣肘的国家，人们往往也觉得不像前些年那样抗拒它们了。对滥用权力最大的掣肘因素是习俗和公认的观念；只要自由国家的选民认为政府不会立即使用武力，他们便不会感到恐惧。不过，虽然全世界的民主国家数量比以往任何时候都多，如今发展中世界有一种盛行观点认为，威权体制最适用于一国经济的起步阶段。但是大多数独裁国家在经济上并不成功，而几乎所有发达国家都实行民主制。

尽管如此，在 19 和 20 世纪，一些国家的现代化过程无疑是由专制统治推行的，尽管这些政权并不总是能让经济持续增长。国家扮演的推动现代化发展因而增强国家实力的角色——早就在欧洲之外由穆罕默德·阿里或阿塔图尔克这样的人物作为代表——昭示出国家越来越赖以获取其道德权威的新源泉。国家不再依赖于个人对王朝的忠诚或超自然力量的惩罚，而越来越依赖于民主或功利主义的主张——它能满足集体的需求。这通常都是指物质方面的改善，但有时也不是。如今，个人自由或更大范围的平等也成为人们的需求。

如果说有一种价值比其他任何一种都更能赋予国家权威合法性，那就是民族主义。它仍是世界政治运动和分化的主要动力，且矛盾的是，它也曾经是许多国家的敌人。民族主义得以成功动员人们团结一致的力量，没有其他力量能够做到；将世界朝着相反的方向融合为同一个政治体系的力量，在不同情况下有所不同，一般是物质的，而不是源自相对强大的道德观念或神话力量。民族主义也是政治史上最革命的世纪中最强大的力量，是多民族帝国的主要威胁。而现在，它常与竞争性的民族主义结合在一起，暴力和破坏性斗争仍是它们的标志。

必须承认，即使从表面上看，国家机器集中了巨大的力量，但在与民族主义发生冲突时，国家却往往落下风。虽然具有集权的制度，但是苏联和南斯拉夫现在都已经解体为多个单一的民族国家。魁北克人仍在试图脱离加拿大。还有许多令人不安的潜在暴力的例子。然而，民族主义也大大增强了政府的权力并扩展了其掌控范围，且在那些本不存在民族主义的国家，政治家们都在努力工作以培育新的民族主义，以维持其非殖民化后并不牢固的政权。

民族主义也在持续起作用，通过宣称肩负集体的善，以最低限度的统治形式，成为国家道德权威的载体。即使仍存在有关国家在特定情况下应提供何种益处的争论与异见，但当代对政府合法性的论证至少在表面上依赖于其宣称能够提供这些益处，因而也就保护了民族国家利益。当然，国家是否真正发挥了这样的作用，一直就存在争议。传统马克思主义通常认为，国家是维护阶级统治的工具，因此，会随着历史的发展而消失。然而，即使是马克思主义政权，通常也不会这样表现。

至于国家乃某个王朝或某个人的私有财产，为其私利服务，这种看法即使现在在许多地方成为现实，却已普遍遭到正式的摈弃。如今，大多数国家为了比单纯的结盟要宏大得多的目的，接受让渡部分主权的条件，都以前所未有的程度参与到一些精细的体系、伙伴关系和组织中。其中有些是为了共同开展某些活动而结成群体，另一些会为参与其间的成员提供新机遇，而其他一些则是在刻意限制国家的权力。这些组织的结构及其对国际行为的影响力均千差万别。联合国是由主权国家组成，但它却曾针对个别成员国而组织或授权采取集体行动，这是国际联盟或更早的组织都没做过的。

在一个更小但却非常重要的层面上，区域集团纷纷涌现，并要求其成员遵守共同规则。其中有一些，如东欧曾有过的，已烟消云散，但欧盟却还在缓慢前行，即使其成立之初的很多愿景至今仍未实现。2002 年 1 月 1 日起，欧盟 12 个成员国的 3 亿人开始使用共同的货币。但正式组织并不是故事的全部。仍有一些组织松散或残留的超国家实体，时不时会侵蚀单个国家的自由。伊斯兰教作为这样一股力量，时而引人担忧，时而又备受欢迎，或许泛非主义的种族主义意识（或被称为黑人精神主义）也是如此，会对某些国家行为形成妨碍。国际事务中这一潜流的蓬勃发展，必然使得这一旧观念过时，即世界由独立自主、不受限制（除了个人利益的限制）的国家组成。而矛盾的是，第一批真正意义上的跨国组织，却出现在国家间相互冲突史无前例地激烈的世纪里。

　　尽管存在诸多违反国际法的臭名昭著的例子，但是目前国际法仍然致力于较之以前更有效地约束国家行为。这部分源于舆论环境出现了缓慢且零星的改变。不文明和野蛮的政权仍旧继续其不文明的野蛮行为，但文明与高雅也赢得了不少胜利。1945 年揭露出纳粹政权在战时欧洲的斑斑恶迹，让举世震惊，也意味着如今若不伪装合法，不借助欺骗和隐瞒的手段，罪大恶极的举动已经不再可能堂而皇之地得到实施。1998 年，120 个国家的代表——尽管美国代表不在其中——同意成立一个常设的国际法庭，用以审判战争罪和反人类罪相关案件。次年，英国最高法院史无前例地做出裁决，同意引渡一名前国家元首到另一个国家，出庭回应对他的犯罪指控①。2001 年，塞尔维亚前总统被他的同胞移交到国际法庭，出现在被告席上。

　　重点是我们不能夸大其词。成百（或许还上千）的恶人继续在世界各地残酷地施暴，而目前却看不到什么切实的希望能将他们绳之以法。国际犯罪是一个侵犯国家主权的概念，而美国也不大可能在近期内承认国际法庭对本国公民具有司法管辖权。但美国自身也在 20 世纪 90 年代出于准道德性质的目标，明确采取了革命性的外交政策，寻求推翻萨达姆·侯赛因和斯洛博丹·米洛舍维奇政府，而现在它又关注联合各国打击恐怖主义，这必然意味着对其他国家主权的进一步干涉。

　　然而，两三百年来，政府在本国却享有了越来越多的权力，去做人们要求的事情。最近的例子是，20 世纪 30 年代的经济困境和两场世界大战需要大规模动员资源，因而带来政府权力的新扩展。除此之外，政府还被要求间接促进公民福利，履行若干服务职能，而这些需求要么此前并未出现，要么在过去是留给个人或家庭和村庄等"自然"单位群体来管的。英国和德国早在 1914 年之前就已经是福利国家。在过去的 50 多年中，国家拿走的 GDP 份额几乎到处都在迅速提高。还有敦促实现现代化的需求。欧洲以外几乎没有几个国家是没有依靠从上至下的指令就

———————

　　①　指引渡智利前总统皮诺切特到西班牙应诉的事件，但 2000 年案件又出现翻转，皮诺切特最终没有前往西班牙，而是返回智利。——译者注

实现这一目标的，甚至在欧洲内部，也有一些国家实现现代化须归功于政府。20世纪两大代表案例是俄罗斯和中国，两个伟大的农业社会，借助国家权力来实现现代化。最终，技术以更好的通信设施、更强大的武器和更全面的信息系统的形式，让能够给出最大投资者——也就是国家——获益。

就在不久前，即使是最伟大的欧洲君主国，也不可能组织实施一次人口普查，或创建一个统一的内部市场。而现在，国家在事实上垄断了资源控制的主要工具。就在100年前，政府还要依靠未被战争动摇以及叛乱冲破的警察和武装部队保障安全；技术只是增加了它们的确定性。但如今，新的镇压技术和武器仅是故事的一小部分。国家通过其作为消费者、投资者或规划者的权力对经济进行干预，而大众传播的改善使得国家可以高度集中地掌握相关信息，这些都产生了极大影响。希特勒和罗斯福都充分利用了广播（尽管是出于截然不同的目的），而试图规范经济生活的尝试与政府本身一样久远。

尽管如此，近年来大多数国家的政府却不得不努力应对世界经济新的一体化趋势，且因此，控制本国经济事务的自由度也随之下降。这种现象正越来越明显。它不仅是由于诸如世界银行或国际货币基金组织等跨国机构运作的结果，它还是一种显现已久的趋势作用的结果。如今我们根据其最近的表现形式，称这种趋势为"全球化"。它有时由国际条约或仅仅由于某些大公司的经济增长而制度化，但也是由世界各地人们逐渐增加的期望值推动着发展，这种现象常会打破政治家按自己预设期望管理社会的希望。不受管制的全球资金流动侵犯了经济和政治独立，大公司的业务也是如此，其中一些大公司能调动的资源远超过许多小国。矛盾的是，对全球化不断干涉国家独立的最激烈抱怨，恰恰来自那些督促在某些情况下（例如侵犯人权）要更严厉干涉主权的人。

随后的篇章中将会进一步展现这种力量的作用。或许它们一定程度上缩小了国家权力，但由于权力到处都在集中，各种体制结构基本未受触动。相比这种现实，此类激进力量不太可能成功摧毁国家。这些力量将继续存在，有时它们还从一些新的事业中汲取力量并似乎在其中蓬勃发展——生态保护、女权主义和广义的反核以及"和平"运动。但在 40 年的活动中，它们仅在能够影响和形塑国家政策、变革法律以及设置新机制的时候，才会获得成功。要想在完全忽略这样一种主流机制的情况下实现重大改良，这种观点似乎仍然不现实，一如它在 19 世纪的无政府主义和乌托邦运动时期一样。

第 2 章　冷 战 世 界

　　1950 年，一个新时期开始了，在此期间，不管其他地方发生什么，世界政治秩序的核心特征似乎僵住了一般完全不变。之后过了大约 25 年，变革的速度突然加快，并于 20 世纪 80 年代达到高潮。到了 1990 年，长达 30 多年里被认为理所当然的地标消失了（有时几乎是在一夜之间），剩下的也遭受着质疑。不过，在这一切发生之前的很长一段时间里，苏美之间长期而剧烈的对立笼罩着几乎整个国际社会，在世界的大部分地区都垂下阴云，构成了犯罪、腐败的根源，一直持续了 30 多年。在那些年里，冷战远不是塑造历史的唯一力量，也可能不是最根本的，但它处在舞台的核心位置。

　　最初的严重斗争发生在欧洲，其中战后第一阶段的历史是短暂的，可能以捷克斯洛伐克共产党接管政府为结束时间。在那一刻，欧洲大陆的经济复苏基本还未开始。但也有一些理由，使我们对其他的、较老的问题抱有希望。熟悉的德国威胁已消失，现在再没有来自它的曾经咄咄逼人的强权威胁。相反，它的前对手们现在要解决的，是欧洲中心的权力真空。再往东，边界的变化、种族清洗和战时的暴行，已使波兰和捷克斯洛伐克不再存在 1939 年前必须面对的种族混杂问题。然而，在某种程度上，欧洲前所未有地分裂了，只是这一事实掩埋在了苏美在全球范围的对抗（其确切起源时至今日仍争议激烈）之下。

　　从某种意义上说，究根问底，意识形态史和外交史上的分裂发生在 1917 年，而冷战只是其延迟的大规模显现。不过，还有人认为冷战的根源更早，是在美国和俄国于 19 世纪跨越大洲扩张的时候，两国由此建立了无论规模还是狂热内容都在欧洲闻所未闻的国家。即使果真如此，从一开始就以全新的、独特的且令人困扰的方式着手处理国际事务的，是苏俄。对其而言，外交不仅是便捷的交易方式，而且是推动革命的武器。尽管如此，其影响力原本可能也不会有那么大，但到 1945 年，历史却创造了一个新的世界强国，期待已久的现代化俄罗斯诞生了，它在东欧自由行事的能力远胜任何沙皇帝国，并在世界其他地区彰显其野心。

斯大林掌权之后的苏联外交往往反映出了俄国历史上就有的野心，而历史将证明，由地理和历史决定的苏联国家利益，与意识形态的斗争密不可分。共产党人及其同情者们认为，他们必须保卫苏联，苏联是国际工人阶级的捍卫者，而且是（忠诚的信仰者们强调）整个人类物种命运的守护者。无论他们在实际行动中是否做到，比如当布尔什维克表示他们的目标是推翻非共产主义的社会，他们最终的目的正在于此。1945 年后其他共产党国家建立，它们的领导人至少在表面上也赞同这样的目的，因此也就合力在欧洲和全世界划分出了意识形态上的两大阵营。

不过，如果说苏联是一种全新的国家，其实美国也是。美国关于个体和宗教自由、财产权、自由市场、消费者机会以及人人平等的观念，无论在欧洲还是亚洲都是革命性的，虽然并不是总能在美国本土得到贯彻。大多数美国人相信，这些观念放之四海而皆准，其他国家想要获得成功，就必须加以实施。虽然他们也希望让在海外作战的战士们返回家乡，但美国也存在一种根深蒂固的观念，认为美国为了让世界返回正轨，已经在 20 世纪奋战并作出牺牲两次了，而其他国家既然已受益于美国的利他主义，现在就有责任经由追随美国的发展和进步轨迹，避免重蹈覆辙。与第一次世界大战结束后不同，美国这次自认不会再弃世界于不顾，这一定程度上是因为新任总统哈里·杜鲁门开始把斯大林的共产主义视为危险的扩张主义意识形态，试图让世界背离美国观念带来的福祉。

东欧的形势让美国人非常担忧。到 1948 年，在匈牙利、罗马尼亚、波兰和捷克斯洛伐克，政府中都已不再有非共产党人，而此时，共产党人在保加利亚政府中占主导地位。随后，马歇尔援助计划启动，随之而来的是后来被认定的冷战第一场斗争——柏林命运之战。这场斗争具有决定性意义，因为它显然让美国在欧洲有了一个立足点，可据此展开争

北

挪威

苏兰

爱沙尼亚

拉脱维亚

北海

瑞典

立陶宛

丹麦

波罗的海

加里宁格勒

白俄罗斯

汉堡

不来梅

英国

西德

柏林

东德

波兰

华沙

布列斯特-利托夫斯克

科隆

波恩

法兰克福

法国

德国

布拉格

乌克兰

法国

法国

美国

慕尼黑

捷克斯洛伐克

维也纳

瑞士

奥地利

匈牙利

布达佩斯

罗马尼亚

萨格勒布

贝尔格莱德

意大利

亚得里亚海

南斯拉夫

保加利亚

索非亚

阿尔巴尼亚

希腊

- - - - - 战前德国和波兰的边界线

战后苏联

1955年华约成员国

画有阴影线的地区为盟军占领的德国区域
（1945-1955年）

三个西方占领区组成联邦德国，苏占区成为
民主德国，即东德

柏林仍为四国占领

0 　　　400千米

0 　　　250英里

二战后的德国和中欧

夺。苏联人似乎并没有预料到这样的结果，尽管是他们为了阻止出现一个在美国和英国控制下的经济实力强大的德国，挑起了这场争斗。他们的举动与西方列国的利益相左。西欧各国想要的，是重振德国经济，至少在他们各自的占领区内，而在未来德国政治模式完全确立之前实现这一点，这对于西欧整体的复苏是至关重要的。

1948 年，未征得苏联同意，西方国家就在自己的占领区推行了货币改革。改革有巨大的作用，加速了西德经济复苏的进程。根据马歇尔计划得到的援助，只给了西部占领区（因为苏联决定拒绝接受）；基于这些援助进行的这场改革，比其他任何措施都更加催化了把德国一分为二的进程。由于东部占领区的复苏不再与西欧相关，复兴的西德将单独崛起。西方国家继续在自己的占领区自行其是，毫无疑问是出于经济原因，但东德却因此被一锤定音地推入了铁幕的另一边。虽然这座城市孤零零地处在苏联占领区的包围之中，但货币改革也将柏林一分为二，因而也令共产党人失去了在城中动员大众武装夺权的机会。

苏联的回应是，扰乱德国西部占领区和柏林之间的交通联系。无论他们的初始动机如何，这场争端逐步升级了。早在西柏林与三个西方占领区间被隔离的危机可能发生之前，某些西方官员就已经料想到了这一点；"封锁"一词已经被使用，并且当时已经在这种意义上用来解释苏联的行动。苏联当局并没有质疑西方盟军在其各自的柏林占领区内部的权力，但是他们扰乱了给这些区域的柏林市民提供给养的交通。英国人和美国人组织了一场空运来为这个城市提供补给。苏联人企图向西部的柏林人宣示，如果他们不同意，那么西方势力就无法留在那儿；他们希望借此消除选举产生的非共产主义市政当局给苏联控制柏林造成的障碍。某种力量的角力就此展开。尽管为了保持西柏林正常运转，食品、燃料和药品转运代价不菲，但西方各国仍然宣布它们准备无限期地坚持下去。意思就是，只有动用武力才能阻止它们。美国战略轰炸机返回其在二战时期的英国基地。尽管双方都不想打仗，但是以战时协议为基础合作管理德国的所有希望都已彻底消亡。

　　封锁持续了一年多，比时间长短更为引人注目的，是出色的后勤保障成果。大多数时候，每天 1 000 多架飞机仅运煤量就达日均 5 000 吨。然而它的真正意义是政治上的。联合输送补给的行动没有中断，西柏林市民也没有被吓倒。苏联当局最好的招数，是故意把城市隔离成两半，以及拒绝市长进入自己的办公室。其间西方大国签署了一项协议，建立起新的联盟，超越欧洲范围的首个"冷战"产物诞生了。"北大西洋公约组织"于 1949 年 4 月建立，比双方同意结束封锁只早了几个星期。美国和加拿大是成员国，绝大多数西欧国家也是（只有爱尔兰、瑞典、瑞士、葡萄牙和西班牙没有加入）。它显然是防御性的，为任何受到攻击的成员国提供共同防御，但同时，它也打破了当时美国外交政策中本就几乎要消失的孤立主义传统。5 月，一个新的德国，联邦德国，在三个西方占领区出现了，随后在 10 月份，民主德国在东部也成立了。从此以后两个德国似乎就要共存下去了，而冷战就沿着分隔了它们的铁幕展开，而没有继续向东蔓延，像丘吉尔在 1946 年提出的那样，从的里雅斯特①到斯德丁②。但是，在欧洲，一个特别危险的阶段结束了。

　　如同有两个欧洲一样，世界被冷战一分为二很快也显得可能了。在 1945 年，沿着北纬 38 度线，朝鲜已经被分割，它的北方工业区被苏联人占领，而南方农业区被美国人占领。南北朝鲜的领导者都希望快速统一，但都只同意按自己的条件进行，北方掌权的共产主义者与南方得到美国支持的民族主义者达不成一致。既然重新统一遭搁置，1948 年美国和苏联分别承认自己占领区的政府对全国都拥有主权。之后苏联和美国军事力量都撤出，但是 1950 年 6 月，在斯大林预先知晓和同意之下，北朝鲜军队进攻了南方。不到两天时间，杜鲁门总统就以联合国的名义，派出美国军队参战。联合国安理会之前已投票决定要武力解决冲突，由于苏联人当时正在抵制安理会，因此他们没能否决这次联合国决议。

————————————

　　①　意大利东北部港口城市，地处与斯洛文尼亚交界的边境地带。——译者注
　　②　今波兰城市什切青，德语中称为"斯德丁"，历史上曾先后被波兰、瑞典、丹麦、普鲁士、德国统治过，二战后划归波兰。——译者注

在朝鲜，美国人一直充当着联合国军队的主力，但是其他国家很快也派出了野战部队。出兵才几个月，它们就已经进军到三八线以北。北朝鲜政权似乎可能会被推翻。然而，当战争接近中国东北边界时，中国共产党开始派出军队干预。更大规模的危机此时一触即发。中国当时是世界上第二大共产主义国家，如果以人口论则是第一大。苏联在其背后力挺；你可以（至少在理论上）从赫尔辛基步行到香港，而完全不需要离开共产主义版图。美国和中国之间面临直接冲突，并有可能动用核武器。

杜鲁门审慎地坚持，美国在亚洲大陆不可以卷入一场更大规模的战争。这个问题必须得到解决。而且进一步的战斗表明，尽管中国人或许能帮北朝鲜守住阵地，却不能无视美国的意愿，推翻南朝鲜。停战谈判开始了。1953 年上台的新一届美国政府，是旗帜鲜明反对共产主义的共和党人，但他们意识到，其前任已经充分地阐明了美国维护南朝鲜独立的意愿和能力，而且也感到冷战真正的中心是在欧洲而不在亚洲。1953 年 7 月，停战协议签署。但随后把这项协议转变成正式和平的努力迄今仍然没有完全成功；60 年后，朝韩两国之间发生冲突的可能性仍然很大。不过在当时的东亚和欧洲，美国人在冷战的最初一系列斗争中都成功阻止了共产党胜利；而在朝鲜，冲突真正升级为了战争，有人估计，这场战争付出了 300 多万人死亡的代价，其中绝大多数是朝鲜的平民。

朝鲜战争结束的另一个原因是，1953 年初，斯大林逝世了。这位苏联领导人曾相信，朝鲜战事继续进行对苏联不是坏事——它让美国人与中国人作战，从而陷入一场越来越不受欢迎的战争。斯大林认为，苏联只会从中获益。他的继任者却有不同想法。他们担心朝鲜战事会扩大成一场全面战争，把自己也拖进去，他们想同西方缓和紧张关系。然而，新任美国总统艾森豪威尔仍然不信任苏联的意图，于是在 20 世纪 50 年代中期，冷战气氛一如既往地紧张。斯大林逝世后不久，他的继任者宣布，苏联也拥有了改进的核武器，即氢弹。这是斯大林最后的纪念碑，确保了（或许这一点存疑）苏联在战后世界上的地位。

　　斯大林继承并实现了列宁政策合乎逻辑的发展结果，但是他的作为远远超过了他的前任。他重建了沙皇俄国的绝大部分疆土，并且在面临最严峻考验的时刻，给予了俄罗斯存活下去的力量（虽然是在强大盟友的帮助下）。但他的误判，也导致大战爆发，而他组建起的浪费又低效的体系——以及他制造的恐怖氛围——意味着苏联人为了取得胜利，不得不付出最高昂的代价。苏联是一个大国，不过考虑到它的构成成分，俄罗斯有朝一日会告别共产主义，这一点却几乎毋庸置疑。然而，1945年时，它的人民仅得到极少值得称道的东西来补偿他们的牺牲，除了国际大国实力的保证。战后国内生活更加严酷；数年来消费一直停滞，苏联平民遭受宣传控制以及警察体系的严厉对待，在战后都被强化了。

　　欧洲分裂，斯大林的另一遗产，在他死后比生前更加明显。到1953年，依赖美国的经济，德国西部的重建基本完成，开始承担起更多的本国国防成本。联邦德国和民主德国渐行渐远。随后的时期，1954年3月，苏联人宣布东德现在拥有了完全的主权，紧随其后，西德总统签署了宪法修正案，允许他的国家重新武装起来。1955年，西德加入北大西洋公约组织；苏联针锋相对建起了华沙条约组织，一个由其卫星国结成的联盟。柏林的未来悬而未决，但有一点是清楚的，除非达成协议，否则北约列国将会以武力抵制改变现状。在东方，民主德国同意与宿敌和解：以奥得河—尼萨河一线作为与波兰的国境线。希特勒实现的19世纪民族主义者的大德国梦想，随着俾斯麦德国时代的结束而湮没。历史上的普鲁士现在被革命的共产主义者所统治，而新西德在结构上是联邦制，倾向非军国主义的天主教和社会民主党政治家主导着政治，这些人曾被俾斯麦视为"德国的敌人"。因此，虽然没有一个和平协议，遏制这个曾两次通过战争摧毁欧洲的德国势力的问题，最终得到了妥善解决。同样在1955年，欧洲集团内部剩余的边界划分问题解决，奥地利作为一个独立国家重新出现、同盟国的占领军撤出，随着意大利与南斯拉夫的边界争端解决，最后一批美英军队也从的里雅斯特撤出。

　　中国建立共产主义体制之后，世界范围内的分化在我们所谓的资本主义经济体和计划（或准计划）经济体之间出现。苏联和其他国家之间的商业联系，自从十月革命以来一直与政治纠缠在一起。1931 年世界贸易大幅受挫后，资本主义经济陷入衰退，寻求通过保护主义（甚至自给自足）来摆脱困境。但是，1945 年以后，世界经济之前的种种区分标准都已被超越；两种资源分配的组织方法越来越成为唯一划分标准，它们首先两分了发达国家，随后又两分了世界其他大多数地区。资本主义体系的基本决定因素是市场——尽管这个市场与传统提倡自由贸易的自由主义者设想的已有很大差异，在许多方面很不完美，既容忍了相当大程度的干预，又默许了金融寡头。而在共产党领导的各国（以及其他少数国家，比如印度和斯堪的纳维亚各国），政治权威则会成为决定性的经济因素。贸易仍在继续扩展，甚至在两大冷战阵营间也是如此，不过是在狭窄不稳的基础之上。

任何一方都并非一成不变。它们之间的联系随着岁月的流逝而倍增。不过，长期以来，它们似乎为世界提供了经济增长的不同模式。它们之间的竞争由于冷战时期的军事政策而更加激烈，加剧了双方的对抗意识。然而，这个状态不会静止停滞。没过多久，与 1950 年的情形相比，一方在政治上由美国主导的程度就大幅下降，另一方由苏联主导的程度也或多或少有所降低。在 20 世纪五六十年代，双方经济都持续增长，但其后出现分化，市场经济发展变得更加迅猛。不过，从 1945 年直到 20 世纪 80 年代，这两种经济体系之间的差别仍然构成了世界历史的一个基本特征，甚至在非洲和亚洲很多新建立的国家，也必须为本国经济体系做出二选一的选择。

中国实行社会主义经济，起初几乎完全被人们用冷战思维加以看待，并被视为战略平衡的一个转折点。然而到斯大林逝世时，有许多其他迹象显示，南非政治家扬·史末资在四分之一多个世纪前预言的"场景从欧洲转向远东和太平洋"已经实现。尽管德国继续是冷战战略的中心，朝鲜半岛却作为一个鲜明的证据表明，世界历史的重心正在又一次转移，这次是从欧洲转向东方。

随着新独立的亚洲国家越来越意识到本国的国家利益和实力（或者缺乏实力），欧洲大国在亚洲的衰落注定还会有更多的后续。殖民者们给予它们的国家形态和统一，与殖民帝国一样无法持久；1947 年，印度次大陆抛弃了还不到一个世纪的政治一体状态①，几乎同时，1950 年时，马来亚和印度支那在政府设置方面也已经开始进行重要的但通常不怎么令人舒服的变化。内部压力困扰着某些新国家；印度尼西亚庞大的华人族群拥有大得不成比例的地位和经济权力，而且，新中国发生的任何事情都可能影响到他们。更糟的是，无论所有这些国家的政治环境如何，它们都拥有快速增长的人口，并且在经济上是落后的。因此，对许多亚洲国家来说，欧洲统治的正式结束，不如逐渐脱贫重要（尽管在某些国家，两者间有着必然的联系）。

欧洲对亚洲人命运的控制再怎么说也不完全。尽管欧洲人改变了数以百万计亚洲人的命运，并且影响他们的生活长达几个世纪，但欧洲文化即使对统治精英群体心灵的触动也极少。在亚洲，欧洲文明必须同比世界上其他地方更加根深蒂固的和更加强大的传统进行竞争。亚洲文化并没有（也不可能）如同前哥伦布时代美洲的文化那样被弃之不顾。正如在中东一样，在当地自愿进行的现代化进程中，欧洲人直接的努力和欧洲文化间接的扩散都遇到了难以克服的障碍。思想和行为的最深层面常常保持着未被触及的状态，即便是深信自己从过去的束缚中解放出来的那些人也是如此：受过现代教育的印度教徒家庭，在孩子出生和订婚的时候，仍然还要求助于占星术；基于历史悠久的中华文化，中国马克思主义者仍然认为，相对于非华夏世界，自身拥有坚不可摧的道德优越感。

想要理解亚洲在世界历史上近来的角色，必须要注意到，有两个亚洲文明区如同数个世纪以来那样仍保持了令人瞩目的独特性和重要性。西亚文明区由印度以北的连绵山脉、缅甸和泰国的高地与主体是印度尼西亚的巨大群岛圈定。它的中心是印度洋，历史上主要的文化影响力有

---

① 指 1947 年的"印巴分治"。——译者注

三种：从印度延伸到东南亚的印度文明；伊斯兰文明（也向东部横向延伸）；以及最初是通过商业和传教士，接着是一个较短时期政治统治的欧洲文明的影响。另一个文明区是东亚，由中国主导。这在很大程度上仅仅是由于中国地大物博的地理特征，但是其人口的数量和人口的向外迁徙，以及更加间接的中国文化对东亚文化圈各地——尤其是日本、朝鲜和中南半岛——程度不一的影响力，也是部分原因。在这个文明区里，欧洲对亚洲直接的政治统治，在范围和持久性两方面都从来没有能像它在亚洲更西边和更南边那样深远。

在 1945 年后的冷战世界里，我们很容易忽略这种重要差异，以及历史中很多其他因素。在这两个文明区里，都有一些国家采取了似乎相似的激烈排斥西方的路线，运用的却是西方民族主义和民主政治的术语，并诉诸我们已经十分熟悉的立场向世界舆论发声。印度凭借与本土传统几乎毫无关联的激进民族主义，独立后没几年就吸收了在英国统治印度时期还幸存的土邦，以及次大陆上遗留的法国和葡萄牙飞地。很快，印度安全部队在新共和国内强力镇压了任何分裂主义或者地区自治的威胁。

或许这并不值得惊讶。印度的独立，从印度方面看，是受过西方教育的精英们一力促成，他们从西方引入了民族、平等和自由思想，而最初仅仅寻求与英国殖民当局更加平等地合作。1947 年以后对这些精英们地位构成的威胁，往往最轻易（并且发自内心地）被理解成一种对实际上还在创造之中的印度民族性的威胁。

让所有这些更加真实的是，独立印度的统治者从英国统治者那儿继承了许多目标和制度。内阁制度、宪法条例、中央和地方之间的分权、公共秩序和安全机制都被贴上了共和国的标签，一如既往地像它们在 1947 年之前的状态那样运转。政府采纳的主导性的、明确的意识形态，是一种温和的、官僚制的社会主义，与当时英国的模式差别不大，在主旨上也与英国殖民政权统治末期公共管理加代表制的开明专制相距不远。印度当局面临的实际情况是，地方权贵们拥有投票权，可以打破之前的土邦王公们控制下的传统特权，但他们立场保守，不愿作为。可是，摆在印度面前的还有重重难题：人口快速增长，经济落后，贫穷（1950年印度人均年收入为 55 美元），文盲，以及社会、部族和宗教信仰上的分裂，还有人们对独立应带来种种改变的巨大期待。很明显，必须作出重大的变革。

1950 年的新宪法丝毫没有改变这些问题。而至少直到新印度成立的第二个十年，其中一些问题才开始全面爆发。时至今日，印度大部分乡村的生活现状实际上依然像过去一样，战争、自然灾害和猖獗的盗匪仍然恣意横行。这意味着有些人仍然处于赤贫状态。到 1960 年，超过三分之一的农村贫困人口每周生活费仍然不足一美元（同一时期，有一半的城市居民赚到的钱，并不足以满足他们维持健康所需摄取的每日最低卡路里水平）。经济的增长被不平等和人口增长吞噬掉了。在当时的环境下，印度的统治者在宪法条款中列明自己享有像英国总督那样大的应急权力（像他一样可以实施预防性拘留和搁置个人权利），也就不足为奇了，至于以所谓"总统统治"为名架空各邦政府，将权力收归中央，就更不在话下了。

在克什米尔地区，一位印度教土邦王统治着主体为穆斯林的臣民。当印度与邻居巴基斯坦因克什米尔发生冲突时，软弱、优柔寡断的"新政府"让事态越发糟糕。早在 1947 年，当克什米尔的穆斯林们试图加入巴基斯坦组成联邦，克什米尔土邦王请求印度帮助，并加入印度共和国的时候，战斗开始打响。克什米尔穆斯林的领导人之间也存在分歧，这让局势变得更加复杂。印度拒绝了联合国安理会举行全民公投的建议；那时，三分之二的克什米尔仍然掌握在印度人手中，成为印度处理印巴关系时的筹码。战争在 1949 年停火，随后又在 1965 至 1966 年，以及 1969 至 1970 年再次爆发，这时冲突已经逐步与冷战纠缠在一起。1971年，在印度的资助下，东巴基斯坦讲孟加拉语的穆斯林地区分离出来，形成一个新的国家——孟加拉国，印巴两国间的争斗也再次开启。而这个新国家很快就面临比印度或巴基斯坦更为严重的经济问题。

在这些动荡时期，印度领导人展现出巨大的野心（有时或许竟大到想要重新统一一整片次大陆）和有时对其他民族利益的公然漠视（例如对那加人①）。印度人的雄心激起的怨怒，又因冷战而变得更加复杂。印度领导人很早就表示不会加入任何一方阵营。在 20 世纪 50 年代，这意味着印度跟苏联和社会主义中国的关系远比跟美国的关系更加缓和。尼赫鲁似乎很喜欢对美国人的行动吹毛求疵，这有助于说服一些同情印度者，他所实行的是进步、和平、不结盟的民主政治。因此，当这些同情者及印度公众在 1959 年发现，尼赫鲁政府与中国围绕北部边界已经争吵了三年，只是没有公之于众罢了，他们感到受了巨大的打击。1962 年末，一场大规模的战争开始了。尼赫鲁作出了不太可能的举动，向美国人寻求军事援助，甚至更不可能的是，他还得到了，而且他同时也从苏联获取军事和外交方面的援助。至此，他在 20 世纪 50 年代中期达到顶峰的威望开始严重下滑。

理所当然，年轻的巴基斯坦并没有结交与印度一样的友邦。1947 年时，巴基斯坦比邻国印度更加孱弱，其受过培训的公务人员很少（印度教徒加入旧印度政府机构的人数比穆斯林要多很多），从一开始在地理上就存在东西分隔，而且几乎一立国就失去了最有能力的领导人——真纳。然而，即使还在英国殖民统治时期，与国大党相比，伊斯兰教领导人对民主制度总是（或许也更加现实地）表现得缺乏信心；巴基斯坦的统治者通常是专制的军人，寻求军事上可对抗印度、经济上有所发展（包括实行土地改革）和保证伊斯兰教的地位。但其立国实验迄今还算不上成功。到 20 世纪 70 年代，早在阿富汗战争爆发之前，巴基斯坦就已经对自身的国家认同和发展模式都存在深深的不确定感。

巴基斯坦是正式的伊斯兰教国家，而印度则是一个世俗的、没有官方宗教信仰的国家（乍一看似乎很"西方"，但与印度一向折中的文化传统也并不难融合），这让两方总是很疏离。这就导致巴基斯坦越来越倾向于按伊斯兰的教规来处理内政。不过，宗教信仰的差异对巴基斯坦对外

---

① 13 世纪从中国和缅甸迁到印度东北部的民族，从英国殖民统治时期开始，到后来印度独立直至今日，其寻求独立建国的斗争始终没有平息。——译者注

关系的影响仍低于冷战。

1955 年，来自亚非 29 个国家的代表在印度尼西亚万隆召开会议，此后一个自称为中立主义者和"不结盟"的国家联盟诞生了。这让冷战给亚洲政治局势造成的影响更加扑朔迷离。除了中国之外，联盟内大多数国家都曾是某个殖民帝国的一部分。在欧洲，共产主义国家南斯拉夫自 1948 年与苏联决裂后正在寻找新的身份定位，它很快也加入进来。这些国家大多也都贫穷、物资匮乏，对美国和苏联都不信任，虽然与后者的冲突可能没那么严重。它们开始被统称为"第三世界"国家。这个词是一位法国新闻记者创造出来的，显然是有意让人联想起 1789 年时法国被剥夺了政治合法权利的"第三等级"，而他们正是法国大革命最大的推动力。

"第三世界"的含义意味着这主要是一个政治规划，而非地理规划。这些国家被强权国家歧视，并被排除在发达国家的特权之外。虽然这个组合听起来很合理，但"第三世界"的表述还是从一开始就遮蔽了该群体成员间的重要差异，尤其在经济发展计划方面。在 20 世纪 50 年代和 60 年代，团结互助、发展和不结盟的原则曾让第三世界的观念活力十足，但到 70 年代，经济需求成了主流，这个群体就最终分化。

因此，第三世界的团结并没有维持太久。20 世纪晚期，在第三世界内部的战争和内战中死亡的人数，远远多于其外的战事。然而，在二战结束十年时，万隆会议迫使超级大国们承认，弱国只要动员组织起来，也能形成一支重要的国际政治力量。在冷战时期，当它们寻找盟友或在联合国中寻求选票支持时，它们总能牢记这一点。

到 1960 年时，鲜明的信号已经出现：苏联和中国都寻求对不发达国家和立场尚不明朗的国家的领导地位，两国必将分道扬镳。最终，这演变为一场全球范围的竞争。竞争的一项早期结果看似矛盾：随着时间的推移，巴基斯坦与中国日益亲近（尽管前者与美国也签订了条约），而苏联则与印度走得比较近。1965 年，巴基斯坦与印度开战，向美国寻求武器支援，遭到拒绝，于是转而求助于中国。尽管巴基斯坦最后得到的中方援助小于预期，但这仍然成为 20 世纪 60 年代国际关系出现新动向的早期证据。美国已经不能再忽视中国，一如它不能忽视苏联一样。实际上，正是冷战促成美国在亚洲的角色发生了戏剧性变化；它不再像反殖民主义的热心赞助者及其盟友殖民帝国的粉碎者，反倒有时看起来像这些帝国的继承人，不过主要是在东亚，而不是在印度洋区域（在那里，美国为了安抚总是没有信誉的印度，付出了长期且完全没有回报的努力；在 1960 年以前，印度从美国获得的经济援助比从其他任何国家都要多）。

各大国遭遇的新困境，在印度尼西亚身上体现得特别明显。它广阔而布局散乱的国土上族群众多，且通常都有着多元分化的利益。尽管佛教是第一个在那里站稳脚跟的世界性宗教，印度尼西亚却是世界上穆斯林人口最多的国家，其他宗教的信众在人口数量上均居于少数。但印度尼西亚的华人族群在这里也根基深厚，在殖民时代，他们拥有大量财富，担任大多数行政职务。此外，穆斯林群体内部也存在很大差异。这个后殖民时代的新国家想要创建一个团结融洽的印度尼西亚，却经常承受着贫困和经济落后造成的压力。20 世纪 50 年代，新共和国的中央政府越来越让人感到失望；到 1957 年时，它已面临苏门答腊等地的武装反叛活动。历史上证明有效的以民族主义激情来减少内部反对情绪的招数（曾对一直驻扎在西新几内亚的荷兰人使用过）不再起作用；总统苏加诺没能再次取得大众的支持。他的政府已经远离国家新生伊始所采纳的自由主义政体，倾向于威权统治，并与强势的当地共产党联合。1960 年，议会被解散，1963 年苏加诺被任命为终身总统。

美国想要让苏加诺站在自己这边，于是支持他吞并了西新几内亚（西伊里安）本来可能出现的一个独立政权（这让荷兰人非常愤怒）。1957 年，他又把矛头指向新成立的马来亚联合邦——由英国在东南亚的各块殖民地连成一体组成。在英国的帮助下，马来亚在婆罗洲、沙捞越和马来亚本土挡住了印度尼西亚的进攻。这次受挫似乎成为苏加诺命运的转折点。此后发生的事件其详细情形至今仍然不清晰，我们只知道，当食物短缺、物价飞涨即将失去控制的时候，一场（失败的）政变爆发，军队领导人声称，其幕后策划是当地的共产党。军队将领开始把矛头指向印尼共产党，它一度被称为世界第三大共产党。在这次屠杀中遇害的人数，据估计在 25 万到 50 万之间，其中很大一部分是华人或有华裔血统的人，而他们其实与共产党并无关联。苏加诺本人在接下来几年里也逐渐靠边站了。一个顽固的反共政权上台，与中国断绝了外交关系（直到 1990 年才恢复）。这个独裁政权一直统治到 1998 年。

肯尼迪总统对苏加诺的怀柔政策反映出其下列信念的坚定和强大：繁荣的民族国家是反共产主义的最好堡垒。东亚和东南亚过去 40 年的历史实际上都可以从这个角度进行解读，为这种信念提供佐证，但它应用于各种困难而复杂的环境中时则更加明显。但无论如何，到 1960 年时，新加坡以东地区一个重要的、决定性的事实就是，中国力量在东方重新崛起。韩国和日本成功地抵制了共产主义，但它们同样也从中国革命获益；这给它们提供了制衡西方的手段和杠杆。正如东亚总是比印度洋地区国家更成功地阻抗了欧洲人一样，1947 年后，它们显示出自己有能力在共产主义和非共产主义形态之间维持自己的独立，绝不屈服于直接的操纵，无论来自何方。一些人将这种独立性归结于几个世纪以来借鉴中国模式形成的深层次且表现多元的社会保守主义。有序而复杂的社会网络、社会建设能力、忽略个人利益、敬重权威和等级秩序，以及强烈意识到自身是与西方有很大不同的文明和文化中的一员，这些方面让东亚人比许多其他族群拥有更多可赖以阻抗西方及其扩张主义的根基。东亚在 20 世纪末的崛起只能放在这样一个背景下才能得到理解：其表达方式相当多元，且远不能由"亚洲价值观"这样的术语来充分概括。

随着中国共产党取得革命胜利并于 1949 年建立新政权，北京又一次成为再次统一的中国的首都。毛泽东及中国共产党想要按照苏联的模式建立一个社会主义国家。就在中华人民共和国成立几个月后，毛泽东首次出访国外，理所当然选择了莫斯科。他在那里与斯大林签署了结盟协议，但后者始终对中国共产党人的决心和能力抱有疑虑。考虑到当时全球各地的冷战氛围，国民党又已经垮台，新中国实际上并不需要盟友来抵御外敌。毛泽东希望争取苏联的援助，主要是为了启动现代化建设这项艰巨任务，而不是在对抗美国人或日本人时有所保障。被局限在台湾的国民党势力几乎可被忽略，尽管当时他们处在美国的保护之下而无法被消灭。1950 年"联合国军"到达东北鸭绿江边境，面对如此重大的威胁，中国的反应是迅速而有力的：她派出了一支大军进入朝鲜。但中国新领导人主要关注的还是国家内部的状况。

自 37 年前清王朝被推翻开始，中国就一直动荡不堪。尽管她并没有丧失多少领土（除了外蒙古确实是很大一块损失），但政治稳定和社会进步始终没能实现。民国时期曾经取得的一些经济进步，又在抗日战争期间丧失殆尽。贫困普遍存在，疾病和营养不良广布。物质与自然科学建设及其重建长期滞后，土地的人口压力依然严重。"旧制度"（ancient regime）在上个世纪崩溃所留下的道德和意识形态真空需要填补。

农民问题是起点。自 20 世纪 20 年代以来，共产党人在自己领导的区域一直在试行土地革命，这让他们赢得了大批赤贫农民的拥戴。到 1956 年时，中国的农村进行了一场社会大改造，农田实行集体化管理，据说是要把控制权交给村民。地主和乡村首脑被推翻的过程往往牵涉暴力。同时，在苏联（这是当时唯一能向中国提供外援的国家）的帮助下，工业化也在加紧进行。苏联模式也是唯一能够选择的模式：1953 年，第一个五年计划宣布实施，开创了一个斯大林主义在中国经济管理中占据统治地位的短暂时期。

新中国很快成为一支主要的国际力量。然而，其真正的独立地位，长期被社会主义阵营表面上的统一和被排除在美国主导的联合国之外所掩盖。1950 年的中苏条约被解释——尤其是在美国——为中国正在进行冷战的进一步证据。无疑，其政权是共产主义的，宣扬革命和反殖民主义，她的选择在当时也必然受到冷战因素的限制。然而，从长远来看，中国共产党的政策从一开始就视野更加宽广。显而易见，他们从一开始主要关心的，就是重建过去数个世纪里中国一直试图具有的在整个地区的力量和影响。

东北地区的安全和与朝鲜共产党人的长久关系，本身足以解释中国军队对朝鲜的干预，但朝鲜半岛长期以来也是中国和日本相争的地区。不过从一开始，要求恢复中国统一的最大呼声，还是清除占据台湾的国民党残余。台湾在 1895 年被日本占领，1945 年回归中国。能否控制台湾对共产党而言已成为一个具有标志性意义的事件。直到 1955 年，美国政府也一直致力于支持盘踞在那里的国民党当局，美国总统声称美国不仅仅保护台湾岛，而且保护那些临近中国海岸线的具有重大国防意义的小岛。关于台湾问题，并且鉴于中国（曾长期得到美国慈善机构和传教士的帮助）令人费解的反美意识所透露的心理背景，美国人对中国事务的观点在长达十年里异常露骨，以至于国民党有时像是美国的走狗。与之相反，在 50 年代期间，印度和苏联在台湾问题上支持了北京，坚持台湾问题是中国内部事务；当然它们这么做也根本就不需付出什么。然而，中国最终会与这两国发生武装冲突，实在是非常令人震惊。

与印度的争端首先是由西藏问题引发的。1959 年中国巩固了对西藏地区的控制，印度当时的政策似乎还是基本倾向中国政府的。一群西藏流亡分子试图在印度建立流亡政府的企图遭到了禁止。但领土争议已经开始出现，并导致了一些冲突。1914 年英国和西藏地方政府代表曾进行协商，划了一条边界，但每一届中国政府都拒绝承认。新中国同样宣布不予承认。40 年间被占据的经历，与中国数千年的历史相比，实在缺少说服力。但双方各执一词。1962 年秋天，尼赫鲁出兵进驻争议地区，要求中方撤出，这导致战斗升级。印度人作战不力，但最终中方还是在这年年底主动停火。

没过多久，1963 年初中国共产党猛烈抨击苏联，称其帮助了印度，并在三年前恶意地撤销了对华经济和军事援助。这震惊了全世界。第二项指责显示中苏纷争起源复杂，而并未触及事件的本质。事实上，这场纷争在多年前就开始了，只不过外界极少有人把握住它的重要性。20 世纪 20 年代时，中国的利益被迫服从于由莫斯科解释的整个共产国际的利益，但最后发生了什么，中国共产党人（包括毛泽东）都还记忆犹新。从那时候开始，中国共产党领导层中的留苏派和本土派之间的关系就始终不自然。毛泽东本人欣赏苏联，也想要效仿它，但并不愿被它控制。到 20 世纪 50 年代末，毛泽东的政策开始偏"左"。他对中国工业化的缓慢步伐感到失望，发起了一系列运动，希望让中国快速进入他所希望的现代化。他也担心苏联会构成妨碍。

由于中国对苏联政策的抨击是用马克思主义的术语来向世界宣布的，因此很难看清双方争吵到底是为了什么。但核心应该是毛泽东想要独立于苏联自主做决策的意愿。在 1963 年，外国观察家应该也会更多地回想起久远的过去。早在中国共产党建立以前，中国革命就是一场民族复兴运动。其主要目标之一就是摆脱外国人的控制，重新主宰自己的命运。于是苏联现在也成了曾经想要剥削中国的列强。让赫鲁晓夫倍感惊讶的是，鉴于苏联在 50 年代也为中国帮了不少忙，现在他听到的只是苏联霸占了沙俄时代从中国攫取的领土。两国间共享的国界长达近 4 000 英里（如果算上蒙古），如此漫长的边防线上很可能会爆发争端。

1960 年，苏联当局抗议 5 000 名中国边民越界。一个相当于加拿大五分之一大小的区域正式地处于争议中，到 1969 年（这一年里冲突不断，有数十人死亡），中国人称莫斯科当局为"法西斯"专政，大规模进行备战。导致整个社会主义阵营陷入混乱的中苏争端也由于苏联人的不智而加剧。苏联领导人似乎如同西方帝国主义者一般完全不在意自己亚洲盟友的感受：一位苏联领导人曾经赤裸裸地评论道，他和其他苏联人在中国游览的时候，"习惯于嘲笑他们原始的组织形式"。1960 年，苏联撤出经济和技术援助是一种严重的侮辱，更是一种严重的伤害，因为苏联撤退时，中国由于"大跃进"造成的灾难性后果，正面临新政权成立以来第一次重大的国内危机。

毛泽东的人生经历也与这次危机的发生关系良多。虽然他遵循的主要理论模式是马克思主义，虽然他认为这些概念范畴有助于解释他的国家所面临的困境，但他总是会用现实主义来加以调整。毛泽东是一个不倦的探求者，对中国的现实有着深刻的洞察。他对政治现实的判断力仅在晚年才有所波动。他还很年轻的时候，就主张要把马克思主义中国化，抛弃让中国共产党付出巨大代价的欧式教条。毛泽东世界观的基础似乎是：社会与政治是各种力量的角力场，人类的意志力和暴力可被用来产生道德上令人满意而富有创造性的改变——当然这种改变是由一位全能的领袖来界定的。他与其政党的关系并不总是和谐的，但是他提出的依靠农民的政策，为中国共产党提供了在城市革命失败后继续前行的道路。在 20 世纪 30 年代早期经历暂时的挫折之后，大约从 1935 年开始，他已成为党内事实上的最高领导人。农村的影响力已经占据支配地位。对毛泽东来说，一个新的方法也可适用于国际事件：长期的革命战争以及从农村包围城市的主张，在那些需要发展工业以形成一个革命无产阶层、传统马克思主义信仰缺少说服力的地方，看起来很有希望。

20 世纪 50 年代早期的显著特征就是强力征收和能量释放。以此受益之后，1958 年，中国的乡村地区事实上遭受了一个新的变动。数亿村民被组织加入"公社"，目标是农业集体化。私人生产资料被公社接收，新目标是集中进行生产，新的农业方法被强制推行。一些新方法带来了负面的损害（例如，消灭食谷鸟类的运动导致捕食性昆虫的剧增，这些鸟儿原本以此为食），另外的一些方法也是毫无效率的。管理公社的干部变得越来越倾向于弄虚作假，以显示他们完成了目标，而不是单纯地埋头于粮食生产。结果损失惨重；生产总量大幅下降，造成灾难。这场被称为"大跃进"的运动，是一场非常严重的灾祸。到 1960 年，大片地区处在饥荒或接近饥荒状态。甚至许多领导人都不了解真实情况。尽管如此，毛泽东的同伴慢慢地使经济回归到现代化道路上。

在 1964 年，一个显著的成功象征是中国的原子弹爆炸成功。因此，中国获得了加入排他性核俱乐部的高价通行证。然而，其国际影响力的终极基础一定是庞大的人口。即使在经受挫折后，人口总数仍然在持续上升。到 1950 年，5.9 亿人口已经被认为是一个合理的估计；25 年之后，达到 8.35 亿。现在的总数大概是 13.38 亿。虽然中国人口占世界人口的份额可能在过去某个时间点要更高一些，比如，在太平天国运动前夕大概几乎占到世界人口的 40%，但在 20 世纪 60 年代时，它与世界其他人口的关系却更为特殊。其领导人曾说，即使发生核战争，也不能将他们全部消灭。中国人幸存的人数将比其他国家都要多。苏联（而且是其人口最为稀疏的地区）边界附近存在着统计学上如此庞大的人口实体，有迹象表明这着实让苏联感到恐慌。意识形态争论当然更是激化了事态。

外围一些对共产主义政权极不友善的国家也因这个数字的刺激而震惊，同样让它们吃惊的还有 20 世纪 60 年代早期这个国家发生的事件（据说蒋介石希望趁机从台湾发动反攻而受到美国人的阻止）。很快，毛泽东也再一次试图恢复他的权威。他的策略之一就是批判自斯大林去世后苏联发生的种种事件。他认为，在那里专政铁柄的放松，虽然有节制，却向官僚制度和党内派系的腐败与妥协敞开了大门。如果纪律松懈，中国可能发生同样的事情，这种忧惧促使毛泽东发动"文化大革命"，在 1966 至 1969 年间，使国家和政党遭受冲击。许多人被拘禁、被剥夺工作或遭清洗。

对想让中国实现现代化的人们而言，"文化大革命"是又一次挫折。对毛泽东的狂热崇拜愈演愈烈；一些资深的党员、官员和知识分子受到迫害；大学被关闭，体力劳动被作为对全体公民的要求，以改变传统的态度。年轻人充当了迫害的主要工具。国家被"红卫兵"弄得混乱不堪，他们在各行各业恐吓权威。机会主义者在自己被年轻人打倒以前拼命地加入他们。最后毛泽东本人也发出信号，他认为事情过头了。新的领导干部被安排到位，代表大会确认了他的领导地位，但他还是未能如愿。军队终究还是恢复了秩序。

然而红卫兵的热情是真实的，在这场至今仍然让人们觉得奇幻的历史插曲中浮现的强烈道德偏见，仍然令人震惊。毛泽东发动"文革"的动机毫无疑问是复杂的。他似乎真的感觉到革命可能会停滞，有失去原有的道德热忱的危险。而在此之前正是这种热忱推动着革命前行。为了寻求维护这种热忱，旧的思想意识必须被清除，对残余的国外影响也同样如此。在中国，社会、政府和经济都应由意识形态驱动，有必要的话就与境外隔绝。知识分子和学者的传统声望仍然具体表达着旧秩序，正如在这个世纪之初考试制度的作用一样。对知识分子的"降级"和改造被视为建设新社会的必需结果。同样，对家族权威的攻击并不简单是对告密者和不忠者的鼓励，还是要试图打破中国所有体制中最为保守的一种。解放妇女、不提倡早婚的宣传不仅是一种"进步"女性主义观念或人口控制手段；它们是一种对过去的抨击，从来没有其他革命曾经做得如此彻底，因为在中国，过去的含义是，妇女的地位比美国、法国甚至俄国革命前夕所能发现的任何情况都还要低。对党的领导人的攻击，主要是谴责他们被儒家思想所动摇，这可远远不仅是嘲讽而已。这与西方没有可比性，因为西方在几百年来没有那么不可撼动的强大传统。"文化大革命"可能与现代化关系甚少，但它通过摧毁旧事物，为新变化开辟了道路。

　　然而，拒绝过去只是故事的一半。中国有着两千多年连续的历史，可以一直追溯到秦汉时代，甚至更早。这塑造了马克思主义中国化的形式。其中的一个线索就是权威的作用。尽管这场革命代价不菲，非常残酷，但中国的革命是一部英雄奋斗史，其波澜壮阔的程度，可与伊斯兰教的传播或近代早期欧洲在全世界的扩张相提并论。而中国革命与这些巨变的不同在于，它是集中指挥和控制的。其悖论之处在于，它依赖大众的热情，但是若缺乏继承了传统"天命"的国家的有意识指引，是不可想象的。中国人的传统是尊崇权威，而且给予它一种在西方长期都难以具有的道德认可。中国和其他任何大国一样都不可能脱离自身的历史。没有任何大国能够如此深入人心地让民众觉得，与集体相比，个人得失没有那么重要，为了国家的利益，政府能够合法地不惜代价调动庞大资源开展大型工程。只要权威是为公共的善而得到行使的，那么就不容置疑。对中国人来说，反对派的主张是灾难性的，因为这意味着社会分裂；它暗示着涉及西方个人主义的那种革命行不通，虽然这里并不缺少个人主义或集体的激进主义。

　　毛泽东所领导的政权，在从中国的过去获益的同时又扬弃了过去，因为他的角色可以很方便地用过去所界定的权威概念来理解。他既是导师又是官员（在中国人们总是很尊敬老师）；宣扬他的思想地位的红宝书无处不在，这让西方的评论家感到滑稽（但是他们忘记了很多欧洲新教徒的《圣经》崇拜）。毛泽东被视为社会核心的道德理念的发言人，一如当年的孔子。在毛泽东的艺术兴趣里也有些是传统的元素；作为诗人，他被人们赞美，他的诗歌赢得了行家的尊敬。但最重要的是，毛泽东是一位跨时代的、承前启后的重要人物：虽然他的许多努力未尽如愿，但他领导中国共产党重新统一了中国，摧毁了旧社会及其旧观念，为中国革命的下一次伟大转折扫清了道路。

　　历史的影响（无论好坏）也明显体现在中国的外交政策上。虽然曾在全世界资助革命，但是中国主要关注的还是东亚，尤其是朝鲜、印度支那这些曾经的藩属国。在后者的问题上，苏联人和中国人也是有分歧的。早在朝鲜战争之前，中国人就已开始向越南的共产党游击队提供武器，目标主要不是反对殖民主义（此事大局已定），而是为这之后的发展方向。在 1953 年，法国人已放弃了柬埔寨和老挝。1954 年，在一场对法国的声威和全体选民继续作战的意愿都十分重要的决定性战役中，他们丢掉了被称为奠边府的战略基地。从这以后，对法国来说，维持在红河三角洲的统治已不可能。来自中国的代表团参加了日内瓦会议，这因此代表着中国重新进入国际外交领域。会议同意越南分治，一边是南越政府，另一边是控制北部地区的共产主义者，直到选举产生统一的国家。这场选举从未举行。相反，中南半岛很快出现了自 1945 年以来亚洲反对西方战争的最激烈阶段。

　　但这一次，他们对抗的不再是之前的殖民列强，而是美国人。法国人已经打道回府，而英国人在其他地方也面临诸多问题。战斗的另一方，是中南半岛的共产主义者、民族主义者和改革家们组成的联合体，得到了中国和苏联的支援。中苏两国起初共同支持着他们，但后来却为获得影响力而彼此竞争。美国的反殖民主义和美国应该支援本土化政府的信念导致它支持南越政府，就像它支持韩国和菲律宾一样。不幸的是，无论是老挝，还是柬埔寨，都没能出现在当地被统治者眼中具有无可争议合法性的政权。美国的援助仅仅产生了人们认为勾结西方敌人的政府，而西方人在东亚并不受欢迎。美国的支持还容易倾向于让这些政权丧失进行改革、实现人民团结的动力。这主要是指在越南，那里的情况是，事实上的分裂没能在南方产生稳定而善意的政府。佛教徒和罗马天主教激烈地争吵，农民因为土地改革失败而与政权日渐疏离，然而，一个公然腐败的统治阶层却似乎在一届届政府更迭中屹立不倒。这使共产主义者获益。他们按自己的方式寻求统一，从北方获取支持，来支持越共（Vietcong）在南方的地下活动。

到 1960 年，越共已经控制了越南南部大部分地区。这就是 1962 年美国总统约翰·肯尼迪作出那个重大决定的背景：美国不仅提供了财政和物质上的援助，还派出 4 000 个"顾问"来帮助南越政府整顿军队。杜鲁门曾下决心要避免让美国卷入亚洲大陆的一场较大战争，但现在美国却迈开了抛弃这个政策的第一步。最终，这个决定导致超过 5 万美国人丧命。

在亚洲，华盛顿对冷战的另一回应，是尽可能长时间地保持美国因占领日本而获得的特殊地位。这种占领事实上就是独占，尽管也有英联邦军事力量的象征性参与。这种结果之所以可能，是由于苏联迟迟不对日宣战，而最终日本又迅速投降，让斯大林措手不及。美国人随后坚决拒绝了苏联共同占领的要求，因为苏联军事力量对占领毫无贡献。结果日本成为西方家长式管理在亚洲最后也最为成功的例子，也成为日本人再次展现他们惊人天赋的另一个新的实证：他们总能既保护自己的社会免受令人不安的变化影响，又能从他人那里学到想学的东西。

日本早就在经济和技术层面进入了欧洲模式范畴，但 1945 年发生的一切迫使日本从精神层面上也要进入。战败让日本的民众面临着在深层

次困扰着他们的国家认同和国家目标问题。明治时代的西化播撒了一个
"亚洲人的亚洲"之梦；这被包装为日本式的门罗主义政策，借由亚洲普
遍的反西方情绪推动而广泛传播，掩盖了日本帝国主义的事实。但这一
切都随着日本人的战败而烟消云散。1945 年之后，殖民主义的卷土重来
让日本在亚洲没有了明确可信的角色。的确，在此刻，日本似乎无力拥
有这一切。此外，战争表明日本脆弱不堪，这也带来极大的冲击。和英
国一样，日本的安全完全建基于对海洋的控制，一旦失败，国家就会有
大麻烦。此外，战败还带来了其他的后果：苏联人占领了库页岛和千叶
群岛，以及美国对日实行军事占领。最后，日本还需要修复巨大的物质
破坏和人员创伤。

　　但日本在 1945 年时的国家凝聚力仍然极为强大，尽管各中央机构因
为战败而丧失了合法性，但在保证投降井然有序方面，天皇的威望仍然
发挥了极大作用。美国在太平洋地区的指挥官——麦克阿瑟上将，想要
保留天皇制，将其作为和平占领可以倚重的工具，而且很小心地限制了
天皇在 1941 年以前拥有的决策影响力。他谨慎地赶在美国国内共和政体
热衷者能出手干预之前，监督制定了日本的新宪法（选民群体是原来的
两倍，还包括了女性）。他还发现以下主张很有效：应该给予日本经济援
助，以便尽快减少它对美国纳税人造成的负担。

　　有些日本人希望战败后可以马上对日本社会进行重构，根除军国主
义和威权主义统治，而美国人强制实行的改革对他们实现愿望大有帮
助。战后进行了一场重大的土地改革，日本有三分之一的农田都从地主
手中转归耕种者所有。到 1948 年，冷战也开始影响到日本，无论对日本
人自身，还是对美国的占领政策而言。美国占领当局开始放弃之前对工
会和激进组织的支持，转而与大批日本官僚、商人和地方领袖握手言和，
这些人都曾支持日本对外发动战争，只是没有在其中发挥重要作用而
已。有些人把美国政策的转变称为"开倒车"（尽管有点言过其实）。渐
渐地，日本的政治重新回到了保守主义占上风的状态，并一直持续到
今天。

随着朝鲜战争全面爆发，美国人在 1951 年认定，比起进一步令日本的教育民主化并认真地实现非军事化，还是让日本变为支持自己作战的盟友更为重要。他们于是抛出一份和平条约，然后是一份与美国的结盟协议。当然，苏联和中国都拒绝签署和约。而有些人认为，日本从中获得的是不完整的主权，因为宪法里宣称永远放弃"以国权发动的战争、武力威胁或武力行使作为解决国际争端的手段……永远不保持陆海空军"。但另一些日本人则欢迎这样的反军国主义宪法，甚至在美国人及本土一些保守派想要修宪时，他们还游行表示反对。虽然被局限在本岛，又面对一个世纪以来空前稳固的中国，日本所处的地位仍然说不上很糟糕。历史证明，就在不到 20 年的时间里，它的国际地位又会再次发生改变。

冷战使日本成了一个重要的基地，这也刺激了日本的经济。工业生产指数逐渐爬升回 20 世纪 30 年代的水平。美国通过外交手段在海外为日本争取利益。最后，日本处于美国的核保护伞之下，起初没有任何国防开支，因为它被禁止组建任何形式的军队。1960 年民众走上街头，抗议日美间条约续约，这阻止了执政的自民党进一步挑战左派、工会和学运。续约最终达成，但自民党首相岸信介（他在战争结束后曾作为甲级战犯嫌疑人被拘押）此时不得不辞职，而其继任者也只能搁置修宪，并与工会协商经济增长方案。国家激励、技术引进、劳工妥协、生产效率提高以及庞大的国外市场（多亏美国人），使得日本的人均 GDP 从 1960 年时只有美国的 16.2%，增长到 1990 年的 105.8%。这种转变非常引人瞩目。

日本与美国关系密切，与社会主义阵营地域上相邻，经济和社会进步、稳定，所有这些自然使它完全应该在美国建立的亚洲和太平洋地区安全体系中占据一席之地。该体系的基础是与澳大利亚、新西兰和菲律宾（在 1946 年独立）缔约。其次是和巴基斯坦及泰国缔约；它们是除了中国台湾地区之外美国人在亚洲仅有的"盟友"。印度尼西亚和（更加重要的）印度依然疏远。这些同盟部分地反映出自英国从印度撤退之后，太平洋和亚洲地区国际关系的新情况。英国虽然仍然还在苏伊士运河以东地区保留了军队，但是澳大利亚和新西兰在第二次世界大战期间就已经发现，英国保护不了它们，而美国却可以。1942 年，新加坡的陷落具有决定性意义。尽管 20 世纪五六十年代英国军队支持马来亚对抗印尼，香港也依然遭受他们的殖民统治，但很显然，这只是因为中国人的暂时沉默才得以维持。另一方面，想简单地按照冷战阵营来替各个国家站队是不现实的。与日本签署和约阻力重重，因为虽然美国视日本为一股潜在的反共产主义力量，但其他国家——特别是澳大利亚和新西兰——仍记得 1941 年的遭遇，非常害怕日本军国主义复活。

因此美国制定政策不能只考虑意识形态。然而，它长期受到这样一种观念的误导，即共产主义在中国获得成功，以及中国援助他国革命远至非洲和南美，乃是一场灾难。当然，中国在国际上的地位已经发生改变，而且会更进一步。然而，决定性的事实是，中国正在作为一股团结的力量重新崛起。她最终并没有加强二元的冷战体系，而是使之变得毫无意义。尽管一开始只是在原先的中国文化圈范围内起作用，但她终将极大地改变国际力量对比关系。变化的信号首先在朝鲜出现。"联合国军"在那里受阻，甚至还考虑过是否要轰炸中国。中国的崛起对苏联也具有十分重要的影响。莫斯科已经作为两极体系一端的领导力量多年，但从 20 世纪 60 年代起莫斯科始终不得不回过头去，看看自己的竞争者中国在做什么。

对于亚洲的欧洲化，中国革命既是对它的拒绝，又是对它的确认，两者融为一体。中国共产党宣示的观念，最早起源于欧洲。可是，先抗衡美国，后又抗衡苏联，充分表明中国始终拒绝以任何形式受西方支配。在中国共产党领导下，中国社会也在探寻新的组织形式，将古老的价值观念、思想形式同新观念、新洞察结合起来。中国，就如亚洲大部分地区一样，正在告别由欧洲人支配的过去，但即使这么做也仍在借镜西方，无论是工业资本主义、民主政治、民族主义还是马克思主义。

中东也摆脱了欧洲的掌控，但其方式却是前一代人极难预测到的。

以色列存活了下来，冷战的来临，以及对石油需求的剧增使得 1948 年之后的中东政治发生了革命性的巨变。相比英国之前的任何举动，以色列更加刺激到阿拉伯人的情感。它使泛阿拉伯主义变得真实可触。面对（曾被视为）阿拉伯人的土地遭受的不公正占领，巴勒斯坦难民的困境，大国以及联合国应为他们出头的义务，阿拉伯民众每思及此都伤心不已，而阿拉伯统治者也罕见地意见一致、同仇敌忾。

然而，在 1948 至 1949 年的失败之后，阿拉伯国家在一段时间内并未再次打算公开派军作战。一方面，整体的战争状态在延续；另一方面，一系列的休战条约为以色列确立了与约旦、叙利亚和埃及的实际边界，并一直持续到 1967 年。20 世纪 50 年代早期，边界冲突不断出现，针对以色列的袭击由从埃及和叙利亚难民营中招募的一群年轻游击队战士组织实施，但是，移民、勤奋的工作和来自美国的金钱支持有助于巩固新生的以色列。一手缔造了这个新国家的政党，其威望始终保持着，在它的领导下，犹太人忙于改造自己的新国家。随后几年里，犹太人在开发贫瘠的土地和建立新工业上取得了恢宏的进展。以色列的人均国民收入与人口更多的各个阿拉伯国家之间的差距在稳步扩大。

阿拉伯人还受到了另一重刺激。他们的国家得到的外来援助从没能带来如此巨大的变化。埃及是阿拉伯国家中人口最多的，尤其面临严重的贫困和人口增长的问题。产油国在 20 世纪五六十年代获益，收入增加和国内生产总值升高，但这却导致了更紧张的气氛和分裂。差异的拉大既出现在阿拉伯国家之间，也出现在国内不同阶层之间。大部分的产油国家都是被少数富人所统治，他们有时是传统派和保守派人士，偶尔也有民族主义者和西化的精英阶层，他们并不关心那些贫农和贫民窟居民。这种差别被一场新的阿拉伯政治运动所利用，这就是在战争期间建立的阿拉伯复兴社会党（Ba'ath）。它尝试综合马克思主义和泛阿拉伯主义，但是这场运动在叙利亚和伊拉克产生的两个分支（运动在这两个国家发展得最强劲），几乎从一开始就彼此争吵不休。

泛阿拉伯主义虽然有源自反以色列和反欧洲情绪的共同行动作为动力，但需要克服的东西还太多。哈希姆世系诸王国①、阿拉伯各个酋长国②，和北非以及黎凡特那些欧化的都市国家，彼此之间都有广泛的利益分歧，以及差别巨大的历史传统。它们其中的一些，比如伊拉克和约旦，完全是人为构造出来的，其国土形态完全是由 1918 年后欧洲列强的需求和愿望一手塑造，还有些国家则是社会和政治传统的结晶。甚至连阿拉伯语，在很多地方也仅在清真寺里才是通用语言（更别说并非所有讲阿拉伯语的人都是穆斯林了）。虽然伊斯兰教是许多阿拉伯人之间的纽带，但在很长一段时间里，它似乎作用不大。1950 年的时候，还很少有穆斯林认为这是一种军事化的激进信仰。仅仅因为以色列，阿拉伯人才有了一个共同的敌人，以及随之的一个共同的事业。

许多阿拉伯人的希望最初是被埃及革命所唤醒的，在此过程中，一个年轻的军人逐步崛起，他就是伽马尔·阿卜杜尔·纳赛尔。有一个时期，他似乎显得很有可能联合阿拉伯世界一起对抗以色列，并开辟社会变化的新道路。1954 年，他成为（两年前推翻埃及君主政体的）军事委员会的领袖。埃及的民族主义情绪在此前的数十年中主要攻击的替罪羊是英国，英国当时仍驻军在苏伊士运河区域，并参与了以色列的创建。这个区域对英国的通信和石油供应来说还是非常重要的，因为担心苏联在区域内影响力日增，英国政府一直在全力与阿拉伯统治者合作。对英国人来说，从印度撤退后，中东（如果想到英国人最初来到这里的动机，那多少有点讽刺意味③）并没有丧失它在战略上的吸引力。

这也是阿拉伯世界到处涌动着强大的反西方浪潮的时期。1951 年，约旦国王被暗杀；为了维持统治，他的继任者很清楚地表明，自己切断了与英国历史久远的特殊关系。再往西，此前已被迫承认摩洛哥和突尼

① 指源自穆罕默德宗族的世系家族，曾统治过汉志王国、伊拉克王国，至今仍统治着约旦。——译者注

② 指由被称为"谢赫"或"埃米尔"的部落首领或酋长统治的国家，类似于君主制，除阿联酋外，还包括科威特、卡塔尔等国。——译者注

③ 英国在一战期间与阿拉伯国家接触，希望它们起来反对奥斯曼帝国，并承诺会出兵相助并帮它们正式建国。——译者注

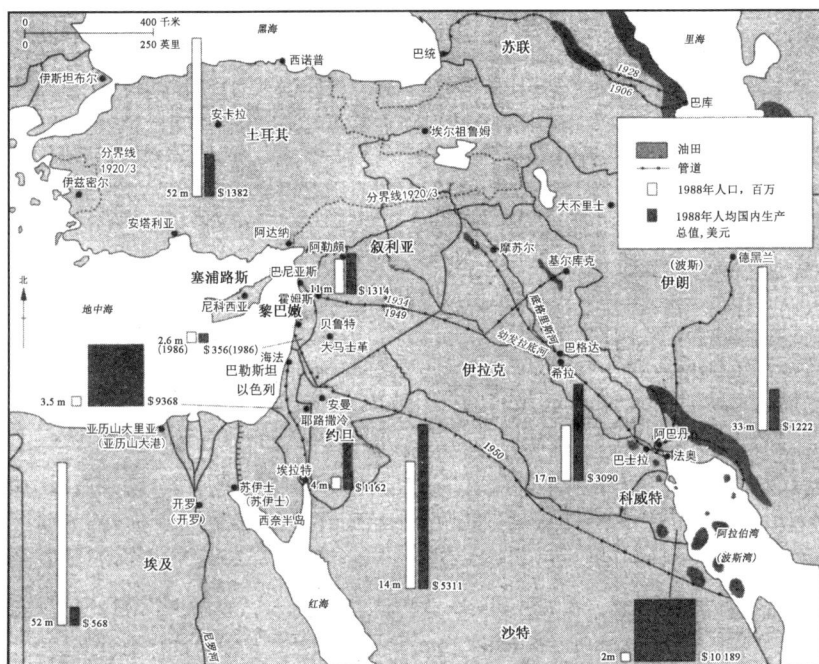

后奥斯曼时代的中东

斯完全独立的法国人又遇到了麻烦：到 1954 年，阿尔及利亚的民族主义
起义活动，很快演变成一场全面的战争。没有哪届法国政府会轻易地放
弃一个驻有上百万欧裔移民的国家。而且，撒哈拉地区还刚刚发现了石
油。在阿拉伯世界这样动荡不安的背景下，纳赛尔描绘的社会改革和民
族主义有很大的吸引力。他反以色列的情感毋庸置疑，他也很快兑现了
承诺，成功地与英国达成从苏伊士基地撤军的协议。与此同时，美国人
意识到苏联人在中东的威胁与日俱增，也暂时把他看作是一个可以接纳
的反殖民主义者和潜在的委托人。

　　但他很快就没那么有吸引力了。游击队从埃及的领土对以色列发动
突袭，但这片领土上有一个最重要的巴勒斯坦难民营，这引发了华盛顿
的不满。在 1950 年，英国人、法国人和美国人就已经表示，他们只会向
中东国家提供有限制的武器支援，而且要以维持以色列和阿拉伯人之间

的平衡为前提。当纳赛尔以棉花为担保与捷克斯洛伐克达成一笔军火购买交易，且埃及公开承认社会主义中国，西方对他的立场开始强硬起来。为了表示不满，美国和英国撤回了原先为其拟定的一项重大国内发展项目——在尼罗河上修一个高水坝——提供经费援助的提议。作为回应，纳赛尔将运营苏伊士运河的私人公司的财产充公，宣称要用其利润来修建水坝。这触碰了英国敏感的神经，原先受到帝国收缩而有所收敛的攻击本能，似乎合乎逻辑地与反共产主义以及与更加传统的阿拉伯国家间的友谊联系在了一起。这些国家的领导人开始满怀疑虑地将纳赛尔当作是革命激进分子。英国总理安东尼·艾登，痴迷于错误的类比，将纳赛尔视为新的希特勒，一定要在此人成功实施侵略事业之前加以阻止。至于法国人，他们被纳赛尔对阿尔及利亚人叛乱的支持惹恼。两国均正式地抗议运河国有化，并和以色列联手开始计划推翻纳赛尔。

1956 年 10 月，以色列人突然侵入埃及，他们宣布，将摧毁游击队骚扰以色列定居点的基地。英国和法国政府立刻宣称运河的航行自由受到威胁。它们要求停火，被纳赛尔拒绝后，它们首先发动了空袭，随后又发动海路进攻。英法否认与以色列共谋，但否认得有点荒诞。一看就是在撒谎，从一开始就非常难以置信。很快美国人就彻底地警醒，并担心苏联在这场帝国主义卷土重来的争斗中渔翁得利。美国用财政压力迫使英国接受一个由联合国商议通过的停火协议。英法的冒险以耻辱的方式失败。

苏伊士事件看起来是（其实本身就是）英法的一场灾难，但是从长远来看，它的重要性主要体现在心理上。英国人遭受的损失最大，它使其他国家对它纷纷丧失好感，尤其是在英联邦内部，而且它们还怀疑起英国从帝国各处撤退的诚意来。它加剧了阿拉伯人对以色列的憎恨；由于怀疑其与西方紧紧地联系在一起，阿拉伯人于是更容易接受苏联的迎合。纳赛尔的声望大幅提升。有些苦涩的是，苏伊士事件在关键时刻分散了西方各国的注意力，让它们无暇顾及东欧（当西方国家还在争吵不休时，那里反对苏联卫星国政府的匈牙利事件已被苏联军队粉碎）。然而，这次危机过后，区域事件的本质仍大体如常，虽然一场泛阿拉伯主义的新浪潮还可能会激化事态。苏伊士事件并没有改变冷战或中东的平衡。

1958 年，阿拉伯复兴社会党的同情者试图将叙利亚和埃及联起来组建阿拉伯联合共和国。这个尝试在 1961 年短暂实现。也是在那年，黎巴嫩亲西方的政府被推翻，伊拉克的君主政治也被革命清扫出局。这些事实激起了泛阿拉伯主义者的信心和勇气，但是阿拉伯国家之间的差异很快又再次凸显。全世界的人们都好奇地关注着美国军队被派往黎巴嫩，英国军队去往约旦，帮助该国政府镇压亲纳赛尔的势力。与此同时，虽然游击队曾在一段时间内受阻，但叙利亚和以色列边境的战斗仍在零星地进行。

然而，从苏伊士事件直到 1967 年，阿拉伯世界最重要的进展并没有出现在那里，而是在阿尔及利亚。阿尔及利亚法裔（pieds noirs）居民仍不肯妥协，众多派驻军人痛苦不堪（他们感觉受命在那里从事一项根本不可能完成的工作），几乎引发了法国自身的一场政变。尽管如此，戴高乐将军的政府仍与阿尔及利亚叛军进行了秘密的谈判。1962 年 7 月，经全民公决，法国正式承认新阿尔及利亚独立。100 万阿尔及利亚法裔满怀怒意地迁移到法国，扰乱了它的政局。讽刺的是，不到 20 年，法国将受益于阿尔及利亚的 100 万移民工作者，而他们的汇款对阿尔及利亚的经济也必不可少。1951 年，利比亚结束联合国托管独立，至此，除了仅存的小块飞地还归西班牙统辖外，整个北非海岸都不再由欧洲人主宰。然而，一如自被奥斯曼帝国征服以来的数个世纪中一样，外来的影响仍然持续扰乱着阿拉伯的土地，只不过现在是间接进行的——美国和苏联争相通过援助和外交手腕，拉拢收买朋友。

而美国是在很不利的条件下进行这一切的：没有哪个美国总统或哪届国会会郑重其事地向以色列施压，要求他们缔结和约。犹太人曾经历的伤痛让美国民众记忆犹新，而虽然在选举当年，艾森豪威尔总统曾在苏伊士事件中勇敢地和他们作对，但总体来说，犹太社群在美国国内的影响力相当大，根本难以与之抗衡。因此，埃及和叙利亚的政策继续鼓动反美，事实上也确实刺激了阿拉伯地区的反美情绪。另一方面，一旦以色列不再是可用来羞辱英国的工具，苏联就很快放弃了早期对它的支持。苏联此时的政策走坚定的亲阿拉伯路线，不遗余力地煽动阿拉伯人怨恨英国帝国主义在阿拉伯世界的残余势力。另外，同样起了一点作用的是，苏联人遏制了本国的犹太异见分子，让苏联人在 20 世纪 60 年代末又稍稍赢来一些阿拉伯人的好感。

同时，中东问题的背景也在慢慢地发生改变。20 世纪 50 年代在石油方面有了两项重要进展。一是，在一些地方发现了比之前大得多的储量，特别是在波斯湾的南边，主要是在仍处在英国影响力之下的几个小酋长国，以及沙特阿拉伯。二是，西方国家，尤其是美国的能源消费大幅提升。石油繁荣的主要受益者是沙特阿拉伯、利比亚、科威特，其次是伊朗和伊拉克，它们已经成为主要的石油生产国。这带来了两大重要影响。那些依赖于中东石油的国家——美国、英国、西德，不久以后还有日本——不得不在其外交政策上对阿拉伯人的看法给予更多的重视。这也意味着阿拉伯国家的相对财富和地位都发生了重大的改变。前三位的主要产油国，其人口并不多，以往在国际事务中也没多大分量。

1966 年，一个比以往远为极端的政府掌控了叙利亚的权力，它宣扬的目标还得到了苏联的支持。但在 20 世纪 60 年代中东这最后一场危机中，上述变化的影响力还并不十分明显。只要约旦的国王不支援巴勒斯坦的游击队（1964 年组建为巴勒斯坦解放组织，或 PLO），他就会受到威胁。约旦军队因此开始准备和埃及、叙利亚一道进攻以色列。但是在1967 年，以色列人被尝试封锁其红海港口的举动激怒，首先发起了攻击。通过一次很漂亮的战役，他们在西奈半岛摧毁了埃及的空军和陆军，把约旦人赶了回去，仅战斗了六天就将新边界扩张到了苏伊士运河、戈兰高地和约旦河一线。出于防卫目的，以色列推进到的这些地方已经大大超出了原先的边界，而且它宣布将保有这些领土。情况还不止这些。失败使原本魅力十足的纳赛尔黯然失色。他现在显然只能完全依赖于苏联的力量（当以色列人的前锋部队攻到苏伊士运河一带，苏联的一个海军中队便抵达亚历山大港帮忙防卫）和来自石油国家的援助。两者都要求他更加审慎。而这也意味着阿拉伯民众的激进领袖们将遭遇困境。

然而，1967 年的六日战争什么也没解决。新的巴勒斯坦难民潮又起；到 1973 年，据说大约有 140 万巴勒斯坦人流散在各个阿拉伯国家，留在以色列及其占领区的数量也大体相同。当以色列人开始在他们新赢得的征服领土上修建定居点时，阿拉伯人的怨恨变得更强。即使时势、石油和出生率似乎都有利于阿拉伯人，其他各种因素的走向却并不明朗。在联合国，由号称不结盟的各个国家组成的"77 国集团"促成了中止以色列（像南非一样）在某些国际组织中的资格，也许更重要的是，意见一致地通过一项决议，谴责以色列吞并耶路撒冷。另外一项决议则呼吁以色列从阿拉伯领土上撤退，以换取邻国的承认。同时，巴解组织转而在有争议的土地周边实施恐怖行动，以为他们的事业奋斗。像 19 世纪 90 年代的犹太复国主义一样，他们认定，西方式的民族国家神话就是终结他们苦难的答案：一个新国家应该是他们的民族地位的独立表达，而就像 20 世纪 40 年代的犹太好战分子一样，他们选择恐怖主义——暗杀和任意谋杀——作为他们的武器。很明显，另外一场战争迟早会爆发，随之而来的一种危险就是，由于美国和苏联分别支持敌对双方，一场世界性战争可能突然从本土冲突中引发，就如 1914 年那样。

当埃及和叙利亚在 1973 年 10 月犹太人神圣的赎罪日攻击以色列时，危险似乎一触即发。由于对手的军队大有改观，而且还装备着苏联的武器，以色列人首次面临军事失败的可能性。埃及人推进到西奈半岛，而以色列历尽艰难仍无法将他们击退。然而，以色列人另辟蹊径，于 10 月 20 日进军到离开罗不到 60 英里处，以及离叙利亚首都大马士革不足 25 英里处。以色列人终于再次获胜，不过是在苏联被指输送核武器到埃及，美国在全球保持军事戒备之后。在当时，这种严酷的背景是不会全然告知公众的，同样秘而不宣的是，以色列自己也拥有核武器，而且显然准备在极端的情况下加以使用。

然而，这并不是危机有可能超越该区域蔓延的唯一途径。1919 年遗留的奥斯曼帝国领土继承问题（以色列的出现只是问题的一部分）持续在产生毒害，导致其加剧的因素首先是英国和法国在两次大战间隔期的政策，然后是冷战。但现在很清楚的是，中东的世界角色已经发生了重要的改变。1945 年，世界最大的石油输出国是委内瑞拉；20 年之后不再如此，大多数经济发达国家在很大程度上都靠中东地区来供给石油。在整个 20 世纪 50 年代及 60 年代的大部分时间里，美国人和英国人都有信心从这个地区获得廉价、更为确定的石油补给。1953 年，他们推翻了对自己不友善的民族主义伊朗政府，成功处理了曾有可能阻碍他们获取伊朗石油的潜在威胁，并在伊拉克维持着非正式的管控影响力直到 1963 年（那一年阿拉伯复兴社会党夺取了政权），还毫不费力地获得了沙特阿拉伯的友谊。

然而，赎罪日战争结束了这个时代。在沙特阿拉伯的领导下，阿拉伯国家宣布切断对欧洲、日本和美国的石油供应。以色列不得不面对这样一种可怕的可能性：它不可能总是依赖之前总能赢得的在阿拉伯地区以外的外交支持，也不能总是依赖他人对大屠杀怀有的罪恶感，对一个在落后地区实现进步的国家的同情和钦佩之情，也不能总是依赖美国犹太社群的影响力。对美国及其盟友来说，这不是一个好时期。1974 年，联合国 138 个成员国一起反对西方（关于以色列和南非问题），这在联合国历史上还是第一次。尽管当时联合国赞成派兵前往西奈半岛分隔开以色列人和埃及人，但这个地区面临的根本性问题却没有一个得到解决。

无论如何，"石油外交"的影响远远超出了该地区本身。一夜之间，自 20 世纪 60 年代末期一直在积累的经济问题变得尖锐起来。世界石油价格猛涨。各地对石油进口的依赖变成对无力维持国际收支平衡的恐惧。挣扎于已变成烂泥潭的越南战争中的美国也受到严重打击，日本和欧洲也出现全面的衰退。或许，一切看起来就像，一个新的 20 世纪 30 年代正在来临；无论如何，经济增长有确定保障的黄金时期已经结束。同时，石油进口国家中最穷的国家在石油危机中遭受的损失最大。许多国家很快就面临物价飙升的通胀，有些国家只能穷尽几乎所有的收入（同时也是非常亟须的收入），来向它们的债权国支付高额的债务利息。

日益高涨的石油价格对非洲大部分地区的冲击非常大。20 世纪 50 年代和 60 年代早期，非洲大陆经历了速度快得惊人的非殖民化进程。这是令人振奋的，但是却留下了许多虚弱的新国家，特别是在撒哈拉沙漠以南地区。在这段总体而言或许和平得令人惊讶的非殖民化进程中，相关的主要帝国主义国家是法国、比利时和英国。1943 年意大利就已失去自己在非洲最后一块殖民地；解放进程中，仅在阿尔及利亚和葡萄牙人的殖民地发生了流血冲突，而在 1974 年国内发生革命后，葡萄牙人放弃了殖民地。由此，开启了欧洲人海外冒险和统治事业的伊比利亚人，也几乎是最晚放弃殖民事业的。事实是，殖民帝国纷纷卷铺盖走人，非洲人开始掌握非洲时，大量的流血事件发生了，但是对法国和英国来说，这些冲突仅在涉及白人定居社区时才值得着重关注。而在其他地方，法国和英国的政治家们都在可能的情况下，试图通过对自己的前臣民们给予善意的赠予，竭力保留影响力。

结果就是，撒哈拉以南非洲的现有形态主要归因于 19 世纪欧洲人的决定（就像中东许多国家的政治结构归因于 20 世纪欧洲人的决定一样）。新非洲国家的边界通常就是前殖民地的边界，而且事实证明，这些边界表现出显著的持久性。边界内部经常包括了拥有不同的语言、血统和习俗的族群，之前殖民当局的管理至多也就提供了表面的团结统一而已。非洲和亚洲不同，它缺乏具有统一作用的伟大本土文明，来对抗殖民造成的大陆分裂，因此，殖民帝国撤退后，随即出现的是巴尔干式的各国林立。对西化的非洲精英阶层（塞内加尔，一个伊斯兰国家，却有一位会用法语写诗的总统，他还是研究歌德的专家）颇有吸引力的民族主义教条，只是再次肯定了大陆的分裂，却往往忽视了一些曾由殖民主义控制或操纵的重要事实。新统治者偶尔尖锐的民族主义言论，通常是对离心力带来的风险的一种回应。西部非洲梳理了古代马里和加纳的历史记录，东部非洲则在极力思考和挖掘或许隐藏在诸如津巴布韦废墟等遗迹中的过去，以便像欧洲早期民族主义者一样塑造民族神话。民族主义既是撒哈拉以南非洲的非殖民化运动的产物，也是其起因。

　　内部的新分裂不是非洲面临的唯一问题，也不是其最严重的问题。尽管非洲大陆有巨大的潜力，但是让未来繁荣兴旺起来的经济和社会基础却是不稳固的。帝国主义的残余再一次产生了巨大的影响。殖民统治体系在非洲留下的文化和经济基础设施，比留在亚洲的更加薄弱。识字率低，受过训练的管理人员和技术专家少。非洲重要的经济资源（特别是矿产）需要技术、资金和市场推广机制才能得到开发利用，而这一切在近期只能从外部（许多黑人政治家将南非白人控制区也算作"外部"）获得。更重要的是，由于欧洲人的需求和利益，许多非洲国家的经济近期都经历了动荡和混乱。在 1939 至 1945 年战争期间，英国一些殖民地的农业为了出口而大规模转向经济作物。许多农民之前种植谷物、饲养家畜都仅供自己消费，这样的转向从长期来看是否对他们有利，仍存在争议，但可以确定的是，其直接后果却是迅速显现且意义深远的。后果之一是现金流入，为的是购买英国人和美国人所需的产品。这在一定程度上明显让人感到工资变高了，但现金经济的扩张通常具有扰乱地方经济的效果。始料未及的城市发展和区域增长出现了，腐败现象也在增长。

　　许多非洲国家就这样与特定的发展模式绑定在了一起，但这些模式在战后世界很快就显现出脆弱性和不足之处。即使像"英国殖民地发展和福利基金"这样慈善性质的计划，或许多国际扶助计划，在客观上也促使非洲生产者被世界市场所束缚，而作为自主的决策者，他们并没有准备要进入这样的市场。而司空见惯的是，独立后实施的错误经济政策，又让情况变得更加糟糕。他们总是比照当地生产的产品来人为地压低经济作物的价格，因此，通过进口替代谋求工业化的动机经常导致灾难性的后果。几乎总是农民为城市居民作出牺牲，低价导致他们没有动力提高产量。考虑到 20 世纪 30 年代人口开始增长，在 1960 年后增长更加快速，随着对摆脱殖民获取"自由"后的现实状况的失望，不满就必然会产生。

尽管如此，虽然面临重重困境，撒哈拉以南非洲的非殖民化进程却不可能被阻断。1945 年时，非洲真正独立的国家仅有埃塞俄比亚（它本身只在 1935 至 1943 年短暂地处于外国殖民统治之下）和利比里亚，虽然在事实和法律上，南非联邦是英联邦的一个自治领，因而在形式上被排除在此列之外（英国殖民地南罗德西亚当时的身份更加模糊，因此掩盖了它实质上的独立）。到 1961 年（当时南非成为一个完全独立的共和国，并退出英联邦）为止，又有 24 个新非洲国家获得独立新生。现在则超过了 50 个。

1957 年，加纳成为非洲撒哈拉以南第一个前殖民地新国家。非洲人摆脱殖民主义后，他们所面临的问题也随之迅速浮现。在随后的 55 年里，非洲发生了 25 场战争，有 30 个国家元首或总理被谋杀。有些冲突爆发得相当严重。在前比属刚果，矿产资源丰富的加丹加省试图自行独立的举动引发了一场内战，相互竞争的苏联和美国势力的快速介入使事态变得更加复杂，与此同时联合国则努力恢复和平。随后，在 20 世纪 60 年代末期，出现了一个更加令人沮丧的插曲，尼日利亚，这个非洲当时最为稳定、最有前途的新独立国家，发生了内战。这场血腥的内战同样也引得非洲以外势力介入（一个原因是尼日利亚加入了石油生产国行列）。在其他国家，争斗虽然没有那么血腥，但是派系之间、地区之间和部族之间的斗争仍然很激烈，这就使得人数本来就少的西化政治精英发生了动摇，放弃了他们在殖民主义体制苟延残喘之时一度津津乐道的民主与自由。

冷战时代末期的各场战争，给非洲造成了尤其大的破坏。对抗推行种族隔离制度的南非及其支持者的战争，导致了大量人道灾难，南非在邻近国家挑起的各种内战同样如此。1990 年至 1993 年的卢旺达战争中，煽动分子利用以往的部落冲突，挑起了针对图西族的种族灭绝，造成至少 50 万人死亡，占到该国图西族人口的 20%。在刚果（由西方支持的独裁者蒙博托统治的 32 年里，称作扎伊尔），20 世纪 90 年代末的国内冲突引来了外国介入，很快激化为这块大陆有史以来最具毁灭性的战

争，造成至少 500 万人死亡。殖民主义的终结，并不意味着非洲的苦难
已走到尽头。

　　在众多新独立的非洲国家中，为防止现实的或是想象中的瓦解，压
制公开异见和强化中央集权，导致 20 世纪 70 年代出现了不少一党专政
政府或是军人独裁政权（与南美解放战争之后新独立国家的历史不无相
似）。通常，独立之后，曾反对在独立过程中胜出的"民族"政党者，会
被扣上叛国的污名。那些古老的独立非洲国家幸存下来的政体也无法逃
脱。由于对无法提供和平的政治和社会变革的"旧制度"失去耐心，这
就引发了 1974 年的埃塞俄比亚革命。"犹大的狮子"① 的退位，几乎恰
巧与世界上最古老的基督教君主政体的终结同步（同时也终结了这里的
王室世系，其谱系在某个版本中据说可一直上溯到所罗门和示巴女王之
子）。一年后，夺权的军人看起来像其前任一样不可信。非洲别处也出现
了类似的变化。有时出现的一些政治专制者让欧洲人又想起了他们之前
的独裁者，但是这种比较可能会产生误导。非洲民族主义者委婉地暗示
出，新生国家的"强人"们大部分都能被视作继承了非洲前殖民时代的
国王们，而不是欧洲式独裁者的衣钵。然而，这些人有一些简直就是
盗匪。

　　非洲人自身的麻烦，并没有减少很多非洲人通常对外部世界表现出
来的怨怒。有些刺激的根源并不久远。非洲人视为种族剥削典型事例的
基于旧日欧洲奴隶贸易的这场神话剧，乃是欧洲人和北美人一手造就
的。政治自卑感在非洲大陆上这些相对比较弱小无力的国家（部分国家
的人口低于 100 万）普遍存在。在政治和军事方面，一个分裂的非洲不
可能期望在国际事务中具有多大重要性，尽管它也做出过努力，来尝试
克服分裂造成的弱点。一个失败的例子就是 1958 年试图创建非洲合众
国，它开创了一个结盟、部分联合和试图结成联邦的时代，并在 1963 年
以非洲统一组织（OAU）的成立达致高潮。这在很大程度上归功于埃塞

――――――――――
　　①　埃塞俄比亚末代皇帝海尔·塞拉西一世的称号。"犹大的狮子"在《圣经·旧约》中是
犹大部落的象征，在《启示录》中还指诞生自这个部落的耶稣。――编辑注

俄比亚皇帝海尔·塞拉西。然而，在政治层面上，尽管在 1975 年为保护非洲生产商的利益与欧洲谈判达成了一项有利的贸易协定，但非洲统一组织并没有什么成果。

对独立非洲早期的大部分政治历史的极度失望，使有些政治家在经济发展上转向寻求合作，首先就是与欧洲——它仍是非洲最重要的国外资本来源。但是殖民时代的剥削回忆，成为这类发展的阻碍，再加之许多非洲国家认为交易不公平，因为它们所出口的原材料价格总体上被压得很低。许多国家转向了国内市场，并引入各种指令性经济。有一些则开始同苏联和东欧国家合作。不过这类计划中有真正成效的非常少。非洲独立后的经济记录，直到近期，仍然还非常糟糕。1960 年，粮食生产仍与人口增长大致保持一致，但到 1982 年，撒哈拉以南 39 个国家中除了 7 个外，其人均口粮均比 1970 年的还要低。腐败、政策不当和过分关注以炫耀声威为主要目的的投资案，败光了国家的产出，以及部分来自发达国家的经济援助。

1965 年，整个非洲大陆的国内生产总值加起来还低于美国的伊利诺伊州，而在 20 世纪 80 年代，一大半非洲国家的制造业产出额都呈下降趋势。就是这样虚弱的经济，却首先遭遇了 20 世纪 70 年代早期石油危机的打击，随后又面临贸易衰退。之后持续的干旱更是让非洲雪上加霜。1960 年非洲的国内生产总值增速是年均约 1.6％，虽不是个激动人心的数字，但毕竟是正增长。可是，发展趋势不久就开始下滑，在 20 世纪80 年代前半期，以年均 1.7％的速度下降。这就不难理解为什么联合国非洲经济委员会在 1983 年时，将非洲经济发展历史趋势的图像描述为"近乎一场噩梦"。

自 20 世纪 90 年代末起，大多数非洲国家的经济都开始增长，前景看起来更加充满希望了，至少在 2008 年金融危机开始之前是如此。原材料价格上涨，治理状况得到改善，至少在某些国家是这样。长期内战的结束也大有帮助，金融体系以及通信和基础设施的改善也功劳不小。但非洲想要摆脱贫穷和不平等状况，还有很多重大问题需要解决。艾滋病

的肆虐需要很长一段时间来消除（在有些国家，年轻人口中有超过 10%
都被感染，而且这种疾病还在进一步蔓延）。还有更多国家的国民收入几
乎完全依赖单一作物或矿物，受教育水平也很低。非洲大部分地方可能
急需在代议制政府领导下实现政治稳定，以摆脱混乱和冲突，取得可持
续发展。

　　非洲国家中最强大的南非，在很多年里都由白人统治着，与这片大
陆其他地方相隔离，这一事实显然无助于非洲的发展。讲南非荷兰语的
布尔人直到 1945 年一直主宰着这个国家，他们热衷于戳英国的痛处，从
大迁徙时期，一直到他们因布尔战争的失败而更为怨愤。第一次世界大
战结束后，他们对维系英联邦联系的纽带展开积极破坏，其进程由于盎
格鲁-撒克逊裔的选民集中在开普敦和纳塔尔两地而变得更加容易。布尔
人在德兰士瓦和主要的工业区，乃至农村偏僻地区都有稳固的势力。南
非确实在 1939 年站在英国一边加入战争，并提供了重要的战斗力量，但
即使如此，不愿合作的"南非白人"（Afrikaner，这群人逐渐以此自称）
却支持了一场倾向于与纳粹合作的运动。

　　1948 年，布尔人的领导人在全国大选中战胜南非资深政治家扬·史
末资（Jan Smuts），成为南非总理。当布尔人在联邦内部稳步巩固力量，
在工业和金融领域建立其地位时，对非洲黑人实施背离其深刻偏见的政
策的前景已经无法想象。其结果就是种族隔离制度的创建。它系统地体
现并强化了非洲黑人的法律权利萎缩，使之与布尔人观念里非洲黑人的
低劣地位相符。它的目标就是在这片地区确保白人的优越地位，而这里
的工业化和市场经济，已经很大程度打破了不断增长的黑人人口因旧的
部落区分形成的法规和分布状况。

　　种族隔离对非洲其他地方的白人也有吸引力——而且他们秉持的理
由，甚至要比原始的迷信或是所谓的南非白人的必要经济需求更不可原
谅。黑人和白人人口比例与南非大致相当、财富集中程度也相当的唯一
国家是南罗德西亚。让英国政府极为难堪的是，1965 年，为了避免彻底
的非殖民化，它退出了英联邦。令人担忧的是，分裂者的目标就是推动

社会越来越像南非。英国政府犹豫不决，失去了阻止的机会。撒哈拉以南非洲国家暂时无法对罗德西亚采取什么措施，联合国能做的也不多，尽管对这块前殖民地以贸易禁运的形式采取了"制裁"。很多撒哈拉以南非洲国家忽视禁令的存在；而对于主要石油公司积极采取行动将产品运给叛逆者的行为，英国政府也是睁一只眼闭一只眼。这是让一届无能内阁最丢脸的一大轶事，大英帝国的声望在非洲人眼里沉沦了。非洲人想当然地不能理解，英国政府为什么没有像1776年那样明目张胆地派兵镇压一块殖民地的叛乱。但很多英国人反思的结果是，正是借鉴了这一久远的先例，他们才会认为出兵干涉一个遥远且军力薄弱的自治邦实在不可取。

虽然南非（非洲最富裕最强大的国家，而且还在持续变得更加富有和强大）看起来安全有序，但它与罗德西亚和葡萄牙一道，成为自20世纪70年代开始引发撒哈拉以南非洲愤怒的主要对象。南非对国内黑人的微小让步及其与一些撒哈拉以南非洲国家经济联系日益增强，均无法弥补种族战争的前景。外部力量也很可能迅速卷入。1975年，葡萄牙帝国崩溃，一个马克思主义政权在安哥拉夺权。内战随后展开，外国共产主义战士从古巴前来支持这个政府，同时南非和美国也很快开始支持反对派与之对抗。

南非政府早就表示它可能采取行动。它试图摆脱与顽固不化的罗德西亚结盟的尴尬（1974年葡萄牙人结束在莫桑比克的统治，反罗德西亚的游击运动开始以此为基地发动，让罗德西亚的独立前景日趋黯淡）。美国政府担心，万一罗德西亚落入共产主义者支持的黑人民族主义者手中，后果将不堪设想。它向南非人施压，南非人又向罗德西亚人施压。1976年9月，罗德西亚总理悲伤地告诉他的国民，他们不得不接受全体国民拥有投票权的原则。建立一个由白人统治的非洲国家的最后尝试归于失败。这也是欧洲帝国主义衰落的又一个里程碑。然而，当罗德西亚的白人不情不愿地开始实施全面的多数人统治时，游击战争还在延续。最后，在1980年，罗德西亚先是短暂地归由英国统治，之后再次独立，这次是作为新的国家津巴布韦，并且有了一位黑人总理。

　　这让南非成为这片大陆上唯一由白人主导的国家和最富有的国家，还越来越成为全世界愤恨的焦点。尽管世界各国对安哥拉内战的看法不一，但各国领导人对南非的种族歧视却通常都意见一致。1974 年，联合国大会因为南非的种族隔离政策而禁止其参会。苏联及其盟友们也越来越积极地支持所谓（对抗南非的）"前线国家"，为它们提供武器。古巴部队也继续驻守安哥拉。在比勒陀利亚看来，北边世界的观点对自己越来越不利，国内的安全状况也正在恶化。越来越多的南非年轻人开始加入反对种族隔离的阵营。1976 年，在约翰内斯堡的黑人街区索韦托举行的反政府示威中，176 人中枪身亡。

　　到 20 世纪 80 年代早期，毫无疑问，南非正面临危机。贸易因为制裁而受损，但更糟糕的是，南非的白人们开始感觉到，在种族隔离方面他们得不到国外的声援。甚至连美国也在 1985 年对南非实施制裁。其实，被压迫感本身就足以敲响丧钟了。这个国家因为害怕武装起来的黑人反抗，越来越变为一个警察国家，这种恐怖高压的氛围让所有人都遭殃。越来越多的非白人群体开始聚集在遭到禁止的非国大（ANC，南非非洲人国民大会）领导下，自 1962 年一直遭监禁的纳尔逊·曼德拉则是他们的精神领袖。连一些年轻的白人也开始公开反对他们所继承的这种体制，而在纳米比亚和安哥拉进行的战争尤其不得人心。

　　随着南非白人开始分裂，政府被迫撤出安哥拉并与纳米比亚达成协议，让后者得以在 1988 年按照多数原则获得独立。皮特·威廉·波塔（P. W. Botha）总统在自由派和保守派中都不受欢迎，终于在 1989 年黯然下台。继任的弗雷德里克·威廉·德克勒克（F. W. de Klerk）很快表明，他想要进行改革，废除种族隔离制度。政治抗议和反对行为都获得了更大的自由权。集会和游行合法化，被监禁的黑人民族主义领导人得到释放。冷战的结束让这些变化更加迫在眉睫；甚至南非的保守派白人领导人，也害怕在东欧和平演变之际，南非警察射杀游行示威者的影像资料在全球四处流传。

突然，前方的道路戏剧性地敞开了。1990 年 2 月，德克勒克宣告"一个新的南非"诞生。9 天后，象征性人物纳尔逊·曼德拉，非洲人国民大会领导人，终于从监狱获释。不久以后，他开始忙于与政府讨论南非未来的发展。尽管他的言辞坚定，但还是流露出了新现实主义的积极迹象，即应当安抚白人少数派，让他们相信自己未来可以在黑人多数派的领导下生活，这个任务势在必行，即使南非的白人们自身有时候让这种现实立场变得相当困难。当然，这样的迹象也使得一些黑人政治家变得更加不耐烦。纳尔逊·曼德拉要掌控的局势非常复杂，对一个刚结束 27 年监禁生涯获得自由的人来说，更是如此。

南非向民主体制的过渡并不简单。即使德克勒克以迅速而极具勇气的行事方式，到 1991 年底撤销了大部分种族隔离制度的立法，但在白人精英阶层中，还有很多人以各种方式抵制变革。但不论是 1993 年非洲人国民大会杰出的左翼领导人克里斯·哈尼遇刺，还是黑人城镇的种族冲突（种族隔离状态下无赖分子的行为通常使其加剧），都不可能毁掉迈向多数人统治的道路。逐渐地，所有的南非人无论种族，都将纳尔逊·曼德拉——人们经常尊敬地以其族名"马迪巴"称呼他——视为多种族新国家政治稳定和经济进步的捍卫者。1994 年曼德拉当选为总统，他谈到国家的重生和所有南非人重新获得的自豪。但还是在第二年，当曼德拉穿上由全白人运动员组成的南非国家橄榄球队的球衣，庆祝他们在世界杯上获得胜利时，他才真正成为白人与黑人团结的国家象征。球队的白人队长说："马迪巴神奇的力量帮助了我们。"1999 年，当曼德拉从总统职位卸任时，所有南非人都有理由这样说。

20 世纪末，南美也正在发生变化。对大多数人来说，过去的几十年间，生活和福利标准都令人失望。虽然 20 世纪的开端充满希望，但接下来拉丁美洲却似乎被困在了众多历史遗留问题，以及并不友好的国际局势里。

到 1900 年，一些拉丁美洲国家开始安顿下来，不仅稳定而且繁荣。阿根廷是世界上最富有的国家之一。除了新大陆发现之初的殖民影响外，它们还受到 19 世纪欧洲的文化影响，特别是法国的影响，这些影响力在后殖民时代深深吸引了拉丁美洲的精英阶层。他们的上层社会已经高度欧化，南美大陆上众多大城市的现代化反映了这一点，同样地，这些大城市也反映出近代欧洲移民的影响，这批移民逐步取代了老殖民精英。至于美洲土著人的后裔，他们几乎在各个地方都被边缘化了。在一两个国家里，他们被抑制得如此彻底，以至于几近消失。

几乎所有拉丁美洲国家都是初级的农业或矿物输出国。一些国家相对而言城市化程度较高，但它们的制造业部门却是无足轻重的，在相当一段时间内，它们似乎也没受到 19 世纪欧洲的社会和政治问题的影响。除了仅在金融危机与幻灭的影响下短暂和偶尔中止外，资本持续大量涌入这片大陆。1914 年前拉丁美洲国家仅有的一场社会革命（为了反对政府人事更迭频繁），始于 1911 年墨西哥独裁者波菲里奥·迪亚斯（Porfirio Diaz）被推翻。这导致了近十年的斗争，10 万人死亡。但在革命中起主要作用的，是感到自己被现有政治制度排除在外、无法获益的中产阶层，而不是工业和农业无产者，而中产阶层最终也是主要的得利者。另外获利的还有在革命中崛起的政党政治家们，他们垄断权力直到 20 世纪 90 年代。尽管大多数拉丁美洲国家在其国家内部显示出大量的阶级冲突，但它们似乎并没有经受工业化和城市化过程中欧洲的社会阵痛。

这些看起来前景一片光明的社会没受到一战太大的影响，继续繁荣发展。这给其与欧洲和北美的关系带来重要的变化。1914 年前，虽然美国在加勒比海地区有压倒性的政治影响，但它在南美的经济影响并不大。1914 年，美国在格兰德河以南的外国投资中仅占 17%，而英国的份额要大得多。一战期间，英国的份额清零改变了那种现象；到 1919 年，美国已成为南美洲最大的外资来源地，提供了南美大陆外资的约 40%。然后世界经济危机开始。对拉丁美洲国家来说，1929 年打开了一扇通往一个令人讨厌的新时代之门，至此它们的 19 世纪才真正结束，20 世纪才真正开始。许多国家拖欠外国投资者的债务，于是从国外几乎不可能借到更多的资金。繁荣崩溃导致民族情绪增加，有时这指向别的拉美国家，有时指向北美人和欧洲人；在墨西哥和玻利维亚，外国石油公司被没收。传统的欧化寡头集团由于自己没能处理好国家收入下降所导致的问题，被迫作出妥协姿态。从 1930 年开始，军事政变、起义和流产的叛乱比独立战争以来的任何时候都要多。

　　1939 年由于战争需求（1950 年朝鲜战争延长了这种趋势），商品价格上涨再一次带来繁荣。尽管阿根廷统治者对纳粹德国的钦佩臭名昭著，在别的几个共和国也有德国影响的迹象，但它们中的多数不是响应设法向其献殷勤的同盟国，就是跟随美国。它们大都在战争结束前就加入了联合国阵营，巴西更是向欧洲派遣了一支远征小分队，做出了令人惊讶的表示。然而，战争对拉丁美洲最重要的影响是经济方面。其中最重要的一点是，早前对美国和欧洲工业品的过度依赖，如今以物资短缺的形式暴露出来。强劲的工业化动力在几个国家加速显现。在战后时期，随工业化产生的城市工人群体作为军事精英和传统精英阶层的竞争对手，成为一股新的政治力量进入政治舞台。专制主义、半法西斯主义但具有广泛民众基础的政治运动，把一种新型的政治强人推上了权力舞台。阿根廷的庇隆是最著名的，但 1953 年的哥伦比亚和 1954 年的委内瑞拉也产生了类似的统治者。共产主义在人民大众中没有取得如此显著的成功。

　　美国在加勒比海运用其压倒性力量的过程中，也产生了一个重要的变化（但并不是战争所致）。在 20 世纪的头二十年里，美国武装力量先后 20 次直接干预邻国的共和政体，甚至有两次走得更远，建立起受保护国。在 1920 至 1939 年间仅有两次这样的干预，即 1924 年在洪都拉斯和两年后在尼加拉瓜。到 1936 年，在拉丁美洲国家的领土范围内，任何地方都没有美国军队驻扎，除了达成协议的驻地外（在古巴的关塔那摩基地）。间接施压也在减少。在很大程度上，这是承认环境变化的一种可感知的标识。20 世纪 30 年代的直接干预一无所获，罗斯福总统通过宣扬"好邻居"政策（值得注意的是，他在第一次就任演说上首次使用这种表述）来确立其价值，强调美洲国家不应相互干预内政（罗斯福也是历史上第一位对拉丁美洲国家进行国事访问的美国总统）。

在华盛顿的鼓励下，这种新政策开创了一段美洲大陆外交和制度合作的时代（国际形势的恶化，以及越来越意识到德国在美洲的影响，也推动了这种合作）。它成功地结束了玻利维亚和巴拉圭之间血腥的查科战争。这场战争从 1932 年一直持续到 1935 年。合作的高潮是 1939 年发布拉丁美洲中立宣言。宣言声称在其 300 英里水域范围内保持中立。然后，在第二年，一艘美国巡洋舰被派往蒙得维的亚支持乌拉圭政府对抗令人担忧的纳粹政变。事情已经变得前所未有地明显：门罗主义及其"罗斯福推论"已经悄然演变成某种形式的共同防御体系。

1945 年后，拉丁美洲再一次反映出国际形势的变化。在冷战的早期阶段，美国的政策集中关注欧洲，但在朝鲜战争后，它开始将关注点南移。对于拉美（所有反美味道的）民族主义的偶然表现，华盛顿不再过于惊慌，而是更为关注避免美洲的南半球部分为苏联的渗透提供温床。随着冷战升级，美国对拉丁美洲国家政府的支持变得更具有选择性。这有时也导致了一些秘密行动，例如，1954 年颠覆得到共产主义者支持的危地马拉政府。

同时，美国的决策者们也急切地认为，贫穷和不满为共产主义提供的机会应该被消除。他们提供了更多的经济援助（在 20 世纪 50 年代，向拉美提供的援助与向欧洲和亚洲提供的相比，份额很小，但在接下来的十年里有大幅增长），称赞那些声称要进行社会改革的政府。不幸的是，一旦这些政府通过国有化消除美国资本的控制，华盛顿就再一次转变态度，要求给予补偿，数额之巨，往往使改革变得非常困难。因此，从整体上看，美国政府虽然也可能谴责个人独裁政府的过分行为，诸如对 1958 年之前的古巴政府那样，但它会发现，像在亚洲一样，它还是倾向于在拉丁美洲支持保守利益集团。这也不是一成不变的；它支持的一些政府还是积极作为的，特别是玻利维亚在 1952 年实施了土地改革。但事实仍然是，就像前一个世纪的大部分时间里一样，穷困的拉美人的疾图例：
- 10.6　人均GDP（千美元）
- 29　人口（百万，2011年）
- ● 有500万以上人口的城市
- ○ 有100万以上人口的城市

地图标注：
华雷斯城　美国　墨西哥湾　N　大　西　洋

蒙特雷　墨西哥城
10.1
112
墨西哥
莱昂
萨波潘　墨西哥城　普埃布拉
3.2
15
危地马拉城　伯利兹　2.2／8　哈瓦那　古巴　5.1／11　5.6／9　多米尼加共和国
洪都拉斯　牙买加　海地　0.7／10　波多黎各
危地马拉　特古西加尔巴　1.2／6　加勒比海
萨尔瓦多　尼加拉瓜　马拉开波
3.9
6　哥斯达黎加　巴兰基亚　加拉加斯　特立尼达和多巴哥
8.9
4　巴拿马　巴塞西梅托　巴伦西亚　圭亚那
麦德林　委内瑞拉　苏里南
卡利　波哥大　10.6／29　法属圭亚那
8.5
3　4.4／15　基多　哥伦比亚
尼瓜多尔　7.1／47
瓜亚基尔　马瑙斯　贝伦
太　平　洋
利马　秘鲁　福塔莱萨
5.9／30　玻利维亚　巴西　12.8／194　累西腓
圣克鲁斯-德拉谢拉　2.3／11　萨尔瓦多
戈亚尼亚
3.7／6　巴西利亚
贝洛奥里藏特
里约热内卢
瓜鲁柳斯
坎皮纳斯　圣保罗
门多萨　库里蒂巴
圣地亚哥　阿雷格里港
科尔多瓦　罗萨里奥　乌拉圭　13.9／3
智利　布宜诺斯艾利斯　蒙得维的亚
14.4／17　阿根廷
11.0／40
马尔维纳斯群岛

拉丁美洲的人口（百万）柱状图：
- 1945：132
- 1965：233
- 1985：403
- 2010：562

比例尺：
0　1600千米
0　1000英里

当代拉丁美洲

苦呼声并没有得到民粹主义者或保守派统治者的聆听，因为两者都仅仅听取了来自城市的意见，但显然，最贫苦的是农民，其中大部分是美洲印第安人。

然而，虽然华盛顿方面高度紧张，但拉丁美洲并没有发生什么革命活动。当然，除了古巴革命之外。这场革命在当时被给予了很大希望，也引发了很多忧虑。它在很多方面都是个特例。古巴与美国的距离很近，使其意义尤其重大。历史已经反复表明，能进入巴拿马运河区这一点在美国的战略考虑上的重要性，甚至高于苏伊士运河之于英国。其次，古巴在大萧条期间遭到了非常严重的打击；它实际上仅仅依靠一种作物——蔗糖，而且仅有一个出口地——美国。而且，古巴相比其他拉丁美洲国家与美国保持着更密切而令人讨厌的"特殊关系"，这种经济纽带仅是原因之一。其历史关联可以追溯到 1898 年前古巴脱离西班牙独立之时。直到 1934 年，古巴的宪法中都还包含着限制古巴外交自由的条款。美国仍然保留着在古巴岛的海军基地。在城市资产和公用事业上美国有大量的投资，古巴的贫穷和低价格水平，使它对追求赌博和女孩的美国人有很大的吸引力。总而言之，古巴爆发了历史上那场得到大众支持的激烈反美运动，实在不足为奇。

长期以来，美国都被作为藏于战后保守的古巴政权背后的真正掌权者而受到谴责，尽管在 1952 年独裁者巴蒂斯塔夺权后这种情况实际上已经停止；美国国务院并不赞同他的做法，在 1957 年切断对他的帮助。而此时，一个年轻的民族主义律师——菲德尔·卡斯特罗，已经开始他反对这个腐败政府的游击活动。不到两年时间，他就赢得了胜利。1959年，作为新的革命古巴的首位总理，他将其政权描述为"人道主义的"，并强调，并非共产主义。

卡斯特罗的最初目标仍不为人知。或许他自己也不清楚他的目标。一开始他是与想推翻巴蒂斯塔的各界人士并肩作战，人员构成相当广泛，从自由主义者到马克思主义者不一而足。这些有助于使美国安心，于是曾短暂资助他，想让他成为古巴的苏加诺；美国公众则将他视作浪漫主义偶像加以崇拜，他的大胡子在美国激进主义者中风行一时。可一旦卡斯特罗转向干预美国公司利益，开始推行土地改革和蔗糖业国有化政策，双方关系很快变得恶化。他也公开谴责古巴社会那些支持旧政权的美国化元素。在古巴革命后卡斯特罗想要团结古巴人，反美主义是一种（或许是唯一的）合理的方式，而且毫无疑问，他本人也确实有这种情绪。

不久，美国中断了与古巴的外交关系，也开始施加其他各种压力。美国政府确信，这个岛国可能会落入卡斯特罗日渐依赖的共产主义者之手。苏联领导人赫鲁晓夫警告说，如果美国采取针对古巴的军事行动且终止门罗主义，可能招致苏联火箭武器的攻击，但似乎于事无补。美国国务院很快宣称对所谓终止门罗主义的报道是夸大其词。最后美国政府决定运用武力推翻卡斯特罗政权。

协商之后，美国人让古巴流亡分子来实施计划。1961 年总统换届，约翰·肯尼迪继续贯彻这个决定。在美国的支持下，流亡分子已经在危地马拉受训，美国与古巴的外交关系也已经中断。这些行动并不是肯尼迪发起的，但他既不够谨慎也不够深谋远虑，没能加以阻止。这是很遗憾的，因为新总统对拉美的态度在其他方面都表现良好，而且很显然在一个时期内，美国需要在那里培植对本国的亲善意愿。在美国金钱和武器的支持下，古巴流亡分子组成的远征军，在 1961 年 4 月进行了"猪湾行动"，可最终结局悲惨，而这也让更积极接触的可能性几乎立刻化为泡影。卡斯特罗开始真正地转向苏联，在 1961 年底宣布自己是一名马克思列宁主义者。

随后，一个新的和更加明显的冷战阶段开始出现在西半球，开局对美国而言很糟糕。美国发起的行动招致了世界各地的反对，因为它进攻的是一个受欢迎的、有坚实基础的政权。自此以后，古巴像一块磁石一样吸引着拉丁美洲革命者。卡斯特罗的政权越来越倾向于追随苏联模式，他的政府所推行的政策，与美国的压力一道，让经济受损严重，却带来了平均主义和社会改革（在 20 世纪 70 年代，古巴宣称其儿童死亡率是拉丁美洲最低的)。

　　作为古巴革命的副产品，古巴很快就发生了整个冷战时期最严重的两个超级大国的对峙，这或许也是冷战的转折点。1962 年初，赫鲁晓夫决定在古巴部署苏联核导弹，部分是出于保卫古巴的革命，部分是想赢得针对美国的战略优势。赫鲁晓夫告诉同仁们，美国人已经在与苏联接壤的多个国家部署了导弹。而现在，这位冲动的苏联领导人想要给美国人点颜色看看，同时也向全世界的革命同伴们保证，苏联是革命真正的朋友。一场危险的游戏就这样开始了，到 1962 年 10 月，苏联的核弹头已经秘密部署在了古巴，同样就位的还有一批中程导弹，能够将核弹头射向大陆上美国的任何一个角落。

　　1962 年 10 月，美国人拍摄的侦察照片证实，苏联人正在古巴修建导弹基地。肯尼迪总统一直等到其确凿无疑时才宣布，美国海军将阻止任何船只向古巴继续输送导弹，已在古巴的导弹必须撤离。一艘黎巴嫩船只在随后几天受到登船搜查，苏联船只仅受到监视。美国强大的核武力量做好了战争准备。几天之后，在肯尼迪和赫鲁晓夫之间多次通过私人信件交换意见后，后者同意撤出导弹。

　　危机此时已大大超出了美洲所在半球的历史界限，到处都在讨论它的外部反响。单就拉丁美洲的历史而言，即使美国答应不入侵古巴，它仍然继续将其与其邻居孤立起来。毫不奇怪，古巴革命的吸引力似乎有一段时间在其他拉美国家的年轻人中稳步增长。但这没有使它们的政府给予卡斯特罗更多的同情，特别是当他开始说古巴是整块大陆的革命中心时。结果，玻利维亚一场失败的革命尝试表明，革命不太可能轻易成功。古巴的情况实属例外。鼓舞了各处此起彼伏的农民起义的希望，最终被证明是虚幻的。其他国家当地的共产主义者开始谴责卡斯特罗的行为。事实证明，革命需要的潜在人力和物资总体而言来自城市而不是乡村，来自中产阶级而不是农民；正是在几座大城市，游击运动仅在几年之内就开始占据报纸头条。尽管运动进行得风风火火，风险也很大，但不明朗的是，他们是否得到广大民众的支持，虽然在一些国家里，施加于这些游击战士身上的暴行使大众更疏远了专制独裁政府。

与此同时，反美情绪持续高涨。肯尼迪提出的基于社会改革——如他所说的一个"进步联盟"——的新美洲一体化设想，由于美国人对待古巴的态度引发憎恶而毫无进展。他的继任者林登·约翰逊总统，做得也差不多，或许因为他对拉丁美洲的兴趣远低于国内的改革。在联盟最初提出以后，这个倡议就再也没人提起。更糟糕的是，1965 年它被卷土重来的直接干预的旧模式所取代：在多米尼加共和国，四年前，美国帮助推翻并击毙了一个腐败残暴的独裁者，并建立起一个锐意改革、奉行民主的政府。当这个政府被保护特权阶层的军队推翻（他们觉察到了改革的威胁），美国中断了援助。似乎进步联盟终究也会被区别运用。援助很快恢复，对其他右翼政权也是如此。1965 年反军人叛变的结果是，2 万美国军队到达将其扑灭。

到这十年末期，"联盟"实际上已经被遗忘殆尽，部分是由于对共产主义的持续担忧，导致美国在拉丁美洲各处支持保守派，部分是因为美国面临大量的其他紧迫问题。一个讽刺的结果是，既然共产主义的威胁似乎还将持续，那些毫不担心会失去美国支持的政府掀起了对美国资产攻击的一个新高潮。智利国有化了最大的美国铜业公司，玻利维亚接管了石油产业，秘鲁没收了美国人的种植园。1969 年，拉丁美洲国家政府召开了一个没有美国代表出席的历史性大会，会上，美国的行为受到明确而毫无保留地责难。那年，美国总统的代表进行的一次巡访在一些国家引发了抗议和骚乱，美国资产遭袭击，美国人被要求离开。当艾森豪威尔的副总统的"友好"之旅在一片讥讽和唾弃声中结束时，它更像是此前十年的终结。总体来说，到 1970 年时，拉丁美洲的民族主义似乎进入了一个新的活跃期。如果古巴激发的游击运动曾经代表着一种危险，它们现在不再是了。一旦内忧消失，对政府来说没有理由不去尝试利用反美情绪。

然而拉丁美洲真正的问题并未得以解决。20 世纪 70 年代，长期积累的经济问题暴露出来，到 80 年代愈演愈烈，到 1985 年时，观察家们开始提及一场明显无法解决的危机。以下几个因素导致了危机。尽管南美洲的工业化非常迅速，却受到咄咄逼人的人口增长和社会不平等问题联合造成的威胁，正当拉丁美洲的经济困境再一次显示出其棘手程度之时，这对组合的最坏影响也开始显现。进步联盟的援助方案显然在处理这些问题上失败，而失败又滋生了对如何使用美国基金的争吵。管理不善产生了巨额外国债务，这妨碍了继续获取投资和达到更好贸易平衡状态的尝试。社会分化仍然显得危机重重。即使最发达的拉丁美洲国家仍显示出财富和教育上巨大的差异。就算有些国家存在法制和民主制度，似乎也越来越不足以处理这些问题。在 20 世纪六七十年代，秘鲁、玻利维亚、巴西、阿根廷和巴拉圭都经历了持久的军事独裁统治，大量的民众相信，民主和文官政府无法带来的变化，只有靠专制独裁才能实现。

在 20 世纪 70 年代，从阿根廷、巴西和乌拉圭这些曾经被看作是文明法治的国家，世界开始听闻越来越多虐待和暴力镇压的情况。智利与大多数邻国相比，拥有立宪政府的历史都更长，也更连续，一直到 1970 年的选举。这一年，分裂的右派让位于少数派的社会主义联盟。当萨尔瓦多·阿连德（Salvador Allende）领导下的新政府推行它所说的"智利社会主义之路"后——将铜矿国有化、重新分配土地、强制提高穷人工资——经济所承受的压力导致了严重的通货膨胀和消费品短缺。智利右派煽动支持者走上街头，结果是 1973 年，在美国支持下爆发了军事政变。许多智利中产者被似乎日益恶化的形势吓坏了，并相信被推翻的政府已经被共产主义者控制，于是也赞同了政变。南美最长的宪政统治实验就此终结。

智利新的独裁军政府很快表明，它会毫不犹豫地利用最野蛮残忍且无所不用其极的方式来迫害反对者和批评者。最后，它重建了经济，甚至在 20 世纪 80 年代晚期开始显示出仿佛它还能够克制约束自己。但是它带给智利社会的思想分裂比迄今为止这个国家所见识过的都要深。这个国家成为毫无疑问也潜藏在其他拉丁美洲国家内部的各种风险的绝佳象征。而且所有这些风险并不都属于同一类。到 20 世纪 70 年代，哥伦比亚围绕争夺对本国巨量可卡因生产的控制权，已经爆发了内战（直到下个世纪开始时仍然在激烈进行），实际上造成了国家的四分五裂。

雪上加霜的是，20世纪70年代早期，石油危机降临于这个麻烦缠身又误入歧途的大陆。它使这里的石油进口国家（除了墨西哥和委内瑞拉）的外债问题失去控制。在接下来的二十年里，一个又一个的国家尝试了各种经济补救措施，但所有这些都被证明是无效的或不可行的。失控的通胀，外债收取的利息，过去糟糕的政府造成的资源配置的扭曲，以及易于滋生腐败的管理和文化上的缺陷，似乎已不太可能解决。1979年，阿根廷政府为民众动乱所推翻，在接下来的十年里，阿根廷人经历了200倍的通胀。

拉丁美洲如今仍然是，而且或许比以往任何时候都更像一个随时可能爆发的不安的大陆。除了同样充满苦痛外，这里的国家之间变得越来越不相似，尽管它们有着共同的根源。由印第安人、奴隶、殖民和后殖民经历所导致的分层，反映在了各个阶层不同的经济状况上，随着20世纪50和60年代所设想的发达的、高科技社会的到来，新的分化进一步增加，因为由此而来的好处只有富人才能享受到，穷人却不能。就像在亚洲，尽管那里的情况没有那么明显，现代文明作用于历史悠久的社会而产生的张力，现在比以前任何时候都更加清晰可见，即使拉丁美洲自16世纪以来就对此有所经历。但在20世纪80年代，它们通过专制独裁者和激进分子实施的恐怖主义而格外强烈地表达出来，继续威胁着之前树立的文明和法制标准。

然而，在20世纪90年代，主要的拉丁美洲国家出现了民主法治政府的大规模复兴，以及经济复苏。在这些国家，军政府被正式抛弃。这有助于美洲半球内部的关系变得越来越好。阿根廷和巴西双方一致同意终止它们的核计划，同时在1991年，它们与巴拉圭和乌拉圭一起，建立了一个共同市场——南方共同市场（Mercosur），并立即发起削减关税活动。1996年，智利也加入进来。这种充满希望的氛围仅受到几次叛乱尝试的干扰，但经济情况没受很大影响，仍然坚挺。不幸的是，到了这十年的中期，整片大陆上良好的状况开始出现问题，到 90 年代末，世界货币基金组织不得不推出新的方案来将阿根廷和巴西从麻烦缠身的状况中解救出来。前景不妙的是，虽然阿根廷已经将本国货币与美元挂钩（美元本身也是导致其部分困难的根源），但巴西却再一次开始显示出通胀的影响。而阿根廷的外债飙升到无法掌控的程度。国际社会面临空前规模的债务拒付。在临近 2001 年底时，布宜诺斯艾利斯居民再次走上街头，在十天之内经历了数次流血事件和三位总统更迭后，面临着新一轮的通货紧缩和艰难时期。

　　21 世纪早期，经济增长开始稳定出现在大多数拉丁美洲国家中，但经济增长领域的赢家和输家也表现得很明显。许多国家的经济增长要比 20 世纪 50 年代以来任何时候都要快得多，但这些发展成就在国内产生的回报，在居民中的分配是不均衡的。例如巴西，按照大多数标准都是全球最不平等的社会。它的 1.7 亿人口中，最富有的 10％达到了欧盟平均生活水平，最贫穷的 50％的生活则在 20 世纪 90 年代鲜有改善。在 21 世纪初期，很多拉丁美洲国家是左翼政府赢得大选，反映出这种发展不平等受到关注。但即使是激进的领导人——他们包括委内瑞拉的激进民粹主义者乌戈·查韦斯，智利温和的社会主义总统米歇尔·巴切莱特（2006 年当选），和巴西的路易斯·伊纳西奥·卢拉·达席尔瓦（2003 年当选）——都不愿意触碰过去十年间以市场为导向的改革，这类改革被普遍认为让这些国家在超过一代人以来第一次出现了经济发展。因此，经济增长与赤贫之间的矛盾很可能将成为拉丁美洲未来一些年发展的关键问题。

第 3 章　危机与缓和

在 20 世纪 70 年代，两个超级大国仍然如同巨人般支配着全世界。自 1945 年来一直如此。它们的言论依然把世界说成好像只分为它们的追随者或敌人那样。但是其他国家看待它们的方式已经在发生变化。很多人相信美国已经失去了对苏联压倒性的军事优势，但或许根本就没有任何优势。这个观念是错的，但是许多人甚至连一些美国人也认同它。那些很容易因预示动荡将出现的信号而感到害怕的人总在想，如果另一场冲突发生会带来怎样的后果。另一些人认为越来越势均力敌的平衡会使这种危机变得不可能，别的相关变化的影响也很难评估。两大阵营或多或少曾经都是内部团结的集团，边缘围绕着一些随时可能被它们吞并的小虾米，但其内部正呈现出紧张的信号。新的争吵开始超越旧的意识形态分歧。更耐人寻味的是，有望成为超级大国的新力量正在出现。一些人甚至开始谈论缓和时代。

再一次，变化的根源要回溯到过往岁月中，各个时期之间其实并没有明确的分界线。例如，斯大林之死不可能毫无影响，虽然这在当时并没有马上带来苏联政策的转向，因此也就使得人们更难解释其意义。随后的人事变化在近两年之后导致赫鲁晓夫作为苏联政府的决策人上台，1956 年莫洛托夫从外交部部长的位子上退下来，他是斯大林的忠实追随者，冷战外交的老手。之后，赫鲁晓夫在苏联共产党二十大的一次秘密会议上发表了一篇轰动的演说。在演说中，他谴责了斯大林时代的错误，宣布现在苏联外交政策的目标是"共存"。演说很快被广泛宣传，这动摇了共产主义者向世界展示的团结一致形象，第一次疏远了西欧的许多共产主义同情者——此前，苏联的现状还从没让他们感到困扰，或者，这次揭露只是让他们有机会在不受良心谴责的方式下表达出由来已久的背离之心。

如果 1956 年的局势没有迅速恶化的话，赫鲁晓夫的演说或许能与苏联削减军备的宣言一起，推动国际事务的新气象。然而，苏伊士事件的形势要求苏联对大英帝国和法国施以威胁；莫斯科可不想因为没能支持埃及而损害与阿拉伯世界的友好关系。但是同一年在波兰发生了反苏骚乱，在匈牙利爆发了反苏暴乱。而苏联的政策总是病态地对其卫星国背弃和不满的信号异常敏感。1948 年，苏联顾问被从南斯拉夫召回，随后南斯拉夫被共产党和工人党情报局（Cominform）开除。南斯拉夫跟苏联和其他社会主义国家签署的条约被废止，对"铁托主义"长达五年的尖刻攻击开始了。直到 1957 年两国政府才最终达成谅解，苏联做出让步，并象征性地重新开始对铁托的援助。

然而，南斯拉夫作为一个社会主义国家在华约之外继续存在着，这让莫斯科感受到破坏性影响和尴尬，从而对东方阵营中的各种风吹草动变得更加敏感。像 1953 年东柏林的反苏骚乱一样，1956 年夏天波兰的骚乱显示出，即使在非常接近中心的地区，因经济的不满而加剧的爱国心也会发出挑战。同样的力量有助于解释 1956 年 10 月布达佩斯的骚乱为何会演变成为一场全国性的运动，导致苏联军队从该城市撤离。新的匈牙利政府承诺所谓自由选举，结束一党执政。当新政府也宣布退出华沙条约，宣称匈牙利中立，并请求联合国解决匈牙利问题时，苏联军队返回了，结果数千人逃离这个国家，匈牙利事件平息。联合国大会两次谴责苏联的干预，但都无济于事。

这一事件使两边阵营的态度更加强硬。苏联领导层再次意识到他们是多么不受东欧人民的欢迎，因此也对西方所谓"解放"他们的说法更是怀疑。西欧国家也再次认清了苏联实力的真相，并试图稳固自己不断恢复的力量。

1957 年 10 月，苏联人造卫星"斯普特尼克一号"揭开了超级大国太空竞赛的时代，给美国认为苏联技术落后于美国的自信心以极大的震动。赫鲁晓夫时代的苏联外交政策继续保持对抗，不合作，有时显得异常自信。由于担心西德有重新武装的危险，苏联领导人急于加强他们的卫星国——德意志民主共和国的实力。被德意志民主共和国版图包围起来的西柏林显而易见的成功和繁荣令人尴尬。东西之间的城市内部边界容易被穿越，经济富裕和自由吸引越来越多的东德人——特别是技术工人——到西德去。1958 年，苏联谴责了柏林赖以运转了十年的体制，声称如果找不到更好的解决办法，苏联占领区将移交给德意志民主共和国。之后，争吵持续了两年。

随着柏林的危机气氛不断加深，难民潮急速从柏林涌出。东德前往西德的人口数字 1959 年是 14 万，1960 年达 20 万。当 1961 年前 6 个月人员流出超过 10 万时，东德当局在这年 8 月突然修建了一堵墙（不久通过地雷和带刺铁丝网加强），切断了柏林苏占区与西方占领区之间的通道。不久，紧张气氛急剧增加，但长期来说，柏林墙使事态平静下来。它阴暗的存在（以及时不时有试图穿越的东德人被打死）成为二十五年间西方冷战宣传的绝好证据。但德意志民主共和国在阻止移民方面确实取得了成功。当美国清楚表明不准备就柏林的法律地位作出让步，哪怕开战也在所不惜，赫鲁晓夫悄悄放弃了更多极端的要求。

同样的情况随后在古巴也出现了，尽管所冒的风险更大。相比对德国问题上的风吹草动，美国的欧洲盟友们对此并没有显示出直接的兴趣，苏联人看起来也对古巴的利益没有太多关注。此外，在超级大国"纯粹的"实力对抗上，苏联似乎一直在被迫让步。虽然肯尼迪总统会避免具有危险的挑衅意味的行动或语言，并通过只提出基本的要求来让对手有简单的退避选择，但他并没有做出过明显的让步，尽管不久后美国导弹从土耳其悄悄撤走。赫鲁晓夫马上不得不对美国不会侵占古巴的许诺表示满意。

很难说这不是一个主要的转折点。作为冷战在全球扩张的终极代价，苏联必须面对核战的前景，但觉得这无法接受。意识到冲突的风险有可能因误会而引发，有必要在一般外交渠道之外增加更为密切且直接的沟通方式，两国随后在首脑之间建立起直接的电话通信——热线。同样很清楚的是，不管苏联如何自夸，美国在武装力量上的优势一如既往地巨大。与两个超级大国的直接冲突最为相关的新式武器是洲际导弹；1962 年末，美国人在洲际导弹上优势明显，其数量是苏联的六倍以上。苏联开始着手缩小这方面的差距，为此做出的选择就是，要火箭，不要黄油。苏联消费者再一次承受了负担。

其间，对古巴冲突的处理推动英国、美国与苏联就限制在太空、大气层和水下限制核武器试验达成第一个协议。裁减军备的努力还将持续多年，但始终徒劳无功。但是在核武器方面的协商，毕竟好歹取得了一项积极成果。

1964 年，赫鲁晓夫下台。自 1958 年以来，作为政党和政府首脑，他个人对苏联历史的贡献似乎就是造成了一场巨大的震荡。那意味着有保留的"去斯大林化"，对农业的巨大忽视，在重点军种方面的变化（偏向成为其精锐军种的战略火箭部门）。赫鲁晓夫在外交政策方面的倡议（除了灾难性的古巴冒险之外）成为免除他职务决定的根本原因。然而，尽管在军队的默许下他被他所冒犯和警告过的同仁拉下台，但他没有被处死，或被投入监狱，或甚至被流放到蒙古的某个发电站。很明显，苏联正在让政治变革变得更加文明。这一切与过去的对比相当鲜明。

斯大林死后，苏联社会确实宽松了一些。在苏共二十大上的演说一直被提及，即使其主旨在于让批评转移，不再集中于那些曾参与犯下斯大林受谴责的错误的那些人（像赫鲁晓夫本人）。（斯大林的遗体被象征性地从列宁的墓地移走，那是国家圣地。）接下来的数年被一些人称为"解冻时期"。作家和艺术家被允许有少量的创作自由，同时这个政权也短暂地表现出它开始更加关注世人对其某些行为的看法，比如它对待犹太人的方式。但这是个别的和零星的。唯一清楚的也许是，斯大林死后，尤其是在赫鲁晓夫统治时期，政党作为苏联生活中一种更加独立的因素显现出来。

如今看起来有些古怪的是，人们纷纷开始谈论，美国和苏联变得越来越相似。这意味着苏联的政策变得越来越缺乏威慑力。但这种"趋同"

论用扭曲的方式强调出一个无可争辩的事实：苏联是一个经济发达的国家。在 20 世纪 60 年代，由于这一点，一些欧洲左翼人士认为社会主义是一条实现现代化的可行道路。但是经常被忽略的事实是，苏联经济也是低效的和扭曲的。

虽然苏联工业在重工业方面的实力长期以来都很明显，但与美国人相比较，苏联的个人消费者仍然很穷，倘若没有昂贵的补助金制度体系，可能还会穷更多。俄国的农业曾经养活了中欧许多城市，曾为沙皇时代的工业提供原料，如今却始终不见起色；矛盾的是，苏联经常不得不购买美国的谷物。1961 年，苏联共产党计划到 1970 年，实现在工业产量上超过美国。但这没有发生。而肯尼迪总统同年派人登月的计划实现了。然而，苏联与不发达国家相比，无疑是富裕的。虽然以消费社会的角度看，美国和苏联之间的不一致非常明显，但对穷人来说，它们有时看起来并无差别。许多苏联人会更有意识地将他们这个在 20 世纪 40 年代灾难重重且贫困不堪的国家与其在 60 年代的情况相比，意识到两者之间的差距，而不是把本国与美国对比。

两种制度的比较也并非总是一边倒。例如，苏联在教育上的投入实现了与美国一样的高识字率，甚至比美国当时还要更好一些。这种比较很容易让人混淆对量的判断和对质的判断，尽管如此，基本的事实不会改变，在 20 世纪 70 年代，苏联的人均国内生产总值仍然远远落后于美国。即使它的公民在 1956 年终于得到了养老金（比英国人晚了近半个世纪），他们也不得不忍受比西方差得越来越远的医疗健康服务。长期以来的落后状况和阻碍发展的因素还需要得到剔除。直到 1952 年，苏联的实际收入才回升到 1928 年的水平。"趋同"论总是太过乐观，也太过简单。

尽管如此，到 1970 年时，苏联的科学和工业基础，其规模和最优势领域可以与美国相匹敌。它最明显的表现，并激发了苏联公民爱国自豪感的伟大源泉，是在太空领域。到 1980 年，在太空轨道上的金属飞行物已经如此之多，因此，想要再次激起 20 年前第一批苏联卫星上天时引发的赞叹已非常困难。尽管美国在迅速跟进，苏联的太空成就仍是最棒的。

对太空探测的报道满足了爱国者的想象力，人们回报以包容苏联日常生活其他方面不足的耐心。对一些苏联人而言，他们的太空技术证明了革命的正确，这样说并不为过；这表明苏联能够做到别的国家可以做到的几乎任何事情，还可以做许多只有一个国家能做到的事情，甚至可能做一两件一个时期内没有其他国家可以做到的事情。俄罗斯母亲终于就此实现了现代化。

但是，这是否意味着在某种意义上苏联正在成为一个令人满意的国家，领导人更加自信，很少质疑外部世界，不致妨碍国际环境，则是一件完全不同的事情。苏联对中国复兴的反应似乎并没有显示这一点，曾有提议要对中国进行先发制人的核攻击（尽管是为了回应中国的严重挑衅）。到 1970 年，苏联社会又开始表现出内部紧张的新信号。异议和批评，特别是对知识分子自由的约束，在 20 世纪 60 年代首次变得明显，腐败横行和日益严重的酗酒现象等反社会行为的征兆也是如此。但是他们很可能成功控制住了这两类因素，使其不能像在其他大国一样，产生引发重大变化的潜力。从长远来看，事实证明，其他没那么明显的事实却具有更重大的意义；在 20 世纪 70 年代，以俄语为母语的人第一次成为苏联人口中的少数派。同时，这个制度下，个人自由和基本人权的权限仍然由行政决议和国家机器支持的机构限定。苏联和美国（或者是任何一个西欧国家）之间生活的差别，仍然可以通过诸如在屏蔽外国广播上的庞大开支等衡量标准来评估。

由于一些明显的原因，美国的变化比苏联更容易观察到，但这并不总是使变化的本质更加容易辨别。美国力量确实增长了，这对世界非常重要，这些都毋庸置疑。在 20 世纪 50 年代中期，美国容纳了世界人口的 6%，却生产了世界工业产品的一半多；到 2000 年，仅加利福尼亚州的经济总量就足可成为世界第五大经济体。1968 年，美国人口突破 2 亿（在 1900 年有 7 600 万），每 20 个人中仅有 1 个不是本土出生（虽然在十年内有大量讲西班牙语的人口从墨西哥和加勒比海地区移民美国）。1960年后出生人数在增长，而出生率却在下降；在这方面美国在主要的发达国家中是独一无二的。美国人越来越多地生活在城市或是郊区。自 1900 年以来，他们死于某些恶性肿瘤的可能性增加了两倍；但矛盾的是，它却是公共健康医疗状况改善的一个确切信息，因为它表明其他疾病正在不断得到控制。

成就辉煌的美国工业体系在 1970 年时被一些非常大的企业所支配，其中一些企业所掌握的资源和财富比一些国家掌握的还要多。考虑到这些大公司在经济领域的分量，经常有言论称，应当监督这些公司，以保护公共机构和消费者的利益。但毫无疑问它们有着创造财富和权力的经济能力。尽管事实将表明，美国的工业力量可能做不到它被要求做到的所有事情，但它是战后世界一个非常大的恒量，支撑着美国对外政策实施所依赖的巨大军事潜力。

在 20 世纪 50 年代，政治神话仍然重要。杜鲁门总统的第二任期和艾森豪威尔总统的任期都充斥着嘈杂的辩论，和更加自说自话的、关于美国政府干预经济所带来风险的言论。这些大部分都没能切中要点。自 1945 年以来，联邦政府保持着，且实际上还增加了其作为美国经济第一消费者的重要性。政府开销成为主要的经济刺激，增加政府开支成为成百上千的利益集团和资本家们的目标；平衡的预算和参照商业体系设置的低成本行政体制的希望，总是因这样的现实而搁浅。重要的是，美国是一个民主国家；无论什么教条的反对，无论多少华丽修饰的攻击，一个福利国家仍在缓慢地进步，因为投票者希望它走那条道路。这些事实让传统的不受政府控制和干预的自由经济的理想变成了空想。它们也有助于延长民主联合。在 1952 年和 1968 年当选的共和党人总统每一次都得益于厌战情绪，但两者都不能说服美国人应该选出共和党人的国会。另一方面，即使在 1960 年前，在民主党阵营内部可以看到紧张的信号——艾森豪威尔吸引了许多南方选民——到 1970 年在共和党人的旗帜下，出现了一个有点更像民族主义保守党派的派别，因为许多南方选民被民主党为黑人权利立法所冒犯。因南北战争而产生的民主党人的票仓"南方大本营"，已经不再是一个政治常量了。

　　总统们有时会改变所强调的重点。艾森豪威尔时代留下一个印象：其间美国国内几乎没有大事发生。这位总统丝毫不认为，作为总统，他应该积极主导国内政策。很大程度上由于这一点，1960 年肯尼迪在民众投票中仅以微弱优势当选——一个新人（也是一个年轻人）的出现，却产生了一种将要有显著变化的感觉。在当时，太多文章就这个非常表面的层次大书特书，结果造成了错误的印象。但回顾过去，我们也会赞同，在对内对外事务上，从 1961 年开始民主党人再次执政的八年，给美国带来了很大的变化，尽管并不是以肯尼迪或是他的副总统林登·约翰逊就职时所希望的方式。

　　1960 年就已经存在的一个议题是所谓的"黑人问题"。虽已获得解放一个世纪，但与美国白人相比，美国黑人很可能更穷，接受救济更多，失业更多，居住条件和健康更差。21 世纪初的情况依然如此。然而，在20 世纪五六十年代，乐观主义情绪逐步增长，人们认为事态是可以改变的。由于三个新的事实，美国社会中黑人的地位突然似乎变得无法忍受，成为一个很大的政治问题。一是黑人移民使之从南方问题转变成全国的难题。在 1940 至 1960 年间，北方各州的黑人人口在移民运动中几乎增加至原来的三倍，且增长趋势还在延续，直到 20 世纪 90 年代才改变。纽约成为黑人人口最多的州。

　　这不仅将黑人带入新的地方，他们还要适应新的生存方式。事实表明，他们面临的问题不仅是一个法律权利的问题，而且是多方面的综合性问题；经济和文化方面的剥夺也是其中之一。第二个事实将这个问题推向了美国之外更宽泛的民族主义层面。那些新生的国家正在联合国中成为多数派，而它们大多是有色族群组成的国家。尴尬的是美国在国内如此明目张胆地违反它在国外大肆宣扬的思想，这在美国大部分黑人处境艰难的事实中得到确证。最后，在一些受到甘地主义非暴力不合作原则激励的领导人带领下，黑人自身的行动把许多白人也争取过来了。最终的结果是，美国黑人的法律和政治地位都有极大改善。然而，在这一进程中，苦难和仇恨并没有消除，在有些地方实际上还有所增加。

对黑人来说，争取平等地位的运动最早也最成功的例子，是为"公民权利"进行的斗争，其中最重要的，是不受限制的选举权（形式上享有，可实际上在一些南方州不可得到）和在其他方面的平等待遇，例如使用公共设施和学校教育。其成功源于 1954 年和 1955 年最高法院的裁决。因此这个过程不是开始于立法，而是源于司法解释。这第一批重要的裁决，宣告了在公共教育体系内不同种族的隔离是违反宪法的，存在隔离的地方应在一个合理的时期内结束隔离政策。在许多南方州，这是对其社会制度体系的挑战，但到 1963 年，在每个州都有一些既接收白人儿童又接收黑人儿童的学校，尽管其他还有只收黑人或白人的学校。

直到 1961 年后立法才真正变得重要起来。由黑人领袖发起的一场成功的"静坐抗议"（它本身在很多地方取得了胜利）运动开始后，肯尼迪提出了一个议案，超越了保障投票权事项，而旨在抨击种族隔离和各种不平等。他的继任者继续推进了这一方案。在破旧的城中区域，贫困、恶劣的居住环境和糟糕的学校是美国社会深层不和谐的征兆。而随着总体富裕程度的增加，在这种背景下，不平等显得更加令人厌烦。肯尼迪政府呼吁美国人把消除这一切作为"新边疆"（New Frontier）的挑战之一。

1963 年 11 月肯尼迪遇刺后，林登·约翰逊继任为总统。他更加强调借助立法来根除这些问题。不幸的是，美国黑人问题最深层的根源，在于法律无法触及的美国大城市中被称为"隔都"的地方。使用长远的视角将又一次大有帮助。1965 年（在美国全境解放黑奴成为法律 100 年后），在洛杉矶一个黑人街区爆发了一场据估计最高峰时有多达 7.5 万人参加的暴动。在其他城市，骚乱也相继发生，但规模没有那么大。25 年后，瓦茨（洛杉矶骚乱发生的地方）的状况进一步恶化。美国的黑人问题（通常被认为）是一个经济机会不均等的问题，但即使仅这样看待，也并不容易解决。它不仅未得到解决，而且出现越来越难以解决的趋势。它隐藏的危害，在犯罪、一些黑人社区医疗卫生标准和家庭凝聚力的崩坏，以及一些无法监管的城中城等问题上集中爆发出来。在美国白人的文化和政治里，这些问题有时会导致对肤色和种族议题产生近乎神经质的执迷。

林登·约翰逊总统提出"伟大的社会"一词来概括他设想的美国未来，在南方贫困家庭成长的经历使他本人确信这种前景，也成为其令人信服的一大例证。假如他能连任的话，或许会坚守处理黑人经济问题的承诺。虽然具有成为美国勇于开展伟大变革的总统之一的潜力，虽然满怀抱负、经验丰富，也不乏技巧，他却也终究以惨败收场。他建设性的变革工作很快就被遗忘（而且必须指出，被束之高阁），而他的总统任期由于那场灾难性的亚洲战争（实在太过惨痛，因此被一些人称为"美国的西西里远征"）① 变得暗淡无光。

在艾森豪威尔当政期间，美国在东南亚的政策逐步建立在这样的信条上：一个非共产主义的南越对安全是必不可少的，想要这个地区的其他国家，或是远至印度和澳大利亚等国不被颠覆，南越就必须保留在西方阵营内。因此，美国成为中南半岛部分地区保守政府的幕后支持者。肯尼迪总统没有质疑这个观点，开始提供军事"顾问"援助。在他死时，南越已有 2.3 万名美国"军事顾问"，他们大部分都参与实际作战。约翰逊总统延续了这条既定路线，认为对其他国家做过的保证必须显示能切实兑现。但事实证明，西贡上台的一届又一届政府都不可信赖，不堪一击。1965 年初，有人警告约翰逊，南越可能会垮台；而他拥有实施行动的权力（前一年北越攻击美国军舰后，出于谨慎的行政管理，国会授予了他这项权力），下令对北越多处目标发动空袭。不久以后，第一支正规部队被派往南越。美国的参与规模很快就失去了控制。1968 年有超过 50 万美国军人在越南服役；到这年圣诞，投掷在北越的炸弹数量，总数已经比整个二战期间投在德国和日本的加起来都多。

---

① 这场亚洲战争指越南战争。西西里远征是指公元前 415 年伯罗奔尼撒战争期间，雅典为打破战略僵局，出兵介入西西里岛城邦内部纷争，希望征服该岛并一举切断斯巴达的粮食和兵力来源，结果雅典惨败，损失了最精良的陆军部队和几乎全部的舰队。伯罗奔尼撒战争由此转向有利于斯巴达的态势，雅典帝国的黄金时代就此落幕。以雅典的西西里远征比拟美国的越南战争，可见它对美国人的心理影响之巨。——译者注

　　这个结果在政治上是灾难性的。美国的财政收支因战争的巨大支出而捉襟见肘，也让国内亟须的改革项目失去了资金支持。但相比让约翰逊更为糟心的其他事务，这一点简直不值一提。更糟糕的是，随着伤亡人数急速上升，谈判的努力又毫无进展，国内激烈的抗议声浪骤起。富裕家庭的年轻人试图逃避兵役。美国人在国内沮丧地从电视上注视着一场战争所付出的代价，由于电视的普及，这可能是一场前所未有的、人们坐在家里就能知晓战情的战争。怨恨在增加，温和的中间阶层也在越来越警醒。一点小安慰是，苏联人对北越的武器供给开销也很大。

　　美国国内关于越南的纷争，远不止年轻人因抗议和怀疑政府造成的骚乱，或者因同胞们仪式性地侮辱爱国主义象征物和拒绝服兵役所引起的保守派理想主义者们的怒气。越南正在改变许多美国人看待外部世界的方式。终于，有见识的美国人从东南亚的例子中深深感觉到，即使强大如美国，也不可能获得想要的所有结果，更别说想仅花上合理的代价就获得了。在 20 世纪 60 年代晚期，美国力量无限且不可抗拒的错觉宣告终结。美国人曾用这种完美无缺的错觉来处理战后的世界。他们认为，他们国家的力量最终决定了两次世界大战的走向。除此之外，再倒退一个半世纪，则是几乎不受抑制和阻挡的大陆扩张，拒之门外的欧洲干预和在美洲半球令人印象深刻的霸权增长。在美国历史上没有什么事是完全糟糕的和无法挽救的，几乎没有任何事情是注定失败的，没有什么事情让大多数美国人感到内疚。在这样的背景下，不假思索地形成"可能性无限"的前提假设，是很容易也很自然的。而持续繁荣又有助于把这种态度从国内事务扩展到国际事务上。美国人很容易忽视长期以来他们的成功得以实现的特殊条件。

　　然而，在 20 世纪 50 年代，当许多美国人不得不接受朝鲜战场上远比他们希望的少得多的战果时，对这种假设的重新审视开始出现。之后的 20 年是令人沮丧的，美国和一批国力还不及自己十分之一的国家打交道，却显然被它们憋得够呛。最后，在越南战争这场灾难里，力量的局限和巨大的代价都暴露出来。1968 年 3 月，反对战争的力量之强，在总统选举初期就表露无遗。

约翰逊已逐步倾向于认为美国不可能赢得胜利。他准备严格限制轰炸，要求北越重启谈判，富有戏剧性的是，他现在又开始宣称他不会再次参加 1968 年的竞选。正如朝鲜战争的伤亡让艾森豪威尔赢得 1952 年选举一样，越南战争在战场上和国内造成的伤亡，有助于（随着第三位候选人的出现）1968 年（仅在约翰逊为民主党赢得压倒性的绝大多数支持的四年之后）选出另一位共和党人总统，并在 1972 年使得他再次当选。越南不是唯一的因素，但它是最后扰乱老民主党联盟的最重要因素之一。

新总统理查德·尼克松，在其就职典礼后就开始从越南撤出美国的地面部队，但是实现和平最终耗费了三年。1970 年北越和美国之间开始秘密谈判。进一步的撤兵在继续，但美国人也重新开始并加强了对越南北部的轰炸，还延伸到柬埔寨。外交处理过程曲折艰难。美国不可能承认它正在放弃盟国，尽管它正在如此做，北越也不会接受让自己无法通过其南方同情者来控制南方政权的条款。在美国规模庞大的公众抗议潮中，轰炸在 1972 年底短暂地重新开始，但这是最后一次。不久，在 1973 年 1 月 27 日，停火协议在巴黎签署。战争耗费了美国巨量金钱，造成 5.8 万美国人死亡。它严重损害了美国的声望，侵蚀了美国的外交影响力，破坏了国内政治环境，使改革受挫。所得到的就是一个不稳固的南越政权暂时得以保存，但其内部问题重重，使其根本不可能维持下去，而中南半岛各族群遭受了严重的损失，300 多万人死亡。或许，仅有的一点收获是，美国万能的错觉被放弃了。

使美国从越南战争的泥潭中解脱出来确实是一大成就，尼克松总统因此收获了政治利益。清除这桩风险之后，他又发出了承认自古巴危机以来世界已经发生变化的其他信号。最令人惊喜的，是一项与社会主义中国实现正常直接的外交关系的新政策。这在 1978 年达到高潮，但早在越南战争和平解决之前，就发生了两件大事。1971 年 10 月，联合国大会承认中华人民共和国政府的代表为中国在联合国的唯一合法代表，驱逐了台湾当局的代表。这并不是美国预期的结果，直到决定性的投票举行。次年 2 月，尼克松前往中国访问，这是美国总统历史上第一次到访亚洲大陆，他将其形容为尝试抚平"1.6 万英里、22 年的敌意"之旅。

当尼克松不仅实现了他的中国之行，随后也成为首位访问莫斯科（在 1972 年 5 月）的美国总统，继而又就限制军备草签协议（在武器限制方面这还是首次），另一个重要的变化似乎也发生了。不论未来如何不确定，鲜明粗暴划分为两极的冷战世界正在消失。解决越南问题的协议随之达成，这不可能与此不相关；要达成停火协议，莫斯科和北京两方都必须得到安抚。中国对越南战争的态度绝不简单；来自苏联的潜在危险，美国的力量在亚洲无处不在，特别是在中国台湾地区和日本，以及对越南民族主义力量的古老记忆，使之变得复杂化。中国支持自己的中南半岛共产主义盟友，但也不可能全然加以信任。中国把越南看成是共产主义"小兄弟"，但越南人像看待反抗法国帝国主义那样，回望与中国相争的漫长历史。美国撤离后，越南国内继续进行的战事的实质越来越清楚地呈现为一场内战，它将决定谁来统治这个重新统一的国家。

北越及其在南方的盟友们没有等待很长时间就解决了这个问题。一个时期内，美国政府必须假装没有看到这一点。国内对于能不再专注在亚洲蹚浑水而感到如释重负，根本不想再去实际监督使撤离成为可能的和平协议的切实落实。1974 年，一件政治丑闻迫使尼克松下台，他的继任者所面对的国会，对自己眼中危险的国外冒险行为充满质疑，并坚定不移地加以阻止。美国不再尝试维护 1972 年的和平协议，使其保障南越政权不被推翻。1975 年初，美国对西贡的援助终止。一个实际上失去其他所有领土的政府，没落到背水一战的地步，尝试用一支意志消沉的战败之师保卫首都和湄公河下游河谷。同时，在柬埔寨，共产主义力量正在摧毁另一个美国曾支持过的政权。国会阻止了进一步派遣军事力量和财政援助。1948 年在中国出现过的模式正在被复制：美国为了减少自身的损失，于是让曾经依赖于它的那些人去承受代价（虽然有 11.7 万越南人与美国人一道离开），而北越军队于 1975 年 4 月进入西贡。

这样的结果特别有讽刺意味。美国参战，首先是为遏制中国的共产主义——而现在与中国靠近，意味着撤军顺理成章。在美国国内，声势越来越大的右派认为美国军队并没有输掉战争——它是输给了懦弱的政客、反战活动分子和社会激进分子。在 20 世纪 70 年代末，美国的战败或许有助于它反省自己的全球目的，并且暂时不愿轻易卷入其他后殖民地区的战事。但最重要的是，它意味着美国开始怀疑与苏联缓和的可能性，后者才是它在国际事务中的头号敌人。

随着 1980 年日益临近，许多美国人越发困惑和担忧。国民士气不是很好。越战留下了深深的心理创伤，也助推了国内令大多数人感到恐惧的反主流文化趋势。在 20 世纪 60 年代，第一次对环境危险提出警告的声音出现；20 世纪 70 年代发生了石油危机，还出现了一种新现象，当时美国的中东盟友以色列，面对自己的众多敌人首次不再坚不可摧。一次不体面的滥用行政权力之后，尼克松总统面临的耻辱和弹劾逐渐毁掉了人们对国家机器的信心。在国外，其他盟国（美国人的混乱使它们自己感到担忧和困惑）的行为的可预见性比过去更低。美国人相信，他们的国家被寄予厚望，匡扶人类，但在遭到伊斯兰世界多次直率的拒绝后，他们也变得迟疑。

形势实际上变得不容易看清。然而美国的民主制度没有显示出崩溃的信号，也没有显示出无法满足国家大多数需要的迹象，即使它不能找到所有问题的全部答案。美国经济令人异常惊讶地能够持续多年支付巨大的战争开支、把人类送入月球的太空探险项目，以及全球性的驻军开销。确实，美国黑人的困境继续恶化，国内一些最大的城市由于郊区的衰退看起来更加受挫。然而，却很少有美国人认为这些事实令人担忧，他们更担心的是，本国似乎在导弹力量上不如苏联（此事成为 1980 年总统选举的一个议题）。杰拉尔德·福特总统（1974 年在他的前任辞职时就职）已经必须面对国会不愿进一步对美国在中南半岛的盟国进行援助。当柬埔寨政权垮台，南越很快紧随其后时，关于美国力量在全世界撤退可能达到什么程度的问题，在国内外被提出来。如果美国不再为中南半岛而战，那么对泰国它也会这么做么？更加令人担忧的是，它会为以色列甚至柏林而战吗？有很充足的理由认为美国退却和沮丧的气氛不会永远持续，但是当它还在持续的时候，它的盟国们，包括欧洲的那些关键国家，都在观察事态，感觉不安。

欧洲是冷战的发源地，长期成为冷战的主要战区。然而早在 1970 年前，有一些信号显示，体现在北大西洋公约组织和华沙条约组织中的极端简化的态势，并不是塑造历史的全部因素。尽管能导致变化的外部刺激都被苏联力量及计划经济体制隔离，但东欧还是出现了分化的信号。20 世纪 60 年代，中苏两国闹翻，华约中最小的国家阿尔巴尼亚激烈谴责苏联，支持中国，苏联人不得不忍下这口气，因为阿尔巴尼亚与其他华约国家没有边界相连，这就无须顾忌苏军。更令人惊讶的是，罗马尼亚在中国的支持下成功地对经济互助委员会①控制的经济目标提出异议，强调本国有权利按照自己的利益发展。在外交政策问题上，该国甚至采取了模糊的中立主义立场，尽管它还留在华约内。更令人奇怪的是，它是在一个对同胞强硬统治的统治者控制下这么做的，那曾是东欧最严厉的政权之一。但是罗马尼亚与北约国家没有陆地边界，与苏联却有一条 800 千米长的边界；因此，它的轻佻之所以被容忍，是因为如有必要，它很快就会被遏止。

1968 年，捷克斯洛伐克的共产主义政府开始着手放松内部结构，发展与西德的贸易关系，此时就充分表明，脱离过去的家长制大家庭也有清晰的界限。这一举动没有被容忍。一系列将其带回正轨的尝试没有起到作用，之后，捷克斯洛伐克于 1968 年 8 月遭到华约军队的入侵。为避免重复 1956 年匈牙利发生的一切，捷克政府没有抵抗，一段简短的"人道社会主义"（正如一个捷克政治家所说的）尝试就此被消灭。

尽管如此，中苏间的紧张关系，再加上东欧阵营中的震动（或许还要加上美国与拉丁美洲国家别扭的关系），意味着世界总体而言正在放

---

① 简称经互会，是由苏联组织建立的一个由社会主义国家组成的政治经济合作组织，1949 年成立，1991 年解散。——译者注

弃两极性，而像一位意大利共产主义者①所称的那样，走向"多中心主义"。冷战简单极化关系的放缓实际上是令人惊讶的。其他让形势变得复杂的发展同时也在西欧出现了。到1980年，很清楚的是，西欧诸民族所扮演的一大历史性角色已经谢幕，因为他们当时所统治的地表领土并不比他们的祖先在500年前所控制的多。巨大的转变已经发生，自那时起不可逆转的事态正在进行。尽管欧洲过去的帝国已经终结，但一个新角色却正在顺利形成。西欧开始第一次发出微弱的信号，表明民族主义对于人类大规模组织潜能的掌控，可能恰恰会在民族主义的起源地开始变得更加松散。

　　欧洲协作的遗产被热衷者追溯到了加洛林王朝，但1945年确实可作为一个起点。从那时起，这片大陆未来的40多年一直由战争和苏联政策的结果所决定。自战败和分区占领消除了德国问题，因而也平息了法国的忧惧，关于德国问题会引起另一场西方国家内部的大战的可能性似乎已很遥远。当时苏联的政策给了西方国家更多紧密合作的理由；20世纪40年代末东欧的事件使它们深受触动，意识到美国一旦撤回家，而它们仍然四分五裂，可能会出现怎样的后果。历史证明，马歇尔计划和北约组织是一个新欧洲走向一体化的两个最先的重要步骤。

　　一体化得以形成不止一个根源。马歇尔计划一启动，一个欧洲经济合作组织（起先有16个国家，但后来扩大）随后于1948年建立，次年，就在北大西洋公约组织条约签署一个月后，在一个新的欧洲委员会领导下，代表着十个不同欧洲国家的首个政治团体建立起来。然而，是经济力量使一体化发展得更快速。1948年在"比荷卢三国"（比利时、荷兰、卢森堡）之间以及法国和意大利之间（以不同的形式），关税同盟建立。最终，迈向更大规模联合的最重要早期措施，源于法国建立一个煤和钢铁共同体的建议。这在1952年正式成形，包含法国、意大利和"比荷卢三国"，最重要的是，还有西德。它使西欧核心工业区的恢复成为可能，

---

　　① 指意大利共产党书记陶里亚蒂。——译者注

也是使西德融入新的国际架构的主要步骤。通过经济调整，既牵制又复兴西德的手段形成。在西欧面临苏联地面武装力量威胁的情况下，很明显，复兴西德的力量非常必要。在朝鲜事件的影响下，美国官方的观点（让一些欧洲人感到惊慌失措）在 20 世纪 50 年代早期也快速转变为主张德国必须被重新武装。

　　另外一些事件也有助于使欧洲走向超国家组织的道路变得容易。在法国和意大利，政治上的软弱（主要表现为本土共产党活跃）渐渐有所改善，这主要归功于经济恢复。共产主义者早在 1947 年就开始停止在两国政府中扮演任何角色。法国和意大利的政治体制可能会遭遇到捷克斯洛伐克一样的命运，这种风险在 1950 年消失。反共产主义的观点围绕这样一些政党联合组织起来：促进团结的力量或者是罗马天主教政治人士，或是社会民主党人，他们都清楚意识到其东欧同仁的命运。概括地讲，这些变化意味着，稳健的右翼的西欧政府在 20 世纪 50 年代都在采取务实的措施，追求经济复兴、福利服务和西欧融合等相似的目标。

　　更进一步的机构出现了。1952 年，一个西欧防卫共同体使西德的军事地位变得正式。这逐渐又被西德获得北约组织成员国资格取代，但是像以前一样，迈向一体化的主要推动力是经济。1957 年，关键性的措施出现：法国、德国、比利时、荷兰、卢森堡和意大利共同签署《罗马条约》，欧洲经济共同体诞生。除了期望创建一个包括其成员的"共同市场"外，在共同市场内，货物、服务和劳动力自由流动的障碍得到逐步消除，采用了共同的关税，同时，条约还提供了一个有决策权的机构、一个官僚机构，以及一个拥有咨询权的欧洲议会。一些人谈及重建查理曼的遗产。它促动了没有加入欧洲经济共同体的国家两年半后建立起更松散、更有限的欧洲自由贸易联盟（EFTA）。到 1986 年，6 个欧洲经济共同体创始国（到那时，它已简化为欧共体，"经济"一词相当引人注目地被拿掉了）发展到 12 个，同时，欧洲自由贸易联盟仅剩下 4 个成员国。5 年后，残留的欧洲自由贸易联盟与欧共体合并。

　　西欧缓慢但是加速朝着初步政治共同体迈进的行动，证明了那些作

出这些安排的人的信心：他们的国家间的协商与合作不应再为武装冲突
所取代。不幸的是，尽管认可这个事实，但是大英帝国政府没有抓住机
会加入，在制度上作出表示；后来，它两次被欧洲经济共同体拒之门外。
同时，共同体的利益通过一项共同的农业政策逐步被联结在一起，尽管
声称有各种意向和目的，但这是对农牧民的一笔巨大的收买款，因为他
们是法国、德国选民的重要组成部分，后来，当那些穷国成为成员时也
是如此。

　　长期坚决反对进一步政治一体化的呼声来自法国。戴高乐将军尤其强
烈反对。他在 1958 年重返政治舞台，成为法国总统，此时第四共和国似
乎很可能陷入阿尔及利亚内战。他的第一项任务就是与这些极端人士协
商，推行重要的宪政改革，建立第五共和国。他为法国做出的下一项贡献
与其在战时生涯中的贡献一样伟大，即 1961 年解除了法国对阿尔及利亚所
负的责任。驻扎在那里的军团回国了，虽然有些不满。这场行动使他和他的
国家获得自由，可扮演更有力的国际角色，尽管多少有些消极的成分。

二战后欧洲的经济和军事集团

戴高乐的欧洲统一观仅限于独立国家间的合作；他把欧共体主要看作保护法国经济利益的途径。他做好了充分准备，要限制这个新的组织，以推行他的道路。此外，他在英国申请加入欧共体时两次都投了反对票。战时的经历留给他的是对"盎格鲁-撒克逊人"深深的不信任，而且他相信（绝非无凭无据），英国仍然期望与包含美国的大西洋共同体联合，而不是与欧洲大陆。1964 年，他与新中国互派外交使节，这惹恼了美国。他坚持认为要发展法国自己的核武器项目，减少对美国保护的依赖。最后，在给北约造成不少麻烦后，他让法国退出了北约。这被视作西方阵营"多中心主义"时代的来临。1969 年一项不利于他的公民投票结果出来后，戴高乐辞职，一股导致西欧走向不稳定和混乱的政治力量消失。

英国在 1973 年最终加入欧洲经济共同体，这个坚持历史上的民族国家传统的最保守国家也认可并融入了 20 世纪的历史事实。这个决定与帝国的收缩相辅相成，意味着英国的战略边界不再位于莱茵河，而是易北河。虽然离决定性的时刻还较远，但在一个不确定的时代，这是一个重要的转折点。在四分之一世纪的时间里，英国政府将经济增长、增加社会服务供给和维持高水平雇佣加以结合的努力都失败了。第二点最终依赖于第一点，但当困难增加时，第一点总是被牺牲，以成全另外两方面。毕竟，英国是一个民主国家，贪婪且易受骗的投票者必须得到抚慰。英国传统经济致力于发展国际贸易，这种脆弱的经济形态也造成了一定的阻碍。其他弱点在于它老式的主要产业、投资缺乏和根植于民族性格中的保守态度。虽然英国变得富裕（在 1970 年英国劳工实际上还没有每年四周的带薪假期，而十年后他们中有三分之一的人享有了），但在财富和财富创造率上它越来越落后于其他发达国家。如果说英国人已成功应对自身国际力量的衰落，并在不引起明显暴力和国内苦痛的情况下成功实现了非殖民化，那么，尚不明朗的是，他们是否能在其他方面摆脱过去，并确保自己能作为二等强国保持哪怕适度的繁荣。

北爱尔兰出现了一个很明显的对其文明秩序的威胁。新教徒和天主教徒中的恶棍好像决心宁愿毁掉他们的国家，也不愿寻求与他们的对手合作，这在 20 世纪七八十年代造成了数千英国公民死亡，其中包括士兵、警察和市民，新教徒和天主教徒，爱尔兰人、苏格兰人还有英格兰人。幸运的是，他们没有像爱尔兰人过去所做的那样妨碍英国政党政治。英国选民仍然十分专注于那些关键性的事件。通货膨胀以前所未有的水平运行（1970—1980 年的年均通胀率高于 13%）。在 20 世纪 70 年代英国徘徊在新的工业危机边缘，特别是在石油危机降临之后。一场矿工罢工就推翻了一届政府，这不免让一些人怀疑，国家是否"难以管制"，同时，许多领导人和评论家死抱住社会分裂的主题不放。即使是联合王国是否应该留在欧洲经济共同体这个问题（1975 年 6 月这被提交给全民公决这种革命性设计），也经常被放在这些议题之中。当投票结果清楚地赞成继续保留成员资格时，许多政治家感到更加惊讶。

　　尽管如此，更加艰难的时世（从经济角度讲）即将降临；通货膨胀（1975 年石油危机爆发时通胀运行在 26.9%）最终被政府认定为最主要的威胁。工会提出的工资要求，体现出它们预期通胀仍会来临，有些人开始认为，在消费方面无可争议的增长时代已经结束。仅有一丝光明：几年前大型油田在北欧海岸的海底被发现。1976 年，英国成为一个石油输出国。那并没有产生立竿见影的作用；同年，英国不得不从国际货币基金组织贷了一笔款。当撒切尔夫人，英国（和欧洲的）第一位女性首相，领导主要政党（保守党）的第一位女性，于 1979 年上任，在某种意义上，她也没什么好失去的了；她的对手已信用全无，很多人觉得，曾长期未受批评地得到接受的那些决定了英国政策的观念也是如此。彻底的新尝试这一次真的好像成为可能。使她的很多支持者和对手感到惊讶和错愕的是，经历了一个不稳固的开端之后，作为 20 世纪执掌英国任期最长的首相，她所做的正是彻底的革新。

　　担任首相不久，1982 年，撒切尔发现自己意外地主持了可能是英国最后一次殖民战争。在阿根廷军队短暂的占领后，马尔维纳斯群岛①的夺回在逻辑上既是一个伟大的军事功绩又是一个心理和外交上的主要成

---

　　①　英国称福克兰群岛。——译者注

就。首相直觉地认为，英方应为国际法准则而战，应为岛民表达他们应该接受谁的统治的权利而战，这种判断与大众的情绪不谋而合。她也准确地判断了国际形势的可能性。一个不确定的战争开端（考虑到拉丁美洲传统的敏感性，这并不令人吃惊）后，美国提供了具有重要的实际意义的秘密帮助。更重要的是，欧共体大多数国家支持在联合国孤立阿根廷，决定谴责阿根廷的行为。尤其值得一提的是，英国一开始就得到了法国政府的支持（这样明确的支持，法国人并不经常提供），因为法国感觉到对既定权力的威胁。

　　现在很清楚的是，前些年获自英国外交的英国可能反应的误导性观感，鼓励了阿根廷人的行动（由于这个原因，英国的外交大臣在危机开始时辞职）。令人高兴的是，这场冲突的一个政治结果是，当政的阿根廷军政府的声望受到致命的损伤并被推翻，1983 年末，一届民选的政府取而代之。尽管国内有些人对他们所认为的冲突中不必要的人员牺牲感到遗憾，但在英国，撒切尔夫人的声望与国家的士气一道上升；在国际上，她的地位也逐步稳固，这是很重要的。在这十年剩下的时间里，这个国家对其他国家的首脑（显著的是美国总统）产生了影响，其影响的程度，单凭英国国力的基本事实，是根本达不到的。

　　但也并非所有人都认为，这种影响力总是恰如其分地得到运用。像戴高乐将军一样，撒切尔夫人的个人信念、先入之见和偏见总是显而易见的，而且她，像他一样，都不倾向于欧洲一体化（如果这个词意味着致力于在情感上或实践中立足于欧洲整体，不惜模糊个人对国家利益的预见的话）。同时，在英国内部，她改变了英国政治的状况，或许也在文化和社会争论方面作出了努力，消解了根深蒂固的就国家目标达成的所谓"正统"（bien-pensant）共识。这与她许多毋庸置疑的激进主义政策一起，既唤起了人们的热情，也激起了对她的憎恶。然而，她在最重要的一些目标上没有取得成就。她上任十年后，政府在很多社会领域扮演了越来越重大而不是越来越小的角色。自 1979 年以来花费在健康和社会安全维护上的公共资金实际增加了三分之一（但并未满足大幅增长的需求）。

尽管撒切尔夫人带领保守党连续赢得了三次大选胜利（在英国政治舞台上唯一的成就），党内很多人相信在下一轮竞争中她会失利，这种前景可能并不遥远。面对忠诚和支持的销蚀，1990 年她辞职，留给继任者的是不断增加的失业率和糟糕的财政形势。但另一种可能性似乎是，英国政治此时对英国加入欧洲经济共同体并参与其事务的阻碍越来越少，并且越来越务实。

对所有欧共体成员来说，20 世纪 70 年代都是一个非常困难的时期。增长衰退，在石油危机的影响下各国经济步履蹒跚。这引发了惯常的争吵和口角（特别是关于经济和财政问题），这使欧洲人意识到迄今为止所取得成绩的局限性。在 20 世纪 80 年代，这种情况继续，连同对由日本主导的远东经济的成功的不舒服感觉，以及越来越意识到别的国家也希望加入欧共体十国的行列，这些因素推动了关于"共同体"未来的进一步思想结晶。许多欧洲人更加清楚地看到，进一步统一、合作的习惯和财富增长是欧洲政治独立的必要条件，但是一些人也有一种新的感觉，认为这种独立总是显得空洞，除非欧洲也能把自己变成一股超级强大的势力。

热衷者可以从一体化的进一步发展中寻得安慰。1979 年，欧洲议会的首次直接选举就已经举行。希腊于 1981 年，西班牙和葡萄牙于 1986 年，很快加入了共同体。1987 年，欧洲共同的货币金融体系的基础得到拟定（虽然英国没有同意），成员国还一致决定，1992 年是真正的统一市场启动年，过境的货物、人员、资金和服务将可以自由通行。成员国甚至在原则上支持欧洲政治联盟的观点，虽然英国和法国有明显的疑虑。这并没有如期望的那样，立即促进更大的精神团结和舒适，但它是某种发展的一个毋庸置疑的信号。

在《罗马条约》签订以来的这些年里，西欧已经历了相当大的变化，或许已超出了这一时期出生并长大成人的男男女女们能把握的程度。在这些制度变化之下，相似性（在政治、社会结构、消费习惯和关于价值观与目标观的信念上）也慢慢发展起来。甚至经济结构上的一些旧有差距也大为缩减，这表现在法国和德国农民财富上的增长和数量上的减少。另一方面，随着更加贫困，或许政治上也没那么稳定的国家加入欧共体，新的问题也在浮现。融合度是相当高的，这一点无可辩驳。但这对未来意味着什么，却依然不明朗。

1975 年 12 月，杰拉尔德·福特成为第二位访问中国的美国总统。随着在越南的教训被缓慢接受，他的国家对中华人民共和国根深蒂固的不信任和仇恨也开始有所调整。在中国这边，这种变革是更为宏伟的发展进程的一部分：中国正在恢复与其历史地位和潜力相符合的国际角色和区域角色。毛泽东领导下的革命让中国空前稳固，并在健康和教育领域突飞猛进。但是经济发展却一度陷入混乱，中国人民还没有摆脱贫困。20 世纪 70 年代中期，中国领导人开始设法摆脱无止境的政治运动，致力于国强民富。

1976 年 9 月毛泽东去世，"四人帮"（其中一个是他的遗孀）的被捕（而且，最终在 1981 年被审判和定罪）终结了他们所造成的威胁。在经验丰富的新领导人的带领下，"文化大革命"过火的趋势很快被纠正。1977 年，先前两次被打倒的邓小平作为副总理重新进入政府，坚定地与截然相反的趋势保持一致（他的一个儿子在"文化大革命"期间受到红卫兵的迫害而瘫痪）。不过，最重要的改变，是中国期待已久的经济恢复最终实现。现在私人企业得到了发展机会，并被允许逐利，与非共产主义国家保持经济联系受到鼓励。目标是重新开始技术和工业现代化。

新路线的主要定义在 1981 年党的中央委员会全体会议上被表述出来。它也开始了一项微妙的任务，区分毛的积极成就——一个"伟大的无产阶级革命家"，以及他对"大跃进"和"文化大革命"导致的退步的"严重错误"和责任。尽管中国共产党领导层在这些年里经历了变动，尽管内部争论和口号让政治形势不甚清晰，尽管邓小平和他的伙伴必须通过一个包含保守派在内的领导集体来开展工作，但 20 世纪 80 年代仍逐渐塑造了一种新的趋势。现代化最终成为优先目标。

马克思主义仍是政府的指导思想，同时市场经济也很快成为推动中国经济向前发展的引擎。邓小平及领导层愿意尝试，愿意给予他们认为能够为总体目标（邓小平和他的良师益友周恩来称之为四个现代化）服务的一切以优先地位。随之而来的变化看来似乎难觅头绪，但总体的方向仍然存在：政府不再延续自清朝以来的模式完全掌控生产，而是强调私人生产者的能动性。

一项显著的变化是，在接下来的几年里对农业进行了改革。虽然农民没有被给予土地的产权，但被鼓励在市场上自由出售产品。新的标语"致富光荣"被创造出来，用于鼓励发展乡镇企业和工商业。经济特区——与资本主义世界自由贸易的试验区首先在广东（中国与西方贸易的传统中心）出现。这不是一个没有成本代价的政策：谷物生产一度下降，通货膨胀在 20 世纪 80 年代早期开始显现，外债也增加了。一些人把不断蔓延的犯罪和腐败归咎于这一路线。

然而经济上的成功毋庸置疑。20 世纪 80 年代，中国大陆开始表明，它也可以实现像台湾地区那样的经济"奇迹"。到 1986 年，中国已是世界第二大煤炭生产国、第四大钢铁生产国。在 1978 至 1986 年间，GDP每年以超过 10％的速度增长，而同期工业产值翻了一番。农民人均收入增加了近两倍，到 1988 年平均每个农民家庭估计有近 6 个月的收入存入银行。

新路线特意将现代化与国力变强大联系在一起。因而反映了五四运动以来甚至更早时期的中国改革者们的愿望。中国的国际影响力在 20 世纪 50 年代已经有很明显提升；它现在则开始以不同的方式展现出来。与美国邦交正常化的最初努力在改革开放之前就已开始，但此时它才成为中国发展战略的有机组成部分。正式的外交承认在 1979 年完成。在一份中美公报中，美国做出关键的让步：其军队应撤出台湾，并终止与台湾国民党当局的正式外交关系。但邓小平很明智，没有让美国在其他领域的对台事务成为中美关系的阻碍。对他来说，中国实现现代化更为重要。

1984 年，中国与英国就香港 1997 年租借期满后回归达成协议，与葡萄牙也随后达成恢复澳门主权的协议。虽然中国的邻居大多普遍承认了中国应有的地位，美中不足的是，越南（与中国的关系一度退化成公开战争，当时两个共产主义国家成为控制柬埔寨的竞争对手）仍怀有敌意。不过，台湾地区有些人已开始相信大陆做出的承诺，即在适当的时候把海岛重新并入共和国的领土不会威胁到它的经济制度。同样的保证也适用于香港。像建立能让对外贸易繁荣发展的特区一样，上述承诺也强调了中国新的领导人把商业作为现代化的一个重要方面。中国的巨大规模使得这样的政策方向在整个区域范围都有重要影响。到1985年，整个东亚和东南亚组成了一个具有空前潜力的贸易区。

20世纪80年代，在这个贸易区里，新的工业和商业活动中心发展如此之快，以至于它们本身就能证明这样的观点：旧的全球经济平衡格局已经消失。韩国、中国台湾、中国香港和新加坡都已经摆脱了经济不发达的状况。到1990年，马来西亚、泰国、印度尼西亚看起来好像也在快速提升，期望加入它们行列。它们的成功是东亚整体成功的一部分，而日本对这一结果是必不可少的。

像中国一样，日本快速恢复（甚至超越）以前的强国地位，在亚洲和世界均势格局中具有明显的意义。1959年，日本的出口再次达到战前的水平。到1970年，日本的GDP在非社会主义国家中占据第二位。日本更新了工业基础，在制造业的新领域取得了巨大的成功。日本1951年才开始建造第一艘用于出口的船舶；而20年后，日本已拥有世界上规模最大的船舶建造工业。同时，在诸如电子器件和汽车等消费工业领域，日本也占据着领先的地位，其生产能力超过了其他所有国家，仅次于美国。这引起了美国制造商的怨恨——但对日本来说无疑是巨大的成就。1979年，日本汽车获准在英国生产，开始进入欧洲经济共同体市场。但这段故事苦涩的一面在于，日本人口数量快速膨胀，还有长期以来经济增长付出的代价——日本环境遭破坏以及城市生活令人厌烦的证据大量涌现。

不过，日本长期受惠于外部环境。像朝鲜战争一样，越南战争也对它有利；美国人在占领期间偏好投资而非消费也有益于日本。然而，再优越的环境，人类必须要行动起来才能加以利用，因此日本的态度很是关键。战后日本可资利用的，是民众强烈的自豪感和对于集体努力无与伦比的意愿；这两者都源于个人服从于集体目标带来的凝聚力和行动力，而这一直是日本社会的显著特征。奇怪的是，这种态度似乎在民主制度降临后仍得以幸存。民主机制在日本社会中的扎根程度究竟有多深，现在就下定论可能还为时尚早；1951 年后很快就出现了对于一党统治的某种共识（尽管对此的反感很快表现为一些替代组织的涌现，左翼和右翼中均有）。对传统价值观和制度状况逐渐增加的担忧也显示出来。经济增长的代价不仅反映在巨大的城市群和污染上，而且也反映在使日本习俗感到压力的社会问题上。大公司仍然在依赖基于传统观念和制度形成的团队忠诚来成功运作。可是，从另一个不同的层面来看，甚至连日本家庭似乎都承受了压力。

经济进步也有助于改变外交政策的实施境况。在 20 世纪 60 年代，日本外交政策已开始摆脱前十年的单一性。经济力量使日元在国际上更加重要，将日本吸入西方的金融外交。财富也使它与世界上很多其他地方联系在了一起。在环太平洋区域，日本是其他国家初级产品的主要消费国；在中东，它成为石油大买主。在欧洲，一些人认为日本的投资值得警惕（即使总的份额并不大），同时工业产品的进口也威胁到了欧洲生产商。甚至食物供给方面也引起了国际问题。在 20 世纪 60 年代，日本 90％的蛋白质需求由捕鱼来满足，这引起国际社会对日本在一些重要地点过度捕鱼的警告。

这些和别的一些事务改变了日本外交关系的内容和基调，其他强国的行为也同样在起作用，特别是在太平洋地区。20 世纪 60 年代，日本日益对太平洋其他国家拥有明显的经济优势，这与 1914 年前德国对中欧和东欧国家的情况不无相似。由于日本已发展成世界上最大的原材料进口商，新西兰和澳大利亚将发现自身经济越来越多地与日本市场绑在一起。两国都供应肉食，澳大利亚还供应矿产，特别是煤和铁矿石。在亚洲大陆上，苏联人和韩国人不断抱怨日本的捕鱼问题。这为老的历史问题增加了新的纠纷。韩国还是日本的第二大出口市场（美国是最大的市场），1951 年后日本又开始在那里投资。这激起了传统的不信任。日本不曾料到韩国的民族主义有如此高的反日声音，以至于 1959 年韩国总统鼓励他的国民团结起来"如同一人"，不是反对北方的邻居，而是反对日本。不到 20 年，日本的汽车生产商满怀疑虑地发现，他们曾经帮助扶持起来的地方已成为自己有力的竞争对手。像中国台湾地区一样，韩国工业增长建立在（至少部分源自）日本的技术输出之上。

虽然当 20 世纪 70 年代石油价格猛涨时，日本因依赖于能源进口而遭到一次严重的经济打击，但从长期来看，这似乎并没有影响到日本的经济进步。1971 年，日本对美国的出口价值达 60 亿美元；到 1984 年，总额又增加到原先的十倍。到 20 世纪 80 年代末，日本在 GDP 总量上已成为世界上第二大经济体。当日本的工业家们转向信息技术和生物技术进步，并开始讨论缩小汽车制造业规模时，没有理由会认为日本已经失去了训练有素的自我调适。

力量越大必然意味着责任越大。1972 年当冲绳岛被交给日本时，逻辑上美国管制的撤退已经圆满完成，即使那里仍保留了一个大型美军基地。千岛群岛还在苏联手中，但日本的态度毫无疑问是相当谨慎的。萨哈林岛问题也有重启的可能。在中国和日本的复兴开始带给亚洲格局巨大变化之时，所有这些议题的变动或至少是重新考虑，看起来都变得更加敏感。中苏争吵给日本提供了更多策略上的自由，无论对它从前的保护者美国，还是对中国和苏联都是如此。随着越南战争加剧，以及日本国内相应的反战声浪高涨，与美国保持太紧密的联系会带来尴尬，这一点变得更加清楚。日本的自由受限，这体现在到 1970 年，亚洲地区其他三个大国都用核武器武装了起来（所有国家中日本最有理由了解其影响）。但是毫无疑问，如果日本必须拥有的话，它能在很短的时间内就生产出来。日本的立场完全有潜力往各种各样的方向发展。1978 年，中国国务院副总理邓小平访问东京。日本无可争议地再次成为一个世界大国。

如果对地位的衡量，体现在一国能持续在本国地理区域之外施加决定性影响（无论在经济、军事还是政治方面），那么到 20 世纪 80 年代时印度仍然不是一个世界大国。这大概是 20 世纪下半叶的一大奇事。印度独立时拥有众多优势，而这既非欧洲的其他前殖民地能拥有的，也非战败的日本所能享有。印度于 1947 年接管了一个运转高效的行政体系，训练有素、颇可依赖的武装力量，有受过良好教育的精英阶层，有蓬勃发展的大学（大约 70 多所），有更多可以利用的国际善意和友谊，有庞大的未受战争损坏的基础设施；不久，又可利用冷战两极化带来的益处。这个国家虽然也必须面对贫困、营养不良和主要的公共健康问题，但中国也是如此。然而到 20 世纪末，两国之间的反差显而易见；中国城市的大街上充满了衣着得体、营养良好的人们，而同期印度街上仍然展现着贫困和疾病的令人毛骨悚然的例子。

这使人们很容易趋向悲观地选择性看待印度不佳的发展状况。印度也有一些领域取得了相当大且令人印象深刻的发展，但这些成就却因这样的事实而黯然失色：与亚洲其他地方相比，这样的经济增速实在不算什么，而且经济增长的幅度仅能勉强跟上人口增长的幅度。大多数印度人仅比 1947 年赢得独立时那代印度人的状况稍微好一点。

考虑到这个国家的分裂性本质和潜在的分离可能，可以说使印度保持统一本身就是一件伟大的成就。无论如何，民主选举的秩序得到维持；即使有许多限制，作为民主选举投票的结果，政府也能实现和平更迭。这就是一项巨大的成就。即使印度的民主状况在 1975 年后看起来不那么令人鼓舞——当时，总理（尼赫鲁的女儿）英迪拉·甘地宣称国家处于紧急状态，强行推行总统制统治，类似旧时代的总督（印度两个共产主义政党中有一个支持她）。但实际是，随后不久，她在 1977 年的选举中失利，接着在第二年因司法原因被一度排除在政府和议会之外；这被认为是印度立宪主义良性运作的一种征兆。当然在天平的另一端，诸如在特殊地区利用总统权力终止正常的宪政、关于警察和安全部队对少数民族采用暴行的报道等事件也在反复出现。

　　对分裂危险加以回应的一个不祥征兆是，1971 年，作为第一个能切实对国大党领导权构成威胁的力量，一个正统的、非常保守的印度教政党出现在印度政治舞台上，并控制政府长达 3 年。不过，国大党的领导权仍然持续着。独立后 40 年，国大党与其说是一个欧洲意义上的政党，不如说是一个全印度利益集团、贵族名流和控制任免权者的联盟。这一点已变得越来越明显。这给予国大党（即使在尼赫鲁的领导下，即使有他充满社会主义色彩的抱负和言语）一种固有的保守特征。自英国统治结束后，国大党的功能从不包括带来变革，反而是适应。

　　这种保守主义在某种程度上体现在印度政府的王朝本质上。尼赫鲁的女儿英迪拉·甘地接替他成为总理，她没有满足他的葬礼上不出现宗教仪式的要求，从一开始就违背了他的意愿。英迪拉的接班人则是她儿子拉吉夫·甘地。当拉吉夫·甘地被刺客制造的爆炸谋杀（当时他不在职）后，国大党领导人立即显示出一种几乎是自发的反应，试图说服他的遗孀继续担任国大党的领袖。然而，在 20 世纪 80 年代，已经出现了王朝式统治不可能长期维持下去的信号。1984 年，印度军队在阿姆利则攻击了锡克教最重要的圣地后，印度锡克教徒用暗杀英迪拉·甘地（此时再次担任总理）的方式将自己清晰地带到世界媒体面前。在接下来 7 年时间，大约有 1 万多名锡克教斗士、无辜遭殃者和安全部队成员被杀。在这 10 年的后期，与巴基斯坦争夺克什米尔的战争也再次爆发。1990 年，官方承认该年有 890 人在印度教徒和穆斯林暴乱中死亡，是自 1947 年以来情况最糟的。

　　再一次，要想不恢复陈腐的印象是困难的：在印度，过去的负担是沉重的，没有出现有活力的力量来推翻它，因而现代性的到来是缓慢的、补丁式的。当关于独立前的印度的记忆逐渐消失时，对印度传统的重申却总是可能。具有象征性意义的是，当 1947 年独立时刻降临时，印度正处于漆黑的午夜。因为英国人没有求问占星家们提供一个吉利的日期，因此就选择了两天相交的时刻作为新国家的诞辰：这也是在强调，印度式行事方式在接下来的 40 年里将不会失去力量。此后，印巴分治让印度社会变得更加以印度教徒为主。

到 1980 年，印度最后一批在英国统治下招聘的官员已经退休。印度仍然生活在舶来的西方政治制度和传统社会之间明显的不一致当中。尽管印度的许多领导人（具有献身精神的男男女女们）取得了诸多的伟大成就，但根深蒂固的过去（意味着特权、不平等、非正义）显而易见仍在妨碍印度的发展。因而，或许那些在 1947 年相信印度未来的人们，根本没有意识到进行根本性的变革将多么艰辛，但是，那些已发觉在自己的社会中进行比这更简单的根本性变革也很难的人，也不应因此就觉得高人一等。

印度的邻居巴基斯坦更有意识地转向了伊斯兰传统（或至少是其更加现代的表现形式），并很快发现自己正在与伊斯兰世界的大部分地方一起经历一场明显的复兴运动。西方政治家再次回想起伊斯兰是那么强劲的势力，分布在从西方的摩洛哥到东方的中国那么广阔的土地上。印度尼西亚（东南亚最大的国家）、巴基斯坦、马来西亚以及处在它们之间的孟加拉国，几乎包含了全世界穆斯林人口的一半。除了这些国家和阿拉伯文化所处的土地外，在苏联和人口最多的非洲国家尼日利亚也有大量的穆斯林国民（早在 1906 年，俄国沙皇政府就很担忧伊朗革命的影响，因为怕它激起本国穆斯林的骚动）。但是对伊斯兰世界的新认识需要一定时间才能出现。一直到 20 世纪 70 年代，当人们想到伊斯兰教时，世界其他地方的人们总倾向于关注中东阿拉伯国家，特别是那些石油富国。

这种狭隘的观念也因冷战而长期变得模糊和混乱。有时冲突的形式也嵌入到更古老的体系中。对一些观察家来说，俄国在这个地区体现影响力的传统愿望，似乎也是苏联政策考虑的一个因素，而且此时前所未有地接近满意的结果。到 1970 年，苏联拥有了与美国相匹敌的世界性海军力量分布，甚至在印度洋也建立了活动基地。随着英国在 1967 年从亚丁撤离，苏联就与南也门政府达成协议，加以利用。这一切几乎就发生于美国人在更南边的战略受挫时。冷战在非洲之角和在葡萄牙前殖民地发生，给更北边的事件增添了重要的意义。

　　然而，苏联的政策，从更长远的角度看，在伊斯兰世界似乎并未得益于 20 世纪 70 年代美国中东政策明显的混乱局面。埃及当时已经与叙利亚起纠纷，开始求助于美国，希望与以色列达成保全面子的和平。当 1975 年联合国大会谴责犹太复国主义是一种种族主义，并承认巴勒斯坦解放组织为联大"观察员"时，埃及不可避免地感到了来自其他阿拉伯国家的更多孤立。到这时，巴勒斯坦解放组织在以色列北部边界附近的行动不仅骚扰以色列，而且驱使黎巴嫩（其精英阶层非常欧化）成为巴解组织的避难所，最终沦为废墟并趋于瓦解。1978 年以色列侵入黎巴嫩南部，希望结束巴解组织的骚扰。尽管非伊斯兰世界都鼓掌赞成埃及总统和以色列总理在华盛顿会面并于次年达成和平协议，为以色列从西奈半岛撤退做好准备，但这位埃及人在 3 年后付出了被暗杀的代价，行刺者觉得他背叛了巴勒斯坦和阿拉伯的事业。

　　埃及和以色列之间达成有限和解，很大程度应归功于吉米·卡特总统，他在 1976 年作为民主党候选人赢得了美国总统大选的胜利。与在中东的遭遇相比，美国人的士气那时正在遭受别的更大挫折。越战已经毁掉了一个总统，而他的继任者的任期以处理美国战败及媾和事宜（很快事实就表明，这份解决方案的价值是多么小）为主。此外，暗地里，许多美国人都在担心苏联弹道导弹力量上的提升。这一切都影响到美国对一件几乎完全没预料到的事件的反应——伊朗国王被推翻。这不仅对美国是一个破坏性的打击，而且揭示了中东和伊斯兰动荡局面的一个可能极大的新维度。

　　伊朗国王作为一个可靠的盟友，长期以来一直受美国的支持与青睐，但在 1979 年 1 月他却被义愤填膺的自由派人士和伊斯兰保守派人士联手赶下台，并遭驱逐出境。但尝试建立一个稳定的立宪政府的努力，很快由于大众群起支持伊斯兰教而瓦解。伊朗的传统模式和社会结构曾由于国王（不加深思熟虑就）追随他的父亲礼萨·汗实施的一项现代化政策而遭到动摇。但几乎马上就建立了一个什叶派伊斯兰共和国，由一位年长且狂热的宗教领袖领导。美国很快就承认了这一新政权，但是无济于事。作为前国王的赞助人、资本主义和西方物质主义的突出代表，美国被认为罪行累累。一点小的慰藉是，苏联很快也被伊朗的宗教领导人指以类似的诽谤，被视为第二个威胁到伊斯兰教纯洁性的"撒旦"。

伊朗革命后不久，伊朗学生闯入美国大使馆，将外交官和其余人等劫持为人质，从而发泄了一些怒气。世界充满震惊地突然发现，伊朗政府支持占领者，拘押人质，并赞成学生关于将国王遣返回国受审的要求。卡特总统大概没有遭遇过如此尴尬的处境，因为当时美国在伊斯兰世界的政策，完全围绕苏联对阿富汗的干预展开。中断与伊朗的外交关系，和施加制裁，是第一波回应。然后是尝试营救人质，但黯然失败。这些倒霉的人质最后是经过协商救回的（其实就是付赎金：归还革命期间伊朗被冻结在美国的资产），不过美国人遭受的羞辱，并非此次事件中唯一重要哪怕最重要的方面。

扣留人质不仅产生了广泛的政策性影响，还以另一种方式具有象征意义。外交人员应免受干扰，这是源于欧洲，然后 300 年来在文明世界得到发展的惯例，该事件是对这个惯例的一次强烈冲击（联合国全体一致谴责便是明证）。伊朗政府的行动，显示它并非按公认规则行事。对源于欧洲，但随后已得到全球认可的那些设想，它给予了公然拒绝。它令全世界的许多人首次感到疑惑，伊斯兰革命是否还意味着其他什么。

伊拉克残暴的阿拉伯复兴社会党政权因为毫不留情地处决和追捕伊拉克共产党人，而业已受到美国的青睐。此时，在美索不达米亚，在逊尼派和波斯什叶派穆斯林之间长期存在的敌意刺激之下，他们与伊朗新政权发生冲突，闹翻了。这让美国人受到鼓舞。1979 年 7 月，萨达姆·侯赛因在巴格达当上总统，这似乎很有利于美国安全机构：他们觉得他可以抵消伊朗在海湾地区造成的威胁。

因为伊朗革命不仅仅意味着美国失去了一个附属国，伊拉克的情况就更受欢迎了。尽管确实是有多方苦痛结合在一起才使得国王被推翻，但快速恢复古老传统（引人注目地表现在对妇女的态度上）表明，被否决的不仅仅是一位统治者。新的伊朗伊斯兰共和国，虽然主要是什叶派，却提出了普遍的主张。它是一个神权国家，在这里合法的统治源自合法的信仰，有些像加尔文的日内瓦。它也是世界各地众多穆斯林（尤其是阿拉伯地区）在世俗的西化开始和现代化承诺失败时，所共享的一种愤怒的表达。在中东，而不是别的地方，民族主义、社会主义和资本主义在解决地区问题上都失败了——或者至少在满足它们所激发的情感和欲望上失败了。"原教旨主义者"认为凯末尔、礼萨·汗、纳赛尔都引导他们的人民走向了错误的道路。伊斯兰社会在抵制无神论的共产主义蔓延上非常成功，但对穆斯林来说，他们的领导人追寻了一个世纪或更长时间的西方文化熏陶，现在看起来似乎甚至威胁更大。自相矛盾的是，"资本家剥削"这种西方的革命观念有助于促成这种情感的剧变。

伊斯兰教激进主义有着各种各样而且很深刻的根源。它可能汲取了几个世纪以来反基督教斗争的力量。它于 20 世纪 60 年代以后重振旗鼓的一大原因是，外国势力（包括苏联）由于在冷战中分裂成不同阵营，在将其意愿强加于中东和波斯湾时困难明显增加。对许多阿拉伯穆斯林来说，逐渐增加的证据表明，自 19 世纪 80 年代以来，作为对奥斯曼土耳其衰落后出现的不稳定局面的一种组织化补救，西方的民族主义原则得到提倡，但并没有起到作用。非常明显，奥斯曼继承权战争还没有结束。近来石油因素呈现出的潜力，使一种对伊斯兰有利的、可以让西方窘困的组合因素变得更加有前途。但是，自 1945 年以来，虔诚的穆斯林也日益认识到，西方向那些拥有石油的富国提供的商业、通信技术和简单的诱惑物，将比已经出现过的任何早期（更别说纯粹军事方面的）威胁对伊斯兰国家造成更大的危险。这必将带来紧张和不安。

然而，这些国家和社会发现它们很难采取一致的步调。逊尼派和什叶派之间的敌对可以追溯到许多个世纪前。名义上发端于伊拉克的阿拉伯民族社会复兴运动鼓舞了很多穆斯林，但在 1945 年后的这个时期，却已遭到宗教色彩浓厚的穆斯林兄弟会厌弃。该会于 20 世纪 20 年代在埃及成立，甚至在巴勒斯坦争端里谴责双方都"不信神"。人民主权论是原教旨主义者拒绝的一个目标,他们追求伊斯兰教对社会的全方位控制。因此,不久以后,世界开始习惯于听到巴基斯坦禁止男女混合曲棍球,沙特阿拉伯用投石击毙和肢解来惩罚犯罪,阿曼正在建立一所在讲课期间将男女隔离的大学等更多的新闻报道。到1980年,激进穆斯林的力量已经足够强大,可以在很多国家确保自身目标实现。甚至在相对"西化",到1978年时学生们已拥有自己投票选举机制的埃及,还有一些医学院的女学生拒绝解剖男性尸体,要求实行隔离的双重教学体系。

此外(乍一看,以西方的观点来看,学生激进分子乐意支持如此反动的事情是很奇特的),为了恰当地看待这些态度,必须把这一切放在伊斯兰里长期不存在西方那种国家理论或者制度理论的背景下加以理解。即使国家的掌权者是正统的,即使国家带来了受欢迎的好处,但在伊斯兰思想当中,这种国家并没有不证自明的合法权威——而且,最重要的是,自19世纪以来阿拉伯地域引入国家体制,始终是对西方有意或无意的模仿。年轻的激进主义曾试图发现推崇公众利益的社会主义政治(或者他们认为是在寻找这个,但其实归根到底还是西方的舶来品),却找不到,因此觉得国家或民族并没有什么内在的固有价值。于是他们开始往别处寻找,这部分地解释了首先出现在利比亚,然后在伊朗和阿尔及利亚也出现的想要推动合法政权新模式形成的努力。伊斯兰由来已久的对公共体制的偏见,以及对部落主义和伊斯兰兄弟关系的偏好会否继续保留,还有待观察。毕竟,虽然谈及兄弟关系,终究不能不承认世界上大部分穆斯林都不懂阿拉伯语。

出现混乱的可能性,甚至伊斯兰世界部分地区两败俱伤的内部冲突,都在诱惑着人们经由把事情简单化来加以理解。伊斯兰世界在文化上并非毫无差异。20世纪80年代时,一些清真寺里广受欢迎的布道者们将"西方"斥为神话构建,但他们自己的主张,也并不能更让人信服地被认定为充满凝聚力、切实、边界清晰的文明。很多穆斯林,包括一些笃信宗教的人,都寻求能立足于两个世界,在一定程度上依循着西方和伊斯兰两种理想在努力。这两个世界每个都是历史上的动力之源,一种活力来源，各自都可以说是无限的，但同时又随着时间的流逝互相影响交融，其中最近的一次交融，是欧洲观念对伊斯兰世界的普遍影响渗透。

伊斯兰世界部分地区（尤其是中东地区）动荡不安的局势，因为人口结构而变得更为严重。在大多数伊斯兰社会，人口的平均年龄据说在15 到 18 岁之间，其中一些社会的人口还在以非常快的速度增长。新一代穆斯林可能在政治、社会和伦理观念上都大不相同。显而易见的是，他们急切期盼变革，改变令他们中太多人深陷贫困，缺少政治代表，只剩下千言万语的处境。他们的想法或许斑驳复杂，但他们觉得无论西方还是自己的统治者，都并不尊重这些想法。

第 4 章　一个时代的终结

　　20世纪80年代将发生惊人的变化，但甚少发生在中东地区；而当这十年开始时，那里似乎最有可能发生变化。实质上的停滞状态似乎已经笼罩这个地区。1980年时那里的气氛高度紧张，一如之前多年的状况；在巴勒斯坦地区，以色列取代了当初奥斯曼帝国的位置，这带来的问题要如何解决？与之最息息相关的各方所抱的希望也曾高涨。但除了对少数以色列人而言，其他各方的这些希望都沉重地归于破灭。有一段时间，伊朗革命似乎会改变迄今为止的游戏规则，事实上一些人也希望如此。然而十年后，伊朗之外的世界到底发生了哪些改变，或者它在伊斯兰世界引发的动荡的重要性究竟如何，仍然很难评说。在一段时期里看起来像伊斯兰教复兴的那些迹象，也可能仅仅是清教主义在几个世纪中不时激励和吸纳信徒的周期性浪潮之一。同样明显的是，紧张气氛很大程度上在于环境；以色列占领了位于耶路撒冷的伊斯兰教第三重要的圣地，突然提高了伊斯兰世界的团结意识。然而1980年伊拉克对伊朗的进攻导致了一场持续达8年的血战，100万人丧生。无论还有什么别的隐藏因素，在那场冲突中这种区分很重要：伊拉克是逊尼派，伊朗是什叶派。又一次，伊斯兰世界的人们同时被由来已久的断裂，以及当代的纷争所分割。

　　不久，事实表明，虽然伊朗可能激怒和吓住超级大国（特别是苏联，因为它有数以百万计的穆斯林国民），但不可能阻碍它们。在1979年末，伊朗的统治者不得不无助地注视着一支苏联军队进入阿富汗，去那里支持一个傀儡共产主义政权镇压穆斯林反抗者。伊朗支持恐怖分子和绑架者的一个原因是，它只能做到那么多了。此外，尽管伊朗成功地扣押了美国人质，却不可能让前国王回去接受伊斯兰教法的审判。伊朗通过在人质事件中捏住秃鹰的尾羽，使美国蒙羞，但这似乎很快就不再像当初发生时那么重要了。回顾过去，卡特总统在 1980 年宣布美国把波斯湾视作至关重要的利益区域，才对未来更有揭示意义。这是美国人缺乏把握和感到挫败等夸大情绪走向终结的一个早期信号。国际政治中的一个核心现实正打算重申自身的重要性。尽管自古巴危机以来发生了各种剧变，但美利坚合众国在 1980 年仍然是仅有的两个超级大国之一，其国力赋予其不容置疑的地位，（用苏联官方的定义）是"世界头等强国，缺少它的参与，就没有一个国际问题能够得到解决"。在某些情况下这种参与可能是潜在而不明确的，但它是这个世界运转法则中的一个基本因素。

此外，历史不会长期偏向谁。虽然从古巴导弹危机到入侵阿富汗等事件让一些美国人由于苏联的力量而害怕，但有大量的信号显示，到 20 世纪 70 年代早期，苏联领导人已经陷入困境。他们必须面对马克思主义的一个基本原理：意识随物质条件而变化。苏联社会切实但有限放松的管控，产生了两个结果（当然还有其他结果）。其一是明显的异议，规模虽相当小，却表明了对更大的不断增长的精神自由的追求。另一个结果没那么明显，但真实存在，即人们纷纷认为进一步的物质改善应该来临。虽然如此，苏联却继续在军备上花费巨大（20 世纪 80 年代大约是 GDP 的四分之一）。然而就连这个数额似乎也仍然不够。可是，就算是为负担起这个数额的军备费用，苏联也需要西方的技术、管理技巧以及（可能的话）资金。接下来可能出现什么样的变化众说纷纭，但变化将会来临则是确定无疑的。

然而，到 1980 年，两个超级大国间扣人心弦的紧张关系更加登峰造极。虽然苏联尽巨大的努力想比美国拥有更强大的核打击力，但它在这一水平上的优势几乎没有实质性意义。美国，利用其出色的炮制口号的能力，简明地将当时的形势概括为"MAD"，意思是说，两个国家都有能力"相互保证摧毁"（Mutually Assured Destruction）。或者更加准确地说，两个潜在的参战者都有足够的打击力量确保相互摧毁，即使一次突然袭击使其中一方失去了主要武备，其剩余的武器也足够确保自己作出可怕的回应，将对手的城市变成冒烟的荒野，并使对手剩余的武装力量除了试图控制惊恐的幸存者外几乎无能为力。

这种异乎寻常的可能性，是一种强大的缓和力量。约翰逊博士曾说过，你即将被吊死的事实会让大脑高度专注地思考。这个论断也可以应用在受到如此庞大的灾祸威胁的群体身上：稍一犯错就可能导致种族灭绝，知晓这一点能强烈地刺激人们谨慎思考，因此即使偶尔也会有疯子（让我们简单地做个概括）掌握权力，但就连这样的人也不敢轻举妄动。或许这最根本地解释了美苏两国新的合作高度，这一点已经在 20 世纪 70 年代美国和苏联的关系中得到验证，尽管其间也不乏细碎的争吵。1972 年关于防御性导弹限制的条约是合作的第一个成果；这在一定程度上归功于双方都已意识到，科学现在可以监督谁违反了这类协议（不是所有的军事研究都会促使紧张加剧）。次年，进一步限制军备的讨论开始；同时双方也开始探讨在欧洲实施全面安全制度安排的可能性。

作为无保留承认欧洲战后边界（最重要的是两个德国之间的边界）的回报，1975 年苏联谈判代表最终在赫尔辛基同意加强东西欧之间的经济交流，并签署了一份人权与政治自由保证书。当然，最后一点是不可能强制执行的。然而，比起苏联谈判代表更为看重的在边界承认上的象征性收获来说，这可能更加重要。事实证明，最终导致东欧发生变革的公众舆论由此逐渐兴起。其间，两个欧洲之间的贸易和投资潮流几乎立即开始增加，尽管也非常缓慢。迄今为止，这次努力最接近于达成一份终止第二次世界大战的全面和平条约，它给予了苏联领导人最渴望得到的东西：保障其在 1945 年胜利后取得的主要战利品之一——领土分配方案的安全有效。

虽然如此，当 1980 年来临时，美国对世界事务忧心忡忡。这一年美国还要进行总统大选。18 年前，古巴导弹危机曾向世界显示美国是世界上最有权势的国家。那时它享有超级出众的军事力量，遍布世界的盟国、代理人和卫星国的支持（通常还算可靠）；同时公众在尽力克服巨大的国内问题时，愿意为世界性的外交和军事事务有所付出。到 1980 年，许多美国公民觉得世界已经发生变化，并且对此并不满意。当新的共和党人总统罗纳德·里根于 1981 年就职时，他的支持者回顾了之前美国变得越来越无力的十年。他继承了庞大的预算赤字，失望于苏联武装在非洲和阿富汗看起来取得的新进展，沮丧于美国 20 世纪 60 年代在核武器方面曾享有的优势已消失。

在接下来的五年里，里根总统将让他的批评者们大吃一惊，他将通过非凡的（即使通常是粉饰过的）领导才能来恢复国民的士气。具有象征性的是，在他就职典礼当天，伊朗人释放了美国人质，一段伤自尊的、令人沮丧的插曲到此结束（很多美国人相信，释放时机是由新政府的拥护者精心安排的）。但这绝对不是美国在中东和海湾地区所面临的麻烦的结束。两个主要的难题并没有解决。一个是冷战思维持续期间，这个地区的国际秩序遭受的威胁；另一个则是以色列问题。许多人认为，伊拉克和伊朗间的战争体现的是第一重风险。不久，一些阿拉伯国家的动荡变得更加明显。有序的政府在黎巴嫩完全消失，它坍塌成一个受到叙利亚和伊朗资助的武装帮派你争我夺的无政府区域。结果这给了巴解组织中的革命派一个比过去更有指望的发展基地，但以色列也因此在其北部边境，或越过北部边境采取不断升级的暴力和扩张性的军事行动。随后在 20 世纪 80 年代紧张状态升级，以色列和巴勒斯坦的冲突比以往更加剧烈。更让美国人心生警醒的是，黎巴嫩进一步陷入无政府状态，就在美国海军到达之后，炸弹在美国大使馆和海军兵营爆炸，总共导致超过 300 人丧生。

也不只是美国一个国家陷入这些顽疾引起的麻烦当中。当苏联派出士兵进入阿富汗时（在下一个十年的大部分时间里，他们都陷在了那个泥潭里），伊朗人和其他地方穆斯林的愤怒注定会影响到苏联境内的穆斯林。一些人认为这是一个充满希望的信号，相信伊斯兰世界的混乱会引起两个超级大国的重视，或许会导致两者在这个地区的卫星国和盟国无法得到无条件的支持。当然这对以色列最为重要。同时，伊朗革命中更加让人警醒的行动和言辞，使一些人认为文明的冲突已经开始。不过，伊朗激进的清教主义，也震撼了保守的阿拉伯国家和海湾地区富有的石油君主国，尤其是沙特阿拉伯。

20 世纪 80 年代，确实有大量迹象显示宗教激进主义的影响在扩散。就连巴基斯坦的军政府（由一个世俗化穆斯林建立）都坚持伊斯兰教正统性，尽管这主要为了参与一场利益驱使的圣战，以反击入侵邻国阿富汗的苏联异教徒。随着这十年逐渐过去，北非涌现出更多惊人的宗教激进气氛的证据。利比亚情绪激动的独裁者的奇谈怪论和公开宣示可能还没那么重要。邻国阿尔及利亚的事态更值得关注。那个国家在赢得独立后最初看来前景不错，但到 1980 年时其经济呈萎靡态势，维持独立运动的共识已破碎，对很多精力充沛的年轻人来说移民到欧洲寻找工作似乎成为唯一可行的出路。在 1990 年阿尔及利亚的选举中，一个宗教激进主义的政党赢得了多数投票，这在阿拉伯国家中尚属首次。而一年前苏丹的军事政变，为那里带来了一个好战的军政府的统治，随之而来的则是对这块本就不幸福的地域上人民仅存的公民自由权的压制。

尽管如此，虽然宗教激进运动颇具吸引力，但到 1990 年，有大量的迹象表明，保守派阿拉伯政治家（包括他们的自由派政敌）已足以与宗教激进主义者对抗，且常常颇为有效。但中东的政治事件将在很长一段时间内掩盖掉这些迹象。伊拉克的统治者萨达姆·侯赛因得到美国人的支持，乃是中东主要的麻烦制造者，但他只是战略性和务实地支持一下伊斯兰教。他从小作为一名穆斯林长大，但领导的却是一个实际上基于资助庇护、家族和军人利己主义的世俗的阿拉伯复兴社会党政权。他追求权力，并把技术现代化作为其实现途径，没有证据显示他曾关切过伊拉克人民的福祉。当他发起对伊朗的战争，战事的绵延和花费的代价让其他阿拉伯国家——特别是海湾其他石油生产国——大松一口气，因为战事似乎同时束缚住了一个危险的匪帮和让他们害怕的伊朗革命分子。然而，使他们不太满意的是，战争转移了对巴勒斯坦问题的注意力，毫无疑问使以色列对付巴解组织变得更加容易。

海湾地区将近十年的惊慌与不安，进一步干扰了对西方的石油供应。一些突发事件似乎有时可能导致武装冲突的扩大，特别是在伊朗和美国之间。在黎凡特发生的事件搅动了那里的僵局。以色列对戈兰高地的持续占领，在黎巴嫩发起对巴勒斯坦游击队和他们保护人的激烈行动，及以色列政府鼓励更多犹太移民到来（特别是来自苏联），都有助于以色列壮大自身，以防有朝一日再次对阵阿拉伯联军。然而，在1987年底，以色列占领区爆发了第一次巴勒斯坦人暴动，并发展成一场时断时续但始终不绝的暴动——因提法达（Intifada）起义。巴解组织虽然通过承认以色列本身的生存权赢得了国际社会更多的同情，但当1989年两伊战争最终结束时，它仍然处于不利的被动地位。在接下来的那一年，伊朗的最高领袖阿亚图拉·霍梅尼逝世，新的迹象显示，他的继任者在支持巴勒斯坦和激进宗教事业上可能不会那么冒险了。

在两伊战争期间，美国偏袒伊拉克，部分是因为美国夸大了原教旨主义的威胁。然而，当美国最终在海湾地区与一个公开宣布的敌人面对面开战时，敌人却是伊拉克，而不是伊朗。1990年，在与伊朗达成全面和平协议后，萨达姆·侯赛因重新挑起了与科威特酋长国的一项旧日的领土争端。他也与科威特的统治者就石油定额和价格发生了争吵。这些"冤情"令人难以置信；无论它们在象征层面对侯赛因本人意味着什么，他最看重的只不过是决心夺取科威特巨大的石油财富。1990年夏，他的威胁升级。然后，在8月2日，伊拉克军队侵入科威特，几个小时内就使它屈服。

在联合国，一股反对伊拉克的异常显著的国际舆论被鼓动起来。侯赛因试图打出伊斯兰和阿拉伯两张牌，用阿拉伯对以色列的仇恨来掩饰自己的扩张野心。事实证明，中东城市大街上支持他的示威游行并没有什么价值。仅有巴解组织和约旦官方表示了对他的支持。毫无疑问使他震惊的是，沙特阿拉伯、叙利亚和埃及迅速结成一个先前无法想象的联盟，共同反对他。几乎同样让他吃惊的是，接下来所发生的一切都得到了苏联的默许。最令人吃惊的是，联合国安全理事会（以压倒性多数）达成了一系列决议谴责伊拉克的行动，最后授权使用武力对付它以确保解放科威特。

在美国的指挥下，庞大的军事力量在沙特阿拉伯集结。1991 年 1 月 16 日它们投入了战斗。不到一个月，伊拉克遭受了相当大的损失，主动放弃并撤兵（盟军的伤亡较少）。然而这一战的耻辱显然并没有威胁到侯赛因的生存。再一次，中东地区许多人期待已久的转折点并没有出现。战争使阿拉伯革命派和想成为和平缔造者的西方人都感到失望。最大的输家是巴解组织，而以色列是最大赢家；阿拉伯国家要想在军事上击败它，在短期内已难以想象。然而当这又一场奥斯曼继承战争结束后，以色列问题仍然存在。在科威特危机前，已有迹象显示叙利亚和伊朗出于各自目的，打算通过谈判来达成一个解决方案，但这样的方案是否真会出现则是另一回事，尽管很显然，美国比以往更迫切地期待其发生。

也许一大进展是，由激进派与原教旨主义结合而成的泛伊斯兰运动的幽灵暂时被驱散了。从现实目的来看，阿拉伯的团结又一次成为海市蜃楼。尽管许多穆斯林对西方有种种怨愤、不安和不满，但几乎没有迹象表明他们的怨气将得到协调一致的有效表达，而更不可能的是，他们可以不利用西方提供的具有微妙腐蚀性的现代化方式。顺便说一句，海湾战争危机也似乎表明，石油武器已失去了可损伤发达世界的大部分威力；因为，尽管发生过一次令人恐惧的危机，但新的石油危机没再出现。在这种背景下，1991 年，美国通过外交努力，终于说服阿拉伯人和以色列人又一次参加到关于中东局势的会议中来。

同时，其他地方也在发生巨大的转变，而且也影响到中东的事件。不过它们的影响，只是通过塑造美国和苏联在那里的所作所为来间接施加的。1980 年，美国的总统竞选活动故意利用了国民对苏联的忧惧情绪。毫不奇怪，这重新唤起了官方层面的敌对情绪；保守的苏联领导人再次怀疑美国政策的走向。本来充满希望的裁减军备措施似乎又被抛在了一边——或者甚至反其道行之。结果，美国政府逐渐在外交事务方面表现出新的实用主义；同时，在苏联这边，内部的变化也逐渐开辟了更具灵活性的道路。

一个里程碑是 1982 年 11 月列昂尼德·勃列日涅夫的去世。他是赫鲁晓夫的继任者，担任苏共总书记长达 18 年。他的直接接班人（克格勃首脑）不久就去世了，随后继任的一位七旬老人在任时间更短就去世了，最终，在 1985 年，最年轻的政治局成员戈尔巴乔夫成为总书记：时年 54 岁。戈尔巴乔夫的全部政治经历都处于后斯大林时代，而他对他的国家、世界以及历史的影响，都将十分深远。

推动戈尔巴乔夫继任的各种力量组合目前仍不清楚。克格勃大概不反对他的晋升，而且他最初的行为和言论也是正统的（虽然他已经在前一年给英国首相留下了一个可以合作的印象）。但他很快就阐明了一种新的政治基调。"共产主义"这个词很少在他的演讲中听到，"社会主义"被重新解释为要排除平均主义（尽管他不时提醒他的同事们他是共产党员）。因为找不到更好的表达，许多外国人将他的目标视为自由化，西方不太到位地试图以此概括他频繁使用的两个俄语词——公开性（glasnost）和改革（perestroika）。其新路线的影响将深远而巨大，在这十年的剩余期间，戈尔巴乔夫一直在设法理顺。

当他开启这一切时，其间可能会发生什么，他不可能预知到。确定无疑的是，他认为如果不进行激烈的变革，苏联经济就不可能稳定维系先前那种水平的军事力量，维持它对盟国的承诺，提高（不管多么缓慢和微小）国内生活标准，保证自主的技术进步能够延续。因此，戈尔巴乔夫似乎在按自己对列宁主义的看法来使苏联开放，以避免崩溃，最重要的是使它成为一个更加多元的制度体系，让知识分子能参与国家政治。而这种变化可能带来什么影响，似乎连他自己也不清楚。他实质上是认为：通过社会主义实现现代化的 70 年实验失败了。自由和物质状况改善都没有来临。现在，负担已过于沉重而难以承受。

罗纳德·里根很快就从戈尔巴乔夫的上台中获利。在双方会谈中，苏联的政策反映出了一种新的基调，这一点很快变得明显。裁减军备的谈判重启。其他事项方面也在达成协议（而且由于 1989 年苏联领导人决定从阿富汗撤军，商讨也相应变得更加容易）。在美国国内政治中，庞大且仍在不断增加的预算赤字和萎靡不振的经济，如果在其他总统治下，多半必将引起政治上的轩然大波，但似乎正在变化的国际局势所引起的欢欣鼓舞氛围，却实际上将其淹没了多年。很多美国人对苏联的恐惧和警觉心理正在逐渐减弱。

当苏联在改革中表现出陷入日益加剧的分裂和困境的迹象时，美国的乐观情绪和信心得到了极大的增长。同时，美国人得到保证，他们将见证奇迹：他们的政府将在太空部署新的防卫措施。尽管数以千计的科学家说这个方案不切实际，但毕竟苏联政府无法承受与其竞争的成本。利比亚不安分的统治者一直在支持反美的恐怖分子（重要的是，苏联对此表示的关注比西欧国家更少）。1986 年，美国轰炸机从英国起飞执行了对利比亚的惩罚行动，这也让美国人感到振奋。可里根总统在说服他的众多同胞们相信，更明确彰显美国在中美洲的权威确实对他们有利方面，他就没那么成功了。但是他仍然非常受欢迎。直到他卸任后人们才开始发现：这一时期，美国一直存在的贫富差距进一步拉大。

1987 年，军备控制谈判的成果聚集在有关中程核导弹的协议上。尽管新权力中心的出现带来侵蚀和大量冲击，但核均势已僵持太久，足以让两个超级大国首次做出让步姿态进行协商了。商讨之所以变得可能，如果不是因为其他国家也开始致力于获得核武器的话，至少也因为美苏似乎逐渐认识到，核战争如果真的来临，有可能会造成人类实质性灭绝的前景，因此开始着手做些预防措施。1991 年，美苏两国同意大幅削减现存武器储备，取得了进一步的重大进展。

国际关系中这种巨大的变化必然对其他国家产生多重影响。虽然不得不人为地分别讲述它们，但它们是在相互影响下才得以发生的。在1980 年结束时，没有理由相信东欧和苏联人将会看到自 20 世纪 40 年代以来最重大的变化。但已经清楚的是，欧洲共产主义国家发现，要保持它们曾达到的哪怕最微小的增长率都越来越困难。与非共产主义世界的市场经济体相比，它们已经处在越来越不利的地位，不过这似乎并没有导致 1953 年、1956 年和 1968 年那样的事件，或是对苏联在东欧力量的任何挑战重现。华沙条约所提供的外壳，似乎依然能够控制住已消停约30年的社会和政治变化（如果考虑到二战及其余波带来的非自愿的剧变，那么时间还更长）。

乍一看，东欧有一种显著的一致性。在每一个国家党都是至高无上的；充满事业抱负的人们都围绕它来建设他们的生活，就如在前几个世纪里人们集聚在宫廷、赞助人或者教会周围一样。每个国家（首先是苏联本身）都有一个难以言明和无法探究的过去，它无法被哀悼或指责，其重量仍高悬在学术探讨和政治商议之上——如果还存在的话——侵蚀着这一切。在东欧经济领域，对重工业和大宗商品的投资在初期带来了经济增长（有些国家比其他国家更有活力）；随后，与其他社会主义国家的国际贸易体系建立起来，由苏联主导，由中央计划严格调控。这也造成了可怕的环境和公共健康问题涌现，但作为国家安全问题被掩盖。人们对生活消费品的需求不断增长，却得不到满足；各国无法得到国际经济分工带来的好处，在西欧被认为司空见惯的日用品，在东欧国家却成了奢侈品。

土地私有制到20世纪50年代中期已经大幅减少，通常被集体合作社和国家农场混合的状况所取代，尽管在这幅大体一致的图画里后来也出现了不同的模式。例如，在波兰，甚至还在共产党当政时期，大约有五分之四的农田就已经陆续返还给私人经营。然而，其产量仍然较低；大部分东欧国家能获得的农业产量仅有欧洲经济共同体国家产量的一半到四分之三。到20世纪80年代，东欧国家几乎全部不同程度地出现了经济贫弱，仅有德意志民主共和国可能例外。即使在那里，1988年全年的人均国内生产总值也只有9 300美元，相比之下，联邦德国达到了19 500美元。其他问题也纷纷出现。基础设施投资下降，其世界贸易份额也在下降。以硬通货计算的债务不断累积。在20世纪80年代，仅波兰一国的实际工资水平就降低了五分之一。

后来所称的"勃列日涅夫主义"（1968年勃列日涅夫在华沙发表一次讲话后得名）谈到，东方阵营国家内部的发展可能会要求——像当年捷克斯洛伐克一样——苏联进行直接干预，从而制止将社会主义经济复辟为资本主义的任何企图，捍卫苏联及其盟国的利益。然而勃列日涅夫也对追求缓和感兴趣，他的信条反映了他对共产主义欧洲各自发展可能引发国际局势不稳的现实主义态度。可以通过划定更加清晰的界限来限制这些风险。自那时起，伴随着 20 世纪 40 年代的记忆和被颠覆的可能性被远远抛在脑后，西欧内部稳步增长，变得日益繁荣，这种变化消除了东西欧之间紧张关系的部分根基。到 1980 年，在西班牙和葡萄牙发生革命性的变化后，的里雅斯特—斯德丁一线以西已不再存在专制政权。30 年来，产业工人反对其政治领导人的活动只在东德、匈牙利、波兰和捷克斯洛伐克发生。

　　1970 年后，特别是 1975 年《赫尔辛基协定》签署后，随着日益意识到东方阵营与西欧间的差距，持不同政见团体开始出现，尽管面临严厉压制，它们仍存活下来并巩固了自身的地位。渐渐地，也有少数官员或经济专家，甚至一些党员，对于烦琐的中央计划的效率开始表露出怀疑的迹象，对市场机制所具优势的讨论也逐步增多。但是促成根本性改变的关键在别处。如果勃列日涅夫主义仍然盛行，且背后有苏联驻军支持的话，没有理由相信在任何华约成员国会出现这种可能。

　　表明情况不会永远如此的首个清晰信号，于 20 世纪 80 年代早期出现在波兰。在相当大的程度上，波兰民族是通过追随神父而非统治者维系着民族的完整性。罗马天主教会以波兰民族化身的形式，对大多数波兰人的思想和情感有着持久的控制力，并经常为他们代言——一旦一个波兰人当上教皇，一切将更加令人信服。它的做法是站在 20 世纪 70 年代反对当时经济政策的工人一边，谴责他们受到的不公平对待。

　　教会的作用，与日益恶化的经济状况一起，构成了 1980 年波兰危机之年的背景。一系列的罢工逐渐在格但斯克造船厂的斗争中掀起一个高潮。从这场运动的参与者开始，出现了一个新的、自发组织起来的工会联盟——团结工会；它在罢工工人的经济目标之外又添加了政治要求，其中包括独立的行业工会。团结工会的领导人莱赫·瓦文萨，是一个不同寻常、经常被监禁的电工和工会首领，虔诚的天主教徒。他与波兰的教会上层保持着密切的接触。造船厂的闸门上装饰着教皇的图像，罢工工人还举行了露天弥撒集会。随着罢工范围扩大，全世界惊讶地看到，摇摇欲坠的波兰政府很快作出历史性的妥协，其中最为关键的是，政府承认团结工会为一个独立自治的工会组织。而具有象征意义的是，天主教弥撒在星期天定期广播也得到许可。但是混乱没有停止，随着冬天的来临，危机的气氛变得更浓。波兰的邻国发出了可能进行干预的威胁，苏联的40个师据说已经在东德和苏联边境做好准备。然而突然的干预并没有到来；苏联军队没有采取行动，也没有接到勃列日涅夫要求这么做的命令。他的继任者在接下来的动荡岁月里也没有这么做。这是莫斯科第一次出现变化的信号，也是东欧接下来十年所发生的一切的必要前提。

　　1981年，紧张气氛继续加剧，经济形势持续恶化，但是瓦文萨仍力图避免挑衅。华约部队的苏联指挥官曾5次来到华沙。最后，激进分子摆脱了瓦文萨的控制，并呼吁一旦政府行使紧急权力就开展总罢工。12月13日，戒严令实施。接着是严厉的镇压和可能数百人的死亡。但波兰军队的行动也使苏联的入侵变得不再必要。团结工会转入地下，开始了长达7年的斗争。在这期间，情况变得越来越明显：政府既不能阻止经济持续恶化，也得不到所谓"真正"的波兰（与政府日益疏远的民众）的支持。一场道德的革命正在进行。如一位西方观察员的描述，波兰人开始表现出"好像他们生活在一个自由的国家"的行为。秘密组织和出版物、罢工和示威游行，以及天主教会持续地谴责政权，有时候表现出一种内战的气氛。

　　虽然几个月后政府谨慎地解除了戒严，但仍然继续实施各式各样公开和秘密的压制措施。与此同时，经济进一步衰退，西方国家未提供任何帮助，也没表示出什么同情。然而1985年后，莫斯科的变化开始产生影响。这一切在1989年达到高潮。对波兰来说，这一年是自1945年以来最重大一年；对其他国家也是一样，这有赖于波兰的示例。一开年，政府承认了包括团结工会在内的其他政党和组织参与政治的权利。作为波兰政治真正多元化的第一步，6月，大选举行，一些议席第一次开放供"自由"竞选。团结工会在议席选举中大获全胜。很快新议会通告废除了1939年8月签署的苏德协议，谴责苏联1968年入侵捷克斯洛伐克，并开启了对1981年以来的政治谋杀事件的调查工作。

1989年8月，瓦文萨宣布团结工会支持建立一个联合政府；戈尔巴乔夫要求共产党的强硬人士接受这一点（而且一些苏联军事力量已经离开了这个国家）。9月，团结工会主导的联盟建立，以1945年以来第一个非共产党人总理为首，组成了波兰新一届政府。西方很快承诺将提供经济援助。到1989年圣诞节，波兰人民共和国已经成为历史；这个世纪内第二次，旧的波兰共和国从坟墓里爬起。更重要的是，事实很快证明，波兰引导了东欧走向改变。在其他东欧国家，波兰发生的重要事件很快被知悉，它们的领导人都很震惊。虽然程度不同，但东欧各国普遍接受了一个新的因素：不断增加的有关西方国家的信息。这首先是通过西方电视节目（在东德特别容易收到）获得的。更多的行动自由、更多地接触外国书籍和报纸，逐步加速了其他地方的批评滋生的进程，就像在波兰一样。尽管有些国家采取了一些荒谬的尝试去控制信息（罗马尼亚仍要求打字机须在国家当局登记），但意识上的改变已经在发生。

在莫斯科似乎也出现了同样的事态。戈尔巴乔夫是在这些事态发展的早期阶段掌权的。5年后，事实已经很明显，他的上台在苏联也启动了革命性的制度变迁。首先政党的权力减少。然后，这些主动提供的机会为新近出现的反对力量所抓住，尤其是在各个加盟共和国。它们纷纷开始宣布实行不同程度的自治。不久，事态的发展似乎表明，戈尔巴乔夫或许破坏了自己的权威。看似矛盾，同时也令人震惊的是，经济境况看起来越来越糟。很明显，无论缓慢还是快速，向市场经济过渡，有可能让很多（也许是大多数）苏联公民承受更大的艰辛和苦痛，其程度已超出之前的预想。到1989年，苏联经济显然已经失去控制，变得精疲力竭。一如苏联历史上的情形，现代化是从中央发起的，然后通过集权结构流向边缘。但那个模式已不能奏效，首先是由于遭到党政要员（nomenklatura）和经济计划部门的抵制；然后是因为，在这十年的末期，中央高层权力明显在快速地崩溃。

1990 年，相比以往任何时候，世界其他地方可以更多地得知苏联及其人民的态度的真实状况。现在不仅公众的情绪能够得到公开表达，而且所实施的"公开性"政策也带来了苏联的第一次民意调查。一些大致的判断已经可以得出：党和党内高层已经信誉大失，即使截至 1990 年，其程度还不像在其他华约国家那么显著。更令人惊讶的是，相比旧政权的其他机构，长期消极、不加抗争的东正教会似乎保留了更多的尊重和权威。

但是，很明显，经济失败就像一团乌云，笼罩在任何开放的政治进程之上。1989 年苏联公民和外国观察员一样开始谈起内战的可能性。过去的铁腕控制的熔化，暴露出由经济崩溃和机会所激发的民族主义和地方主义情绪的力量。在经过 70 多年打造团结一致的苏联人民的努力后，情况的发展表明，苏联仍是彼此具有空前差异性的多个族群的聚合体。15 个加盟共和国中有几个（尤其是拉脱维亚、爱沙尼亚和立陶宛）很快表达了不满，它们将带头走向政治变革之路。在让苏联整体都感到不安的伊斯兰群体动荡的阴影下，亚美尼亚和阿塞拜疆的问题显得尤为复杂。更糟的是，一些人认为存在军事政变的危险。和那些在越南战争中失败的美国士兵一样，有些军队高官对苏联在阿富汗的失败感到不满，有些人认为，他们很可能成为发动政变的波拿巴。

分裂的迹象成倍增加。虽然戈尔巴乔夫成功地继续掌权，且以正式的手段增强了自己名义上可拥有的权力；但此举的不利之处在于，一旦失败，他也将担负更多的责任。立陶宛议会发布声明，宣称 1939 年的兼并无效，这导致拉脱维亚和爱沙尼亚也在经过复杂的谈判后，宣告独立，尽管措辞和状况略有不同。戈尔巴乔夫没有寻求挽回分裂局面，而是与波罗的海各共和国协商要其保证向苏联继续履行某些义务。对他来说，这意味着结局已开始。有一个时期他在改革派和保守派之间调整来调整去，一会儿与一派结盟，后来为了保持平衡，又倒向另一派。这么做的结果是，到 1990 年底，各种妥协方案似乎越来越不可行。在新年初，对士兵和克格勃在维尔纽斯和里加的镇压行动的默许，也未能遏制这个势头。此时，已有 9 个苏联加盟共和国声明自己拥有主权或有很大程度的独立性。它们中的一些已将当地语言定为官方语言，另一些则将苏联的政务部门和经济机构转由本地控制。俄罗斯共和国——最重要的加盟共和国——开始着手脱离联盟单独运行自己的经济。乌克兰共和国提出要建立自己的军队。3 月，选举导致戈尔巴乔夫再一次回转向改革道路和为苏联国家探求新的联盟条约，从而使其能保留一些中央层面的作用。全世界都在关注，充满了迷茫。

波兰的例子在其他国家的影响力不断增加，它们意识到日益分裂甚至瘫痪的苏联不会（也许不能）进行干预，以支持华沙条约组织其他国家的亲苏派。这也就确定了 1986 年后各国的基本动向。甚至在公开的政治变化之前，匈牙利人在经济自由化方面已经几乎像波兰一样迅速，虽然他们对欧洲共产主义瓦解的最重要影响在 1989 年 8 月才来临。那时来自东德的德国人获准作为游客自由进入匈牙利，虽然谁都知道他们的目的是向联邦德国大使馆和领事馆申请作为难民避难。9 月，匈牙利的边境完全开放（捷克斯洛伐克也步其后尘）时，人流汇聚成了洪流。在三天内，有 1.2 万东德人穿过这些国家进入西德。

苏联当局说这"不同寻常"。对东德来说，这时结局开始上演。在东德作为一个社会主义国家精心策划的大规模庆祝 40 年"成功"的前夕，在戈尔巴乔夫（使德国共产主义者感到绝望，他似乎在敦促东德人抓住"机会"）访问期间，防暴警察不得不在东柏林的街道上应对反政府示威者。党与政府抛弃了他们的领袖，但这还不够。11 月开始，许多城市爆发了反对日益腐败的政权的大规模游行示威。11 月 9 日，所有示威中最引人注目的象征性行动来临了：柏林墙被破坏。东德政治局屈服了，随后拆除了柏林墙的其余部分。

发生在东德的事件比其他任何地方都更深刻地表明，即使是最发达的东欧国家，多年来公众与政权之间也在日益疏远。1989 年，这种情绪集中爆发。在东欧各地，情况忽然之间变得非常明显：政权在民众眼中已经没有了合法性，他们要不起而反对它，要不转身背弃它，任其自生自灭。这种疏离情绪在制度上的表达，是到处都在要求举行自由选举，让反对党可以自由地参加竞选。波兰在部分自由的选举（一些议席仍然保留给现政权的支持者）之后，新宪法也在筹备当中。1990 年，莱赫·瓦文萨成为总统。而几个月前，匈牙利选举产生了一个议会，从中选举出一个非共产党政府。协定也很快达成：苏联部队在 1991 年 5 月前撤出该国。不过保加利亚的投票不那么一边倒：在这里，此次竞选的获胜者是转向改革派并改名社会党的共产党人。

有两个国家的事态发展不太一样。1989 年 12 月的一场暴动之后，罗马尼亚经历了一场暴力变革（以齐奥塞斯库被杀而告终），这揭示了前路的不确定性，以及预示着将来纷争的内部分歧。到 1990 年 6 月，被一些人认为仍深受前共产党人影响的政府，开始攻击部分前支持者（如今的批评者），在矿工治安小队的援助下平息了学生的抗议，并造成了人员伤亡和国外的非议。东德是事件发生特殊转向的另一个国家。它必然是一种特殊情况，因为政治改革的问题必然要绑定德国统一的问题。

柏林墙的倒塌透露出，这里不只是没有支持原体制的政治意愿，而且没有支持东德的意愿。1990 年 3 月，在那里举行的换届选举中，基督教民主党——西德执政党——主导的联盟得到了大多数席位（48％的选票）。统一不再存疑，尚有待解决的只剩下程序和时间表。7 月，两德结成货币、经济和社会联盟。10 月，两德实现政治上的统一，前民主德国的版图变成了联邦德国的几个州。变化是重大的，但并没有哪方公然发出警告，甚至连莫斯科也没有，而戈尔巴乔夫的默许是他对德意志国家的第二大"贡献"。

然而，苏联必然会因此产生警惕。新德国将会成为苏联以西的欧洲最强大的力量。苏联的力量现在正在衰落，这是自 1918 年以来从没有出现过的。对戈尔巴乔夫而言，得到的回报是与新的德国签署了一份条约，承诺对苏联的现代化给予经济援助。或许，还通过设法使那些回忆起

1939 至 1945 年的人确信，新德国并不只是旧帝国的死灰复燃。德国现在已被剥夺了东普鲁士的土地（事实上，已经正式声明放弃），也没有像俾斯麦时期的帝国和魏玛共和国那样以普鲁士为主体。更加令人确信的是（对那些感到疑虑的西欧人会更加重要），联邦德国是一个似乎能够取得经济成功的联邦和宪政国家，已积累了近 40 年的民主经验，并已嵌入到欧盟和北约的组织结构之中。记忆犹新的西欧人已相信了它，至少当时是这样。

　　1990 年底，曾经看似一个整体的东欧阵营已经发展到非常多元的状态，完全不适合概括或笼统的描述。随着一些前共产主义国家（波兰、捷克斯洛伐克、匈牙利）申请加入欧共体，或准备申请加入（保加利亚），观察人士开始设想一个比以前任何时候都更加广阔的潜在的欧洲统一体。那些注意到新的或者旧的民族和地区分裂态势出现（或重现）的人士，作出了更加谨慎的判断。东欧国家普遍正在聚集起经济失败的暴风雨，必然会带来动荡。开放虽然可能就要来临了，但确实会降临在处事技能和发展水平不同，且有着不同历史渊源的民族和社会身上。提前预言是不明智的，而且在 1991 年这种不明智变得更加清晰。在那一年，当南斯拉夫的两个加盟共和国宣布分离的决定时，对和平变革前景的乐观情绪受到了动摇。

　　1918 年，"塞尔维亚、克罗地亚和斯洛文尼亚王国"作为塞尔维亚和黑山的继任者登上了历史舞台。伴随着王室独裁政权的建立并为消除旧的分歧，它早在 1929 年就更名为"南斯拉夫"。但它的大多数臣民，包括塞族人和非塞族人，都认为新王国寻求的目标实质上是"大塞尔维亚"历史旧梦的表现。第二任国王亚历山大于 1934 年在法国被暗杀——这是由得到克罗地亚人协助的一个马其顿人实施的，行动也得到了匈牙利和意大利政府的支持。国家分歧之烈，很快就吸引了外人涉足其事务，当地的政客也开始寻求外界的支持。1941 年德国部队到达后不久，克罗地亚就宣布自己作为一个国家独立。

　　除了人口和族群的多样性（1931 年南斯拉夫人口普查中区分出塞尔

维亚—克罗地亚人、斯洛文尼亚人、德意志人、马札尔人、罗马尼亚人、瓦拉几人、阿尔巴尼亚人、土耳其人，以及其他斯拉夫人、犹太人、吉卜赛人和意大利人），南斯拉夫也显示出在风俗、财富和经济发展上的不一致。在 1950 年，南斯拉夫有一部分地区刚刚褪掉中世纪的色彩，而其他地区则已实现了现代化、城市化，还拥有重要的产业。总体而言，以农业经济为主的地区随着人口的迅速增长，变得更加贫穷。然而在两次世界大战的间隔期里，南斯拉夫的政治主要体现为克罗地亚人—塞尔维亚人之间的对抗。1941 年后克罗地亚人、以塞族为主体的共产党人（他们自己的领袖却是克罗地亚人铁托）和塞族保王党人之间的三边内战所导致的战时暴行和斗争，又加深了这种对抗。这场斗争始于一场对新的克罗地亚（其中包括波斯尼亚和黑塞哥维那）的 200 万塞族人发起的恐怖的种族清洗运动。1945 年，斗争以共产党人的胜利而结束，民族不和在联邦结构内通过铁托的独裁统治得到了有效遏制；这看起来似乎可以解决旧的波斯尼亚和马其顿问题，并很可能足以抵挡外界的领土夺占野心。但是，45 年后，也即铁托死去十年后，旧的问题突然显示其仍然根深蒂固。

1990 年，南斯拉夫联邦政府试图处理经济困境，却加快了政治分裂。当不同的民族开始各自想方设法填补联邦政权崩溃后所留下的政治真空时，民主自决最终抹除了铁托的成就。代表塞族、克族、马其顿人、斯洛文尼亚人利益以及赞成南斯拉夫理念和联邦本身的党派纷纷形成。不久，除了马其顿，所有共和国政府都赢得多数票当选，但个别共和国内新的少数派甚至又已经开始发出自己的声音。克罗地亚塞族人宣布自治；而在塞尔维亚省份科索沃出现了流血冲突，那里有五分之四的居民是阿尔巴尼亚人。在科索沃，一个独立共和国的宣言对塞尔维亚人是一种重要的象征性侮辱——而且与希腊和保加利亚政府关系重大，自巴尔干战争时代以来，二者的祖先就未停止回味当年马其顿的野心。在 8 月，塞族人和克罗地亚人之间零星的空中和地面战斗开始了。外界干预的先例似乎一直都没什么好结果——尽管不同的欧共体国家持不同的观点——当苏联在 7 月对当地冲突蔓延至国际层面的危险发出警告时，干预的前景就更加不妙了。同年底，像克罗地亚一样，马其顿、波斯尼亚—黑塞哥维那、斯洛文尼亚都自行宣布独立。

苏联的警告是其政权采取的最后外交举措。很快，它被更重大的事件所吞噬。8 月 19 日，党内及克格勃的一些高层仓促联手发动了一场秘密政变，旨在让米哈伊尔·戈尔巴乔夫下台。政变失败了，三天后他又重新掌权。不过，他的地位已经大不如前；不断变换立场、追求妥协已经毁了他的政治信誉。他掌控党和苏联都已经太久了；苏联政治已经步履蹒跚，在很多人眼中已经走向解体。这给苏联最大的加盟共和国——俄罗斯共和国的领导人鲍里斯·叶利钦提供了机会，而他也抓住了机会。军队，作为唯一能对其支持者产生威胁的力量，并没有反对他。现在他作为一个强力人物出现在苏联政治舞台上，没有他的同意任何事情都做不成；并且，作为俄罗斯沙文主义的扛鼎人物，他可能会威胁到其他共和国。当外国观察员还在努力想要看清局势发展时，清除那些曾支持或默许政变的人的行动，已发展成对苏联各级官员的激烈洗牌；对克格勃的角色重新定位，以及在联盟和各加盟共和国之间重新分配对它的控制权。最显著的变化是对苏联共产党的摧毁，这几乎立刻就开始了。几乎没有发生任何流血冲突（至少在开始时是这样），发端于 1917 年布尔什维克革命的庞大党派实体就走向了终结。最开始似乎有理由为此欢欣呐喊，尽管谁也不清楚接下来要发生的事情是好是坏。

到这一年年底，形势仍不明朗。随着俄罗斯共和国决定不久即放弃价格管制，可能的前景似乎是，不仅自苏联体制初创以来空前的通货膨胀可能出现，而且意味着数以百万计的俄国人濒临饿死的危险。在另一个共和国格鲁吉亚，第一次自由选举后，不满的反对派和当选总统的支持者之间就已经爆发战斗。然而，让这一切变化都相形见绌的是，在布尔什维克革命的流血经历中诞生的超级大国就这样瓦解了。近 70 年来，几乎直到最后一刻，它始终是世界各地革命者的希望，和赢得了历史上最伟大陆地战争的军事力量的发动机。现在，它突然无能为力地瓦解为一系列继承国。

当俄罗斯、乌克兰和白俄罗斯领导人于 12 月 8 日在明斯克会晤并宣布苏联停止存在，建立新"独联体"时，欧洲最后一个多民族大帝国消失了。1991 年 12 月 21 日，11 个苏联加盟共和国的代表聚集在阿拉木图短暂会晤，确认了这个决定。他们同意在当年的最后一天正式解散联盟。随即，戈尔巴乔夫辞职。

这是现代史上最令人吃惊也最为重要的一个变化。没有人能确知前路究竟为何，只知道这对许多曾经的苏联公民来说，将是一个危险、艰难和痛苦的时期。在其他国家，政治家们在此重大事件发生期间表现谨慎，未敢多言。因为前方有太多的不确定性。至于苏联先前的朋友们，它们都保持沉默。有几个国家曾严厉谴责过这年早期发生的事件，以至于它们对 8 月发生的未遂政变表达了赞许或鼓励。利比亚和巴解组织会这样做是因为，以任何形式回归到冷战两分阵营那样的状态，都注定能增加它们重新进行国际操纵的可能性；这种可能性曾因美国和苏联之间的缓和，然后因后者的衰落而受到压缩。

苏联的事件必定会在中国引发密切的关注。中国的领导人有自己的理由，对与自己有最长陆地边界的邻国解体后的事件走向表示不安。随着苏联的消失，他们成为唯一一个完好无缺的多民族国家的领导者。此外，自 1978 年以来，中国一直持续进行着谨慎而有控制的现代化进程。

在这方面，邓小平被认为有着主要的影响，但他坚持集体领导。地方和集体企业得到了发展机会，并被允许逐利。与非共产主义国家的商业联系受到鼓励。尽管新的进程仍然是完全以马克思主义的语言来界定的，但结果似乎是一场以市场为导向的根本经济变革。但与此同时政权的掌控力并没有弱化。中国领导人仍牢牢地控制着政权。他们受益于中国社会传统规则的持续影响，受益于"文化大革命"的结束让数百万人体验到的如释重负之感，受益于对革命益处的信仰（虽然可能有所限制），进而受益于经济收益应经由这一体系流向农民的政策（这与直到 1980 年莫斯科仍在加以详细阐述的政策不同）。这提高了农村的购买力，使农村走向富足。农村公社的权力大幅转移，在很多地方它事实上已毫无作用。到 1985 年时，家庭农业作为中国大部分农村的主要生产形式回归。

乡镇里的工商企业从"大跃进"时代的"公社"和"生产队"中脱胎而出。到 20 世纪 80 年代中期，农村收入的一半来自工业就业。经济特区——外商可以在此投资并从中国的低工资中获利——建立起来，大多位于 20 世纪 40 年代前有大量外国商人常驻的地区。到 80 年代末，中国的大型私人公司开始出现，其中许多脱胎于南方省份的合作制企业，或来源于与外商的合资公司。城市化加速，出口猛增。20 世纪 30 年代后，中国再次成为世界经济的一部分。

然而，新政策不是没有代价。不断增长的城市市场激励了农民，他们获得的利润回报又促使他们扩大生产，但城市居民开始受到物价上涨的影响。随着时间的推移，国内的难题也在不断增加。外债猛升，到 80 年代末，通胀以年均约 30％的速度发展。对贪污现象的愤怒以及政策分歧广泛存在。一些人认为，有必要重新加强政治领导力。

加强政治基本原则的有力尝试随即进行。中国很快就表明它不可能走东欧国家或苏联的道路。但向哪里去呢？邓小平很快明示，经济改革将继续坚定推进，力度将更胜以往。许多中国人和外国人都同样好奇，党对于迅猛的经济发展究竟发挥了多大影响。因为一些经济现象似乎非常西化。其实，找一个经济或政治场合，花不了太多力气，就能发现中国漫长历史的某些证据，还有这段历史向自己人民提出的挑战，以及给予的机遇。

第 5 章　开篇与终曲

　　早在苏联解体之前很久，有一点就已经很明显：世界上没有哪个地方可以完全不受在欧洲所发生的一切所影响。冷战结束再度凸显了这片大陆由来已久的认同问题，而新问题也在出现。在对某些人而言是寒冬黎明所带来的微光中，人们开始重新审视自己和他人。有些噩梦已随风而逝，但新浮现的也不过是令人不安的风景。一些重要的问题再次被提上议事日程，包括认同、种族和宗教等方面；其中有些问题实在令人困扰。新的塑形时期在世界历史上又一次出现了。

　　近乎偶然，不仅欧洲安全体系的一半随着华沙条约组织消失，而且另一半——北约也微妙地发生了改变。主要的潜在对手苏联的解体，不仅剥夺了北约的主要作用，而且也消除了让其得以形成的压力。像温暖的房间里的一个牛奶冻，它开始有点融化了。即使有些人已经认为，复兴的俄罗斯在将来某个时候将作为一个新威胁出现，但意识形态斗争的消失将意味着潜在对手需要以新的方式来考虑这件事。很快就有前共产主义国家谋求加入北约。波兰、匈牙利和捷克共和国在1999年加入，而斯洛文尼亚、斯洛伐克、保加利亚、罗马尼亚和波罗的海诸国也在5年后加入。与美国总统乔治·H. W. 布什1990年给予米哈伊尔·戈尔巴乔夫的承诺完全相反，北约不仅扩张到了苏联的边境地区，还越过了边境。它成为一个将美国和大部分欧洲国家（除去俄罗斯）联结在一起的工具。即使在20世纪90年代中期，美国政府开始将北约作为处理新欧洲问题的一个工具，特别是在前南斯拉夫地区，进而在欧洲地区之外也加以运用，但其军事力量的存在目的已并不明朗。

　　冷战结束后，东欧和东南欧人民的命运似乎在20世纪第一次明确地完全掌握在自己手中。犹如旧日的王朝帝国，或在第二次世界大战中德国和意大利独裁者的即兴建制一样，现在这个地区的原有体制框架已经倒塌。随着许多被掩埋的历史重现，还有更多的被记起或编造出来，展现在人们眼前的一切往往令人沮丧。斯洛伐克人对归入捷克斯洛伐克感到焦躁不安，但是斯洛伐克自身在人口构成上也像罗马尼亚一样有大量的匈牙利人。对于处于匈牙利北部和东部边境以外的马札尔人所受的待遇，匈牙利人现在可以更公然地表达他们的怒气。最重要的是，南斯拉夫的老问题迅速升级为新的暴力事件和危机。1991 年，当南斯拉夫各个加盟共和国全部宣布独立时，战争在当地塞族人跟克罗地亚和波斯尼亚—黑塞哥维那的新政府之间打响。塞族少数派得到了贝尔格莱德政府（在尚武的塞族民族主义者斯洛博丹·米洛舍维奇的领导下）的支持，还得到了南斯拉夫联邦军队残余力量的援助。

波斯尼亚—黑塞哥维那的内战导致了自二战结束以来对欧洲公民施加的最残酷暴行。由于塞尔维亚人、克罗地亚人和波斯尼亚穆斯林这三个主要的族群都想尽可能控制更多的版图，当他们进占时通常将别的人口群体驱赶出境。在斯雷布雷尼察，塞族军队在 1995 年屠杀了数千名波斯尼亚公民，塞族人还从 1992 至 1995 年包围了波斯尼亚首都萨拉热窝。欧盟（欧共体现在的名称）和美国不愿进行干预；对塞族人来说，只有军事上的失利才导致了 1995 年 12 月在俄亥俄州的代顿达成协议。波斯尼亚—黑塞哥维那不再是原来不同族群杂居的和平聚落，反而催生了"种族清洗"这样的词汇——武力驱逐被定义为敌人的族群。克罗地亚利用塞族军事衰落的机会，收回了克拉伊纳整个地区，将那里作为人口主体的塞族人大部分驱逐出境。在米洛舍维奇的所谓塞族"自卫"战中，灾难一个接着一个发生了，他在阿尔巴尼亚人占主导地位的科索沃地区实施高压政策，导致北约干预，打击他的军队，最终，他在 2000 年被推翻。因为担忧对波斯尼亚人的暴行重演，西方各国最后达成一致，进行干预。

结果是，在 20 世纪 90 年代初，数以百万计东欧人面临着各种严重的问题和困境。在合法性原则和理念方面，人们普遍缺乏共识。这个地区已经拥有了"现代化的"精英，无论他们是否发挥了作用，他们通常都在旧的官僚群体中。在原先的体制下开创事业的专业人士、管理人员和各方面的专家，不可避免地还继续管理着国家，因为没有人可以替换他们。另一个问题是，随着政治革命的即时幸福感消退，可参与自由投票选举的人们显得有些变化无常。有些人又开始怀念显然很安稳的旧日时光。当人们为国家的合法性到处寻找新的基础时，唯一可行的候选项往往似乎就是民族主义，虽然它曾经常困扰过去的政治，有时长达几个世纪。过去的部族意识很快也重新显现，虚构的历史很快就变得与过去实际发生的事件同样重要。

一些古老的对抗和纷争随着第二次世界大战而以悲剧的方式告终。最可怕、最大规模的事例，大屠杀——人们这样称呼纳粹清除犹太人的尝试——结束了东欧作为世界犹太人中心的历史。1901 年时，全世界大约四分之三的犹太人都生活在这里，大都住在俄罗斯帝国。而如今在那些曾经讲意第绪语的地区，仅有略高于 10％ 的犹太人居住。现在，接近一半的世界犹太人口都生活在讲英语的国家，另外的 30％ 在以色列。在东欧，政府急于利用传统流行的反犹太主义（尤其在苏联），通过骚扰和司法迫害来鼓励移民。在少数几个国家里，这样的举动几乎消除了 1945 年后残留的犹太人口，让他们不再是重要的人口构成部分。1945 年，幸存的 20 万波兰犹太人很快发现，自己再次沦为传统暴行和骚扰的受害者；到 1990 年，没有移民者的数量仅为 6 000，东欧过去的犹太人中心消失了。

在一些西欧国家，少数群体也表现出新的抵制情绪。巴斯克分离主义分子在西班牙制造恐怖气氛。在比利时，瓦隆人和弗拉芒人①相互谴责。北爱尔兰也许是最令人震惊的实例，在那里，贯穿于 20 世纪 90 年代的联合派与民族派情绪之间的纷争，持续阻塞着政治和解之路。1998 年，经与爱尔兰政府合作，英国的倡议排除了阻力，成功令新芬党和北

---

① 均为比利时主要族群，前者生活在南部的法语区，后者生活在北部的荷兰语区。——译者注

爱尔兰统一党的官方领导人默许了一份全爱尔兰全民公决提案，该提案比以往进一步在制度上既确保了北爱的民族主义少数派权益，又保护了北爱与英国的历史纽带。当然，这份"星期五和平协议"暗示着未来这个王国主权的内涵将发生根本性的变化（顺便说一句，它比英国政府此时在苏格兰和威尔士实施的权力下放措施走得更远）。它旨在驱散困扰这个地区近三十年之久的恐怖暴行。

从 1986 年起，向欧洲共同体成员国公民发放的护照不仅印上了护照发放国家的名称，还印上了"欧洲共同体"一词。然而，在实践中，共同体面临着越来越多的困难。虽然主要的中央机构——成员国部长理事会、委员会和法院——是分开运作的，但彼此并非毫无争吵，有些政策，特别在渔业和运输方面，就引发了众所周知的争议。特别是在 1971 年美元不再与黄金挂钩、布雷顿森林体系终结和石油危机后，汇率的波动更是成为尴尬和各机构争吵的另一大根源。然而，20 世纪 80 年代出现了鼓励经济成功的确凿证据。20 世纪 70 年代美国恢复了它 1914 年前的地位，成为外来投资的主要接受国，而它吸引的投资有三分之二来自欧洲。西欧还占了世界贸易的最大份额。外界变得热衷于加入一个向贫穷成员国提供有吸引力"贿赂"的组织。1981 年希腊加入该组织，而西班牙和葡萄牙于 1986 年加入。

事实证明，1986 年是一个具有决定性意义的年份；当时欧共体同意在 1992 年采取进一步措施超越单纯的关税同盟，进而形成一个单一、综合、无国界的内部市场。在艰难的磋商后，1991 年 12 月的《马斯特里赫特条约》就欧洲共同市场作出了安排，并提出了时间表——不得迟于 1999 年建立一个全面的经济与货币联盟。资本、货物、服务和人员最终可以无障碍或无妨碍地自由跨越国界。但又一次，谨慎的英国提出了保留和特别的安排。作为首相撒切尔夫人的继任者，约翰·梅杰当时还不太为人所知，但他几乎马上在马斯特里赫特谈判中，针对分歧带头坚持了英国的立场。

该条约打开了采纳单一货币，并设立有自主权的中央银行进行管理之路。《马斯特里赫特条约》也将新"欧洲联盟"（取代了欧洲共同体）的公民身份给了所有成员国的国民，并规定成员国有义务在劳动实践和一些社会福利上实施某些共同的标准。最后，该条约扩展了欧盟可能通过多数票赞成的方式作出决策的领域。这一切都像是在大踏步走向权力集中，虽然为了尽力安抚质疑者，条约也针对主从性原则（subsidiarity，这个词根植于天主教的社会教义）达成了共识；它指的是，在干预国家行政管理的细节上，应限制位于布鲁塞尔的委员会的管辖权。关于欧洲防务和安全政策的协议，由于波斯尼亚事件，很快就陷入无望的混乱。

　　在一些国家，《马斯特里赫特条约》的实施遇到了困难。第二年，丹麦人就在全民公决中否决了它。在法国的类似考验仅产生了微弱的多数赞成票。英国政府（尽管它通过谈判得到了特殊保障措施）历经重重困难，在议会关于这一议题的投票中胜出，但当它下一步面对选民时，执政的保守党内部出现的分裂将使这个政党瘫痪。欧洲的选民仍习惯于考虑这些举措是保护还是破坏传统区域和国家的利益，但 20 世纪 90 年代初经济条件出现恶化的时候，他们的顾虑就更明显了。但是《马斯特里赫特条约》最终在 15 个成员国得到批准。围绕各成员国的主权受到布鲁塞尔委员会侵蚀的争论，以及个别国家较公平或不公平地使用或滥用联盟规则的争论，一直都在发生。

　　《马斯特里赫特条约》的进程，部分是因为很多成员国——特别是法国——感到有必要让强大统一的新德国更进一步融入欧洲，才得以启动的，但很快它就具有了更广泛的意义。随着共产主义在东欧受挫，对一个真正的欧洲联盟——《马斯特里赫特条约》之后欧共体的新名字——的需求就凸显出来。欧盟成功引入了共同的货币（欧元，从 2002 年开始），同时创立了欧盟中央银行，并在刑事司法、外交政策和军事事务方面开展了更深层次的合作，还加快了同意中东欧国家加入联盟的步伐。这些都证明了欧洲一体化半个世纪以来所创建的各种机制的力量。1995年，冷战时期的中立国奥地利、芬兰和瑞典加入。东扩的一大步在 2004年迈出，共有十个国家加入，其中包括波兰、捷克、斯洛伐克、匈牙利，以及最令人惊讶的，波罗的海沿岸的前苏维埃共和国爱沙尼亚、拉脱维亚和立陶宛。尽管各成员国就联盟的构成、预算和进一步扩张计划总是分歧不断，但拥有 4.61 亿人口的欧盟，已向着成为其创建者所设想的全欧洲联盟，迈出了巨大的步伐。

　　经济环境也已经改变了。共同农业政策（CAP）虽然仍非常重要，但已经没有了 20 世纪 60 年代的含义。在一些国家，它从向大量小农提供的选举贿赂，转变为向人数较少但更富有的农场主们的福利补贴。在新欧盟的内部，各国的表现也与它们在 20 世纪 60 年代和更晚时期不同了。德国现在是欧盟的驱动力量和联盟大部分财政支持的来源。总理赫尔穆特·科尔最重大的成就是实现两德统一，巩固了德国作为欧洲大国的天然地位。但这样做的成本非常高昂。德国在贸易项目上陷入赤字，对统一条款的不满开始出现。随着时间的推移，德国人旧日的噩梦——通胀的危险也更多被传出。当曾经的东德人迁移到西部，德国纳税人的负担和失业率都上升了。20 世纪 90 年代，欧盟大多数成员国都笼罩在持续的经济衰退造成的阴影中，这也提醒人们各个国家之间是存在差异的，经济实力也各不相同。20 世纪 90 年代到处出现的财政、预算和汇率问题逐渐削弱了各成员国政府的信心。

　　因此，政治家们需要考虑的维度很多。世界各地的观念都在发生改变。例如，对法国来说，推动他们致力于欧洲一体化的最强大动力，始终根源于对德国的恐惧，因此法国的政治家们首先设法让德国牢牢地与共同市场绑定，然后又与欧共同体绑定；但随着德国经济不断壮大，他们被迫承认德国在绘制欧洲未来版图方面享有主导权。在法国人心中，戴高乐追求的民族国家林立的欧洲，已经让位于一个有意识建构起来的、更具联邦性质——但矛盾的是，也更加中央集权——的欧洲。只有这样，法国才会得到最大份额的非正式和文化影响力，比如说，通过获得在布鲁塞尔的要职。如果未来难免出现一个欧洲超级国家，法国至少可以尝试主宰它。不论如何，1995 年法国重新加入北约的决定，与戴高乐的路线已明显决裂。

1990 年之后，德国政府很快就设法通过与前共产主义邻国的邦交来寻求施加其新的影响。德国商人和投资者迅速前往这些国家展开了项目合作，而德国在 1991 年年底急切地承认了新独立的克罗地亚和斯洛文尼亚（德国是第一个这样做的国家），这些都一点也不让其他欧盟成员感到安心。欧盟将如何扩展，对世界历史来说注定具有关键意义。一个拥有近 7 亿人口的民主多元的欧盟，从北极圈延伸到安塔利亚①，从法鲁②到刻赤③，是有可能成真的设想。但另一个可能的结果，是现存联盟的崩裂（但也不一定是按单个国家裂分）。迟早要面对的一个问题为，是否尝试让俄罗斯融入。尽管它非常庞大且有专制传统，但不可辩驳的是，它是一个有很多资源——人口和原料——的欧洲国家，而这是欧盟持续维持其公民福利所需的资源。

在 30 多年的时间里，在欧盟内部和共同市场内，理所当然会产生一定程度的文化融合。不过，消费水平的日益提高，与其说归功于欧洲的政策，不如说归功于在大众层面上更精明的市场推广和日益增长的国际交流（像在过去一样，其结果通常被谴责为"美国化"）。诸如在农业领域的这种得到有意识推动的缓慢融合进程花费巨大，并且共同农业政策也可想而知激怒了非农选民。联盟在处理对外事务上看起来也似乎虚弱无力，它在南斯拉夫解体问题这个严峻的考验面前明显败下阵来。因此，在 21 世纪伊始，许多不确定因素仍然笼罩着欧洲的未来。统一的欧洲货币计划就是其中之一。虽然围绕货币而产生的争论总是带有压倒性的政治色彩，但有人断言，它的引入将带来巨大的经济效益，较低的价格和较低的利率也有可能随之而来。但同样有人言之凿凿，参与国可能会失去对其经济生活重要方面的控制力。事实上，一种共同的货币，意味着主权的进一步丧失。

政客冥思苦想的是，若必须作出选择，把货币联盟的种种后果带回

---

①　土耳其南海岸最大城市，位于地中海沿岸。——译者注
②　葡萄牙本土最南端的城市，濒临大西洋。——译者注
③　克里米亚半岛东端的城市。——译者注

本国，选民会怎么想。然而不难想见的是，一旦货币联盟失败或扩张不成功，欧盟可能退回到比简单的关税同盟强不了多少的局面。

　　赫尔穆特·科尔在1998年11月的德国大选中被击败，德国统一后第一个社民党总理格哈特·施罗德上任。但这对德国政府促进货币统一的目标没有任何影响。法国政府也紧随其后。丹麦和瑞典坚定地宣布不想参与。在英国，托尼·布莱尔的新工党政府于1997年以绝对优势当选，他们虽然对进一步的一体化表示了谨慎的肯定，但拒绝在"直到时机成熟"前加入，而在他们执政的第一个十年，成熟的时机并没有出现。但在2002年1月1日，大多数成员国引入了自查理曼时期以来第一种共享的货币。为了刻意回避冒犯国家情感，采取伟大历史名称如克朗、弗罗林、法郎、马克、塔勒等的可能性被搁置在一边，新的货币单位被称为"欧元"。到21世纪头十年的中期，其纸币及硬币在12个会员国3亿公民中成为唯一合法货币；它甚至也被欧盟以外的国家和领土，如黑山和科索沃采用。

　　扩大联盟的困难在当时变得更加清楚。土耳其一直在申请加入，坚持的时间最久。一些成员国质疑它是否完全是一个"欧洲"国家，因为其领土大部分处于亚洲，大部分人口是穆斯林。更糟的是，在长达60年的高扬之后，凯末尔的现代化遗产面临挑战。伊斯兰教徒总是不满政权的传统世俗主义。然而，如果所谓欧洲性的检验标准在于体制的现代化（例如代议制政府和妇女的权利）和一定程度的经济发展，那么很显然，土耳其将与欧洲人，而不是与其他伊斯兰中东地区站在一起。可是，土耳其对政治反对派和少数民族（尤其是库尔德人）的处理仍然遭到国外的众多谴责；土耳其政府作为人权卫士的记录也受到质疑。因此土耳其又一次提出了一个始终没有答案的老问题：欧洲到底是什么。但值得一提的是，尽管土耳其与其宿敌希腊在塞浦路斯（现在已成为欧盟的一个独立成员）的争端尚未解决，但希腊已是土耳其加入欧盟的关键支持者之一，从经济和政治路线两方面为后者游说。

　　2000年末，在尼斯的谈判就欧盟进一步扩充的原则达成一致，同样达成共识的还有改变投票资格事宜。不过，法国还是成功地继续掌握了与德国相同"分量"的投票权，而德国现在已无可争议地成为规模最大、最富有的成员国。当然，对《尼斯条约》的批准仍必须经过各国议会，而爱尔兰政府很快就不得不面对其提案无法在全民公投中通过的问题；这引发了这个体系的又一次震动。2001年底达成协议，应订立一个涉及欧盟机构的运转，及其可能出现的变化的特别公约，但这仅稍微抵消了之前的冲击。但是，2005年法国和荷兰的公民投票拒绝接受公约（稍微有些夸张地称为"欧洲宪法"）的成果，进一步加强一体化进程的方案似乎再一次深陷困境。虽然该宪法到处遭民众否决再次表明，欧洲联盟仍然只是政治精英的事业，仅得到他们的力挺，但宪法的大部分内容还是（或许正出于这个原因）渗入欧盟的条例和规章中，这有赖于宪法提案的修订版本在那些之前拒绝它的国家再次接受公投表决。

在一定程度上，冷战的结束似乎终于揭示出，欧洲不仅仅如它在很长一段时间内表现的那样，是一种单纯的地理表达概念。不过同样，想寻求一种先天的欧洲本质或精神，甚或一种欧洲文明，似乎也比以往任何时候更加无意义，尽管它或许是世界文明的一大来源。它如以往一样，是一个对自己内部的动力机制产生强大共鸣的各民族文化的集合。因为尽管自《罗马条约》以来欧洲的一体化进程也取得了一些成绩，但在21世纪开始时，鲜有迹象表明存在一种"爱欧洲主义"，能像旧时代的国家忠诚思想一样鼓动群众的情绪。欧洲议会选举的投票参与率到处都在下降，除了在强制性投票的国家之外。语言沙文主义让联盟机构内部再次面临无法运转的威胁——联盟机构巨大、无序的复杂性已经阻碍了那些在其中寻求政治逻辑的国家，这无疑有助于令公众对"欧洲"概念进一步丧失兴趣。

但成就毕竟也不少。最重要的是，欧盟是各宪政民主政体组成的共同体，是不基于单一国家霸权展开欧洲一体化的第一个成功篇章。在21世纪开始之际，欧盟，即使处于不断加剧的经济风暴中，从长远来说显然在经济上取得了成功。其成员国的总人口数为5亿，在世界贸易中的份额超过 75%（多数是在成员国之间）。其 GDP 总量在 2010 年高于美国，是日本的三倍。欧洲是过去 50 年间出现的世界经济的三个主要推动者之一。尽管欧洲人似乎仍然对自己走向哪里感到担心，他们却显然是一个许多旁观者希望加入的团队。

1989 年给中国未来的走向留下了很多疑问。邓小平，10 年前设计经济改革的人，在 85 岁高龄，于 1989 年重返政治决策中心。1992 年南行，邓批评了那些将政治上的不放松与经济上的不放松相等同的人。他说，改革必须深化，应当给予私有企业更大的发展空间。到那时，1989 年的停滞已经成为过去；从 1992 年开始中国进入了飞速发展阶段，GDP 年均增长速度在接下来的 14 年里都超过 10%。

事实证明，中国经济的飞速增长可能是 20 世纪 90 年代以来全球最重要的事件。这不仅创造了一个超过 4 亿人的中产阶层，其购买力与欧盟的平均水平相当，也使中国成为全球第二大国家经济体。这种增长大部分是在私有领域；但是，经过大量重组后，到 21 世纪初，国有或集体所有板块也出现了一定程度的增长。中国的经济模式中，似乎国家甚至是共产党在融合市场经济中都发挥了重要作用。它将开发利用从农村大量进入工厂的男女青年劳动力，与强调对所有公司的政治领导结合起来，包括那些由中国人或外国人拥有的私人企业。虽然已逐步向北部和西部扩展，经济增长仍然主要集中在南部和东部地区，沿着海岸线和大河两岸，重复着自王朝时代早期以来那种显而易见的模式。中国共产党似乎已经找到了一种可行的发展模式。

冷战结束也改变了中国的对外关系。与苏联接壤的 4 000 多英里边界，现在有大约一半换成了与新独立的、更弱小的国家哈萨克斯坦、吉尔吉斯斯坦和塔吉克斯坦的疆界。与此同时，在 20 世纪 90 年代晚期，台湾问题仍然像以前那样至关重要。事实上，台湾的国民党当局与美国的关系正式结束，及其从联合国被逐出后，问题已经稍微变得模糊。然而在 20 世纪 90 年代，当北京依旧坚持台湾（如同香港和澳门）与大陆统一的政策是一项长期目标时，岛上出现了独立分子。北京显然感到不安；在 1995 年李登辉访问美国期间，警告达到了顶峰。中华人民共和国撤回驻华盛顿大使，政府报纸宣称台湾问题为"爆炸的火药桶"。很明显，如果台湾当局正式宣布独立，大陆武力统一台湾将可能随之而来。

此外，东亚的不稳定性和情绪紧张，不仅仅来自台湾问题。冷战结束后，这个地区的不稳定性和波动性显然在增加，即使这些趋势没有达到当时欧洲的相同水平。那场相对明确和清楚的斗争的终结，可能会带来哪些影响，一开始是难以判断出来的。例如，在朝鲜半岛，改变很少；由于其统治者决定孤立地维持计划经济模式，朝鲜固执地与美国和韩国进行对抗。由于经济管理不善，1991 年苏联的援助终止，以及统治者对权力的直接行使，1998 年初朝鲜走到了饥荒的边缘。朝鲜的问题仍然异常独特，多少有些游离于地区趋势之外，而韩国不可能存在这样的情况。到 20 世纪 90 年代中期，韩国都是一个保持高增速、稳定的民主政权，在国际贸易领域更是一个令人印象深刻的参与者。

所有的东亚和东南亚国家（中国除外）在 1997 至 1998 年陷入了一场严重但（对大多数国家来说）短暂的金融危机，而日本则在冷战结束后陷入持续十多年的经济不景气，直至今日还在为复苏而挣扎。在 20 世纪 80 年代，日本经济经常被称赞为生产效率领域的世界引领者；到 20 世纪末，其状态却虚弱不少。房产投机，在非生产性活动或产生回报很小的部门的巨额投资，制造了大量坏账，妨害了银行和金融机构。货币大幅下挫，相关投机行为紧随而至，并在金融交易领域比以往任何时候更快速地造成了危害。事实证明，在日本盛行的牢牢嵌入官方和金融网络的企业文化，不能产生具有决策力的领导层；当条件恶化时，这一切将导致解决办法更难获得。日本经济成了国际上的落后者，带来了通货紧缩和失业的后果。频繁更迭的政府似乎无力阻止这一进程，一些政府人员开始迎合民族主义者的观点以强化其权威。日本的不景气意味着它不能被指望在 20 世纪 90 年代晚期帮助其他经济体克服经济困难。尽管作为一个整体，这个地区在 21 世纪初再一次开始增长，但有些国家，像印度尼西亚和菲律宾，并没有继续保持早期的增长率。在这一过程中，从北海道到巴厘岛，数以百万计的人失去了他们的积蓄和营生。

在东南亚，伴随着经济危机而来的政治转向也意味深长。一些国家的专制政府利用公共资源来维护当权者的党羽及其家人的利益。1998 年 5 月，印度尼西亚经济自年初以来萎缩了超过 8％，货币对美元的汇率降了五分之四后，暴乱将总统赶下台。一个长达 32 年的控制严密、腐败，但形式上"民主"的体系走向了终结。继任政府使印度尼西亚成为一个更加开放的社会，但经济的重建非常缓慢。有一个时期，种族和宗教冲突增加了。但从 21 世纪初起，经济重新开始增长，在苏西诺总统（之前是一名将军）领导下，政治稳定性在多元背景下增强。到 2010 年，这个以穆斯林为主体、人口近 2.5 亿的国家，正在迅速进步。

东南亚地区的人口第二大国越南，则以相反的方向运行，政治上进一步强化中央权力的同时，加速推进中国模式的经济改革。这在越南被称为革新开放（doi moi）。到 21 世纪初，越南经济增速为世界第二，但这个国家的大部分地区仍然非常贫困。总之，东亚经济在 21 世纪头十年表现出的极端动荡表明，世界经济已经融合到了何种程度：北京或雅加达的经济变动可能立即影响到全世界，而反过来也是一样。

印度，像中国一样，没有立即遭遇许多东亚国家那样的金融和经济混乱。在这方面，无可否认，过去的政策有利于印度。国大党政府虽然有些逐渐远离了独立早期的社会主义道路，但其长期受到贸易保护论影响，实践的是国家自给自足，甚至是经济主权独立的思想。其因此付出的代价是低增长率和社会的保守，但与此同时，也让本国受国际资本流动影响的程度比其他国家更低。

1996 年，推崇印度教的民族主义政党印度人民党（Bharatiya Janata Party，BJP）挫败了国大党，成为议会下院的最大政党。不过，它并不能够单独组建政府，而建立的联合政府在 1998 年另一场（非常暴力的）大选中没有幸存。这场失败也并非决定性的，因为议会中没有出现明确的多数派，人民党及其盟友仍是其中最大的联盟团体。另一个联合政府很快出现，其人民党支持者很快就发布了一份不祥的民族主义议程表，宣称"印度应由印度人来建设"。一些人发现这种趋势出现在这个国家令人震惊，因为虽然民族主义已受到国大党长达一个世纪左右的鼓励，但通常由对于这片次大陆的实际分裂和潜在暴力的谨慎认识而抵消。不过，最终，新政府通过避免国内印度教民族主义的过激行为和加快经济自由化使很多人感到惊讶，这使得部分地区的经济持续增长。

这种增长态势在国大党主导的新政府（2004年奇迹般地当选）领导下继续，这是印度民主体制确实在有效运转的另一个示例。新总理曼莫汉·辛格，一位锡克教徒出身的经济学家，努力加快印度经济开放，使其在国际上更具竞争力。到21世纪前十年的中期，印度似乎出现了经济快速扩张的势头。

尽管人民党政府始终坚持打民族主义的旗帜，决心赢得国内的赞誉，但要以与巴基斯坦旧日宿怨的持续发展为背景，世界才能努力理解人民党政府在1998年5月和6月继续进行一系列核试爆的决定。他们激起巴基斯坦政府效仿进行类似的核试验。两国政府现在被公认为具有可部署核武器的国家俱乐部的成员。但（印度总理指出）要把这个事实放到更大的背景中来理解。印度担心的是，中国已经是核力量强国，以及巴基斯坦政府面对其他国家的宗教激进主义鼓动所展示出来的越来越多的同情——特别是阿富汗，在一个名为"塔利班"的小派别领导下，1996年在喀布尔建立了一个特别反动的政府。一些人士沮丧地思考这个观念：一颗巴基斯坦的核弹也可能是一颗宗教核弹。无论如何，印度的举动让迄今为止在防止核武器扩散方面取得的进展遭受巨大挫折；各国都感受到威胁，多位大使撤出了德里，一些国家追随美国切断或中止了对印度的援助。不过，这些举动却并没能阻止巴基斯坦追随印度的先例。很明显，冷战的结束并没有让世界摆脱核战争的危险。这种危险，必须要放在今天的世界背景下来理解，一些人认为如今比20世纪60年代更不安全，印度和巴基斯坦的关系也由于克什米尔问题仍然糟糕。

在俄罗斯这个最大和最重要的独联体国家，1991年6月鲍里斯·叶利钦在1917年以来第一次自由选举中以57％的得票率当选为共和国总统。11 月，苏联共产党被总统下令解散。1992 年 1 月，苏联解体后，一个激进的经济改革方案实施，大刀阔斧地让经济从以前的重重管制转向几乎完全自由化。这种自由化的经济后果，几乎对所有的俄罗斯人来说都是一场十足的灾难。少数局内人变得非常富有，而大多数人失去了他们的积蓄、退休金，或是他们的工作。能耗下降了三分之一，伴随着快速上升的失业率，国民收入和实际工资下降，工业产量下降一半，政府机关严重腐败，犯罪滋生蔓延。对很多俄罗斯人来说，这些抽象的概括生动地体现在了个人所受的苦难中。大众健康状况恶化，男性预期寿命在 21 世纪初期下降到不足 60 岁，即在不到十年的时间里下降了 5 岁。

1993 年，一个包含叶利钦很多敌人的新议会被选了出来，增加了他执政的难度。其他困难源自与独联体里其他各共和国（那里居住着 2 700 万俄罗斯人）的关系，源自新俄罗斯国内围绕着官僚和工业精英产生的政治利益集团，以及失望的原改革派（他已清洗掉他们中的很多人）。没过多久，人们开始认识到，俄罗斯的麻烦不完全由苏联的遗产引起，而是大部分归因于俄罗斯历史文化和文明的总体状况。1992 年俄罗斯自身已经成为一个联邦；在下一年，一个总统制的甚至独裁的宪法体制构成了国家的宪法框架。但鲍里斯·叶利钦很快就不得不面对来自左翼和右翼反对派的挑战，最后，演变成暴乱。他中止议会职能并下令"渐进式的宪法改革"后，100 多人丧生于自 1917 年以来莫斯科最严重的流血事件中。像他早些时候解散共产党一样，这被视为总统的专横表现。无疑，总统的个性和办事风格总是使他更有可能采取强力行动而不是耐心的外交努力。不过，考虑到他带给俄国人的物质享受如此之少，同时经济被腐败的官场和追求名利的企业家所利用，因而是他主导的政府的信誉，以及俄罗斯人对他们新获得的政治自由的热爱，才让他成功地击退共产党人新的挑战，并于 1996 年成功连任总统。

在这之前两年，一个新问题出现在内陆的车臣地区。这个以穆斯林人口为主的俄罗斯联邦内部的自治共和国，出现了一场族群叛乱。一些车臣人说，叶卡捷琳娜大帝在 18 世纪对他们的征服和镇压是不道德行为，他们为此愤恨并要复仇。他们的愤怒和反抗由于俄罗斯人的严厉回应而变得更强：俄方为免他们为其他穆斯林树立危险的榜样，让车臣首都沦为了废墟，乡间陷入饥荒。有数千人丧生，但俄罗斯的人员伤亡再一次唤醒当年在阿富汗的记忆，而且很明显战斗有蔓延到邻近共和国的危险。毕竟，俄罗斯自 1992 年起就驻军在塔吉克斯坦，支持其政府消除被巴基斯坦支持的宗教激进势力颠覆的危险。在这样令人对前景生疑的背景下，到 1996 年时，当年的"改革和公开性"所激起的希望已所剩无几。而且，很明显，当叶利钦总统的健康状况变得很差（可能由于过度饮酒而更加恶化），形势变得格外晦暗。当时针对本国之外，尤其是在前南斯拉夫发生的事件，俄罗斯的言行让西方再次觉得，这个国家仍渴望扮演一个它自认理所当然的大国角色，同时俄罗斯日益担忧西方对一个独立主权国家事务的干预可能产生的影响。

然而，到 1998 年时，俄罗斯政府几乎很难征收税款并支付其雇员的薪水。1997 年是自 1991 年以来 GDP 显示出真实增长（即使很小）的第一年，但显然，当国家经常在腐败和私人关系的基础上把越来越多的国家投资卖给私人企业时，经济的发展完全取决于特殊利益集团的恩惠。部分人迅速积累了巨大的财富，但数以百万计的俄罗斯人忍受着拖欠工资，市场上的日用品消失，价格继续上涨，以及不可避免的不满和敌对——因为一些人的高消费与另一些人的贫困，在街头直接形成刺眼的对比。接着，1998 年的金融危机和外债违约冲击着俄罗斯。叶利钦不得不更换掉自己选择的致力发展市场经济的总理，接受对手强加给他的另一人。然而下届议会选举，回报给他一个不太可能与他争吵的议会。1999 年新年除夕，他觉得差不多可以宣布辞职了。

他的继任者那时已经在担任他的总理。鲍里斯·叶利钦正式宣布下届总统应该是弗拉基米尔·普京，他也确实在 2000 年 3 月选举后上任。作为一位前克格勃成员，当时普京在很多俄罗斯人眼中成功地平定了车臣叛乱（尽管事实证明这只是暂时而言），降低了其动荡可能越过其原来边界的危险。国外对于车臣人权所遇威胁的抗议，有可能进一步帮助弗拉基米尔·普京重新激发起爱国者的支持，而且他也给西方各国首脑留下了良好的印象。尽管他作为总统的前几个月就遇到一系列的意外灾祸，反映出俄罗斯基础设施的衰败，但国内却产生了一种新的气氛：严重的问题终于要被克服了。在一种更狭隘的个人感受层面，这对于叶利钦无疑属实；他与他的家人都得到了他的继任者的保证，对他担任总统期间犯下的罪行免予起诉。

在叶利钦执政最后几年的萧条之后，普京的总统任期给俄罗斯政府注入了新活力。新总统就职时才 48 岁，说话不多，雷厉风行，相比性格外向但经常显得无能的前任，其形象得到了多数俄罗斯人的喜爱。普京渴望被称为实干家。他立即开始在俄罗斯重新集中权力，严厉打击超级富豪——所谓的石油寡头——当他们不愿执行克里姆林宫的命令时。但在 2004 年重新当选后，他的政府向批评总统政策的俄罗斯媒体施压的行为，引起了人们关注。

2001 年的"9·11"事件给了普京一个好机会，可以将在车臣的激烈战争描绘成反对恐怖主义分子的行动，从而避免了西方的过度批评。虽则如此，他在结束这场冲突上却没取得什么进展。在尝试影响苏联各邻国增加对新俄罗斯的好感方面，他的努力也大多适得其反。普京最重要的贡献是让经济在一定程度上稳定下来；到 2005 年，通货膨胀得到遏制，俄罗斯的 GDP 开始逐步增长。但即使在 2011 年再次当选后，在引领一个新的俄罗斯夺回在世界权力中心的位置这条道路上，弗拉基米尔·普京可能仍会被看作一个过渡性的人物。

从 21 世纪初极目回溯，与 1945 年相比更加清晰的是，美国的确是世界上最强大的国家。尽管遭遇了 20 世纪七八十年代的不利环境，以及由财政赤字导致的公共债务的肆意增加，但长期来看，其巨大的经济体量继续呈现出一种从挫折中恢复过来的巨大的活力，以及看似源源不断的动力。当 20 世纪 90 年代接近尾声时，其经济的放缓并未改变这一点。尽管其政治保守主义常常让外人感到吃惊，但美国仍然是世界上最具有适应能力，且最瞬息万变的社会之一。

当 20 世纪最后十年开始时，仍有许多老问题悬而未决。繁荣使得那些无须亲自面对这些问题的美国人更容易对问题熟视无睹，但繁荣也为美国黑人的愿望、恐惧和怨恨提供了刺激因素。这反映了自约翰逊总统（最近一位坚决立法来帮助美国黑人摆脱各种麻烦的总统）以来美国在社会和经济方面取得的进步。虽然这个国家历史上的第一位黑人州长在 1990 年上任，但就在几年后，瓦茨的居民（四分之一个世纪之前，他们的暴乱臭名昭著）就再一次显示出他们只不过将洛杉矶警察部队看作是占领军成员。从全国整体情况来看，一个年轻黑人男子被谋杀（或许是被另一个黑人）的可能性要比同期的白人高出 7 倍，对一个黑人小伙来说，更有可能去坐牢而不是上大学。全美有近四分之一的婴儿为未婚母亲所生，而黑人婴儿中这个比例却是三分之二——这是美国黑人社区家庭生活破裂的缩影。犯罪，一些地区的健康状况的严重恶化，以及实际上毫无监管的内城区域，仍然使许多有责任心的美国人相信，这个国家的很多问题正在变得越来越难解决。

但事实上，一些统计数据看起来开始有所好转。如果比尔·克林顿（1993 年就任）因其实际通过的立法内容让许多支持者深感失望，那么在国会中的共和党人其实应负主要责任。虽然由于来自墨西哥和加勒比海地区国家的合法与非法移民成倍增长，出现了"拉美裔美国人"数量激增的现象，这让很多人感到担心，但克林顿总统却搁置了进一步限制移民的建议。拉美裔人口在 30 年里翻了一番，现在占总人口的大约八分之一。在最富有的州加利福尼亚，这些人口占总人口的四分之一，是主要的低工资劳动力资源。即使在得克萨斯州，拉美裔也已开始利用政治活动来确保自己的利益不被忽视。与此同时，用一个时髦的说法，克林顿可以借助经济景气的浪潮。对他的国内政策的失望，其支持者倾向于归咎给他的对手，而不是他自己在领导上的失误和对选民意愿的过度考量。虽然在 1994 年民主党失去了对立法机构的控制，但在 1996 年的选举中克林顿再次当选，大获全胜，他的政党也在随后的中期选举中获得成功。

　　不过，克林顿的第二个总统任期是令人失望的。若为他辩护的话，可以说他一开始就继承了一个自约翰逊时代和尼克松的最初数年以来，威望和权力都逐渐降低的职位。总统职位在伍德罗·威尔逊、富兰克林·罗斯福当政期间以及在冷战初期积累下来的威望，在尼克松之后迅速而显著地消退。但克林顿没有采取任何措施来遏止这种衰败趋势。事实上，对许多美国人来说，是他使其变得更糟。他个人的不检点，招致了公众的谴责以及对其展开的长期金融调查和性指控，并导致1999年发生了一起前所未有的事件：参议院对当选总统的聆讯指控，目的是决定是否弹劾他（巧合的是，在那一年弹劾鲍里斯·叶利钦的企图也失败了）。但克林顿的民意支持率在聆讯开始时却比一年前民调中显示的还更高，弹劾失败。那些投票支持他的人似乎满足于他们相信他曾试图要做的事情，尽管他们无法忘记他性格上的缺点。

　　随着克林顿总统任期逐渐过去，美国似乎也越来越搞砸了自冷战结束以来它所获得的领导世界的可能性。不管美国的报纸和电视媒体通常报道什么，似乎那时一度有些人希望，传统的狭隘主义将永远趋向没落，而美国将与全球其他国家共同努力，改善所有人的生活。在世界各地，需要美国持续关注和努力的事项实在难以被轻易忽略掉。在接下来的十年里，这些问题甚至还更加突出了，但很快又因美国政策的模棱两可而变得不那么明朗。克林顿最重要的目标是帮助市场经济体实现全球化，让其他国家学到美国的成功经验。而克林顿本质上是一个多边主义者，是一位过于小心的政治家，他不会冒险反对已经厌倦冷战时期的国际运动的美国公众。美国原本可以起带头作用的许多议题，例如世界贫困和全球生态问题，因此都被扫到地毯下置之不理，回报是选民们将其视为"感觉良好的总统"——他让他们感觉良好，但除了使他们自己变得更加富有外，其实没做什么事。

　　然而，不久，联合国的维持和平活动使美国政策陷入困境。1995年是联合国成立50周年纪念，这促使克林顿告诉他的同胞们，不与这个组织合作就是在忽略历史的经验教训；而他的言论是由美国国会众议院当年早些时候的行动引发的，众议院提出削减美国对联合国维持和平经费的贡献。此外，美国拖欠联合国正常预算的会费累计超过 2.7 亿美元（占所有拖欠联合国会费国家的总欠款的十分之九）。1993 年，联合国在索马里的干预行动遭遇大溃败，导致联合国部队出现伤亡，愤怒和欣喜的索马里人虐待美国军人尸体的情景也出现在电视画面里。美国的政策似乎因此到达一个转折点。不久，美国拒绝参与或支持联合国对非洲布隆迪和卢旺达的干预，此事表明，美国人一旦拒绝参与或拒绝允许用地面部队进行强制干预，会在维持和平行动中带来怎样的灾难，更遑论缔造和平。这两个小国家的族群都无奈地被分化成执政的少数和从属的大多数；1995—1996 年，种族灭绝大屠杀发生，超过 60 万人被杀，数以百万计（这两个国家的总人口只有约 1 300 万）难民被迫流亡。情况似乎是，如果华盛顿方面不采取行动，联合国什么也做不了。

美国总统克林顿授权对波斯尼亚的塞族军队进行有限空袭，最终带来了 1995 年在代顿签署的和平协议。之后，在学者、记者和政治家中，对美国的世界角色应该是什么有很多争议。这种争议大部分集中于美国的力量该如何得到正确使用，和它应当被用于什么目的——甚至也讨论到潜在的文明冲突。与此同时，克林顿的外交政策处在了进退两难的境地：夹在创造一个更符合美国意识形态目标的世界的愿望，和避免军事伤亡（首要的是美国人）的希望之间。

在所要面对的新国际问题中，新的潜在核危险来源出现是其一。1993 至 1994 年朝鲜初步的核计划表明（1998 年印度与巴基斯坦的核试验则再次确认），无论美国运载系统和潜在的攻击能量仍具有多么巨大的优势，美国现在只是一个缓慢发展的核国家团体（七个国家已公开承认，另外两个没有）中的一员。美国也已经没有理由再相信（因为在过去某些时候还是可能的），所有这些国家会（按照美国的标准）合理计算各自的利益所在。但这仅是冷战结束后做决策时需考虑的众多新因素之一。

在中东地区，20 世纪 90 年代早期，美国针对以色列在其占领的约旦河西岸地区扩建犹太人定居点的行为施加了财政压力，因此美国似乎一度有可能说服以色列政府——后者正困于因提法达起义及其随附的恐怖主义——单凭武力解决巴勒斯坦问题不会奏效。之后，在付出巨大努力后，在挪威政府的友好帮助下，1993 年以色列和巴勒斯坦的代表在奥斯陆秘密谈判，终于通向了令人鼓舞的新尝试。双方当时宣布是时候"结束几十年的对抗和冲突，承认……对方的合法权利和政治权利，努力实现和平共处"。以色列同意成立自主的巴勒斯坦权力机构（坚持将其定义为"临时"）管理西岸和加沙地带，最终和平解决应在五年之内完成。这似乎有望使作为一个整体的中东地区更加稳定，巴勒斯坦人也第一次收获了他们的重大外交成果。但是，新的以色列定居点在以色列军队占领地区持续植入，很快再次摧毁了良好的气氛。当恐怖袭击及相应的报复行动都没有停止，乐观情绪开始消退。巴勒斯坦的炸弹在以色列城市的街道杀害和致残许多购物者和路人；同一时期，一名犹太枪手在希伯伦的清真寺杀死 30 名巴勒斯坦人，事后却赢得很多同胞的掌声。即便如此，希望尚存。叙利亚、约旦和黎巴嫩都恢复了与以色列的和平谈判，而当以色列军队撤出指定的巴勒斯坦自治地区时，新开端事实上来临了。

然后，在 1995 年 11 月，以色列总理被一名狂热的同胞暗杀。次年，一个保守的总理依赖犹太极端主义党派控制的议会支持上台。让他当选的多数票优势非常微弱，但无论如何很明显，至少在不久的将来，唯一可能发生的，就是以色列进一步扩建定居点的侵略性政策，而奥斯陆协议前景成疑。即使 1999 年新当选的工党政府也没有继续遵守奥斯陆协议。新的谈判，由克林顿在他总统任期即将结束时安排进行，却令人吃惊地未能达成任何实质性的协议。2000 年，一场新的巴勒斯坦起义爆发后，巴勒斯坦领导人亚西尔·阿拉法特在被以色列军队包围的拉马拉寓所里度过了余年（他过世于 2004 年）。2006 年，伊斯兰组织哈马斯，一个致力于灭亡以色列的政党，赢得了巴勒斯坦议会的控制权。在应对一个世纪以前犹太复国主义计划创建的影响，及 1917 年《贝尔福宣言》的影响方面，美国并没有比这个地区以外的其他势力做得更好。

　　美国在波斯湾的政策，也没有给那里提供持久的解决办法。联合国授权实施的制裁在伊朗或伊拉克收效甚微，到 20 世纪 90 年代中期，经过伊拉克的不懈努力，维持 1991 年建立的有广泛基础的反伊拉克联盟的任何机会都基本破灭了。萨达姆的政府看起来似乎没有因制裁陷入困境；制裁使其臣民负荷沉重，但政权所需商品可能因走私得到缓和。伊拉克还是一个大的石油出口国，来自石油的收入使其可能恢复部分军事潜力；虽然联合国已经下令，但该国的大规模杀伤性武器生产并没有得到有效的检查。美国的政策前所未有地远离了其革命性的、明确推翻这个政权的目标，即使（仅得到英国支持）美国在 1998 年 12 月诉诸公开的空袭长达四个晚上，最终却毫无效果。有人怀疑，轰炸时间的选择可能与企图分散对国内弹劾进程的关注相关，于是这场忙碌也无助于增强美国的威望。

　　1998 年伊始，美国总统克林顿在他的国情咨文中强调，国内情况表明美国人有了“好时光”，但外交事务方面却并非如此。8 月，美国大使馆在肯尼亚和坦桑尼亚均遭到恐怖分子袭击，人员伤亡严重。几个星期后，美国的回应是，用导弹袭击了在阿富汗和苏丹的几处所谓的恐怖分子基地（被攻击的工厂据说在准备细菌战武器，但这一指控的公信力迅速消退）。比尔·克林顿将大使馆爆炸案与沙特的极端分子和神秘人物本·拉登联系起来，克林顿在一次发言中还称有“令人注目”的证据表明，针对美国公民的进一步攻击正在筹划中。11 月，曼哈顿的一个联邦法院大陪审团起诉了本·拉登和他的一名同伙，指控超过 200 项，包括袭击大使馆，其他针对美国公务人员的袭击，以及 1993 年针对纽约世界贸易中心的一次流产的爆炸袭击。毫不意外，他未能出庭应诉。据说，本·拉登正躲在阿富汗，处于塔利班政权的保护之下；塔利班在 20 世纪 90 年代中期控制了这个因对苏战争变为废墟的国家。

　　1999 年开始，科索沃成为前南斯拉夫纷争的中心。在春夏之交的 3 月份，北约部队（但主要由美国人实施）最终对塞尔维亚发起一场纯粹的空袭行动；但这项战略承诺除了增强其人民的抵抗意志和使更多难民从科索沃流出之外，似乎没取得什么效果。俄国人对北约的行动感到震惊，因为该行动并没有得到联合国的授权，并认为这忽略了自己在这个地区的传统利益。空袭导致塞尔维亚和科索沃平民伤亡，这很快就在19个北约国家的国内舆论中引起疑虑，同时由于克林顿保证北约不会进行地面入侵，塞尔维亚总统米洛舍维奇显然反而增强了信心。当时正发生的一切确实不寻常：一个欧洲主权国家由于其对待本国公民的行为而受到外国的武装胁迫。

　　与此同时，超过100万科索沃难民中，有四分之三越过边境在马其顿和阿尔巴尼亚寻求避难，带来了塞族人制造暴行和恐怖气氛的故事。看来，贝尔格莱德政府蓄意要驱逐在这个地区本来构成人口主体的非塞族人口。接着发生了一桩意外的灾难。依照过时的信息——因此本来是可以避免的错误——美国飞机的空袭直接命中了中国驻贝尔格莱德大使馆，馆内多名工作人员遇难。北京甚至拒绝听取克林顿试图作出的道歉。

　　中国对美国的世界角色的关注程度几乎毋庸置疑，而中国的参与，像俄罗斯一样，当然不会在科索沃危机中增加北约要实现其目标的难度。中国人坚定地拥护安全理事会的否决权制度，把它视作对各国主权的保护。他们也无意于给科索沃分裂分子想要的同情，因为他们对分裂自己广大国家版图的任何危险总是很敏感。在深远背景中，必定还存在着重新主张自己历史性的世界角色的想法，以及近些年所遭遇的特定冒犯。毕竟，在鸦片战争后的一个世纪里，中国一直在遭受欧洲和美国军队在中国一些城市维持"秩序"的羞辱。

　　由于美国总统希望不惜一切代价避免地面部队遭受危险，结果正如波斯尼亚事件破坏了联合国作为保证国际秩序的工具的公信力，现在看来科索沃可能会破坏北约的公信力。不过，6月初，看来轰炸造成的损失，加上俄罗斯及时努力调解斡旋，以及英国施压称北约地面部队会进军，最终削弱了塞尔维亚政府的意志。同月，俄罗斯政府参加调解后，商定北约地面部队应该以"维持和平"的角色进入科索沃。塞尔维亚部队随后撤出科索沃，该地区被北约占领。然而这并没有终结前南斯拉夫联邦的麻烦。直到 2006 年，北约士兵还驻扎在那里，科索沃的长远未来仍然不确定，虽然塞族少数派变得越来越少，同时阿尔巴尼亚多数派用铁腕的方式控制着这个省。但那时，国际氛围已经发生转变，贝尔格莱德政府的情绪也有了明显的变化，塞尔维亚前总统已被逮捕，并被移交给新建的海牙国际法庭，该法庭正开始审判因发动战争和其他指控而违反国际法的罪犯。

克林顿在总统任期快结束时，曾在不同场合主张需要扭转国防开支下降的趋势，指出限制排放对气候造成损害的工业气体的提案是不可接受的，并致力于以确保正常贸易关系的方式让中国消除疑虑。事实上，在 2001 年，中国成功获得认可加入世贸组织。在 2000 年总统大选期间，共和党候选人乔治·布什（1992 年被比尔·克林顿击败的老布什之子）在其成功的竞选活动中强调，他急切地想要避免使用美国部队承担海外维和职责；他将授权建立核导弹防御系统，以保护美国对抗装备有这种导弹的"无赖"国家。我曾在本书前几版的尾声写道，我们将总是发现发生的一切有些令人惊讶。因为一方面事情往往会改变得更慢，另一方面又更快，皆超出我们可把握的范围。这一点似乎前所未有地准确——2001 年 9 月 11 日的悲惨事件使事情发生了剧变。

在那个美丽秋日的上午，美国境内的四架定期航班在飞行中被有伊斯兰或中东背景和出身的人劫持。恐怖分子没有尝试（类似的空中劫机行动经常发生）要求赎金或对他们的目标发表公开声明，就更改了飞机航向，结成自杀和谋杀的组合，其中两架飞机撞击了曼哈顿世界贸易中心的巨塔，另一架撞击了华盛顿的五角大楼，美国的军事计划和管理的核心。第四架坠毁在空旷的乡村，显然是一些乘客的英勇努力战胜了劫机的恐怖分子，使飞机迫降。四架飞机上均无人幸存。两座城市（尤其是纽约）均损失巨大，3 000 人丧生，他们中有许多人不是美国人。

很明显，需要花些时间才能发现这些悲剧的完整真相，但美国政府的直接反应是把责任笼统地归咎于宗教极端恐怖分子，布什总统宣布开展一场毫无保留的全球战争来对抗抽象的"恐怖主义"。更具体的是，要追捕本·拉登，并将其绳之以法。但在某种意义上，"9·11"事件中个体的责任并不是眼前最需要考虑的。更重要的是，全球普遍对宗教激进主义——也许是特定宗教本身——与这种暴行的总体联系激动不已。为此，所发生的一切的潜在影响甚至比其带给数千人的苦难和恐惧，造成的物质和经济损失更加重要。这几种影响在几个国家直接表现为独立发生的反穆斯林的行为。

一切都因"9·11"事件发生了改变，这个说法迅速成为一种陈词滥调。这当然是一种夸张。尽管接下来产生了种种反响，但在世界许多地方，很多历史进程仍不受影响地继续着。但这场袭击毫无疑问使人震惊，也使先前隐藏的一些东西变得明显。美国人的意识立即并明显地受到巨大的冲击。要衡量这种冲击，不能仅仅着眼于总统所得到的不同寻常的公众舆论支持——他由此将事件归结为一场"战争"（虽然没有得到精确识别的敌人）的开端——以及新任总统乔治·布什处境的转变，须知他在年初的一场有争议的选举后，还受到很多人质疑。很明显，现在他的同胞再次感到国家的愤怒和团结之类的东西，这在近 60 年前的偷袭珍珠港事件中出现过。美国在国内外遭受恐怖袭击已长达 20 年。但"9·11"事件的悲剧，在规模上完全是空前的，而且不幸地意味着，其他暴行可能即将到来。因此布什觉得他可以用强有力的语言来回应民主的愤怒并不令人感到惊讶，而全国上下也压倒性地表示支持他。

似乎很快就可能发生的是，在逮捕和审判幕后人物本·拉登之外，将增加武力清除"无赖国家"威胁的目标，据称后者曾对恐怖活动提供了大量必要的帮助。这种主张的实际影响远远超出了传统的军事努力，美国还立即开始在世界各地展开积极的外交攻势，获得精神上的支持和实际的援助。这获得了空前的成功。并不是所有的政府都以同等的热情响应，但几乎各国都反应积极，包括一些伊斯兰国家，更重要的则是俄罗斯和中国。安全理事会没有遭遇任何阻力，一致表示赞同；北约各国则承认它们的责任在于协助遭到攻击的盟友。

在拿破仑战争后的神圣同盟时代，欧洲的保守国家曾饱受阴谋与革命噩梦的困扰。劫机事件后数年，有惊人的线索显示，出现了类似的对宗教恐怖主义的过度恐惧。毫无疑问，发生的一切都经过了周密和巧妙的计划。但实际上真正的幕后组织力量是什么，以及它们的分支和范围如何，我们知之甚少。把这些行为仅仅解释成一个人的谋划，这种论调似乎一看就不合理。但也不可能振振有词地说，世界正进入文明的冲突，虽然有些人这样说。

美国的对外政策——首先是支持以色列——极大刺激了阿拉伯国家反美情绪的增长，这不容置疑，即使许多美国人才刚刚意识到这一点。美国的通信技术以令人讨厌的鼓噪方式，将罔顾当地人感受的资本主义文化表现形式强推入各个国家（有些还非常贫穷），这也招致了广泛的不满。而在一些地方，被视为占领军的美国军队，总是被视为不速之客而不受欢迎，还可能会被描述为腐败政权的支持者。但这些理由并不足以让人认为有一支讨伐伊斯兰文明的十字军，正如拥有巨大的多样性的伊斯兰文明无法被视为一个单一的力量，同单一的西方文明相对抗。迅速取得的成果是，阿富汗的塔利班政权在其当地敌人及美国的轰炸、技术和特种部队联合努力下，遭到推翻。到 2001 年年底，尽管阿富汗看似毫无资源，危险地分裂为各个军阀领地和部落飞地，虽然看起来它不过是依靠美国和其他北约力量来打击敌人，但一个新的阿富汗国家正式形成。在其他地方，界定不明的反恐战争使发生在巴勒斯坦的事件复杂化。当以色列以反对国际恐怖主义为名攻击巴勒斯坦人，阿拉伯国家却并不愿意停止支持他们。

"9·11"悲剧造成的最具灾难性的影响，是由布什总统和其主要的国际盟友、英国首相托尼·布莱尔作出的在 2003 年入侵伊拉克的决定。入侵的主要原因是，特别是在美国，对萨达姆·侯赛因政权拥有或很快可能掌握大规模杀伤性化学、生物或核武器的担忧不断增加。2001 年 9 月前很难想象，仅仅基于（事实证明并无根据）对某个国家拥有或想拥有某种武器的怀疑，就对一个主权国家进行先发制人的打击，不论这个国家的政权多么不得人心。但是，对许多美国人来说，"9·11"事件改变了一切。他们现在已经准备好——至少一段时间内——跟随一个想利用灾后紧迫感的总统来应对别的潜在威胁。即使布什和布莱尔认识到萨达姆——尽管他无数次进行反西方的虚张声势和恫吓——跟对纽约和华盛顿的攻击并无关联，他们照样认为他的政权是一个必须清除的邪恶势力。尽管遭受到安理会其他成员国和全球绝大多数舆论的坚决抵制，美国和英国还是坚定地推动联合国授权它们进攻伊拉克的决议。在 2003 年 3 月初，决议并没有通过，但这两个国家及其部分盟国还是决定入侵伊拉克，消灭萨达姆政权，即使没有联合国的支持。

第二次海湾战争在 2003 年 3 至 4 月间仅持续了 21 天，但在 21 世纪伊始逐渐主导了国际事务。可以预料，它以推翻萨达姆政权及随后对他的审判和处决结束。但它也在政治上滋生出新的无法弥合的新分歧，在伊拉克很多地区出现了对一切外国占领行为的抵抗。在欧洲，法国、德国和俄罗斯反对入侵，大声疾呼反对它。中国谴责其违反国际法。当北约不能就支持入侵达成一致，美国只有东欧新成员作为其最坚定的支持者，北约面临着后冷战时代最大的危机。但受到最大损害的，是关于后冷战时代的世界新秩序概念：大国间应磋商解决问题，以及多边合作应取代全球对抗。联合国秘书长、加纳人科菲·安南——美国曾努力促使其当选——告诉全世界，美国和英国在伊拉克的行动是违法的。他，以及其他很多人，真正要关心的还不是布什清除萨达姆的决定，而是当其他国家决定清除其敌人，而地球上最强大的国家又通过单边行动做了一个示范时，其他地方将会发生什么。

假如布什和布莱尔曾更好地规划如何在占领期间管理这个国家的话，他们或许本来能逃脱入侵伊拉克后招致的一些批评。可惜相反，政权垮台后这个国家的部分地区陷入无政府状态，基础服务停止，经济裹足不前。伊拉克人——一辆美国坦克帮了大忙——推翻了巴格达市中心的萨达姆雕像之后，在长达数月的时间里，抢劫和目无法纪的行为肆虐。对任何后萨达姆时代的政府来说，伊拉克各主要族群和宗教团体之间的关系原本就很难处理，而缺乏安全保障和经济混乱无异于火上浇油。作为多数派的什叶派穆斯林，之前长期受到主要为逊尼派的前复兴党政权领导人的压制，如今纷纷听命于他们的宗教领袖，其中许多人渴望建立一个类似于伊朗那样的伊斯兰政权。其间，以萨达姆追随者和不断增加的伊拉克和其他阿拉伯国家的逊尼派伊斯兰教徒为基础力量，一系列叛乱在这个国家的逊尼派控制区展开。新伊拉克政府——一个由什叶派主导的脆弱的联合政府——仍旧依赖美国的军事支持，同时北部库尔德人地区建立了他们自己的与巴格达政府分立的机构。

　　冷战结束之际，美国明显地在行使历史上首次出现的全球性霸权。美国行使这种霸权的种种最初尝试，都非常不纯熟，而这已经是最不严厉的评断了。2001 年 9 月 11 日对无辜生命的屠杀事件令美国开始朝着一个新方向进发，这导致美国疏远了大部分的盟友，卷入一场看似无法完全打赢或撤退的战争。结果，2004 年重新赢得大选后不久，布什总统是在人们记忆中最不受年轻人欢迎的总统，除了之前面对迫在眉睫的弹劾的尼克松总统外。但是，尽管入侵伊拉克扰乱了布什的总统任期和布莱尔的首相任期，但很少有人能拿出如何在后冷战世界使用美国力量的更好方案。一方面，美国人自己也存在分歧，有人认为伊拉克的教训是需要更多孤立主义，有人则认为需要更多多边主义；另一方面，更重要的是，世界其他国家，虽然经常抱怨美国单边行动的后果，但当重大危机来临时，除了指望美国也没有别的选择。在后冷战时代末期，这个文明的发源地已经开始分娩出漫长历史传奇中的又一个转变。闯入者与侵略者纷至沓来的凄凉命运，对美索不达米亚来说并不新奇，但一个国家的全球霸权却明显很新鲜。美国的确有力量改变国际事务。但在布什时代终结之后，它会凭此做些什么，仍有待观察。

　　2008 年美国大选，成了对布什任期的批判大会。甚至连共和党候选人都找不出前任总统的执政记录中有太多值得捍卫之处。但这次选举最引人瞩目的地方，还是民主党提名了非洲裔美国人巴拉克·奥巴马充当本党的候选人。奥巴马传递的信息重新给了美国希望，证明它仍是一个充满变革力的国家，不仅在国内，而且在国际范围。他抛弃了 21 世纪初的干涉主义，宣称美国应该通过在全球范围内与其他国家合作来增强实力。奥巴马在国内外都大受欢迎，起初似乎有望成为自约翰·肯尼迪以来最能切中时代精神的总统，而他文采卓绝的演讲一直在承诺要做出改变，虽然通常并没有指明是何种变化。

但奥巴马并没有进行根本性变革的空间，其中很重要的原因是，他从前任那里接手的是自 20 世纪 30 年代大萧条以来最为严重的全球金融危机。有些经济体在 20 世纪 90 年代末期就已经察觉到严重不稳定的迹象，在亚洲金融危机期间，或在俄国变化无常的赌场资本主义中（到 21 世纪初，这已让多数俄国人遗憾苏联时代的安稳一去不返）。在美国，最大的能源公司之一安然在 2001 年破产，此外特别是两家由政府赞助的抵押贷款公司在 2008 年夏季破产，都对市场的某些基础运作原则敲响了警钟。但冷战结束的方式，似乎无所不能的市场力量，以及相伴随的更为激进的自由市场观念，已经让大多数监管机制被搁置。整个体系注定要迎来一次失败。

最终引发危机的，是美国房价泡沫破灭。银行和买家们都曾表现出似乎房价会永远上涨，似乎贷款利率会永远那么低。2007 年，利率仅仅略微上调，房地产价格就随之下降。很多买家再也负担不起更高的房贷，被迫抛售，从而引发全国性房价的断崖式下滑。在某些地方，比如佛罗里达，价格下降达 70％。

对以低边际收益发放贷款的银行来说，这是很坏的消息。但更糟糕的是，大多数银行都直接或间接卷入了“次级贷款”中。这种抵押贷款的借贷者，实际上仅在最乐观情况下才还得起贷款。家庭和银行都承担了过高的风险，这引发了几乎三代人都没见过的大规模金融危机。2008 年 9 月，美国第四大投行雷曼兄弟破产，债务高达 7 500 亿美元。尽管该银行的资产足够覆盖大部分债务，但它的破产还是引发了金融市场的连锁反应，美国的一个股票价值指数甚至在 7 个月时间里缩水超过 50％。

奥巴马总统于 2009 年 1 月宣誓就职后，被迫把其他优先事项搁到一边，全力处理金融危机事宜，因为它有可能蔓延为一场全球大萧条。通过一揽子联邦财政刺激——主要是增发纸币和加大政府开支——行业和社会免于遭受最糟糕的直接冲击，至少在最初是这样。美国政府和其他各国政府还强令实力不够的银行进行资本重组（意味着被国家或其他银行收购）。但公众对市场的信心已经大为动摇，信用越来越难获得。在消费者的不确定心理和股市的动荡表现刺激下，金融危机的影响一直在延续。迟至2011年，北美和欧洲的失业率仍然高企：西班牙是20％，爱尔兰是15％，美国是9％。这些数字还没达到大萧条的地步，但已经是一场相当长期也相当厉害的衰退的迹象了。

有些人提出疑问，是否更深层次变化的迹象也出现了，比如资本主义体系呈现出了结构性弱点，或是全球财富和权力在从西方向东方转移。唯一清楚的是，缺乏监管和对风险的偏好已经造成了一场大规模危机，这是一场大多数人都无法逃脱的危机，是人类财富的一次大规模波动的产物。在欧洲，政治影响是巨大的：债务危机导致从爱尔兰到希腊的多国政府下台，在某些时刻，甚至连欧元能否继续存在都出现疑问。英国工党政府在2010年被由保守党和自民党组成的不稳固联盟取代，新政府实行了自第二次世界大战以来最为严厉的公共开支紧缩政策。不过，如果说人们对政府怨声载道的话，他们对银行家就更是如此。明目张胆的投机和不负责任行为被视为这次危机的主要起因。但很少有人停下来想一想，是否目前的跨国金融体系已经过于复杂，以至于根本没有人能完全了解这个体系。毕竟，人类大脑的进化乃是为着更为不同的目的，而不是去追踪股市上的交易量波动（即便是伟大的阿拉伯数学家花拉子密①，也会被这些数值搞晕掉）。

有些人相信，人类历史正在出现一个长期趋势，亚洲在人类事务中的重要性在日益增长，而这场危机正是这个趋势的一种表征。他们的观点现在非常热门。中国渡过了这场危机，所受的损失似乎小于西方，这场让世界其他地方元气大伤的危机带给东亚经济的影响，似乎还不如

---

① 约780—约850，波斯帝国的数学家，被称为"代数之父"。——译者注

2011 年日本发生的大地震和海啸（造成至少 16 000 人身亡）。这些人认为，整个北大西洋世界都过得力不从心，它们的经济与亚洲相比已经越来越缺乏竞争力，而它们过多的外债如今已无力偿还，还不限于经济上。尽管这种观点也有几分道理，但过于简单地总结了 2008 年危机的真正起因和结果。事实是，作为生产者和消费者，作为工具和观念的制造者和使用者，世界已经越来越紧密连接在一起了，以至于世界某一部分发生的危机没法不影响到其他部分。亚洲可能会飞速发展，但从今往后，它将在很大程度上始终被其他地方发生的事件所影响。

当代历史的紧密相关性，在 2011 年春天体现得特别明显。那一年，阿拉伯世界突然出现了巨大的变迁。与许多伟大的革命一样，这一次的开端也是一件小事，却将影响到数以百万计的人。位于沙漠边缘的突尼斯小镇西迪布济德（Sidi Bouzid），当地管理部门没收了一个年轻卖菜小贩的推车，还在他试图抗议时扇了他一巴掌。结果小贩在绝望中采取了极端措施，在地区政府门口自焚。穆罕默德·布瓦吉吉（Mohamed Bouazizi）惨烈的死亡引发了全市镇的示威游行，并很快蔓延到其他城镇。到 1 月底时，已统治突尼斯长达 23 年的独裁者外逃开始流亡生涯，赶走他的人们开始着手进行整个阿拉伯世界从没有过的一种民主改革。

这次事件被称为"阿拉伯之春"，它最终转变成对阿拉伯世界到处可见的独裁体制、侵犯人权、腐败、经济衰退、年轻人失业和普遍贫困的集体抗议。它出现的方式耐人寻味：起初最多只是一场为捍卫年轻生命的尊严而举行的抗议活动。人们的武器主要是和平抗议，至少最开始是如此。但当独裁者们抵制变化，反叛就爆发了。在埃及这个人口最多且被众多阿拉伯人视为文化中心的阿拉伯国家里，2011 年 2 月，总统穆巴拉克在长达 30 年的统治之后，被占领了开罗中央广场的年轻人逼迫下台。变化似乎一波接一波来临。也门总统被迫辞职。摩洛哥国王和约旦国王同意逐步引入完全的民主。在利比亚，统治时间最长的独裁者穆阿迈尔·卡扎菲大大误判了公众的情绪，最终不仅被赶下台，还一直遭到追捕，在 10 月被杀身亡。

利比亚的变迁，是在数月的战斗和北约介入并帮助反对派后才发生的。这次干预受到了多数利比亚人的欢迎，也是由阿拉伯联盟正式请求的。这些变化发生的方式最能说明问题：十年来，西方一直对各种形式的伊斯兰思潮充满猜疑，此时却介入利比亚事态，庇护当地反对派——其中很多人有伊斯兰背景。而他们所面对的这名独裁者，虽然有些迟，但在此前最清醒的时刻，还曾特地与西方合作反对"恐怖分子"。随着奥巴马总统结束对伊拉克和阿富汗的占领（一个重要原因是美国已经负担不起所需的代价），整个伊斯兰世界的政治局势似乎也正在改变。"9·11"事件幕后的恐怖组织头目本·拉登，于2011年5月在美国闯入巴基斯坦实施的一次军事行动中被射杀，此时正值数以百万计的年轻穆斯林走上街头，要求民主和对个人的尊重。历史的走向有时非常难以预见。

但相比阿拉伯世界的萧条，有些问题更难以追根溯源。在海地——哥伦布正是在这个加勒比海小岛上建立了欧洲人在美洲的首个定居点——2010年发生了一场大地震，首都及周边地区的很大部分被损毁。近25万人丧生。但与日本不同，重建措施并没有减轻海地人民的痛苦，尽管单美国各个救援组织的捐款就将近20亿美金。关于地震及其后果的消息首次让海地这个国家登上各大国际媒体的头条，但它存在的问题却由来已久。这个国家是西半球最贫困的，年人均GDP仅667美金。国内的大多数精英群体都更喜欢生活在美国，那里离海地乘飞机不到两个小时，但年人均GDP却高达47 600美金。不过前往美国的经济舱机票价格大概是300美金，大约相当于海地人均年收入的一半。

海地的问题是普遍的贫困，和广泛的社会不平等。导致贫困的众多原因中，首先就是受教育程度和基础设施的不足。政治上的无力也有影响，但这到底是腐败的副产品还是其表现，就很难讲了。清楚的是，世界各地提供的援助都无法就此解决海地的问题。要使有类似问题的任何地方得到改观，都只能从内部着手。但如何打破这种痛苦的循环却是个难题，尤其是在这样一个国度：贫困导致的各种疾病肆虐，婴儿死亡率也高达惊人的千分之九十（加拿大的数值仅为千分之五）。海地还将继续颤巍巍前行，问题在短时间内是挥之不去的。历史往往似乎在人们最急需变革的时候走得最缓慢。但如果历史的确教会我们点什么的话，那就是：引发变化的力量一直都在，哪怕是在最黑暗的角落里。

第 6 章　整体世界历史

　　本书讲述的故事没有终点。无论多么充满戏剧性和干扰性，世界历史都不可能急刹车，或在一个明确的时间界限停止。在作者选择停笔的那一年结尾，完全出于形式的要求；关于当前历史进程的未来，难以判断，因此只能就此停下。因为历史是一个时代认为值得注意而另一个时代却认为没有价值的东西，所以最近发生的事件将会获得新的意义，当人们一次又一次思索是什么创造了自己所处的世界时，当前的模式将失去其清晰的轮廓。即使几个月里，眼前的当务之急也可能大变样，如今的事件可以变化得如此之快。展望越来越难。

　　这并不意味着记载仅仅是对于事实，或对于如万花筒般变幻的一系列事件的汇编。可辨别的趋势和力量，是在长时段、大范围起作用的。从最深远的尺度看，引人瞩目的是如下三种相互联结的趋势：变化的日益加速，人类经验的日益统一，以及人类控制环境能力的日益增强。在我们的时代，人类首次让一个真正统一的世界历史清晰可辨。的确，对于所有怀抱理想主义的人来说，"同一个世界"的说法未免苍白无力。冲突和争端无处不在，20 世纪的暴力事件比以往任何时候都要多。即使没有激化成公开争斗，这个世纪的政治也代价高昂、充满危险，冷战再清楚不过地展示了这一点。而现在，进入新世纪不久，新的分化仍在出现。讽刺的是（即使比 50 年前稍少一些坚定），联合国的运行方式所基于的理论仍然是将地球表面分为属于近 200 个主权国家的领土。巴尔干半岛或缅甸或卢旺达的殊死斗争可能重新开启，而许多人却要坚持伊斯兰与西方文明冲突那样的简单性，尽管阿富汗这样一个如此伊斯兰化的国家也按照部落差别被划为好几部分。

　　沿同样的思路还可以说更多。但这并不意味着人类现在共享的事物不比过去更多。蹒跚前行的统一拴紧了人类。最初源于基督教的历法，现在是世界其他地方大多数政府活动的基础。现代化意味着目标的共性在日益扩大。文化冲突的确频繁，但过去显然冲突更多。如今，我们是在日常生活层面上共享数以百万计个人的经验。如果社会是可供参考的事物的集合体，那么我们的世界所分享的比以往任何时候都多，即使成悖论的是，人们仍旧在日常经验中强烈感觉到彼此的差异。然而，虽然那些住在邻近村庄的人说着迥异的方言，虽然他们大多数人终其一生很少离开自己家园十英里，甚至他们的衣服和工具，也可能在形状和工艺方面彰显了技术、款式和习俗的巨大差异，其实在许多重要方面，这类体验的差异程度在过去要比今天大得多。

过去的巨大物质、种族和语言差异要比今天的更难克服。这是因为通信的改进、英语作为全球通用语言在受过教育者当中的普及、大众教育、日常必需品的批量生产。旅行者仍然可以在一些国家看到具异国情调或是自己不熟悉的衣服，但全球大部分地区的更多人现在的穿着比以往更相近。苏格兰方格呢短裙、土耳其长袍、和服正在成为游客的旅游纪念品，或小心保存的情感记忆，但在有些地方传统服装越来越成为贫穷和落后的标志。少数保守和民族主义的政权努力坚持自己过去的符号只能证实这一点。伊朗革命者要求妇女回归披巾，因为他们觉得从外面的世界涌入的体验对道德和传统具有腐蚀性。相形之下，彼得大帝命令他的臣子穿西欧服饰，凯末尔禁止土耳其人穿菲斯，以宣布转向一种进步、先进的文化，并面向新的未来迈出有象征意义的一步。

不过，现有共享经验的基础，仅仅是任何有意识努力的附带后果。也许这就是它被历史学家如此忽视的原因之一，他们对此不感兴趣。然而在较短的时间里，数以百万计拥有不同文化背景的男子和妇女借助电力、空调和医学，一定程度上克服了气候差异的诸多影响。现在世界各地的城市都对路灯和交通信号习以为常，都有警察当值，都在超市和银行以相近方式交易。城市里可以买到相同的商品，在大多数其他国家也不例外（当季时，日本也卖圣诞蛋糕）。语言不通的人们在不同国家检修相同的机器。汽车到处吵吵嚷嚷。虽然一些地方的农村地区仍在逃避这些现代生活物品，但大的城市（全球城市人口已超过农村地区，这是人类历史上第一次）却不然。然而，数以百万计的城市居民同样共享着肮脏、经济动荡和相对的贫困。无论开罗、加尔各答和里约的伊斯兰教、印度教和基督教渊源有何不同，无论城里有清真寺、寺庙还是教堂，这几座城市都在制造大体相似的贫穷（而对少数人，是相似的富足）。其他不幸，现在也能更轻易地共享。现代运输工具方便了人口往来，也意味着疾病的传播更胜以往，这也是由于旧的免疫力消失。每一个大洲（或许南极洲除外），现在都出现了艾滋病，它每天要夺去近 6 000 人生命。

　　甚至在许多世纪前，一位从罗马帝国前往东汉都城洛阳的旅行者，也会比一个现代旅行者发现很多更大的反差。富人和穷人的衣服被裁剪成不同的款式并由不同材料制成，他吃到的食物异乎寻常，在大街上他会看到不熟悉的动物种类，士兵的武器和铠甲看上去也很不一样。连手推车也有不同的形状。而一个现代的美国人或欧洲人却不会在北京或上海看到什么令人惊讶的东西，即使这个国家在很多方面还比较保守；如果他选择吃中国菜（也可以选择吃别的菜）可能会有所不同，但中国的客机看起来没什么不一样，中国的女孩也穿网眼连裤袜。甚至不久之前，中国人还驾驶中国式帆船远航，外形迥异于同时代欧洲的柯克船或卡拉维尔帆船。

　　共享的物质现实，推动了精神目标和责任的共享。现在生产出来的信息和大众娱乐可供全球消费。流行音乐家环游世界，仿佛行吟诗人闯荡中古欧洲（比后者更轻松也更赚钱），在不同的国家演唱和表演。尤其是年轻人，高兴地放弃了独特的本地生活方式，转而追逐新潮流，这将他们与远方那些口袋里有闲钱的年轻人连接起来——现在他们数以亿计。一模一样的电影，配音和配上字幕，面向全世界的观众播放，让他们从中获得类似的幻想和梦想。在一个不同的和更有意识的层面，民主和人权的语言比以前得到了更广泛的流传，至少在口头支持了西方的公共生活概念。无论政府和媒体的实际意愿怎样，都认为必须反复强调自己相信民主、法治、人权、性别平等之类的理想——不过时不时也会曝出丑闻,诸如实践当中的虚伪,未得到承认的道德分歧,还有某些文化(仍拒绝改变它们视为自身传统和感情的东西)对这些观念的断然拒斥。

确实,数以百万计的人仍旧居住在村庄,在高度保守的社会依靠传统工具和方法苦苦挣扎谋生,而富国和穷国的生活之间一目了然的不平等,令过去那些差异相形见绌。有钱人现在比以往任何时候更富裕,有钱人还越来越多,同时按照现代标准一千年前所有社会都很穷。所以,至少就此而言,后者彼此的日常生活比今天更相近。每日艰难糊口,生命在不可知现象面前不堪一击,如同草芥被无情的力量砍倒,这是当时所有男女的共性,无论他们说何种语言或遵奉何种信仰。现在,大多数人都生活在人均年收入超过 3 000 美元的国家——超过这个数字就被联合国称为"中等收入国家"。但即使在这些国家,多数人的年收入还不到这个数字的十分之一,甚至在穷人中又有巨大差别。这种差异是一个短暂历史时期的相对新近的产物,我们不应假定它们会长久持续,正如不应假定它们会轻易或迅速地消亡。

在至少一个世纪里,即使是最贫穷国家的领导阶级和精英,也将某种现代化理想视为摆脱自身困境的一条出路。他们的愿望似乎证实了那种源于欧洲的文明的普遍影响。有些人认为现代化只是技术问题,更为根本的信仰、机制和态度问题才是社会行为的首要决定因素,但这回避了物质经验如何塑造文化的问题。越来越多证据显示,某些主导观念和机制,连同物质产品和技术,已经扩散到全人类。无论联合国《世界人权宣言》这类文件产生了何种实际影响,显而易见的是,在拟定和签署它们时所透露出的旨趣十分强烈,哪怕一些签署者几乎没有意愿尊重它们。这些原则的确是源于西欧传统,无论我们认为这个传统贪婪、暴虐、残酷和力求剥削,抑或真正进步、仁慈和人性化,都无关紧要。阿兹特克和印加文明没能抵挡住西班牙人,印度和中国文明面对之后的"法兰克人"也只是稍微成功一些。无论这类陈述本身真实与否,对于其背后的事实,钦佩或反感并非要害。它们只是记录了这个事实:欧洲重塑了旧世界，创造了现代世界。

　　一些根本上源于欧洲的"西方"观念和制度，常常遭受深深的反感和抵制。对待妇女的方式，伊斯兰教社会和基督教社会之间并不一样——这里不讨论是好是坏——但在当今的所有伊斯兰社会间也不同，而在所有我们所谓的"西方"社会间照样如此。印度人仍然参考占星术来选定婚礼日期，而英国人则可能认为火车时刻表（前提是他们能获得准确信息）或有毛病的天气信息——他们认为这很"科学"——更有参考价值。不同的传统，甚至对相同技术和观念的利用方式也不一样。日本资本主义的运作方式与英国相异，任何解释都只能在两个民族的不同历史中，虽然两者在其他方面接近（比如都是很少遭受入侵的岛屿族群）。然而任何其他传统，都没有在陌生环境中表现出与欧洲人一样的影响力和吸引力：作为世界的塑造者，欧洲文明独一无二。

　　甚至其最粗野的表现形式——对物质的贪婪和不知足——也显示出这一点。曾经以非物质世界的核心地位以及道德的自我精进为基础的各个社会，如今都接受了这一信念：物质生活水平的无限改善是一个合适的目标。人为的变化是可能的，这个观念本身就有深刻的颠覆性，下列观念同样如此——人为的变化可能是通往幸福之路。今天的许多人在自己有生之年就亲历了事物的变化，也预感到未来或许会变得更美好。人们广泛、毫不犹豫也未加深思地同意，人类的问题是可控的或至少可补救的，这是一个重大的心理转变；然而即便是几个世纪前的欧洲人，也很少有人能预见这一点，更别说坚信了。虽说今天仍有数以百万计的人，在生命大部分时间很少展望未来，除非怀着悲伤和忧虑这么做——那是因为他们经常挨饿，所以唯有打起精神才能去考虑——但在正常情况下比以往更多的人已不再挨饿，也不会有明显的风险会挨饿。与以往相比，现在有更多的人理所当然地认为不必考虑什么真正需求。比这少一些但数量仍然庞大的人，相信自己的生活会改善，比这多得多的人则感觉到会改善。

　　在未来展望方面的这种变化，当然在富裕社会中最明显，它们现在消耗的地球资源比几十年前的富裕社会要多得多。在西方世界，尽管还存在相对贫困的少数群体和下层阶级，但大多数人在这个意义上都堪称富足。仅仅约 200 年前，一个典型的英国人一生当中除了靠双腿步行，几乎不可能离开他的出生地几英里。仅仅 150 年前，他都享受不到稳定的清洁水供应。100 年前，他很有可能因为一起意外事故，或是无药可医的疾病而残废乃至于死亡，他也得不到护理服务，同时很多人都像他及其家人那样吃着低劣的饮食，既缺乏平衡又欠营养（就别提什么单调和倒胃口了），如今在英国只有最穷的人才吃这些东西；他们到了五六十岁时（前提是他们能活这么长），能够想见自己的老年将是如何痛苦和潦倒。其他欧洲人、北美人、澳大利亚人、日本人等等，都大同小异。现在即使是全球数以百万计的最贫穷者，也可以瞥见自己的生活迎来改观的曙光。

还要重要的，是那些逐渐相信这种变化可以去追求、去推动以及去实际激发的人。政治人物就是如此告诉他们。现在很显然，人们和政府毫无保留地相信，事实就是自己以及自己社会的生活当中的许多问题有可能获得解决。很多人因而走得更远，觉得这些问题的确会得到解决。当然，这在逻辑上并非理所当然。我们有可能面临着便宜的化石燃料耗尽，以及水供应枯竭。而且若是我们还记得 20 世纪在社会工程方面的某些尝试，或是那些成本巨大却招致不幸与流血的迷信、宗派主义、道德偏执以及狭隘忠诚的话，我们也可能怀疑通过重整世界来增加人类幸福的总量有何成效。

然而，与以往相比，更多的人认为自己的大多数问题基本上是可以解决或可以补救的。这是人类态度的一场革命。毫无疑问，其最深层的根源，要远远追溯到人类操控自然的能力缓慢增长的史前岁月，那时人们还在学习控制火，或是击打燧石取火。这样的操控或许可行——但这一抽象观念则可能是很久之后才形成，起初只是某些关键时代和文化区域中的少数人的洞见。这个观念现在却司空见惯，在全世界广为接受。我们现在理所当然地认为，每个地方的人都应自问，并且也会自问，为何事物明明可能变得更好，却还未改变。这是整个历史上最伟大的变化之一。

过去几个世纪人类操控物质世界的能力不断增长，为这个变化提供了最明了的根据。科学对此提供了工具。现在提供的就更多了。我们站在一个新时代的前沿，在这个时代人类有能力比以往更为根本性地操控自然（例如，通过基因工程），这既带来希望，又造成威胁。或许在将来世界，人们可以设计，比方说，某些私人订制的未来。现在已可以想象，他们可以计划对未出生的后代进行基因编制，以及在信息技术到位后为自己购买"现成的"经验，以创造出比现实更完美的虚拟现实。如果人们愿意的话，或许他们可以在自己构筑的世界，而非由寻常的感官经验提供的世界，过上更接近自己设想的生活。

这种推想大概令人生畏。毕竟，它们很可能预示着混乱和倾覆。与其自问什么可能会或不会发生，最好还是脚踏实地地沉思历史，沉思是什么已经改变了人类过去的生活。例如，物质生活水平的变化改变了政治，这不仅是通过改变预期，还是通过改变政治人物决策的环境，机构运作的方式，以及社会的权力分配。现在只有在少数社会，宗教还能够或者确实仍在按以往的方式运作。科学不仅大幅扩充了人类可用于征服自然的知识工具包，而且在日常生活层面改变了数以百万计的人视为理所当然的事物。在 20 世纪，对于人口数量的大幅增长，对于国家间关系的根本改变，对于世界经济中某些板块的兴衰，对于通过几乎即时的通信让世界联成一体，对于还要多得多的最令人吃惊的变化，它都是重大原因。而且，无论过去一个多世纪在政治民主方面达成或错失了什么，由于科学，实际自由出现了伟大扩张。表达在先进技术中的科学知识，绝大多数源于现代的西方（尽管其根基往往在亚洲），它们很快就影响到了全球。

唯有富裕社会的知识精英，才在人类经由科学和技术（而非诸如经由魔法或宗教）操控世界的能力方面拥有一些自信的条件，直到 20 世纪 60 年代前后，这种自信都显而易见并几乎未遭挑战。不过，这样的条件或许还任重道远。我们现在对自然环境的脆弱性，乃至进一步恶化的可能性已有更多了解。一种新的认识是，从自然开发中获取的明显收益并非全无代价，有一些甚至有可怕后果，况且更为根本的是，我们还不具备相应的社会、政治方面的技巧与结构，以确保人类能对知识善加利用。公共政策讨论刚刚才给予由此引发的诸多议题以应有重视，其中最受瞩目的议题可以概括为"环境"——污染、土壤侵蚀、水供应减少、物种灭绝、森林枯竭则是当中最受关注的。

这种认识在近些年给予"全球变暖"（地球表面的平均气温上升）问题的关注中体现得很明显。该问题据信是源于大气层以及影响热量扩散与流失速率的同温层的变化。事实本身直到最近仍有争议，但 1990 年在日内瓦举行的一次联合国会议承认，全球变暖的确是一个不断增长的危险，这很大程度上是人类排放到大气中的气体不断累积的结果。人们同意，这在一个世纪里已经让平均温度明显上升；气候变化事实上比末次冰期以来的任何时候更快。目前，权威的共识是人类活动是这一现象的主因。

围绕进一步升温的可能速度及其可能后果（例如海平面上升）的争论还在继续，但针对由人类引发的气候变化，一个框架公约已经开始筹备工作，并在 1992 年通过。其主要目标是稳定排放水平，使得到 2000 年能维持在 1990 年水平。1997 年在京都，这变成一项覆盖所有主要"温室"气体（如其所称）排放的有法律约束力的协议；它强制规定了减排目标和时间表，发达国家要承担主要责任。目前已有 191 个国家和地区批准该议定书，这给出了一些希望。但是美国仍未同意，并且缔约国的当前目标也非常适度：把全球平均气温升幅控制在工业化前水平以上低于 2 摄氏度之内。此外，人类引发的气候变化，其不利影响的迹象还在激增，同时在洪水泛滥方面，对气候变化造成的损失寻求法律救济的最初尝试已经开始。

20 年左右的时间，几乎不足以期望或确实找到政治上可接受的办法，以解决这个牵涉如此之广的问题。似乎没有理由认为事态在可能改观之前，不会先恶化，但更重要的是，广为接受的解决办法绝非找不到。毕竟，人类对科学的信心是基于确切的成功，而非基于幻觉。即便这种信心目前还需要更多条件的充实，那也是因为科学向我们提供了应予考虑的更多知识，才有可能那么做。我们有理由说，既然人类早在史前时期就取代了更大型的哺乳动物，因而一直在制造大量不可逆的变化，那么随之，哪怕现在遭遇了一些严重问题，人类的工具包似乎也并无耗竭的迹象。人类在面对冰期的挑战时，无论知识资源还是技术资源，都比今天面对气候变化时贫乏多了。若是在我们改变过的环境里，对自然的干预导致了新的耐药细菌的出现（经由自然选择产生的突变），那么旨在制服它们的研究也会跟进。更有甚者，倘若新的证据和考量迫使人类放弃"全球变暖主要是由人类导致"这个假定——比方说，不受人类控制或操控的自然力量，例如造成史前大冰期的那些力量，才是正在发挥作用的决定性力量——那么科学也会转而用于应对其后果。

　　长远来说，哪怕是不可逆变化，也不足以让我们马上放弃对于人类摆脱困境的力量的信心。虽然我们可能已永远失去了一些选择，但适用人类选择的竞技场——历史本身——不会消失，除非人类灭绝。人类的确有可能因为独立于人类行动的自然灾难而灭绝，但对此妄加推测无甚用处（即便对其精确演算），除非设定有限的条件范围（比如，地球遭可怕的小行星撞击）。人类仍然是一种具有反思能力、会制造工具的动物，其潜力还远远没有耗尽。正如一名学者的惊人之语——从其他生物的角度来看，人类就其成功的竞争力而言，从一开始就像是一种流行病。不过，先不谈人类对其他物种做了什么，数量和寿命上的证据似乎依然显示，人类的操控力量迄今带给全人类的好处要多于伤害。哪怕科学技术制造某些新问题的速度暂且快于找到解决办法的速度，这一点照样成立。

　　人类的力量，近乎潜移默化地推动了某些假设和神话——它们源自欧洲自由主义的历史经验——往其他文化的良性传播，其中有一种对待政治的乐观态度，尽管在近期尤其是当前也有相反迹象。比方说，要有效应对全球变暖，社会适应很可能意味着巨大代价，此外是否还意味着大范围痛苦和强迫也成问题。不过，鉴于各种政治参与形式得到广泛采用，我们对于自己制定政治解决方案的协作能力还是满怀信心。如今，共和制遍布世界各地，几乎所有人都在高谈阔论民主和人权。到处都在努力让政府及行政部门合理化和实用化，都在努力复制欧洲传统当中得到成功实践的制度模式。当黑人男子大声控诉他们所在的社会受白人支配时，他们希望为自己争取的人权和人类尊严的理想，也是由欧洲人逐渐改进。几乎没有哪种文化能够完全拒斥这个有力的传统：中国早在接受市场之前很久，就接受了马克思和科学。某些文化的抗拒比别的文化成功一些，但几乎无论何处，其他伟大政治文化的特性都在某种程度上遭到了削弱。当现代化的推动者试图在西方政治模式内部择善而从时，他们发现这绝非易事。若愿意付出一定代价，那么选择性的现代化固然有其可能，但现代化常是一个整体，难免有某些不合意的内容。

对怀疑者来说，民族主义的持续活跃最有力地证明了，政治文化的不断趋同对于社会福祉可谓吉凶难料。近百年来，民族主义几乎在全世界都大获成功。今天最大型的"国际"（这个词得到普遍接受，这很重要）组织称为联合国，其前身是国际联盟。旧的殖民帝国已经分解成大批新国家。当前的许多民族国家必须向少数族群证明自己存在的合法性，以及自己有权立国，因而有权脱离并自我治理。如果某些少数族群希望脱离自己所属的国家——例如某些巴斯克人、库尔德人和魁北克人——它们的旗号就是假想的国家地位。在满足其他意识形态无力触及的渴求方面，民族国家似乎最为成功；它已成为现代社群的主要创建者，令阶级和宗教都靠边站，它在这个日益现代化的世界（旧有纽带已于此间式微），为漂泊无定的人群提供了意义感和归属感。

如出一辙，无论如何去看待国家机制或是民族主义观念的相对兴衰，当前的世界政治都大体是围绕源于欧洲的概念而组织起来的，即使在实践中备受质疑并且面目模糊；与之类似的还有今日世界的知识生活，它也正处于围绕源于欧洲的科学而进一步组织起来的过程中。不可否认，恰如历史故态，文化移植的过程可能无法预知，于是后果也出人意料。诸如国家和（自我主张的）个人权利等概念，在离开原产地后所产生的影响远远超出了输出者的想象——这些输出者当初之所以信心满满地鼓励他人采纳，是因为相信正是那些原则令自己成功。新机器的引入、公路铁路的建设与矿井的开采，以及银行和报纸的开办，经由符合或是不符合人们期待和想象的方式，改变了社会生活。如今，电视正在延续这个一旦开始，就不可逆转的过程。只要普遍性的方法和目标得到接受，无法遏制的演化就注定要开始。

很有可能，首先由欧洲人发明的观念和技术，最终会在来自其他文化的人们手中和脑海中孕育出未来全球通行的形式。的确，如今我们可接收到的大多数信息都在一边倒地暗示这种可能性，至少在某些领域是这样。过去50年里发生的故事，其大框架似乎是财富和权力逐步从西半球向东半球转移，并因2008年金融危机而进一步加速。这在人类历史上并不是什么新鲜事。在很多方面它只是对19世纪之前的世界形势的回归。那时亚洲是地球上生产力最高的大洲，虽然其技术水平并不总是最高。不过这当然也并不意味着，欧洲及其众多衍生出来的分支在今后不断展开的历史中就可有可无了。但这也确实表明，或许，未来全球文明中一些重要的元素，将以北京或德里为中心创立，而不是以华盛顿、巴黎和伦敦。

围绕人类如何应对变化，这样的进展将提出各种各样的疑问。虽然人类还在继续形塑历史的进程，但已无法如过去那般长期控制它。即使在得到最严格控制的现代化尝试中，新的、意外的需求和趋势也不时涌现。或许其间也在浮现出隐忧——现代化的成功可能传达给了人类一些目标，它们在物质和心灵上都难以实现，并在按其本性不断扩大、永不满足。

对这个前景不可轻慢待之，但预言并非历史学家的工作，哪怕假装成推断也不行。不过猜测还是可行的，若是它们能阐明当前事态，或有助于教学的话。化石燃料可能会走上史前大型哺乳动物在人类猎人手中消失那样的老路——或者也可能不会。历史学家的主题还是在过去。这才是他要讲述的全部。如果是不久前的过去，他可以尝试去看清过往事物的一致性或不一致性、连续性或不连续性，并且诚实地面对涌向我们的大量事实所造成的难题，特别是在近代史领域。恰恰是它们造成的这种困扰，意味着出现了一个史无前例的革命性阶段，迄今关于变化不断加速的全部论述都呼应了这一点。另一方面，这并不意味着上述更加暴烈、深远的变化就不会以一种易于解释且大体可理解的方式，从过去浮现出来。

部分是因为认识到了这类问题，所以今天看待世界的许多思路，都不像以往那般头头是道。许多世纪以来，中国人考虑问题的角度都毫无困扰且确定无疑：世界秩序的核心，通常是定都北京的那个君临天下的王朝，且由神圣天命来维持。对于国家这个抽象概念，穆斯林曾经并不太重视，现在仍有些人不太当回事；对于某些人来说，信徒和非信徒的区别更重要。数以百万计的非洲人过去没有任何科学理念，照旧习以为常。与此同时，那些生活在"西方"国家的人可能在心目中将世界分为"文明"和"不文明"，就像英国人在板球场上马上能区分"业余球手"和"职业球手"一样。

如此强烈的分野如今已受到那般深刻的侵蚀，这标志着我们终于成了"同一个世界"。中国的知识分子现在运用着马克思主义或自由主义的表述。在吉达和德黑兰，有思想的穆斯林必须面对一种张力，这边是宗教的吸引，而那边，面对陌生的现代主义的危险诱惑，仍有着至少能获得一些知识性了解的需要。印度有时似乎也会出现精神上的牵扯，一边是领导人在1947年所设想的世俗民主价值，另一边则是过去的影响。然而，过去总是与我们所有人同在，不论是好还是坏。历史，我们必须承认，依然在与我们的现实相互纠缠，且丝毫未见走到尽头的迹象。

第五版译后记

————

　　人类文明史既有宏大叙事，也充满了生动细节，既见证着民族国家的兴旺与衰败，也反映了英雄个人的梦想和血泪。事实上，真正决定文明发展的基本要素，是那些恒常存在的日常生活方式、社会习俗和文化心理等，它波澜不惊却暗流涌动，彼此关联而又催生变化，并裹挟一切外部因素，使之转变成自身发展和变化的动力。因此，那些关乎全球文明发展和彼此共生性因素，无一不成为研究的对象，无一不成为公众阅读的焦点。生态、交往、和平、安全、人口、疾病、食品、能源、犯罪等等问题，凡此，既是不同信仰、不同制度和不同文化的文明发展需要直面的，又是它们之间彼此交流、进行合作乃至相互促进的基础。在这种文明史叙述中，阶段性的政治内容相对淡化，长时段文明形态发展的基础——文化和社会生活得以凸显。文明史的目的是介绍、传播人类文明、文化知识与价值观念，更重要的是读者可以通过文明史的阅读明了人类尊严获得的历史，从而塑造自己的生活理念。

　　全球化的当下，我国地位不断凸显，我国与世界各国往来日益密切，一方面，需要我们阅读文明史，以便更真实、更全面、更深入地了解域外历史文化、价值观念；另一方面，文明史也可以培育人们更加开阔的思维、更加完善的人格。多读文明史，不仅能让人们认识到文明的多样性、复杂性，使人们能以兼容并包的思维看待世界和人生，而且可以从历史发展的多变中汲取有益的智慧，训练理性思考的能力。

　　在文化多元交融的全球化时代，了解、掌握人类文明知识和理念是当代中国人应该补上的一课。因此，学术研究不能局限于象牙塔，虽然这很重要，但更重要的是要让这些知识形态转变为普通民众也能接受的公众文化。况且，精英文化也是要靠公众文化的普及才能不断吸引更多的人才参与研究工作，文化也才能不断推陈出新，才能不断出现更多精英文化。这是一个相互依存、循环发展的过程，缺一不可。

投资大师罗杰斯给女儿的 12 条箴言，其中第 6 条就是"学习历史"，可见阅读历史获得的不仅仅是知识文化、经验教训，更重要的是会让民众明白人类历史实际上是一部人类尊严获得史。一书一世界，每位读者都可以在这本书中找到自己的世界。

最后要交代翻译的相关事情。该书是大家共同协作翻译的：贾斐（序言、第 3 卷部分），奚昊杰（第 1 卷），苗倩（第 2 卷），黄公夏（第 4、5、6 卷），陈世阳、林剑贞、黎海波（第 7 卷），黎海波、陈华东、魏晓燕、郭秋梅（第 8 卷），其余部分由我负责。

本书为上海市地方本科院校"十二五"内涵建设项目（知识服务平台）之上海市教师教育培训服务基地建设子项目世界文明通识教育与公众教育专项的成果，是上海高校都市文化 E‑研究院的成果，上海高校一流学科（B 类）世界史成果，得到教育部新世纪优秀人才支持计划资助。虽前后反复校对几次，但由于该书涉及的知识面比较广泛，难免会存在一些问题，恳请读者不吝赐教，便于再版时修订。

陈恒

2013 年 6 月 13 日

第六版补译后记

————————

《企鹅全球史》英文原版从 1976 年初版以来，已历经四十多年的时间，先后进行了六次修订。前四次修订主要由原作者 J.M.罗伯茨亲自完成，文字虽有增删调整，但文本的主体部分基本没有太大的改动。第五次修订时，由于原作者健康状况的原因，请 O.A.维斯塔德教授参与，由他修订和扩展了卷八，主要是新增了 21 世纪人类历史，但其他部分仍然基本维持原状。

但 2013 年出版的第六版，完全由 O.A.维斯塔德教授完成修订。这一次修订，他一方面保持全书若干宏观的特色和主旨不变，比如"高屋建瓴的能力和优美的行文"；比如强调"普遍的、主要的、本质的"，以及它们之间的相互作用，而不是事无巨细地记录史实；比如认为"人类文化之间的交流与合作，始终比它们之间的对抗更为重要"。但整体而言，第六版的调整和改动相当大，是"根据新的历史知识和解释对文本进行的重构……将是为新世纪而写的一本新的世界史"。维斯塔德教授也已经在第六版序言当中大致列出了修订内容，我们可以看到，除了卷三，其余每一卷都有不小的改动。

本书自第五版引进国内以来，也已经过去了十几年的时间。当年翻译第五版的译者团队也发生了很多变化，曾身为第五版编辑的我也已经转换身份，成为自由译者。此次为了更高效地完成第六版译文的修订、补译工作，也更好地对多人合译的译文加以风格上的统一润色，上述各卷修订文字的查对、补译、改译工作由我独立完成，并应出版社要求，对第八卷进行了全部重译。真诚地希望这些工作都没有白费，能更好地将原文的妙处传递给读者。

我们所处的时代信息爆炸，众声喧哗，但正如罗伯茨先生所说，出现在当天新闻里的东西不一定就重要，努力识别有用的东西才更加重要。时间的流逝渐渐累积起厚重的历史，时间的流逝也慢慢显现出事物的价值。让自己、让读者静下心来，回望这些长时段，并试着从中学会更长远地去展望未来，我想，这便是我们这些花费大量时间去写史、译史和出史书的人们那一点初心吧。

欧阳敏

2020 年 7 月于上海